Burkhard Liebsch

Für eine Kultur der Gastlichkeit

HIN**BLICK**   VERLAG KARL ALBER   A

Zu diesem Buch:

Dieses Buch präsentiert sechs elementar angelegte Heranführungen an die Frage, was man unter einer wahrhaft menschlichen Kultur verstehen könnte, die ihren Namen verdient. Ausgehend vom Bild einer dem Überleben der Gattung gegenüber gleichgültigen, ungastlichen Welt werden in Auseinandersetzung u. a. mit H. Blumenberg, G. Bachelard, E. Levinas und J. Derrida in diesem Sinne Konturen einer Kultur der Gastlichkeit herausgearbeitet, die Anderen zu verdanken ist und sich in einer unaufhebbaren sozialen Pluralität bewähren muss. Wie, das zeigen mit Blick auf die politische Aktualität Überlegungen zum Zusammenhang von Gastlichkeit und Gewalt bis hin zu Genoziden und Neuen Kriegen. Diese Phänomene werfen schließlich die Frage auf, was Gastlichkeit zur Befriedung der menschlichen Lebensverhältnisse beitragen kann.

Der Autor: Dr. phil. Burkhard Liebsch ist apl. Professor für Philosophie an der Ruhr-Universität Bochum.

Burkhard Liebsch

Für eine Kultur der Gastlichkeit

Verlag Karl Alber Freiburg / München

Gedruckt auf alterungsbeständigem Papier (säurefrei)
Printed on acid-free paper

Originalausgabe

Alle Rechte vorbehalten – Printed in Germany
© Verlag Karl Alber GmbH Freiburg / München 2008
www.verlag-alber.de

Satz: SatzWeise, Föhren
Umschlaggestaltung: Weiß-Freiburg, Graphik & Buchgestaltung
Umschlagmotiv: © Verlag Karl Alber GmbH
Druck und Bindung: fgb · freiburger graphische betriebe
ISBN 978-3-495-48310-7

Inhalt

Vorwort

In der Abgeschiedenheit der Insel Jura vor der Westküste Schottlands schrieb George Orwell in den Jahren nach 1945 seinen weltberühmten Roman *1984* zu Ende, der ursprünglich den Titel *Der letzte Mensch* (oder *Der letzte Europäer*) hatte tragen sollen. Die Arbeit am Text ging hervor aus der düsteren, zu Beginn des Zweiten Weltkriegs formulierten Antizipation einer Zukunft, in der scheinbar die europäische Zivilisation »was destined to be swept away and replaced by something so different that we should scarcely regard it as human«.[1] Der Roman setzt an der Schwelle zu dieser Zukunft einem letzten, »einsamen Gast auf Erden« ein Denkmal, der in seiner Weltfremdheit die Ungastlichkeit eines Systems vor Augen führt, in dem ein menschliches Leben keinen Platz mehr hat.[2] Der Gast, der letzte, allenfalls noch geduldete Mensch, realisiert sich als welt-fremd in der Erfahrung, bei niemandem mehr Gehör zu finden. Nie macht die angeblich »schweigende«, indifferente Welt, von der man seit Pascal so viel Aufhebens macht, so radikal einsam wie die Anderen, die sich nicht mehr als ansprechbar erweisen.

Diese Erfahrung ist keineswegs auf einige wenige Sonderfälle beschränkt oder ins Reich endgeschichtlicher Phantasien und apokalyptischer Fiktionen zu verweisen. Mitten unter den Menschen kann man aus dem Gespräch mit ihnen herausfallen und, jeglichen Anspruchs und Angesprochenwerdens entbehrend, gleichsam zum »letzten Menschen« werden. Wir *sind* kein Gespräch oder Gesprächszusammenhang (wie es die Hermeneutik gelehrt hat), der sich wie von selbst gegen Ab- und Einbrüche der Kommunikation zu behaupten vermöchte. Für jeden, der endgültig aus diesem Zusammenhang herausfällt, bedeutet es in gewisser Weise das Ende

---

[1] G. Orwell, »Inside the Whale«, in: *Selected Essays*, London 1957, S. 9- 50, hier: S. 41.
[2] G. Orwell, *Neunzehnhundertvierundachtzig*, Zürich 1950, S. 28; É. Orsenna, *Lob des Golfstroms*, München 2006, S. 206–209.

9

der Welt – das Ende einer zwischenmenschlichen Welt nämlich, die wesentlich auf dem Geschehen von Anrede und Erwiderung beruht und sich darin als eine erste Form elementarer Gastlichkeit zu erkennen gibt. Niemals gehen wir in diesem Zusammenhang aber je ganz auf. Nicht nur im ersten Zur-Sprache-kommen, auch in der wiederholten Anrede zwischen Nächsten lässt sich die Spur einer originären Fremdheit aufzeigen, die kein noch so gelingendes Gespräch tilgt – und nicht einmal tilgen sollte, wenn wir Apologeten der Fremdheit folgen, die (wie Levinas etwa) in ihr geradezu die wesentliche Freiheit des Anderen sehen.

Auch als Nächster kommt der Mensch, selbst der Vertrauteste, demnach »*stets* von draußen«, aus einer unvordenklichen Ferne, schreibt Maurice Blanchot; er ist und bleibt »im Verhältnis zu mir stets ohne Heimat [...], jedem Besitz fremd, des Besitzes verlustig und ohne Bleibe«.[3] Insofern ist der Mensch *Anderer*, der angesichts seiner befremdlichen Ferne aufgenommen zu werden begehrt. Die elementarste Form der Aufnahme geschieht freilich nicht, wenn man über die Schwelle eines Hauses tritt, sondern im Hören auf den Anspruch des Anderen. So vollzieht sich Sprache als Gastlichkeit – aber nicht ohne das radikale Risiko einer Ungastlichkeit, der man mangels Anrede und Erwiderung jederzeit wieder anheimfallen kann. Niemals gehören wir vermittels der Sprache dem Leben Anderer ganz und gar zu, um uns glücklich »einbezogen« zu wissen. Die Ferne zwischen uns bleibt, so scheint es, unüberwindbar.

Es handelt sich für Levinas um eine *gute* Ferne und Fremdheit, die jeden Anderen der Gewalt und den langen Armen der Macht entzieht. Allerdings kann man sich darüber täuschen, sich oder Andere für restlos integriert halten und gerade *in* der gegenwärtig so viel gelobten »Integration« das Nonplusultra guten Zusammenlebens erkennen. Aber ist eine Gemeinschaft, die kein Draußen mehr kennt, nicht bereits ein totalitäres System, ein Zwangszusammenhang voller Gewalt? Müsste Gastlichkeit, die dem Anderen *keinen Preis* abverlangt, demgegenüber nicht bedeuten, ihn gerade *als* Fremden, *als* entfernt Bleibenden aufzunehmen, um ihm Nähe nur im Zeichen der respektierten Fremdheit anzubieten?

Irritierende Fragestellung: Warum sollte der fraglichen Fremdheit in dieser Weise kryptonormatives Gewicht beigemessen werden? Spricht das nicht jeglicher gut gemeinten Rhetorik der Integra-

---

[3] M. Blanchot, *Das Unzerstörbare*, München 1991, S. 106.

tion und der Einbeziehung des Anderen Hohn? Bringt nicht auch George Orwell Welt-Fremdheit als schmerzliches Vermissen einer gastlichen und in ihrer Gastlichkeit auch menschlichen Welt zur Sprache – also ein Phänomen des Mangels, des Entbehrens? Will er nicht gerade einer *gastlichen Aufhebung dieser Fremdheit* das Wort reden? Oder besteht der Widerspruch zu einer *Aufnahme des Anderen in seiner Fremdheit* nur zum Schein?

Sollte man allen Ernstes einer solchen Aufnahme im Sinne einer Kultur der Gastlichkeit das Wort reden, ohne das außerordentliche Bedrohungspotenzial in Betracht zu ziehen, das in einer unaufhebbaren Fremdheit liegen kann? Ist diese Fremdheit generell »gut zu heißen« – oder beschwört sie eine gefährliche Heimsuchung herauf, wie Maurice Blanchot und Jacques Derrida meinen? Sind wir gar uns selbst Fremde, wie Julia Kristeva lehrt, kennen wir also uns selbst nicht wirklich, so können wir letztlich auch nicht für uns selbst oder Andere, die uns vertraut sind, einstehen. Befremdlicher Gedanke: gleichwohl werden wir zu einer radikalen Gastlichkeit aufgefordert, die sich weder im uralten Ethos eines kretischen Bauers, der noch sein ärmlichstes Hab und Gut mit seinem willkommen geheißenen Gast teilt, noch gar im Luxus einer fürstlichen Bewirtung geladener Gäste erschöpft, die man nach angemessener Zeit wieder hinauskomplimentiert. Wenn nicht bloß um ein lokales Ethos, um eine Form primärer oder sekundärer Sittlichkeit oder um eine zu nichts verpflichtete Lebensart, worum geht es dann in einer Kultur der Gastlichkeit, die sich in ihrem Aufgeschlossensein für Andere radikalen Risiken aussetzt? Warum, so wird man fragen, sollte dies geschehen, wo man doch mit der stets (unvermeidlich mehr oder weniger beschränkten) Aufnahme in großer Zahl Einlass begehrender Fremder schon Probleme genug hat? So fragen nur Sesshafte, die keine Mühe darauf verschwenden, wie sie ihre eigene Situierung an Ort und Stelle einfach voraussetzen, um jede Gastlichkeit nur als sekundäres Moment einer eventuellen Bereicherung oder unnötiger Gefährdung, keineswegs aber als konstitutiv für jede menschliche Lebensform aufzufassen, die nicht an sich selbst ersticken will.

Beginnt nicht jedes menschliche Zusammenleben in Wahrheit mit der originären Aufnahme Anderer, von denen keiner je »immer schon« in seinem Lebensraum verwurzelt war? Wie tiefgreifend muss man das vergessen haben, um jeden nicht geladenen Gast dessen zu verdächtigen, unberechtigterweise hier bleiben zu wollen, wo »wir« uns bereits verschanzt haben? So ist die Gastlichkeit – sofern

11

sie nicht zum eigenen pekuniären Vorteil ökonomisch rationalisiert, rechtlich gezähmt oder gänzlich privatisiert worden ist – in Verruf geraten, zumal auch radikale Feinde im Verdacht stehen, sich als Gäste zu tarnen, um jede Verteidigungslinie des Eigenen zu unterminieren. Infolge dessen macht sich der generalisierte Verdacht im Innern breit und kann kaum noch begrenzt werden. In einer Hysterie des Sicherheitsdenkens schlägt dessen Verteidigung in eine exzessive Ungastlichkeit um, die das Innere (sei es des Westens, Europas, unseres Staates oder exklusiver Sicherheitszonen, sei es des eigenen Selbst, das sich mit all dem identifiziert) unbewohnbar macht. Abschottung und Liquidierung der Gastlichkeit bedeuten schließlich auch das Ende jeder Bewohnbarkeit einer Interiorität. Wenn K. in Franz Kafkas Roman *Das Schloß* die befremdliche Auskunft erhält, »wir brauchen keine Gäste«, so zeigt sich darin nicht nur die Ungastlichkeit, der K. als Abgewiesener überantwortet wird, sondern auch deren Kehrseite: ein derart abweisendes Inneres kann nicht bewohnt werden.[4] Bei Kafka, schreibt Levinas[5] wohl auch deshalb, gibt es keinen *Ort* und keinen Raum mehr, der Gastlichkeit verspricht.

Kann aber ein Ort oder Raum nicht nur dank Anderer Gastlichkeit versprechen? Sind nicht allemal *sie* es, die die Möglichkeit eines gastlichen Aufenthalts – für wie lange, unter welchen Bedingungen auch immer – einräumen? Handelt es sich etwa um eine Eigenschaft des eingeräumten Aufenthalts, des Ortes oder des Raumes, wenn wir von einer Kultur der Gastlichkeit sprechen? Oder wird *Gastlichkeit als originäre Dimension menschlicher Lebensformen*, die ihr Prädikat verdienen, von Anderen *gestiftet*?

Davon geht dieses Buch aus, um – nicht ohne Zögern – ein Plädoyer für eine Kultur der Gastlichkeit zu wagen, wohl wissend um die außerordentlichen, unberechenbaren Überforderungen, die zu gewärtigen sind, wenn man einer kulturellen Offenheit menschlichen Lebens das Wort redet, die als dessen Konstituens zu begreifen ist und keine bloß luxuriöse Zutat darstellt. In der Tat ist der andere Mensch, wenn überhaupt, dann nur dank Anderer in der Welt auf Zeit heimisch. Darin halten sich das teils einseitige, teils gegenseitige Aufeinanderangewiesensein und das Moment einer möglicherweise radikalen Gefährdung nicht immer die Waage. Gerade in Zeiten einer dramatischen Ausweitung kultureller Lebenshorizonte, die mit den

---

[4] F. Kafka, *Das Schloß. Gesammelte Werke*, Bd. 3, Frankfurt am Main 1976, S. 17.

[5] E. Levinas, *Humanismus des anderen Menschen*, Hamburg 1989, S. 132.

Prozessen der Globalisierung verbunden sind – bei gleichzeitig verschärfter innerer Weigerung, irgendeine unbedingte Offenheit Anderen gegenüber zuzugestehen –, ist es vielleicht ratsam, im Einzelnen zu untersuchen, was eine Kultur der Gastlichkeit »versprechen« kann und was nicht – fern von jeglicher pauschalen Integrationsrhetorik und fern von jeglicher naiven Verharmlosung jenes Begriffs. In diesem Sinne arbeitet dieses Buch zunächst grobe Umrisse einer solchen Kultur heraus und benennt deutlich eine Reihe von Desideraten, die weiter zu bearbeiten wären, wenn sich der eingeschlagene Denkweg als aussichtsreich erweisen sollte – jenseits eines mehr oder weniger luxuriösen Lebensstils von gut Situierten und einer nur noch selten anzutreffenden Freigiebigkeit, die den Gast in ärmlichen Verhältnissen beschämt. Für seine bedingungslose Unterstützung dieses Projekts sowie des unmittelbar sich anschließenden Versuchs, der Rhetorik des Versprechens auf den Grund zu gehen, danke ich herzlich Lukas Trabert.

Fbr., im September 2007

Einleitung

Ein gastlicher Ort, eine Art Refugium, [...] wo man
Nachrichten, ein paar Krümel Tabak, Erinnerungen,
Lachen, ein wenig Hoffnung austauschen konnte:
kurzum, Leben.
Jorge Semprun[1]

Dass man »in sich selber wohnt« und möglichst dort verweilt, vermeintlich geschützt vor einer widrigen und weitgehend unvorhersehbaren Welt, galt lange Zeit als wichtigstes Anliegen einer Philosophie, die einst versprach, jedem Einzelnen zur Selbstgenügsamkeit zu verhelfen.[2] Autark sein, vollkommen unabhängig sein, ganz sein Eigen sein, sich selbst genügen, sind das nicht in der Tat selbstverständliche, unbestreitbare Ziele von allen, die allzu oft schmerzlich das Gegenteil erfahren müssen: sich nicht zu genügen, ausgesprochen mängelbehaftet und nicht einmal Herr im eigenen Hause zu sein? Die Psychoanalyse lehrte zwar, dass dieser Anspruch niemals einzulösen sein wird. Aber hat sich seitdem etwas daran geändert, dass man ihn – wenigstens eingeschränkt – aufrecht zu erhalten versucht? Wurde dieser Anspruch nicht sogar noch verstärkt durch die im 20. Jahrhundert dramatisch gesteigerte Erfahrung, rückhaltlos geschichtlichen Ereignissen ausgesetzt zu sein, die die Menschen in ihrem Wesen erschüttern und bis zur Wesenlosigkeit verändern?

Provoziert durch nicht selten traumatische Ereignisse keimt immer wieder auf, was man die *stoische Versuchung* nennen könnte, d. h. das Ansinnen, sich ihnen zu entziehen, sich unempfindlich zu machen, zu desensibilisieren und womöglich zu immunisieren gegen jede bedrohliche Überforderung. Dieses Ansinnen beruht auf dem

---

[1] J. Semprun, *Leben oder Schreiben*, Frankfurt am Main 1995, S. 53.
[2] E. Cassirer, *An Essay on Man*, New Haven, London 1944, S. 8 ff.; M. Foucault, *Schriften in vier Bänden. Dits et ecrits, Bd. IV, 1980–1988*, Frankfurt am Main 2005, S. 428.

Glauben an eine innere, unversehrte und letztlich unversehrbare Zuflucht, die jeder in sich selbst sollte finden können. »Es gibt keinen Stoizismus ohne den Glauben an eine unveräußerliche innere Souveränität, an eine absolute Selbstherrschaft über sich selbst.«[3] Dieser Glaube bezahlt für Illusionen der Autarkie den hohen Preis einer inneren Verödung und leugnet jegliche *unverfügbare Sensibilität* angesichts einer befremdlichen Welt, die er sich in Wahrheit nie ganz vom Leib zu halten vermag.

Scheinbar rigoros verworfen wird daher das stoische Erbe von Apologeten einer *Auskehr des Denkens*[4] in eine Fremde, in der es schließlich *außer sich*[5] ist, auch auf die Gefahr hin, sich dabei *desaströs*[6] zu ruinieren. Wurden auf diese Weise nur Vorzeichen vertauscht? Sollte es nun um eine Auskehr *anstelle* der gesuchten Einkehr gehen? Sollte man nun *anstatt* einer inneren, autarken Geborgenheit etwa eine Heimat in der Fremde finden? Kann das Denken überhaupt *aus sich* auskehren? Müsste es sich dann nicht *als Denken* preisgeben? Bei näherem Hinsehen zeigt sich, dass es in keinem Fall um ein einfaches Entweder-Oder ging, sondern um ein Denken in Grenzbereichen[7], um ein Affiziertwerden von einer befremdlichen Exteriorität, die im Denken ihre Spuren hinterlässt, ohne aber aufhebbar zu werden. So dachte Foucault einen Raum, in dem »keine Existenz wurzeln kann«, der aber zu einem *rückhaltlos exponierten* Denken herausfordert.[8]

Stehen menschliche Lebensformen, die von einem solchen Denken geprägt sind, vor der gleichen Herausforderung? Sind auch sie, im Leben mit und unter Anderen, mit einer befremdlichen Exteriorität konfrontiert? Ja, vor allem sogar hier, antwortet der jüdische Philosoph Levinas, der einer radikalen, das Denken zugleich inspirierenden und überfordernden Fremdheit gerade auf der Spur des Anderen nachgegangen ist. Keine Fremdheit in der Welt oder Welt-

---

3 G. Marcel, *Die Erniedrigung des Menschen*, Frankfurt am Main 1957, S. 27.
4 M. Foucault, »Das Denken des Draußen«, in: *Schriften zur Literatur*, Frankfurt am Main 1988, S. 130–156. Andererseits hat gerade Foucault eine ausführliche Bilanz des stoischen Erbes vorgelegt. Wie sie zu seiner früheren *pensée du dehors* passen soll, erklärt er uns allerdings nicht; vgl. seine *Hermeneutik des Subjekts. Vorlesung am Collège de France (1981/1982)*, Frankfurt am Main 2004.
5 E. Levinas, *Außer sich*, München, Wien 1991.
6 M. Blanchot, *Die Schrift des Desasters*, München 2005.
7 Nach M. Foucault, »Das Denken des Draußen«, mit Blick auf Bataille, aber auch Blanchot und andere: S. 135.
8 Ebd., S. 153.

Fremdheit kommt der radikalen Fremdheit des Anderen gleich, behauptet er; und zwar gerade deshalb, weil uns nichts derart *nahe* geht wie der Andere in seiner Fremdheit. Dieser Andere kann irgendeiner sein; es handelt sich beim »Nächsten« um den »Erstbesten«.[9] Von dieser Nähe des Anderen legt nach Levinas' Überzeugung nur ein *Humanismus des anderen Menschen* angemessen Zeugnis ab, aber keine sogenannte Kultur- oder Humanwissenschaft, die unaufhörlich fragt, *was* der Mensch sei und worin sein Wesen liegt, statt sich darauf zu besinnen, *wie* der Andere uns in seiner Fremdheit widerfährt, ohne sich dabei als *etwas* gleichsam dingfest machen zu lassen.[10]

Ist die Rede von einem solchen Wesen überhaupt noch sinnvoll aufrecht zu erhalten? Haben die anthropologischen Diskurse, die seit Kant in Aussicht stellten, den Menschen als das, was er eigentlich ist, zur Sprache zu bringen, ihr Versprechen eingelöst? Nein, antwortet schroff Michel Foucault: »Wenn es das Versprechen der Humanwissenschaften war, uns den Menschen zu entdecken, so haben sie es gewiss nicht gehalten.«[11] Nirgends begegnet uns in der Tat das Wesen des Menschen in human- oder kulturwissenschaftlichen Diskursen, die das Erbe der Anthropologie der Aufklärung angetreten haben.[12] Dessen ungeachtet erfreut sich die Frage, was der Mensch ist, nach wie vor einiger Beliebtheit. Für viele ist sie sogar gerade deshalb von vorrangigem Interesse, weil wir mit derart tief in unser Leben eingreifenden Phänomenen wie der bio-technischen Rationalisierung menschlicher Reproduktion und der Dechiffrierung des genetischen Codes konfrontiert sind. Werden sie es nicht möglich machen, das Sein des Menschen selbst zu transformieren? Wenn der Mensch zu definieren ist als das Wesen, das »der [symbolischen] Form fähig ist«, wie Cassirer vorschlug, muss man dann nicht einen Schritt weiter gehen und zugestehen, dass der Mensch offenbar auch dazu in der Lage ist, sich selbst *radikal umzuformen*, um sich zu einem Anderen zu machen?[13]

Ob diese Aussicht realistisch ist, ob sie mit Foucault oder Nietz-

---

9 E. Levinas, *Gott, der Tod und die Zeit*, Wien 1996, S. 150.

10 Vgl. ebd., S. 150, sowie E. Levinas, *Humanismus des anderen Menschen*, Hamburg 1989, S. 85–97, wo Levinas sich antihumanistischem Denken annähert.

11 M. Foucault, *Schriften IV*, S. 93; vgl. v. Verf., »Renaissance des Menschen? Die Herausforderung humanwissenschaftlicher Erkenntnis und geschichtlicher Erfahrung«, in: *Freiburger Zeitschrift für Philosophie und Theologie 49* (2002), Nr. 3, S. 460–484.

12 Vgl. G. Hartung, *Das Maß des Menschen*, Weilerswist 2003.

13 Vgl. E. Cassirer, *Nachgelassene Manuskripte und Texte*, Hamburg 1995, S. 40.

sche zu begrüßen ist oder ob sie das »Ende des Menschen« einläutet (Fukuyama), mag dahingestellt bleiben. Sie zwingt aber in jedem Falle dazu, die offenbar dringliche Frage, was gegenwärtig und in absehbarer Zeit mit uns geschieht, neu zu stellen und auf die Art des Fragens selber besonders zu achten. Muss wirklich die vordringliche Frage lauten, *was* wir sind? Cassirer verbleibt im ontologischen Horizont dieses Fragens, wenn er antwortet: wir sind kulturelle Lebenswelten hervorbringende Lebewesen. An dem, was wir tun, sei am deutlichsten zu erkennen, was wir sind.

Die Produktion kultureller Lebenswelten geschieht in praktischen *Lebensformen*, in denen Menschen nicht nur biologisch zu überleben versuchen, sondern geistig ein »Mehr-als-Leben« hervorbringen[14]; und zwar auf gänzlich unvorhersehbare Art und Weise. Die Lebensformen erfahren dabei eine derart tiefgreifende Umgestaltung, dass sich nicht absehen lässt, ob sie auch in Zukunft noch einen aus der Geschichte vertrauten Zuschnitt haben werden. Cassirer nennt als Beispiel Formen des religiösen Lebens und der Sitte.[15] Angeblich existieren sie in eigentümlicher Selbständigkeit fort und überdauern spielend das Leben der sterblichen Einzelnen. Aber in Zeiten der Globalisierung, forcierter Überschreitung ethnischer, gesellschaftlicher und staatlicher Grenzen versteht es sich nicht mehr von selbst, den Einzelnen von vornherein als *zoon politikon*, als *animal sociale* oder *animal symbolicum* bestimmten sozialen oder politischen Lebensformen eingeordnet zu denken.

Jene Prozesse greifen auch in die oft zitierten »Grundlagen menschlichen Zusammenlebens« tief ein.[16] Sie liefern viele Menschen rückhaltlos dem Weltmarkt aus und entziehen ihnen jede soziale Absicherung. Zugleich lassen sie es als radikal fraglich erscheinen, wer wen in welchen sozialen oder politischen Zusammenhängen überhaupt etwas angeht. Während manche noch in Nischen einer verbürokratisierten und sogar verbeamteten Welt eine gesicherte Existenz aufbauen und sich infolge dessen rückständigen Illusionen hingeben können, weht der Mehrheit auch der Bevölkerungen der westlichen Industriestaaten längst der frische Wind eines neuen No-

---

14 Ebd., S. 11.
15 E. Cassirer, *Ziele und Wege der Wirklichkeitserkenntnis*, Hamburg 1999, S. 160.
16 Das hat auch Cassirer gesehen, zeitbedingt aber andere Erschütterungen vor Augen gehabt; vgl. *Der Mythos des Staates. Philosophische Grundlagen politischen Verhaltens* [1946], München ²1978, S. 107 f.

madentums entgegen, das entschlossen die Flucht nach vorn angetreten hat unter Verzicht auf eine in bestimmten bürgerlichen Lebensformen und an privilegierten Orten auf Dauer einzurichtende Existenz. Infolge dessen erfährt man sich nicht bloß einer sozialstaatlichen Saturiertheit *beraubt* oder von ihr *befreit*, sondern darüber hinaus auf unerwartete Art und Weise offen für eine *radikale Neubestimmung* dessen, was man in Zeiten des Kalten Krieges als friedliche Koexistenz bezeichnet hat. Dabei geht es freilich nicht um das vor exzessiver Gewalt bewahrende Nebeneinander von hochgerüsteten Systemen, sondern um die elementarsten Fragen menschlichen Zusammenlebens: Wer bin ich im Verhältnis zu Anderen? Wer sind diese Anderen, die mich angehen? Nur meine Nachbarn? Oder die Nächsten, die sich als die Fernsten herausstellen können? Was bedeutet es, dass man einander »etwas angeht«? Ist damit ein soziales Aufeinanderangewiesensein oder ökonomische Abhängigkeit, Verantwortung für einander oder sogar Verpflichtung zur Gewährleistung gerechter Lebensverhältnisse im globalen Horizont gemeint? Usw.

Es kann keine Rede davon sein, dass wir es hier mit lediglich kulturwissenschaftlich-empirischen Problemen zu tun hätten. Aber auch eine reine, weitgehend auf Fragen rationaler Begründung normativer Begriffe fixierte Philosophie ist mit diesen Fragen notorisch überfordert. Es geht gerade darum, unter ständig tiefgreifend sich wandelnden Bedingungen *neuartigen* Fragen nach dem Sinn menschlichen Zusammenlebens nachzugehen; Fragen, die sich gewiss nicht einfach ergeben aus empirischen Konstellationen, die aber in gewisser Weise Antwort geben auf sie und sie ihrerseits neu zu verstehen erlauben; und zwar ausgehend von unserer Verstrickung in Kontexte sozialen Lebens, die weniger denn je den klassischen Zuschnitt einer Gemeinschaft, einer Gesellschaft oder eines Staates aufweisen. Weder sind wir schon Bürger eines kosmopolitischen Welt-Staates (den es vielleicht nie geben wird), noch gehen wir als »Staatswesen« (Dahlmann) im Nationalstaat oder gar in einer partikularen Gemeinschaft auf, nach der sich offenbar so viele sehnen, weil sie einige Globalisierungs- und Rationalisierungsschäden zu kompensieren verspricht.

Allein lokal gewissermaßen geortete Gemeinschaften lehren uns, wer wir sind, behauptet der kanadische Sozialphilosoph Charles Taylor. Damit scheint er einen Rückzug auf die Familie, auf Nachbarschaft und Gemeinde zu empfehlen, die zwar ein universalistisches Moralbewusstsein nicht ausschließen, gleichwohl aber deutlich

Prioritäten setzen. Wer wir sind, und in diesem Sinne um unsere Identität wissen wir in dem Maße, wie wir wissen, *wohin* wir gehören und *zu* welchen Anderen wir gehören, denen vorrangig Gefühle der Loyalität, einer konkret-responsiven Verantwortung und Verpflichtung gelten.[17] Ein solches Loblied auf lokale, gemeinschaftliche Responsivität hat jahrelang der nordamerikanische Kommunitarismus gesungen, in dem sich eine Tendenz zur Rezentrierung des eigenen Lebens unverkennbar durchsetzte. In Wahrheit, so glaubten die Kommunitaristen offenbar, lässt sich ein de-zentriertes Leben gar nicht wirklich führen. Man könne nicht überall und nirgends existieren. Selbst Nomaden, die den Ort immer wieder wechseln, leben doch keineswegs *ortlos* bzw. *entortet*. Tatsächlich war aber gemeint, dass ein sozial responsives Leben mit und unter Anderen, die jeden Einzelnen selbst etwas angehen, Sesshaftigkeit voraussetzt.

Spricht eine solche Philosophie für gut Situierte aber nicht dem Schicksal von Abermillionen Migranten, Vertriebenen, Exilierten und Flüchtlingen Hohn? Bleibt sie nicht jede Antwort auf die Frage schuldig, was die einen die anderen eigentlich angehen? Haben die Sesshaften einfach Glück infolge günstiger sozio-ökonomischer Umstände, während diejenigen, die auf der Erde ruhelos unterwegs sind, ob freiwillig oder unfreiwillig, an mangelnder Verortung ihres Lebens leiden? Oder belächeln postmoderne Nomaden mit Recht die Provinzialität derer, die sich vor nichts mehr fürchten als vor ihrer Entwurzelung und sich an Grund und Boden klammern?

Genau das wird in der Tat nahe gelegt von nomadistischen Thesen, die von einer im Zeichen der Globalisierung allseits geforderten Entortung menschlicher Lebensformen ausgehen, der nur ein neues Nomadentum gerecht werden könne. Demnach wären alle Menschen grundsätzlich und überall letztlich nur vorübergehend Gäste, die auf Zeit eine Unterkunft, geduldeten Aufenthalt oder das Recht zu bleiben erhalten. Die erheblichen juridischen Differenzen zwischen Duldung und wirklicher Aufnahme in ein Gemeinwesen, das man nicht wieder verlassen *muss*, bleiben in solchen Thesen unterbelichtet. Um so mehr verführen sie dazu, mit einer metaphysischen Vision zu liebäugeln, die das Jahrtausende alte Erbe einer fragwürdigen Bodenständigkeit endlich hinter sich lassen und das soziale Bewusstsein dafür schärfen soll, wie sehr alle Menschen, weltweit, als Sterbliche, die sich auf der Erde nur vorübergehend aufhalten, aufeinander an-

---

[17] Vgl. C. Taylor, *Quellen des Selbst*, Frankfurt am Main 1996, S. 54 f., 93 f.

gewiesen sind. Allerdings lässt sich dieser zunächst wenig aussagekräftige Befund ohne weiteres ignorieren von allen, denen es vorläufig an nichts fehlt. Sie brauchen sich auch nicht daran erinnern zu lassen, dass sie einst, als Neugeborene, ihrerseits gastliche Aufnahme bei den Lebenden gefunden haben. Denn wozu sollte das verpflichten, da man doch nicht darum gebeten hat, zur Welt gebracht zu werden?

Sowohl die einen, die sich Sehnsüchten der Verwurzelung in georteten Lebensformen hingeben, als auch die anderen, die einer weitgehenden Befreiung von solchen Bedürfnissen das Wort reden, lassen uns im Stich, wenn es darum geht, wie in einer unübersehbaren Vielfalt heterogener Lebensformen, die keinem wie auch immer gearteten Typus eindeutig entsprechen müssen, gewissermaßen Querverbindungen zwischen Fremden denkbar sind, die einander *prima facie* nichts angehen.[18]

Weder sind sesshafte Lebensformen im Allgemeinen vorzuziehen oder generell zu verachten noch nomadische Lebensweisen undifferenziert hoch oder gering zu schätzen. So wenig letztere nur aus einem Mangel an Bodenständigkeit geboren sind, so wenig müssen erstere lokalen Göttern huldigen. Ist nicht *jede* Vorstellung *einer* Lebensform gänzlich abwegig, die letztlich allen Menschen angemessen wäre? Allerdings hat die überbordende Pluralität heterogener Lebensformen nicht die Form eines indifferenten und harmlosen Nebeneinanders. Zugehörigkeiten und Mitgliedschaften überschneiden sich und geraten ebenso in Konflikt miteinander wie die praktischen Spielräume des Verhaltens, die sie jeweils mehr oder weniger rigide oder flexibel vorgeben. Ihr Widerstreit durchzieht unser Inneres und stürzt uns in nicht selten tragische Konflikte untereinander.[19] Dabei verfügt niemand über ein Ortungssystem, über einen Kompass oder über eine Landkarte, mit der man sich in der verwirrenden Topografie der Lebensformen orientieren könnte, die nicht wie eine geologische Formation objektiv feststeht, sondern im aktuellen Verhalten immer wieder umgestaltet wird. Hilft in dieser Lage also nur der flexible Situationismus einer explorativen und experimentellen Kunst des Handelns weiter, wie sie Michel de Certeau etwa beschrie-

---

[18] Vgl. v. Verf., *Zerbrechliche Lebensformen. Widerstreit – Differenz – Gewalt*, Berlin 2001.
[19] I. Berlin hat das immer wieder betont; vgl. *The Proper Study of Mankind*, London 1998.

ben hat?[20] Nimmt uns so gesehen wieder ganz und gar der Ort gefangen, an dem sich Widerstreit, Konflikt oder Gewalt zwischen verschiedenen Lebensformen entzünden? Haben wir nur die mehr oder weniger kluge *Praxis* im Rahmen eines *Ethos* des Umgangs mit Widerstreit, Konflikt und Gewalt zu bedenken? Wird es sich nicht stets um ein Ethos *vor Ort* handeln müssen?

Dieser Eindruck wird tatsächlich in einer teils auf Aristoteles, teils auf Heidegger sich berufenden Philosophie der Praxis erweckt, die auch an die Bedeutung des *ethos* als Aufenthalt der Menschen erinnert. Es handelt sich um eine durch und durch »irdische« Philosophie, die den Anspruch erhebt, die Menschen heimkehren zu lassen an den Ort ihres wahren Lebens.[21] Dieser Ort ist kein »empirisches Hier«, sondern das Sein selbst, das die Philosophie »vergessen« lassen hat – wenn wir einer oft zitierten Diagnose Heideggers folgen. Nicht zuletzt eine gewisse Affinität dieser Diagnose zu einer unerhört aggressiven Verteidigung und Erweiterung eigenen Lebensraums, die schließlich in die exzessivste Vernichtungspolitik mündete, hat einen Philosophen wie Levinas dazu bewogen, ihr ein neues Heidentum vorzuwerfen, das alles preisgebe, was uns die Fremden, diejenigen, die uns nicht an Ort und Stelle zugehören, und die uns zugehörigen Anderen *als* Fremde ethisch anempfehle als originäre Quellen der Verantwortung für sie. Zunächst fasziniert von jener Diagnose Heideggers, hat Levinas schließlich allergisch auf sie reagiert und sie polemisch auf einen Nenner gebracht mit einer abergläubischen Verehrung von Blut und Boden.

Aber ging es nicht in Wahrheit darum, das *ethos* der Menschen als Heimkehr in einen wahren Aufenthalt zu verstehen, wo sie in Anrede und Erwiderung füreinander aufgeschlossen werden? War das »Haus des Seins«, von dem viel die Rede war, nicht lediglich eine in diesem Sinne *versprochene Nähe* – und gerade nicht der ethnisch exklusive Ort oder Lebensraum eines heidnischen Kults des Eigenen?[22] Kann diese Nähe nur *jenseits des Seins* bestehen, wie Levinas immer wieder betont hat, oder ist das Versprechen gerade *zwischen Fremden in der Welt* und in der von Widerstreit, Differenz und Ge-

---

[20] M. de Certeau, *Kunst des Handelns,* Berlin 1988.

[21] Vgl. M. Heidegger, *Unterwegs zur Sprache,* Pfullingen ⁶1979, S. 37 ff. zum Begriff des Ortes, sowie den Brief »Über den ›Humanismus‹«, in: *Platons Lehre von der Wahrheit,* Bern ²1954, S. 53–119, hier: S. 106–9 zum Begriff des Aufenthalts.

[22] Vgl. M. Heidegger, *Platons Lehre,* S. 60, sowie J. Derrida, *Die Schrift und die Differenz,* Frankfurt am Main 1976, S. 221 f.

walt gezeichneten Situation ihrer wirklichen Lebensformen einzulösen? Wäre es in diesem Falle nicht als *Versprechen der Gastlichkeit*
zu begreifen und kulturelles Leben von daher an seinen eigentlichen
Sinn zu erinnern, den es in der Überfülle seiner materiellen Produkte
nur allzu leicht aus dem Auge verliert?

Genau dieser Gedanke ist in späten Schriften von Derrida, aber
auch schon im ersten Hauptwerk von Levinas *Totalität und Unendlichkeit* zum Ausdruck gebracht worden. Zwar standen bei beiden
Philosophen nicht kulturtheoretische Überlegungen im Vordergrund, doch können ihre einschlägigen Schriften durchaus so gelesen
werden, dass es ihnen um die ethische Herausforderung einer
»menschlichen« Kultur zur Gastlichkeit ging. Für Kulturphilosophie,
so wie sie etwa mit dem Namen Ernst Cassirers verbunden ist, hat
sich Levinas allerdings nie sonderlich interessiert. Ihm ging es um
den Empfang *(acceuil)*, den ein »menschliches« Subjekt dem Anderen bereitet, indem es sich seinem Anspruch gegenüber als aufgeschlossen erweist. In späteren Schriften findet sich gleichwohl
auch der Vorschlag, jede Kultur von der Ethik aus zu beurteilen, womit nicht eine traditionelle Ethik auf den Spuren von Aristoteles oder
ein idealistischer Begriff der Sittlichkeit gemeint war. Vielmehr sollte
die Ethik, die Levinas vorschwebte, offenbar besagen, dass es um eine
Kultur geht, die ihre wichtigste und unverzichtbare Aufgabe darin
sieht, sich für jeden Anderen in seiner Einzigartigkeit verantwortlich
zu erweisen.

Später wird Derrida behaupten, die Gastlichkeit sei »die Kultur
selbst« und sie bilde »keine Ethik neben anderen«.[23] Aber Derrida
war sich darüber im Klaren, dass eine Philosophie, welche wie die
Ethik von Levinas eine befremdliche Gastlichkeit menschlicher Subjektivität zu beschreiben unternimmt, Gefahr läuft, diesen Begriff
auf geradezu welt-fremde Art und Weise zu entpolitisieren und jeder
konkretisierbaren kulturellen Bedeutung zu berauben. Gastlichkeit
als Hospitalität ist aber auch eine Angelegenheit des Rechts und der
Sitten sowie der Lebensweise.[24] Kann eine rein ethisch aufgefasste

---

[23] J. Derrida, *Cosmopolites des tous les pays, encore un effort!*, Paris 1997, S. 156.
[24] Vgl. dazu O. Hiltbrunner, *Gastfreundschaft in der Antike und im frühen Christentum*, Darmstadt 2005. Ein dramatisches Beispiel für ein scheinbar bedingungsloses kulturelles Ethos der Gastlichkeit gibt Ismail Kadaré in seinem Buch *Der zerrissene April*,
München 1993. Gemäß dieses, den »Hochländern« Albaniens zugeschriebenen Ethos
muss sogar der Mörder des eigenen Sohnes (als »Gastfeind«) unbedingt aufgenommen
werden und gilt quasi als heilig während der Zeit seiner Beherbergung (S. 29, 74, 77 f.).

Gastlichkeit überhaupt ohne rechtliche, politische und soziale Unterstützung auskommen? Haben wir es hier nicht mit ganz unterschiedlichen und aufeinander nicht reduzierbaren Bedeutungen dieses Wortes zu tun? Schließlich war Gastlichkeit in vielen Jahrhunderten Sitte und religiöse Praxis, bevor man daran dachte, sie als juridischen Begriff zu formulieren. Dadurch erfuhr die verrechtlichte Gastlichkeit zugleich eine Verengung ihrer Bedeutung. Heute ist sie eine freiwillige, befristete und mehr oder weniger generöse Privatsache, die scheinbar nur das Leben in den eigenen vier Wänden betrifft, während man *Ansprüche* auf gastliche Aufnahme weitgehend ans Recht delegiert hat. Der vielen Schicksale von Flüchtlingen, denen das Recht offenkundig nicht gerecht wird, nehmen sich mit großer Energie (aber von der Öffentlichkeit fast unbemerkt) viele kleine Gruppen und Netzwerke an wie etwa die *Gesellschaft für bedrohte Völker*, die eine Zeitschrift mit dem bezeichnenden Titel *pogrom* herausgibt. Schon eine oberflächliche Durchsicht der einen oder anderen Ausgabe macht die Vielfalt der bearbeiteten Themen deutlich, die sich gewiss nicht bloß unter den Titel Flüchtlingspolitik subsumieren lassen. Es geht um Diskriminierung, Vertreibung, Exil und Diaspora ebenso wie um Probleme traditionellen Nomadentums, die im Übrigen die Fahrlässigkeit deutlich machen, mit der ein modischer Nomadismus gleichsam im Handstreich alle Menschen zu Migranten, wandernden Gesellen oder fahrendem Volk erklärt. Auch sind Nomaden nicht gleich Nomaden.

Die entscheidende Voraussetzung der hier zu findenden Berichte über thailändische Seenomaden, über umherziehende Hirten der Mongolei oder über die Tuaregs Zentralafrikas ist aber, dass uns diese Fremden »etwas angehen«, dass uns ihr Schicksal nicht gleichgültig lassen kann.[25] Eine Welt, so wird unterstellt, der es gleichgültig bliebe, ob anderswo Fremde unter besonders unwirtlichen Bedingungen

---

Das bewahrt ihn freilich nicht davor, außerhalb des eigenen Hauses einer rigorosen Ökonomie des Todes im Zeichen der Blutrache ausgesetzt zu werden, über deren Regeln ein »Verwalter des Blutes« peinlich genau wacht. Hier fungiert eine zumindest auf den ersten Blick ohne Einschränkung als Ethos praktizierte Gastlichkeit als Komplement einer fatalen Aufrechnung von Verletzungen und Todesfällen, die daran zweifeln lässt, ob es sich hier wirklich um eine gastliche *Kultur* handelt. Eine Antwort wird sich nur finden lassen, wenn man die genannten Bedeutungen und Dimensionen der Gastlichkeit differenziert.

[25] »Nomaden ringen ums Überleben«, *pogrom* 36 (2005), Nr. 6.

(die vielfach von Menschen zu verantworten sind) überhaupt überleben, würde sich den Vorwurf der Unmenschlichkeit zuziehen. Gewiss: man weiß oft genug nicht, an wen ein solcher Vorwurf zu adres-
sieren wäre und wer die Verantwortung zu tragen hat für die
Gewährleistung »gastlicher« Lebensbedingungen anderswo. Ungeachtet dessen ist der Befund nicht zu bestreiten, dass man sich über
große Distanzen hinweg selbst verantwortlich macht für die Wahrnehmung und Artikulation dieser Fragen, die ihrerseits Antwort gibt
auf einen Anspruch Fremder, denen vielfach kein Recht und keine
Macht zur Seite steht.

Was diesen Anspruch angeht, so würde sich Levinas bestätigt
sehen. Genau die Affizierbarkeit durch einen solchen Anspruch versucht er in seiner Philosophie geltend zu machen, ohne aber zu behaupten, er lasse sich als ein positives Recht formulieren. Abgesehen
davon glaubt er, dass wir zur Gastlichkeit angesichts jedes Fremden
gewissermaßen pathologisch bestimmt sind. Dabei rekurriert er, um
das zu belegen, auf eine jüdische Überlieferung, die man nicht einfach als partikulare monotheistische Religion abtun kann. Denn das
Aufgeschlossensein für den Anspruch des Fremden beschreibt sie als
universal erfahrbar – obgleich es nicht zu beweisen, sondern nur zu
bezeugen ist. Damit werden wir eingeladen, einen wichtigen Vorschlag zur Deutung menschlicher Gastlichkeit zu erproben, ohne
uns dabei auf eine religiöse Tradition einfach zu *berufen*, an die sich
auch Levinas und Derrida nur glauben *anlehnen* zu können.

Dieser Vorschlag stützt sich nicht etwa darauf, dass auf der Welt
ein göttlicher Fluch liegt, der den Menschen in seiner selbst verschul-
deten Sterblichkeit zu nicht enden wollender Mühsal »im Schweiße
seines Angesichts« verurteilt.[26] Er besagt vielmehr, dass Gastlichkeit
keine Eigenschaft der Welt ist, in der wir »unwirtliche« Gegenden
durchqueren, die der Grieche Strabon in seiner Erdbeschreibung *axe-
nos* (ungastlich) nannte.[27] Eine dem menschlichen Leben gegenüber
überwältigend gleichgültige Natur erscheint als ungastlich, weil es an
menschlicher Gastlichkeit fehlt; manchmal derart, dass viele in lebensbedrohliche Not stürzen. Das Wissen darum, unter Umständen

---

[26] So wäre der Mythos der Vertreibung aus dem Paradies geradezu als göttliche Ver-
urteilung zur Ungastlichkeit zu rekonstruieren; vgl. G. W. F. Hegel, *Vorlesungen über
die Philosophie der Religion II, Werke 17* (Hg. E. Moldenhauer, K. M. Michel), Frankfurt am Main 1986, S. 77.
[27] Vgl. A. Diehle, *Die Griechen und die Fremden*, München 1994.

elementar auf Andere bzw. auf einander angewiesen zu sein, kann weitgehend verblassen, so dass Gastlichkeit nur noch für Besserlebende in Betracht zu kommen scheint, die sie sich leisten können wie einen Luxus, durch den sie nur ihr eigenes Ansehen zu steigern suchen. Gewisse historische Erfahrungen halten aber eine Lehre für uns bereit, die »sich nicht vergisst«, wie man mit Kant sagen könnte: die Lehre, wie zerbrechlich das Gefüge heterogener Lebensformen ist, in die sich allzu viele, sei es aufgrund einer trügerischen *Normalisierung*, sei es infolge eines konsequenten *stoischen Rückzugs* auf sich selbst, verlässlich eingelebt glauben.[28] Vor allem Hannah Arendt hat diese Lektion dem Nachdenken über Sinn und Formen menschlichen Zusammenlebens ins Stammbuch geschrieben und auf den Begriff der *Weltlosigkeit* gebracht.

Nicht ihre Einordnung in die Natur, wohl aber ihre Einfügung in eine menschliche Welt büßen die Menschen ein, wenn sie sich in einer »Wüste der Nachbarlosigkeit« wiederfinden, die bedeutet, dass ihnen schließlich niemand mehr begegnet, der ihnen Schutz, vor allem vor der Gewalt Anderer, bietet. Wird die Erwartung, in Schutz genommen zu werden, im Vorhinein ruiniert, so spricht man von einer Zerstörung des Welt-Vertrauens, das zunächst auf Anderen ruht, die es gerechtfertigt haben, ohne dass damit je eine Garantie für die Zukunft zu verbinden wäre.[29] Damit kommt diese Diskussion einem zentralen Begriff von Levinas sehr nahe: dem Begriff der Bleibe *(demeure)*. Dieser Begriff konkretisiert, was Derrida die versprochene Nähe nannte. Dem Anderen, gleich wer er sei, ist dank gastlicher Subjekte, die sich seinem Anspruch nicht verschließen, ein bleibender Aufenthalt versprochen, für den er nicht den Preis seiner Fremdheit zahlen muss. Ihm, als Fremdem, ist die Bleibe versprochen. Es handelt sich um die Bleibe eines Fremden in der Nähe, die

---

[28] Vgl. v. Verf., »Von der Wahrheit moralischer Normalität« [Rezension von T. Todorov, *Angesichts des Äußersten*, München 1993], in: *Deutsche Zeitschrift für Philosophie 43*, Nr. 1 (1995), S. 173–176.

[29] Dagegen diskutiert H. Blumenberg das Problem des Welt-Vertrauens in einer kosmologischen Perspektive im Anschluss an Arendt in: *Säkularisierung und Selbstbehauptung*, Frankfurt am Main 1983, S. 15, 161. Wenigstens verwiesen sei demgegenüber auf die Zerstörung eines Anderen zu verdankenden Welt-Vertrauens in der Folter, wie sie u. a. bei E. Scarry diskutiert wird: *Der Körper im Schmerz*, Frankfurt am Main 1992; J. Améry, *Jenseits von Schuld und Sühne*, München 1988, S. 44 ff. Vor pauschalen Thesen sollte man sich im Übrigen hüten. Auch im KZ herrschte nicht die nackte Ungastlichkeit, wenn wir J. Semprun folgen, der dort selbst in den Latrinen einen gastlichen Ort fand; s. o. Anm. 1 sowie das folgende Kapitel I.

keine bloß räumliche Distanz bestimmt und nicht zur Verleugnung der Fremdheit zwingt. Wie kein anderes bewegt sich dieses Denken in Grenzbereichen, wo es in die Gefahr gerät, kapitulieren zu müssen.

Was Levinas so als die eigentliche Inspiration und Aufgabe eines sich erst in seiner Gastlichkeit als menschlich erweisenden Subjekts beschreibt, macht vielfach ratlos. Kann man im Ernst meinen, im Leben »menschlicher« Subjekte sei eine Art Versprechen beschlossen – ein Versprechen, das dem Anderen als Fremden gelten soll und das wir doch niemals *gegeben* haben? *Wer* ist dieser Andere? Handelt es sich allemal nur um diejenigen, die uns ohnehin »nahe stehen«? Oder gar um alle Anderen? Würde das nicht auf eine unsinnige Überforderung der Gastlichkeit hinauslaufen? Müsste man nicht den konkret stets sehr beschränkten Möglichkeiten gastlicher Lebensformen Rechnung tragen; und zwar in sozialer, politischer und rechtlicher Hinsicht? Beschwört die Nähe, die dem Anderen als Fremdem angeblich versprochen ist, nicht auch eine Bedrohung herauf – zumal dann, wenn radikale Feinde als Nomaden unterwegs sind?

Wir sind heute weit von befriedigenden Antworten auf diese Fragen entfernt. Deshalb bescheidet sich dieses Buch mit dem Versuch, im Anschluss an einige Vorarbeiten[30] die von Levinas und Derrida gemeinte *Gastlichkeit als Herausforderung einer »menschlichen« Kultur* herauszuarbeiten. Es entwickelt den Gedanken der Gastlichkeit zunächst in der Auseinandersetzung mit Hans Blumenberg ausgehend vom Bild einer dem Menschen und dem Überleben der Gattung gegenüber ganz und gar gleichgültigen, *ungastlichen Welt* (Kapitel I), der sodann die Idee einer menschlichen Gastlichkeit entgegen gestellt wird, die nur *Anderen* zu verdanken ist (Kapitel II) und sich in einer *Pluralität von Anderen* bewähren muss (Kapitel III). Das Buch greift dann die Idee auf, dass menschliche Gastlichkeit auf die Einräumung einer *Bleibe* angewiesen ist; und zwar an einem *Ort* bzw. *in sozialen Lebensformen,* die in dieser Herausforderung zugleich mit ihrer eigenen *Überforderung* konfrontiert sind (Kapitel IV). *Wie,* das zeigen mit Blick auf die politische Aktualität die sich anschließenden Überlegungen zum *Zusammenhang von Gastlichkeit und kollektiver Gewalt* bis hin zu Genoziden und

---

[30] Vgl. v. Verf., *Gastlichkeit und Freiheit. Polemische Konturen europäischer Kultur,* Weilerswist 2005; *Subtile Gewalt,* Weilerswist 2007.

Neuen Kriegen (Kapitel V). Diese Phänomene kollektiver Gewalt werfen schließlich die Frage auf, was Gastlichkeit zur *Befriedung der menschlichen Lebensverhältnisse* beitragen kann (Kapitel VI).

Insgesamt handelt es sich um sechs elementar angelegte Heranführungen an das, was man im Kern unter dem *ethischen Sinn* einer *wahrhaft menschlichen Kultur* verstehen könnte, die ihren Namen verdient. Sie sind sämtlich getragen von der Überzeugung, dass man sich der eingangs skizzierten stoischen Versuchung widersetzen muss, die sich der trügerischen Illusion hingibt, jeder könne sich auch heute noch, in einer schon durch die schiere Überzahl der Menschen eminent gefährdeten Welt, durch einen Rückzug ins vermeintlich autarke Haus[31] des eigenen Selbst einen wohnlichen Ort und Lebensraum sichern. Aber auch eine radikale Auskehr des Denkens aus Vorstellungen ungefährdeten Wohnens in der Welt oder im eigenen Inneren wird der Gegenwart nicht gerecht, in der mir nichts so virulent erscheint wie die Herausforderung, für eine gastliche Kultur Sorge zu tragen – d. h. für eine praktisch sich bewährende Gastlichkeit, die weder unsere Fremdheit leugnet noch auch den Befund, wie sehr wir einander gefährden und aufeinander angewiesen sind.

---

[31] Hier fungiert das Haus ersichtlich als Metapher, um die sich eine Denk- und Lebensweise dreht, die im Rückzug auf ein homogenisiertes und möglichst von aller Fremdheit gereinigtes Eigenes ihr Heil sucht. Dabei kann das Selbst *als* Haus oder als *im* Haus oder in einem *analog* vorgestellten *oikos* zuhause gedacht werden. Die entscheidende Frage lautet jedes Mal, wie das Eigene und das Fremde korreliert werden. Vgl. B. Waldenfels, *Verfremdung der Moderne. Phänomenologische Grenzgänge*, Göttingen 2001, mit den dortigen, weiter führenden Hinweisen auf die *Studien zur Phänomenologie des Fremden, Bd. 1–4.*

Kapitel I
Überleben in einer ungastlichen Welt
Die Spur des Anderen in Hans Blumenbergs späten kosmologischen Meditationen

> *The various miseries of life*
> *which lie before us wherever we turn our eyes,*
> *the frailty of this mortal state we are passing through,*
> *may put us in mind that the present world is not our home;*
> *that we are merely strangers in it, as our fathers were.*
> J. Butler[1]

> *Looking outward to the blackness of space,*
> *sprinkled with the glory of a universe of light,*
> *I saw majesty – but no welcome.*
> Loren Acton[2]

> *Im Gedenken an V.,*
> *der in Prag dem fernen Licht auf der Spur war,*
> *bis die Nazis einmarschierten.*

1. Die Rhetorik der Dezentrierung

Neuesten Berichten zufolge herrscht in der Physik der Gegenwart seit geraumer Zeit eine »deprimierende Unordnung«. Das Nebeneinander von Quanten- und Wellentheorie, zahlreiche Naturkonstanten, die man nicht weiter erklären kann, vier nicht in eine einheitliche Formel zu integrierende Grundkräfte, Spekulationen über ein x-dimensionales Multiversum, das alle Möglichkeiten wissenschaftlicher Verifikation übersteigt, usw. – das alles scheint in der Tat geeignet, durch eine auf diesem Gebiet nicht erwartete Inkohärenz eher die Zunft der Physiker zu demütigen als die menschliche

---

[1] J. Butler, *Fifteen Sermons*, London 1949, S. 106; zit. n. G. Hill, »Rhetorics of Value«, in: *The Tanner Lectures on Human Values*, Oxford 2000, S. 255–283, hier: S. 265 f.
[2] Amerikanischer Astronaut, dessen Worte sich zitiert finden in K. W. Kelley (Hg.), *Der Heimat-Planet*, Frankfurt am Main 1989, zu Bild Nr. 20.

Gattung.[3] Dabei hat man den Physikern unter Hinweis auf das Paradigma der kopernikanischen »Dezentrierung« der Erde doch immer wieder die Macht einer das menschliche Selbstbewusstsein nachhaltig kränkenden Erkenntnisleistung zugeschrieben.[4] Nun scheint es aber nicht mehr sicher, ob die kosmologische Physik auch in Zukunft zu derart kohärenter Erkenntnis gelangen wird, wie sie das kopernikanische Weltbild zu repräsentieren schien. Sie ist zur Angelegenheit von Spezialisten geworden, der kaum noch anthropologische Brisanz zukommt. Und die an das Paradigma der modernen Kosmologie angelehnte Rede von jenen drei »Kränkungen«, die die Menschheit durch Kopernikus, durch Darwin und zuletzt durch Freud erlitten haben soll, ist längst zum Stereotyp heruntergekommen. Bekanntlich sollten diese Kränkungen erstens daher rühren, dass die Menschheit hinnehmen muss, nicht mehr im Zentrum der Schöpfung und des Universums platziert zu sein; zweitens dadurch, dass sie nunmehr als zufälliges Produkt einer Evolution dasteht, die es weder von vornherein noch letztlich auf uns abgesehen hat; und drittens dadurch, dass der Mensch nicht mehr »Herr im eigenen Hause« sein kann, nachdem man die Bedeutung des Unbewussten eingesehen hat.[5] Mit der Rhetorik dieser Kränkungen, deren letzte vor allem ihm selbst zu verdanken sein sollte, hat sich Freud erfolgreich zum dritten Pionier einer endgültigen Dezentrierung des Menschen hochstilisiert, die ihn restlos desillusionieren sollte. Wahrhaft menschlich leben, das hieß für Freud: auf jede kindliche Illusion zu verzichten, d. h. sich dem so genannten Realitätsprinzip zu unterwerfen, um schonungslos anzuerkennen, was der Fall ist.

Diese Rhetorik erfreut sich bis heute großer Beliebtheit. Heutzutage wird ja alles dezentriert, bemerkte Jacques Derrida einmal spöttisch. Dabei hat die moderne Kosmologie längst das im Rückblick als geradezu harmlos erscheinende heliozentrische System des Ko-

---

[3] Vgl. http://zeus.zeit.de/text/2006/05/Kosmologie. Siehe dort den Beitrag von M. Rauner.

[4] Welche Vorurteile in nachträgliche Projektionen anthropologischer und metaphysischer Zentrierung vormoderner Weltbilder eingegangen sind, hat Blumenberg mehrfach deutlich gemacht. Darauf sei nur *en passant* verwiesen: H. Blumenberg, *Die Genesis der kopernikanischen Welt*, Bd. 1, Frankfurt am Main 1981, S. 208, 215, 222. Eine gewisse »Idealisierung der Weltmitte« schreibt der Autor erst der platonischen Renaissance zu (ebd., S. 51, 239 f.); ders., *Die kopernikanische Wende*, Frankfurt am Main 1965, S. 11, 129.

[5] Vgl. R. Rorty, *Solidarität oder Objektivität?*, Stuttgart 1988, S. 38 ff.

pernikus hinter sich gelassen, in dem weder heimtückische Asteroiden noch verheerende Meteore vorkamen, von denen nach heutiger Kenntnis Tausende die Erde bereits getroffen haben und auch künftig treffen werden, um jeder Gattung eventuell, bei genügender Größe, das Schicksal der Dinosaurier zu bereiten. Erst infolge der Entdeckung eines konstanten Zusammenhangs zwischen der Rotverschiebung der Sterne und ihrer Entfernung von der Erde ist nach E. P. Hubble (1929) die jede Vorstellungskraft sprengende Größenordnung des Universums deutlich geworden. Daraufhin vermutete A. S. Eddington, dass es sich mit ungeheurer Geschwindigkeit ausdehnt. Sodann wurde spekuliert, es werde womöglich irgendwann wieder zusammenschnurren, um geradezu kindisch eine erneute Schöpfung folgen zu lassen. Weder von dieser Möglichkeit noch vom sog. Wärmetod oder vom absehbaren Schicksal der Sonne, die sich erst zum Roten Riesen aufblähen und ihre nächsten Planeten versengen wird, um dann als Weißer Zwerg ihres eigenen Untergangs zu harren, hatten Kepler, Kopernikus und Galilei die geringste Ahnung. Und im Vergleich zur relativen Position von Erde und Sonne, die sie beschäftigte, hätten wir nach Blumenbergs Überzeugung weit mehr Grund, über den Zweiten Hauptsatz der Thermodynamik zu erschrecken als über den freien Fall der Erde um die Sonne, in dem sich zentrifugale Kräfte und die Gravitation immerhin derart die Waage halten, dass in unserer Lebenswelt nach wie vor der Eindruck vorherrscht, die Erde sei ein sehr vertrauenswürdiger und verlässlicher Boden menschlichen Lebens auf ihr. Als Ur-Arche unserer Wahrnehmung, wie Husserl sie nannte, hat sie alle kosmologischen Anfechtungen überstanden.[6] Als solche bewegt sie sich nach wie vor nicht.

Auch die Evolution beunruhigt kaum mehr in ihrer ursprünglichen Bedeutung, d. h. durch die behauptete Abstammung von gewissen Primaten oder durch eine unvorhersehbare Zukunft, in der der Mensch ein Anderer werden könnte. Weit mehr sorgt man sich um einen biotechnischen Futurismus, der das planlose Naturgeschehen, das sich an der Gattung abspielt, in die Hand einiger Züchter geben könnte. Wie der dezentrierte Kosmos in der menschlichen Erkenntnis seiner Gesetze zentriert bleibt, so könnte eines Tages eine

---

[6] Vgl. H. Blumenberg, *Die Sorge geht über den Fluß*, Frankfurt am Main 1988, S. 154; E. Husserl, »Grundlegende Untersuchungen zum phänomenologischen Ursprung der Räumlichkeit der Natur«, in: M. Farber (Hg.), *Philosophical Essays in Memory of Edmund Husserl*, New York 1975, S. 307–325.

Minderheit von Merkmalsplanern die Fäden einer ehemals natur-
wüchsigen Entwicklung in der Hand halten, aus der sie und ihre
Geldgeber meinen machen zu können, was sie wollen.

Und wie steht es um die dritte der Kränkungen? Dass wir nicht
Herr im eigenen Haus und uns insofern selbst fremd sein sollen, regt
niemanden mehr auf. Diese Einsicht ist längst normalisiert und hat
nichts Erschreckendes mehr. Vielmehr überbietet man sich darin, das
Sich-selbst-fremd-sein in immer neuen Variationen auszudeuten,
um eine immer noch fremdere Fremdheit aufzudecken, die sich der
Rede über sie entziehen soll, um zu bleiben, was sie ist – so als hätte
man eine tiefgreifende Furcht davor, dass uns *nichts* »Menschliches«
oder irgendetwas Anderes noch als fremd begegnen könnte. Fremde
sind wir uns selbst, lehrt Julia Kristeva. Wir kennen uns selbst nicht.
Kein transparentes Selbstbewusstsein vermag diese Selbst-Fremdheit aufzuheben. Die Verteidiger des Selbstbewusstseins antworten
auf den Vorwurf, in der von Descartes her sich begründenden Philosophie des Selbstbewusstseins sei das verleugnet worden, mit dem
Hinweis, in Wahrheit habe zumindest der deutsche Idealismus zu
keiner Zeit ein gänzlich sich durchsichtiges und verständliches
Selbstverhältnis gelehrt.[7]

Ob man sich insofern einig wird, steht dahin. Jedenfalls finden
sich nur wenige, denen die Vorstellung einer irreduziblen und sogar
im eigenen Selbst wurzelnden Fremdheit geradezu Schrecken ein-
jagt. Viel beunruhigender scheint die Aussicht, am Ende als erken-
nendes Wesen, das die Welt, die Natur und sich selbst zu begreifen
verspricht, mit sich allein zu sein. Einem solchen, zwiespältigen Tri-
umph menschlicher Vernunft ziehen manche offenbar die Hinnahme
einer unaufhebbaren Fremdheit vor – sei es in der Gestalt eines un-
heimlichen Gastes im eigenen Haus des Selbst, sei es im traumatischen Entzug des Anderen, der sich einer durchgängigen Vergegen-
wärtigung entzieht, sei es in der gespenstischen Wiederkehr eines
maßlosen und befremdenden Verlangens nach Gerechtigkeit, wie es
Derrida im Anschluss an Marx gedeutet hat.[8]

Handelt es sich aber nur um eine Rhetorik, die das jeweils Fremde herbeiredet, um uns davor zu bewahren, dass wir uns in einer alles
Heterogene aufhebenden Gegenwart des eigenen Selbst eingeschlossen finden? Beschwört man geradezu das Fremde, um es von sich zu

---

[7] So M. Frank, *Unendliche Annäherung*, Frankfurt am Main 1997.
[8] J. Derrida, *Marx' Gespenster*, Frankfurt am Main 1995.

weisen, damit es heterogen *bleibt* und sich *nicht* der Sprache ausliefert, in der man es thematisiert? Oder geht es um echte Phänomene der Fremd-Erfahrung und der Selbst-Fremdheit, die in Wahrheit gar keiner Rhetorik zu Gebote stehen? (Blumenberg, für den erklärtermaßen jede anti-rhetorische Kritik der Rhetorik verhaftet bleibt, würde das kaum zugestehen wollen.[9]) Handelt es sich etwa nur um ein modisches, bald veraltendes Denken, das in der Archäologie des menschlichen Selbstseins glaubt die Spur eines Anderen entdeckt zu haben, der es bereits verlassen hat? Begibt sich das Selbst auf eine lebenslange Suche nach der Antwort, wer es in Wahrheit ist, nicht tatsächlich nur deshalb, weil es sich zunächst unvermeidlich in der Situation findet, sich nicht zu verstehen und keine Antwort auf sein Woher und Wohin zu wissen? Der kürzlich verstorbene französische Philosoph Paul Ricœur spricht in diesem Zusammenhang von einer Diaspora menschlicher Existenz als ursprünglicher Verlorenheit in einer Fremdheit, aus der wir zurückkehren wollen – wie Odysseus zu Heim und Herd.[10]

Rückkehr aus der Fremde, das ist für den Philosophen der große abendländische Mythos eines wieder zu gewinnenden Selbst, das sich von vornherein als in der Welt, angesichts Anderer und seiner selbst fremd erfährt. Wie auch immer wir uns als befremdet erfahren, radikale Fremdheit soll demnach nicht das letzte Wort haben. Unaufhebbar bleibt demnach die Sehnsucht nach einer Wohnstatt, wo alle Fremdheit aufgehoben wäre. Aber weder der dezentrierte moderne Kosmos noch die evolutionäre Natur oder gar die inneren Abgründe des Selbstseins erscheinen noch geeignet, eine solche Aussicht zu fundieren. Wir sind nach der Überzeugung Blumenbergs nun derart Raum und Zeit ausgeliefert, dass nur noch auf der Spur der Mythen und ihrer Verdrehung, wie sie exemplarisch Joyce im *Ulysses* vorgeführt hat, gegen die gänzliche *Indifferenz der Welt* im Verhältnis zum Schicksal des Menschen anzukommen ist.[11] Weder lässt sich Mythisches der Welt einfach als existenziell Bedeutsames entnehmen, noch ist es auf dem Weg der Erkenntnis dessen, was ist, zu

---

[9] H. Blumenberg, »Anthropologische Annäherung an die Rhetorik«, in: *Wirklichkeiten in denen wir leben*, Stuttgart 1981, S. 104–136, bes. S. 133.
[10] Vgl. v. Verf., *Revisionen der Trauer. In philosophischen, geschichtlichen, psychoanalytischen und ästhetischen Perspektiven*, Weilerswist 2006; P. Ricœur, *Die Interpretation*, Frankfurt am Main 1974, S. 56 ff.
[11] H. Blumenberg, *Arbeit am Mythos*, Frankfurt am Main 1996, S. 78, 87 f., 92, 97, 102 ff. (= AM).

widerlegen. Was es mit uns in der Welt auf sich hat, ist ihr nicht abzulesen. Für Blumenberg steht allerdings so viel fest: dass es in schierer »Unbedeutsamkeit« dessen, was uns die Wissenschaften zu erkennen lehren, auf Dauer nicht auszuhalten ist. Angst davor, dass das Erkennbare uns nichts »bedeutet«, provoziert so immer wieder zu einer Relektüre der in kulturellen Lebensformen[12] sedimentierten Mythen, die aber zu keiner Zeit ganz die Angst zu überwinden oder jene Indifferenz zu tilgen vermögen.[13]

2. Kontingente alte und neue Fragen

Noch immer, so scheint es, befriedigen Mythen – wenn auch in immer neuer Revision und keineswegs in unveränderter Form – ein menschliches Sinnverlangen, das aus elementaren Fragen keimt, die wir nicht loswerden. Dabei handelt es sich allerdings nicht um einen abgeschlossenen »Kanon«, wie ihn Blumenberg unter Verweis auf Clemens Alexandrinus präsentiert, der fragte, »*wer wir waren, was wir wurden; wo wir waren, wo hinein wir geworfen wurden; wohin wir eilen, wovon wir erlöst werden; was Geburt ist und was Wiedergeburt*«.[14] Nicht nur steht der Sinn dieser Fragen keineswegs ein für alle Mal fest. In diesem Kanon fehlen auch spezifisch moderne Fragen wie die nach dem Wozu, dem Sinn oder Zweck des Menschen, der Welt oder der Geschichte sowie die in einer Teleologie der menschlichen Gattung letztlich aufgehobenen klassischen Fragen Kants, die ihren Brennpunkt in der gesuchten Antwort haben sollten, *was der Mensch ist*. Man lässt sich leicht zu Anachronismen hinreißen, wenn man die Hinsichten dieser Frage *(Was kann ich wissen? Was soll ich tun? Worauf darf ich hoffen?)* aus ihrer Vorgeschichte herzuleiten versucht.[15]

---

12 Zu Bedeutsamkeit und Lebensform mit Blick auf E. Cassirer vgl. AM, S. 184 f.
13 Insofern scheint fraglich, ob der Mythos unerträgliche Indifferenz tilgen kann; AM, S. 109 ff., 125, 128.
14 H. Blumenberg, AM, S. 205. Zur Revision jener Fragen als Grundproblem jeder Kulturphilosophie vgl. v. Verf., *Gastlichkeit und Freiheit. Polemische Konturen europäischer Kultur*, Weilerswist 2005, Kap. I.
15 Vgl. in diesem Sinne den Hinweis auf Albertus Magnus' *De homine* als erste Schrift über den Menschen in L. Honnefelders Geleitwort zu Albertus Magnus, *Über den Menschen. De homine*, Hamburg 2004, S. VII; H. Blumenbergs Verweis auf Montaigne in *Wirklichkeiten in denen wir leben*, S. 103, sowie M. Foucaults Behauptung der Modernität anthropologischen Denkens i. S. einer sog. Humanwissenschaft in *Die Ordnung*

Heute steht keiner Philosophie und keiner Wissenschaft mehr eine direkte Antwort auf die Herausforderung dieses vielfältigen Fragens zu Gebote. Uns vermögen die vielen Antworten, die man bereits gegeben hat, kaum mehr zu befriedigen – weder anthropologische, die von einem instinktentsicherten Mängelwesen handeln, noch ontologische, die darauf insistieren, dass der Mensch sich nie zur fertigen Antwort werden könne, da er wesentlich in der Weise des Fragens, des Sich-in-Frage-stellens und des In-Frage-gestellt-werdens existiere, wie Heidegger behauptete. Die ontologische Auskunft, der Mensch sei eben das Wesen, das in seiner Fraglichkeit und Fragwürdigkeit jeglichen fixierbaren Wesens ermangele, markiert nur den Endpunkt einer Sackgasse des Was-Fragens selber, die allzu leicht verkennen lässt, dass sich Fragen auch ganz anders stellen. So widerfährt Fremdes auf eine Art und Weise, die sich in keinem *Etwas* dingfest machen lässt, sondern nur von daher verständlich wird, *wie* es uns affiziert.[16]

Insofern kann die von Blumenberg propagierte »Arbeit am Mythos« sich nicht darauf beschränken, alte Antworten auf kanonische Fragen neu zu sichten und zu reinterpretieren; sie müsste darüber hinaus dem nachgehen, wie sich überhaupt ein Sinnverlangen einstellt, das Mythen und Metaphern mehr oder weniger gut (oder auch zu gut) zu befriedigen versprechen. Ist es etwa sicher, dass der Mensch seit jeher und bis heute unverändert ein nach Heimkehr verlangendes Wesen ist, das es in der Fremdheit eines »diasporischen« bzw. exilierten Lebens nicht auszuhalten vermag? Ist heute nur ein »Sinnverzicht« in Rechnung zu stellen angesichts kosmologischer Erkenntnis, die, aus purer Neugier gespeist, *überhaupt keine* Antwort mehr auf jene Fragen versprechen kann und will?[17] Sind diejenigen, die sich zu einem solchen Verzicht nicht durchringen mögen, einfach an eine Negative Theologie etwa zu verweisen, die sich mit der Erkenntnis des Menschen in Raum und Zeit nicht abfindet, sondern dem »Anderen der Zeit« vorgreift, um einer Metaphysik der Heimkehr das Wort zu reden?

Im Kosmos jedenfalls ist für Blumenberg keine Heimkehr mehr vorstellbar. Was uns bleibt, ist die Einsicht, dass alles »auch anders«

---

der Dinge [1966], Frankfurt am Main 1974, Kap. 1. Zur Struktur anthropologischen Fragens insgesamt: G. Hartung, *Das Maß des Menschen*, Weilerswist 2003.

[16] Darauf insistiert besonders Waldenfels in seiner Phänomenologie des Fremden.

[17] Vgl. H. Blumenberg, *Wirklichkeiten in denen wir leben*, S. 8, 42.

sein könnte, nicht zuletzt wir selbst. Auch die Dringlichkeit unserer Fragen und die Überzeugungskraft gewisser Antworten scheinen einer offenen Geschichte ausgesetzt, in der sie eines Tages verblassen könnten. Das gilt selbst für die notorische Sinnfrage. In Jahrtausenden ist *nicht* gefragt worden, *warum überhaupt etwas* ist, oder gar, *wozu letztlich* alles existiert. Ohne absehbare Antwort auf diese Frage wäre für Kant die Erde nur ein wüster Ort. Im finalen Wozu erkannte er das, was erst die Geschichtsphilosophen des 19. Jahrhunderts als Sinn zu bezeichnen liebten.[18] Demnach »hat« entweder alles einen Sinn – oder alles verfällt jener Indifferenz der Natur, der es ganz und gar gleichgültig zu sein scheint, was zugrunde geht, was sich eine Weile am Leben erhält und um welchen Preis.

Nachdem selbst den Theologen nachweislich der Himmel abhanden gekommen ist[19], bleibt einem Philosophen wie Blumenberg, der sich ins Gespräch mit den Wissenschaften begibt, nichts als die schiere Kontingenz menschlichen Lebens, die rückhaltlos alle unsere Fragen und Antworten erfasst, auch die der selbst ernannten Sinnbeschaffer und derer, die da behaupten, die Welt der Menschen entbehre jeglichen Sinns. Ob letztere »des Trostes bedürftig« sind, da sie einen letzten Sinn oder »Endzweck« (Kant) vermissen, erscheint keineswegs sicher.[20] Auch Trost ist eine veraltete Kategorie. Als philosophischer Begriff kann er sich nicht mehr behaupten, seit Hegel unnachsichtig verlangte, dass jedes Mitleid mit sich selbst und anderen, die der Geschichte einer überlegenen, allgemeinen Vernunft zum Opfer fallen, der Einsicht in deren höhere Notwendigkeit zu weichen habe. So wird Trost zur bloßen Privatsache zwischen denen, die einander nahe stehen und sich kaum darum zu kümmern brauchen, ob der Beistand, den sie Anderen gewähren, irgendwelchen Dritten als vernünftig erscheint. Genauso zur Privatsache wird die Suche nach Residuen »kontingenzfreier« Erfahrung, die nur als verlockend erscheint, sofern man es mit dem Auch-anders-sein-können dessen, was ist, nicht aushält.

Blumenberg macht solche Residuen vielerorts aus: vor allem in

---

[18] J. Stückrath, »›Der Sinn der Geschichte‹. Eine moderne Wortverbindung und Vorstellung?«, in: K. E. Müller, J. Rüsen (Hg.), *Historische Sinnbildung*, Reinbek 1997, S. 48–78.

[19] Vgl. B. Lang, C. McDannell, *Der Himmel. Eine Kulturgeschichte des ewigen Lebens*, Frankfurt am Main 1990, Kap. 10; H. Blumenberg, *Die Vollzähligkeit der Sterne*, Frankfurt am Main 2000, S. 452 f. (= VS).

[20] H. Blumenberg, *Die Sorge geht über den Fluß*, S. 59.

der schieren *Unwissenheit,* wo der Betreffende sich ahnungslos zu Hause wähnt, wohingegen ihn Fühlungnahme mit den Wissenschaften in die Fremde der Erkenntnis einer gegen sein Leben ganz gleichgültigen Welt verstoßen müsste. Als von Kontingenz nicht infiziert erscheinen Blumenberg aber nicht nur alle Formen des Unwissens, sondern auch die *lebensweltlichen* Schichten und Modalitäten der Erfahrung, von denen jedes Verlangen nach Wissen ausgeht und die es nie ganz hinter sich lässt.[21] Bevor wir uns denken können, dass etwas auch anders sein oder sich anders verhalten könnte, sind wir der Welt, in der wir leben, im Modus der Wahrnehmung zugewandt. Und die Wahrnehmung eröffnet überhaupt erst die Spielräume des Erfahrbaren, an denen gewisse Modalisierungen anknüpfen können, die allemal voraussetzen, dass es bereits *etwas* gibt, was man sich *anders* denken kann. Nachträglich, im Lichte der eingesehenen Kontingenz des Gegebenen, hat es freilich den Anschein, als sei letzteres nur ein beliebiger Ausschnitt aus einer überbordenden Vielfalt anderer Möglichkeiten, so als ob irgendjemand die Auswahl aus ihnen getroffen hätte. Tatsächlich dringt die Erfahrung aber stets vom Wirklichen zum Möglichen vor, in dem sie sich schließlich geradezu verlieren kann wie der eigentümlich wirklichkeitsblinde Möglichkeitssinn, den Robert Musil beschrieben hat.

Mit Recht erinnert Blumenberg an die Phänomenologie der Lebenswelt, in der der Gedanke einer im Modus der Wahrnehmung immer schon erfolgten Situierung in der Welt am konsequentesten entfaltet worden ist. Neben Husserl hätte er auch Merleau-Ponty erwähnen können, der sich noch eingehender mit den anderen Feldern angeblich kontingenzfreier Erfahrung befasst hat, auf die Blumenberg hinweist: in ontogenetischer Hinsicht bringt er die Kindheit zur Sprache, in geschichtlicher Hinsicht das Leben sog. primitiver Völker in jenen »Traurigen Tropen«, auf die Lévi-Strauss einen letzten Blick geworfen hatte.[22] In allen drei Hinsichten soll dasselbe gelten: man muss ein vom Anders-sein-können nicht infiziertes Leben immer schon verlassen haben, um es als solches zur Sprache bringen zu können. Von der Kindheit kann nur sprechen, wer nicht mehr Kind ist; von »Primitiven« nur, wer nicht mehr auf Gedeih und Verderb einer archaischen Ethnie angehört; von der Lebenswelt nur, wer

---

[21] H. Blumenberg, *Lebenszeit und Weltzeit,* Frankfurt am Main ²1986, S. 14, 58.
[22] C. Lévi-Strauss, *Traurige Tropen* [1955], Frankfurt am Main 1978; M. Merleau-Ponty, *Keime der Vernunft. Vorlesungen an der Sorbonne 1949 – 1952,* München 1994.

mit »der einen, wahrscheinlich unhaltbaren Weltvertrautheit« gebrochen hat, von der eine »naive« Wahrnehmung ganz und gar geprägt ist, der es nicht in den Sinn kommt, dass das Erfahrbare auch anders sein könnte.[23]

3. Zurück zur Lebenswelt?

Nachträglich, unter der Last des Kontingenzbewusstseins, erscheinen die Lebenswelt, das archaische Leben und die Kindheit wie verlorene Paradiese, aus denen uns die Erkenntnis verstoßen hat. Das zu ertragen, gilt nun als oberstes Gebot einer erwachsenen Vernunft. Für Freud wie für Blumenberg gibt es eine Moral der Erkenntnis: bedingungslos zu akzeptieren, was sie uns lehrt, und jeder regressiven Versuchung zu widerstehen. Sich einer kontingenzfreien Naivität wieder hinzugeben, wäre geradezu Sünde, wie auch Bachelards Pädagogik der Bildung des wissenschaftlichen Geistes lehrt.[24] Zwar lässt Blumenberg ein Recht des Kindes gelten, Ptolemäer zu sein, aber nur, um unnachsichtig die Pflicht jedes Erwachsenen zu affirmieren, Kopernikaner zu werden. Zwar sieht er ein, dass wir in unserer alltäglichen Erfahrung weiterhin und unvermeidlich einem (ptolemäischen) »natürlichen Weltbild« verhaftet bleiben, dessen Sprache »ungebrochen« sich behaupte, doch konstatiert er eine »radikale Aufhebung ihrer Geltung« (VS, S. 312 f., 319). Das aber bedeutet zunächst nur, dass darauf, wie wir die Welt wahrnehmen, keinerlei rationale Einsicht mehr zu gründen ist. Tatsächlich käme wohl niemand mehr auf die Idee, seine eigene Wahrnehmung gegen die moderne Kosmologie ins Feld führen zu wollen. Was Blumenberg

---

[23] H. Blumenberg, *Lebenszeit und Weltzeit*, S. 54.

[24] G. Bachelard, *Die Bildung des wissenschaftlichen Geistes. Beitrag zu einer Psychoanalyse der objektiven Erkenntnis* [1938], Frankfurt am Main 1987. Tatsächlich ist in diesem Zusammenhang weniger von einer aufgehobenen oder gar zerstörten, als vielmehr von einer in sich gebrochenen und transformierten Naivität zu reden. Nicht zuletzt behauptet sich in der Vorstellung, sie ganz und gar auszurotten (wie Bachelard sich ausdrückt in seiner *Philosophie des Nein*, Frankfurt am Main 1980, S. 23), eine besonders fragwürdige Naivität, von der Bachelard in seinen Schriften zu einer als »Schule der Naivität« präsentierten Poetik des Raumes und der Träumerei im Übrigen selbst deutlich abrückt; vgl. G. Marcel, *Sein und Haben*, Paderborn 1954, S. 194 f.; M. Merleau-Ponty, *Das Auge und der Geist*, Hamburg 1984, S. 112; J.-P. Sartre, *Der Idiot der Familie*, Bd. 1, Reinbek 1977, S. 21 ff.; G. Bachelard, *La Poétique de la rêverie*, Paris [3]1965, S. 4, 18, 92.

die Genesis der kopernikanischen Welt nennt, hat zu einer nicht mehr rückgängig zu machenden Delegation jeglicher kosmologischer Erkenntnis an die dazu professionell Qualifizierten geführt, die in ihrer lebensweltlichen Erfahrung freilich allesamt Ptolemäer bleiben müssen und jeden Tag aufs Neue von ihr zur dezentrierten Erkenntnis vorstoßen müssen, wenn sie an ihre Arbeit gehen. Aber wie steht es umgekehrt um die Rückwirkung ihrer Erkenntnisse auf die alltägliche Lebenswelt?

Viele kosmologische Theorien entbehren jeglicher Anschaulichkeit und beziehen sich auf Raum- und Zeitdimensionen, die weit über die Entstehung und über das absehbare Sterben unserer Sonne hinausreichen. (Der Radius des beobachtbaren Teils des Universums beträgt 15 Milliarden Lichtjahre. Der Sonne gibt man noch ca. 5 Milliarden Jahre bis zu ihrem Verlöschen.) Von den prognostizierbaren Prozessen, die sich lange vor dem Ausbrennen der Sonne ereignen können, interessieren im Hinblick auf direkte lebensweltliche Konsequenzen am ehesten die ca. 3000 bekannten Asteroiden (»Ungeziefer des Himmels«, wie die Astronomen sie genannt haben) oder Meteoriten, vor allem dann, wenn sie auf ihren elliptischen Bahnen unser Sonnensystem weiträumig durchkreuzen, um früher oder später irgendwo einzuschlagen (so wie die Geschosse *Příbram*, *Lost city*, *Peekskill*, *Innisfree*, *Neuschwanstein* und andere, die allesamt keinen nennenswerten Schaden angerichtet haben).[25] Sorge bereiten seit Menschengedenken überdies die periodisch wiederkehrenden Kometen und die Frage, ob sie sich auf Kollisionskurs mit der Erde bewegen wie jenes Bruchstück, das für das verheerende Tunguska-Ereignis des Jahres 1908 verantwortlich war.[26] Allerdings lässt man sich derartige Bedrohungen mit wohligem Gruseln in Hollywoodfilmen vor Augen führen. Von Kometen als Vorzeichen des Bösen wirklich »terrorisiert«, wie 1528 manche Bewohner Frankreichs nach Auskunft des Arztes Ambroise Paré, fühlt sich offenbar kaum jemand.[27] Der Bescheid der Astronomen, dass die Oort-Wolke noch einige hundert

[25] www.astronews.com/news/artikel/2003/05/0305–008.shtml. Siehe dort den Bericht von H. Zekl, »Neuschwanstein und Příbram: zwei ungleiche Brüder«.

[26] Vgl. I. Nicolson, P. Moore, *Das Universum*, München 1987, S. 89, 91 ff.

[27] Gerade deshalb konnte in der Gattung der *Science fiction* die Erklärung des Tunguska-Ereignisses als Einschlag eines Meteoriten ironisch als Missverständnis eingestuft werden. In Wahrheit habe es sich doch um die Havarie von Fremden gehandelt ... Vgl. M. Salewski, *Zeitgeist und Zeitmaschine. Science Fiction und Geschichte*, München 1987, S. 240.

39

Milliarden Kometenkerne zum Abschuss in alle Richtungen in Reserve hat, lässt die Zeitgenossen offenbar genau so kalt wie das Wissen, in mehr oder weniger regelmäßigen Abständen große Meteorenschwärme zu durchfliegen.[28]

Direkte Konsequenzen für das menschliche Leben auf der Erde haben davon abgesehen Schwankungen der Sonnenaktivität, die man u. a. für einen großflächigen Stromausfall im Norden des amerikanischen Kontinents sowie für diverse Eiszeiten verantwortlich macht. Dass auch der Mond nicht der treue Begleiter ist, als der er uns erscheint, weil er sich exakt in demselben Rhythmus um sich selbst dreht wie um die Erde, erscheint schon als Lappalie angesichts eines wahren Horrorszenarios von kosmischen Katastrophen, Novae und Supernovae, unendlich dichten Singularitäten (Schwarzen Löchern) und »entarteten Materien«, die den überlieferten Sinn des Kosmos (als Inbegriff einer glänzenden, idealen und unverbrüchlichen Ordnung) geradezu verhöhnen. Dieses Szenario entbehrt freilich jeglicher unmittelbaren anthropologischen Signifikanz, insofern es zur menschlichen Lebenszeit kein plausibles Verhältnis hat.[29] Da fällt es nicht mehr ins Gewicht, dass sich der Mond jedes Jahr 4,5 Zentimeter von uns entfernt und dass der Große Wagen in 100 000 Jahren aufgrund der Eigenbewegung der ihn formierenden Sterne wie ein zerquetschtes Wrack aussehen wird, usw.

Das in jedem Falle zu konstatierende Missverhältnis zwischen menschlicher Lebenszeit einerseits und der Zeit, die dem Universum offen steht, andererseits ist unüberbrückbar. Weder für den Einzelnen noch auch für die menschliche Gattung ist es von existenzieller Bedeutung, was sich im Kosmos jenseits ihrer Lebenszeit ereignen wird oder schon ereignet hat. Ob Beteigeuze und andere Riesensterne, »die früher als Sternenkinder angesehen wurden, jetzt als kosmische Greise« zu betrachten sind, kann uns so gleichgültig lassen wie die nur theoretisch interessante Frage, ob die Sterne, deren Licht

---

[28] Man schätzt dem jährlichen Eintrag von extraterrestrischer Materie auf immerhin 50.000 bis 400.000 Tonnen. Davon verglüht das Meiste in der Erdatmosphäre. Vgl. S. Merchel, »Meteoriten«, www.extrasolar-planets.com/specials/meteoriten.php.

[29] Für Blumenberg gilt das im Grunde schon für die kopernikanische Dezentrierung und auch für das aristotelische Weltbild. Aus ihm folge keine »zentrale« anthropologische Wertigkeit des Menschen: *Kopernikus im Selbstverständnis der Neuzeit* [Akademie der Wissenschaften und der Literatur, Abhandlungen der Geistes- und Sozialwiss. Klasse, Jg. 1964, Nr. 5], Wiesbaden 1964, S. 366 ff.; ders., *Paradigmen zu einer Metaphorologie*, Bonn 1960, S. 109 f.

seit Milliarden Jahren zur Erde dringt, bereits »tot« sind.[30] Wissen können wir es ohnehin nicht, wenn das Licht nicht rein zufällig erlöscht und dabei beobachtet wird. Genau das rein theoretische Interesse an diesen Fragen aber verteidigt Blumenberg.[31] Vor allem nimmt er die notorische Weltfremdheit kosmologischer Theorie gegen den Dogmatismus eines »realistischen« Menschenverstandes in Schutz, der nicht nur das Erfordernis theoretischer Erkenntnis bestreitet (oder für sie erst gar keinen Sinn hat), sondern ihr auch vorwirft, über das Fernste das den Menschen Nächstliegende zu vergessen.

4. Fremdheit in der Nähe

Das Lachen jener thrakischen Magd über Thales von Milet, der bei der Beobachtung des Himmels angeblich in einen Brunnen fiel, bezog sich noch darauf, dass der Sturz den Theoretiker (als der nach antikem Verständnis auch jeder Philosoph gelten kann) gewissermaßen handgreiflich über die Absurdität seines Tuns belehrte: *indem man das Fernste zu erkennen versucht, übersieht man das Nächste*. Das aber rächt sich nicht nur zufällig; auf Dauer kann und darf es gar nicht ignoriert werden, sonst kommt nicht nur die Theorie, sondern vor allem der Theoretiker zu Schaden und womöglich ums Leben. Keineswegs zwangsläufig aber liefert sich weltfremde Theorie derartigem Spott aus. Dogmatisch ist der Vorwurf, der Theoretiker wisse »*nichts von seinem Nächsten und Nachbarn – nicht nur von dem, was er treibt, nein auch kaum davon, ob er überhaupt ein Mensch ist oder nicht vielmehr ein anderes Geschöpf*«.[32] Der Theoretiker, der sich für eine fremd gewordene Welt interessiert und sie zu erkennen versucht, kann durchaus Sinn für seinen Nächsten haben, der sich seinerseits als derart fremd herausstellen mag, dass eine eigene Art der Theorie erforderlich wird, die darüber aufzuklären hätte, was oder wer der Andere eigentlich ist. Dass er hier nicht einmal eine Aufklärungsbedürftigkeit vermutet, lässt den »Realismus« derer, die

---

[30] I. Nicolson, P. Moore, *Das Universum*, S. 156.
[31] Nicht zuletzt gegen die in der antiken Philosophie begründete Erwartung einer Kongruenz von Eudämonie in individueller Lebenszeit und Theorie; vgl. H. Blumenberg, *Der Prozeß der theoretischen Neugierde*, Frankfurt am Main 1973, S. 20.
[32] H. Blumenberg, *Das Lachen der Thrakerin. Eine Urgeschichte der Theorie*, Frankfurt am Main 1987, S. 16 (= LT).

Theorie verspotten, als geradezu borniert dastehen. Nicht ausgemacht ist, wie fern und fremd uns gerade der Nächste und Nachbar
erscheinen kann.

Über die Thales-Anekdote mag man schmunzeln wie über das
Missgeschick jedes beliebigen Luftguckers, der über die eigenen Füße
fällt. Als Paradigma womöglich berechtigter Theorie-Verachtung
taugt sie aber schon deshalb kaum mehr, weil die Leistung theoretischer Erkenntnis kein Einzelner mehr repräsentiert wie Thales, der
sich in seiner Weltfremdheit lächerlich machen könnte. Vielmehr hat
sie sich als kollektive Vernunft institutionalisierter Wissenschaften
und diverser astronomischer Forschungs- und Raumfahrtbehörden
etabliert, die vor allem ihre Ausgaben rechtfertigen müssen. Wer sie
für entbehrlich oder weit überzogen hält, muss nicht behaupten, dass
uns jenseits menschlicher Lebenszeit und eines bewohnbaren Lebensraums nichts etwas angeht[33], wohl aber den Standpunkt vertreten, es gebe auf der Erde wichtigere und dringlichere ungelöste Aufgaben als die der NASA oder der ESA.

Das bedeutet nicht, einer Reduktion von Theorie auf das, was
sich lohnt, politischer Finalisierung jeglicher Wissenschaft oder einer
Ersetzung von Theorie durch Praxis das Wort zu reden. Es bedeutet
aber auch nicht, bloß an andere Aufgaben zu erinnern, zwischen denen man nach Belieben wählen könnte. Vielmehr geht es um Herausforderungen, denen wir uns stellen sollten, weil menschliches
Leben nur dann, wenn wir das tun, so bezeichnet zu werden verdient
und *menschlich gelebt* werden kann. Das heißt nicht, kurzschlüssig
für Beseitigung des Hungers, am dem ca. 800 Millionen Menschen
täglich leiden, statt für Raumfahrt und Astronomie zu plädieren. Zur
Diskussion steht vielmehr, ob die Vorstellung, hier gleichsam einen
Fächer gleichwertiger Aufgaben vor sich zu haben, angemessen
ist.

Es mag sein, dass astronomische Theorie Menschen dazu führt,
sich einer ihnen fremden Welt »unnötig auszusetzen, sich Blößen zu
geben, wie Thales es getan hat«. Aber wir haben gar nicht die Wahl,
statt dessen einfach wie ein Epikureer alles auszuschließen, »was den
Menschen nichts angeht«, um uns womöglich auf irdischen Lebens-

---

[33] LT, S. 23. Blumenberg selbst stellt fest, der »lebensweltliche Realismus der thrakischen Magd« habe seine Rolle längst verloren. »Für die Auflehnung gegen die Hyper-
trophie des ›reinen‹ Denkens« sei er (bzw. die Anekdote) unbrauchbar geworden (ebd.,
S. 29).

genuss zu beschränken und im Übrigen alle Aufgaben zurückzuweisen, die ihn trüben könnten (LT, S. 41). Als Lebenskunst für Besserlebende, die sich das leisten können, mag es ausreichen; der Preis der Beschränkung eben des Lebens, das man so genießen will, erscheint indessen viel zu hoch. Haben wir über das, was uns angeht oder nahe geht, überhaupt eine Art Entscheidungshoheit? Verspricht der Stoiker nicht, eine Affizierbarkeit durch Nahegehendes zu beschränken oder auszuschließen, die in Wahrheit souveräner Verfügung entzogen ist?

Gewiss ist das, was nahe geht und unbedingt affiziert, nicht einfach das »vor den Füßen Liegende«. Letzteres ist, wie Blumenberg treffend bemerkt, heute »nur noch die Metapher für das, was dem Selbst innerlicher und näher sein wird als es selbst sich«[34] – d. h. gerade das ihm selbst am meisten Fremde.[35] Allerdings hat dieses nicht bloß die Unauffälligkeit eines Steins, über den man unbedacht stolpert, was Andere lachen macht. Der Realismus des sogenannten gesunden Menschenverstandes kennt sich hier selbst nicht mehr aus. Er bedarf der Theorie, um sich aufklären zu lassen. Aber nicht einer kosmologischen Theorie, die bloß die Neugier eines entfesselten Denkens befriedigt, vielmehr einer Phänomenologie, die sich auf den Spuren Husserls dem scheinbar Trivialen, schier Selbstverständlichen widmet und gerade darin das uns Fremdeste entdeckt.

Guten Grund haben wir im Übrigen zu fragen, ob (und wenn ja wessen) Neugier die kosmologische Erkenntnis überhaupt noch befriedigt. Ist die in den entsprechenden Behörden und Instituten längst zur professionellen Normalität gewordene Erkenntnis noch von wilder Neugier inspiriert? Was ihre lebensweltlichen Rückwirkungen angeht, so besteht Anlass zu Zweifeln. Erscheint nicht alles, was sie ans Licht bringt, im Vergleich zur bunten Vielfältigkeit der menschlichen Lebenswelt als öde, leblos und armselig? Haben wir jene Pflicht, Kopernikaner zu werden, nicht längst erfüllt und auf jede anschaulich nachvollziehbare Theorie ebenso zu verzichten gelernt wie auf die Erwartung, zwischen Theorie und gutem bzw. glücklichem Leben sei ein integraler Zusammenhang wieder herstell-

---

[34] LT, S. 55, 119. An anderer Stelle bezieht sich der Autor auf Heideggers Deutung der »Sorge des Sehens« als »Vernehmen der Ferne«, das zu dem Paradox führe, dass »das Fernliegende, das ›nur‹ zu vernehmen ist, zu dem [wird], was dem Menschen nahe geht«; LT, S. 152.
[35] Und das ist alles andere als »trivial«. Für Blumenberg reduziert sich das Nächste als das Fremdeste am Ende auf die »Verborgenheit alles Selbstverständlichen« (LT, S. 159).

bar (LT, S. 77, 79, 138)? Ist nicht – allen neuen »Kosmopoliten« zum Trotz, die wieder eine zu erneuernde universale Verwandtschaft aller Menschen propagieren – ein niemals mehr rückgängig zu machender Bruch zwischen Kosmos und Polis eingetreten, der uns ganz und gar auf die Regelung der menschlichen Angelegenheiten zurückwirft, ohne dabei je wieder auf ein »himmlisches« Vorbild zurückgreifen zu können? Haben sich nicht allzu viele, die Politisches quasi kosmisch zu denken versuchten, in die Nähe totalitärer Ideen begeben?

Mögen nun oben jene Öde und Leere – das *tohu* und *bohu*[36] der Genesis – oder Irrsal und Wirrsal, wie Buber und Rosenzweig übersetzen, unumschränkt herrschen wie am ersten Schöpfungstag, auf der Erde kommt es unabhängig davon darauf an, dass *wir* sie nicht verwüsten durch die Überfülle des Abfalls, den wir unseren Zeitgenossen und Nachkommen hinterlassen. Das hat sich herumgesprochen. Wir könnten in einer wundervollen Welt leben, meinte schon Carlyle spöttisch, wenn die Menschen nur ihre Abfälle wegräumten.[37] Statt dessen sehen sich heute immer mehr sogenannte Modernisierungs- und Globalisierungsverlierer ihrerseits wie Abfall behandelt, der in seiner Überflüssigkeit nur noch stört.[38] Mag der heutige Kosmologe auch protestieren gegen solche Relativierung seines Steckenpferdes, so muss er doch einsehen, dass es in absehbarer Zeit überhaupt keine Astronomie mehr geben wird, wenn der offenbar »als Wohnsitz des Menschen vorgesehene Paradiesgarten« bald nicht mehr zivilisiert zu bewohnen sein wird, sollte man ihn weiter wie bisher bewirtschaften. Ohnehin hat er sich lange genug als »äußerst ungeeignet zur Besiedelung« erwiesen und »infolgedessen Arbeit im Schweiß des Angesichts« gekostet, um auch nur überleben zu können, befindet Blumenberg. Jetzt aber droht er durch die menschliche Ökonomie, die wie der Kosmos ihrem angestammten Namen *(oikos/ nomos)* spottet, ein unwirtlicher Aufenthaltsort zu werden – weniger durch eklatanten Mangel an Lebensnotwendigstem als vielmehr durch überflüssiges und überschüssiges, vielfach giftiges Zeug in allen denkbaren Aggregatzuständen, das selbst den nächtlichen Blick auf den bestirnten Himmel fast überall über dem Festland derart trübt, dass kaum noch nachvollziehbar scheint, warum man einst ge-

---

[36] Vgl. *Neue Jerusalemer Bibel*, Freiburg i. Br. 1985, S. 14; H. Blumenberg, VS, S. 380.
[37] Vgl. v. Verf., *Verzeitlichte Welt*, Würzburg 1995, S. 24.
[38] Vgl. R. Sennett, »Die Angst, überflüssig zu sein«, in: *Die Zeit 21* (2005), S. 50; Z. Bauman, »Wenn Menschen zu Abfall werden«, in: *Die Zeit 47* (2005), S. 65 f.

nauso Ehrfurcht vor ihm empfinden konnte wie vor dem moralischen Gesetz. (Sollte dieses nun ebenso getrübt sein wie das dunkle Firmament?[39]) Nachdem der Mensch in einer für Fontenelle und Kant ohne weiteres vorstellbaren Pluralität von Welten die Frage ihrer Bewohnbarkeit und seinen eigenen Aufenthalt auf der Erde als eine bloße Frage der Wahrscheinlichkeit einzuschätzen lernte, schlägt nun die eingesehene Kontingenz in die Gewissheit um, dass es mit dem Wohnen in der Welt früher oder später ein Ende haben muss, wenn es so weiter geht. *Dagegen* hilft gewiss keine »Rehabilitierung« einer in der Natur von ihrem Ursprung her angeblich angelegten Teleologie, wie sie Spaemann, Löw und andere versucht haben.[40]

5. Überleben und bezeugen

Geradezu melancholisch und mitleidig richtet sich nun der Blick von Astro- und Kosmonauten und auch mancher Passagiere, die mit dem Flugzeug unterwegs sind, zurück auf die Erde als »endliche Weltheimat des Menschen«, die von Ferne so aussieht, »als gäbe es den Menschen, seine Werke und seinen Unrat, seine Desertifikationen nicht« (VS, S. 440). In diese Wahrnehmung aber blendet sich das Wissen ein, wie verletzt der Blaue Planet bereits ist; genauer: nicht der Planet, der unbekümmert um die menschliche Gattung seine Bahnen zieht, vielmehr jene Ur-Arche, die zwar wie ein Schiff ohne rettenden Hafen, ohne Ankerplatz, ja selbst ohne sie tragendes Element dahintreibt, dennoch aber Inbegriff eines verlässlichen Aufenthaltsorts menschlicher Existenz zu sein versprach. Wehmütig hat offenbar so mancher erdferne Beobachter zurückgedacht und sich gefragt, ob die vielen, die von oben allenfalls durch die massive Entfinsterung des der Sonne abgewandten Nachthimmels zu bemerken waren, überhaupt wissen, was sie ihrem gemeinsamen Wohnort oder vielmehr denen antun, die sich künftig auf ihm werden einrichten müssen. Könnten eben diese Wesen nun ihrerseits die trostlose Ödnis herbei-

---

[39] Diese Frage wäre anzuschließen an Blumenbergs Geschichte der Licht-Metaphorik, wo sie in Überlegungen zu einer »Zwangsoptik« mündet, die das menschliche Sehen in eine entfinsterte Höhle einsperre; vgl. H. Blumenberg, »Licht als Metapher der Wahrheit«, in: *Studium Generale 10* (1957), S. 432–447, hier: S. 447.
[40] R. Spaemann, R. Löw, *Die Frage Wozu? Geschichte und Wiederentdeckung des teleologischen Denkens*, München ²1985.

führen, vor der ihre Übereinstimmung mit dem Endzweck der Schöpfung sie hätte bewahren sollen? Sowohl in kosmologischer als auch in evolutionstheoretischer Perspektive bräuchte diese Aussicht nicht weiter zu beunruhigen, denn weder das Universum noch das Leben in ihm sind auf eine dauerhafte Existenz der menschlichen Gattung angelegt. Wir sind nichts als eine Episode. Für Blumenberg kann es ein darüber hinausgehendes Recht nicht geben. »Ohnehin ist der Gedanke, daß Leben ein Recht zu leben impliziert, undurchführbar. Die Relativität des Schädlichen belehrt darüber: auch Mikrobe und Virus haben das Recht auf ›Befall‹ dessen, was für sie doch ›Medium‹ ihres Lebens, der jeweils bessere Wirt ist [...].« Und für jedes Leben scheint zu gelten, dass es sich in gerade dem Maße selbst ruinieren muss, wie es allzu sehr Erfolg in dem Bemühen hat, sich zu erhalten, zu vermehren und womöglich zu steigern. »Es gibt kein anderes Prinzip, um Leben leben zu lassen, als dieses, daß es die Bedingungen seiner Möglichkeit aufzehrt« (ebd., S. 94 f.).

Das jedenfalls lehrt die Geschichte des Lebens, in der die Existenz der Gattung eine noch viel kürzere Episode ist, als es im Hinblick auf die Zukunft unseres Sonnensystems der Fall ist. Geologie und Paläontologie haben längst den Verdacht erhärtet, »der rezente *homo sapiens* könne die biologische Episode einer Zwischeneiszeit sein«. Was auch immer auf die vorläufig zu beobachtende massive Erwärmung des Weltklimas folgen wird – ob mediterrane Verhältnisse nördlich der Alpen oder ein zweites Labrador, wenn der Golfstrom noch weiter in seiner Funktion als Garant des europäischen Wetters nachlässt[41] –, naturgeschichtlich bleibt es dabei: langfristig gesehen handelt es sich zwischen Alpen und Nordmeer nur um einen Wechsel von Vorrücken und Rückgang gewisser Gletscher als »harte Schule der zwischen den Eisrändern sich behauptenden Intelligenzler« (VS, S. 293).

Sie *überleben* – als dem Anschein nach »unnützes, zweckloses Dasein«, das weder aus sich heraus noch von einer an sich wüsten und leeren Erde her sich seines eigenen Sinns zu vergewissern vermag (VS, S. 395). So wird die menschliche Gattung »zum Randereignis der Natur nivelliert«, dessen »Unerheblichkeit« im Universum auch dadurch nicht zu mildern ist, dass es einige gibt, die von den

---

[41] Ich lasse dahingestellt, inwieweit nicht auch andere Faktoren in Betracht kommen; vgl. É. Orsenna, *Lob des Golfstroms*, München 2006, S. 172.

ersten drei Minuten seiner Entstehung an bis hin zur Selbstorganisation evolutionärer Prozesse den Weg zum Menschen zu rekonstruieren verstehen. »Die Zeit des uns bekannten Lebens und dessen
Wohnraum« sind inzwischen »in die Bedeutungslosigkeit zurück-
gedrängt«.[42] In dieser Zeit gilt es nur noch, sich irgendwie »zurecht-
zufinden«, wobei die maßgeblichen Herausforderungen menschlichen Überlebens selbst provozierte Risiken wie die unbeabsichtigte
Erzeugung besonders resistenter Mikroben sind. Sie verstehen sich
aufs Überleben allemal besser als der Mensch. »Der Weltuntergang
könnte sich als Züchtungsprodukt der Resistenz einstellen, während
die großen Bomben ohne Bedienungen rostend herumstehen, auf die
alle den Richtstrahl der Angst konzentriert hatten. Die Weltvernich-
tung durch Mikroben wäre ein paradoxes Paradigma, denn im Moment des Triumphes hätten sich die Sieger selbst ums Leben gebracht« (ebd., S. 95 f.).

Man mag diese neueste Version apokalyptischer Visionen für
abwegig halten, aber das ist nicht entscheidend für das Verständnis
der Blumenbergschen Überlebens-Philosophie, die sich im unmittelbar anschließenden Satz zu erkennen gibt: »Vom Typus dieser Exe-
kution ist das Leben, auch das des Menschen.« Früher oder später
werden die »iatrogenen Zuchtzentren stahlharte Ungeheuer« in
Kleinstformat produzieren, die sich in den Labors nicht einhegen lassen. Was dann bevorsteht, ist »das Niedermachen der Wirte durch die
Gäste«, worin Blumenberg »noch deutlicher das Grundmuster des
Verhältnisses von Leben und Erde« erkennt als im »berühmte[n]
Motto ›Fressen und Gefressenwerden‹«. Die absehbare Quintessenz
lautet: »Am Ende werden die Horden der Rücksichtslosen die Welt
überziehen, und es ist zu vermuten, daß es die kurzfristig Resisten-
zerlernungsfähigen sein werden – nicht die mit den langen Generationen und der gehemmten Lernfähigkeit, der abgeschalteten Selek-
tion […].« Blumenberg suggeriert so, dass zwischen denen, die sich
in stetig wachsender Zahl ihr Recht nicht streitig machen lassen wollen, zu überleben und womöglich ein gutes Leben zu leben, letztlich
die gleiche »Rücksichtslosigkeit« herrscht wie zwischen Mikroben
(als »Gästen«) und Menschen (als »Wirten«). Leben und Überleben
müsste also in beiden Fällen dasselbe bedeuten.

---

[42] S. Weinberg, *Die ersten drei Minuten. Der Ursprung des Universums,* München
1980; E. Jantsch, *Die Selbstorganisation des Universums. Vom Urknall zum menschlichen Geist,* München 1982; vgl. H. Blumenberg, VS, S. 110, 396.

Die hochkultivierte theoretische Neugierde mit all den faszinierenden Erkenntnissen, die sie erbracht hat, konnte demnach nichts daran ändern, dass die einzigen Lebewesen, die zu einer theoretischen Lebensform *(bios theoretikos)* befähigt sind, nach genau den gleichen Gesetzen eines seine Möglichkeitsbedingungen und zugleich sich selbst ruinierenden Lebens leben müssen. Mit Bedauern stellt Blumenberg denn auch fest, wie wenig sich dieses Leben vom kosmologischen Wissen beeindruckt zeigt. Aber setzt nicht jedes theoretische Abenteuer dezentrierter Erkenntnis voraus, dass sich diejenigen, die sich auf es einlassen, »irgendwann wieder auf ein Stück festen Bodens stellen« können – und sei es nur deshalb, weil alle kosmischen Gegenstände auf Dauer schlicht zu öde, eintönig und in ihrem Tohuwabohu einfach langweilig erscheinen?[43] Blumenbergs Rückbesinnung auf diesen Boden, den die Phänomenologie der Lebenswelt als Milieu einer reichhaltigen Sinnlichkeit, aber auch Verlässlichkeit und Vertrautheit zur Sprache gebracht hat, fällt allerdings eigentümlich ambivalent aus. Die Lebenswelt ist uns einerseits auf unersetzliche Art und Weise vertraut; andererseits fristet man in ihr ein bloßes Überleben, dem jegliche Fremdheit abhanden zu kommen droht, die es inspirieren könnte. Zumindest der »Vorrat an Unbekanntem« hat sich auf der Erde scheinbar erschöpft – »obwohl sich gewisse Hoffnungen noch auf die großen Meerestiefen richten, nachdem die Urwälder nicht hergegeben haben, was man sich von ihnen versprochen hatte« (VS, S. 151).

So keimt wieder ein Bedürfnis nach Ferne, nach Fremdheit eines ganz Anderen, nur um nicht mit sich allein zu sein. Blumenberg spricht von einem »Angsttraum« des Verlassenseins derer, die allesamt fürchten müssen, im Universum die einzigen zu sein, ungeachtet aller Spekulationen über fremde Welten, die extrem wahrscheinlich sind, aber wohl für immer unerreichbar bleiben werden (VS, S. 139, 144). Über diese Angst täuscht nur schlecht die Umdefinition der Erde zu einem Garten hinweg, in dem sich jeder Untergang heiter begehen ließe, trotz der »ungewissen Verschonung des Gartens inmitten der Weltwildnis«. Die Erde als quasi paradiesischer Garten oder gastlicher Aufenthalt, der anderswo nicht mehr zu suchen ist, tilgt die Angst nicht. Die Suche nach einem utopischen Anderswo wird anhalten. Mehr als jede Aussicht auf eine gastliche Welt, die nur die Menschen einander bereiten können, elektrisiert die Zuflucht

---

[43] Vgl. VS, S. 170, 533, 482, 224, 275.

zum fragwürdigen Gedanken eines reichlichen Bewohntseins des Kosmos durch womöglich »ganz Andere« – wenn auch nur als Beweis dafür, »mit dem Leben müsse es nicht notwendig dahin kommen, wohin es mit ihm selbst gekommen ist« (VS, S. 259, 268). Doch hat sich dieses utopische Anderswo nun in eine unerreichbare stellare Ferne zurückgezogen. Im »Hunger nach kosmischer Zeugenschaft« findet die Angst, letztlich allein zu sein, keinerlei Beruhigung, im Gegenteil: So sehr sich das Universum nach der Sprengung des »geschlossenen Kosmos« als »offen« erwiesen hat[44], so sehr wirft es den Menschen auf einen irdischen Raum zurück, in dem er ungeachtet der verwirrenden Vielstimmigkeit menschlichen Redens angeblich nur seine eigene Stimme vernimmt und nur sich selbst sieht.

Dabei ist er rückhaltlos gerade das Wesen, dem alles darauf ankommt, »sich sehen lassen zu können« – nicht im Sinne bloßen Anstands oder der Respektabilität, sondern im Sinne einer Beglaubigung seiner selbst durch den Anderen. Als Lebewesen mag er vorhanden sein wie irgendwelche Mikroben, aber als Mensch existiert er überhaupt nur unter den Augen eines Anderen, der ihn beglaubigt durch seinen Blick. Wenn der allerdings selbst »ins Verborgene sieht«, wird er ohne weiteres zur Projektionsfolie paranoider Phantasien, zum Verfolger und Inbegriff einer unumschränkten Macht, die zwar alles sehen kann, sich aber niemals sehen lässt. Dass man nach Hobbes den Staat bzw. einen *big brother* (Orwell) in diese gottgleiche Position zu setzen versuchte, hat das schließlich von Sartre für erfolgreich erklärte Ansinnen, einen solchen »Zeugen« endgültig loszuwerden, nur forciert. Seitdem muss man ohne einen absoluten Zeugen leben, vor dem der Mensch sich sehen lassen dürfte.[45] Nach der Aufklärung, so Blumenberg, kommt jedenfalls nicht mehr der bestirnte Himmel in dieser Funktion in Betracht: sie beschränkt uns vielmehr darauf, »in einer Welt zu leben, in der man damit rechnen muß, gesehen zu werden, ohne daß der Sehende ein Gott sein müßte« – ein Anderer genügt (VS, S. 142).

Durch ihn aber bricht jene Fremdheit im Garten des Menschlichen wieder ein, die der ausschweifendste Blick in stellare Ferne

---

[44] Vgl. A. Koyré, *Von der geschlossenen Welt zum offenen Universum*, Frankfurt am Main 1980.
[45] VS, S. 140; vgl. v. Verf., »Das Selbst mangels eines absoluten Zeugen. Individuelles Allgemeines und hermeneutische Gewalt in der Philosophie Jean-Paul Sartres«, in: U. Bardt (Hg.), *Philosophie der Freiheit. Jean-Paul Sartre 1905–2005*, (i. V.).

nicht zu entdecken vermag, wenn das erkennende Subjekt immer wieder auf sich selbst zurückgeworfen wird, wie es schon Pascal, Kant und Scheler gezeigt hatten. Noch die Vorstellung, auf einem fremden Planeten eines Tages landen zu können, lässt sich nur ausgehend von jener »Urszene« eines Naturzustandes verstehen, in der ein Fremder auf dem Boden Anderer auftritt und sie mit radikaler Unklarheit darüber konfrontiert, in welcher Absicht er gekommen ist. Mit Rousseau kann man sich fragen (ohne je über die bloße Fiktionalität des Fragens hinauszugelangen): »Was geschah, als zum erstenmal zwei Menschen, die sich nie gesehen hatten, auf freier Wildbahn einander begegneten?« Wir werden es nie erfahren, aber unterstellen dürfen, allemal sei es in solchen Situationen ratsam, sich dem Fremden friedlich zu nähern, obwohl es vernünftiger erscheint, ihm keinesfalls zu vertrauen. Schließlich lehrt die Erfahrung, dass als »präsumtiv« feindlich jeder gilt, der sich nähert, wie Blumenberg mit Bedauern feststellt. Bis heute sei die Menschheit »zu ihrem späten Schaden darauf eingestellt, den ›Fremden‹ in der Präsumtion als Feind festzuhalten«.

Das mag als anachronistisches Relikt einer extrem polemogenen Gattungsgeschichte erscheinen, doch werden die eingespielten Erwartungen so leicht nicht außer Kraft gesetzt. Selbst wenn man einsieht, dass man sich Feindschaft nicht mehr leisten kann, gerade weil außerordentliche Mittel ihrer Austragung zur Verfügung stehen, werden die Fremden weiterhin und vielleicht sogar verschärft als potenzielle Feinde wahrgenommen, woran eine politische Rhetorik des Vertrauens, das man ihnen entgegenbringen sollte, wenig ändert. Im Gegenteil: »die unbestimmte Angst vor den anderen ist gewachsen, und das heißt: diese enge Welt ist virtuell mehr rassistisch als eine frühere«. Die Angst aber beruhigt sich paradoxerweise gerade dadurch, dass sie im Fremden den Feind identifiziert. Denn dann entschärft sie sich zur Furcht, die nur noch nach probaten Mitteln gegen ihn zu suchen braucht. Wie mit der Angst angesichts einer nicht identifizierbaren Fremdheit zu leben wäre, hat noch keine Aufklärung über Feindschaft gelehrt. Statt dessen klammert man sich an simple Vorstellungen politischer Zugehörigkeit, Verwandtschaft und Freundschaft, durch die man sich der eigenen, vom Fremden klar abgegrenzten Identität zu versichern sucht, die man mit Anderen zu teilen meint. Je näher aber in diesem Sinne »die Nächsten kommen, desto ferner rücken uns die Fremden«. D. h. nicht, dass sie geradewegs zu erklärten Feinden werden müssten, Exklusion genügt. Illusionen politischer Zugehörigkeit und Identität machen diejenigen, die jeweils ausgeschlossen sind, »prägnanter zu ›Feinden‹, was heute weniger als früher schon eine tödliche Bedrohung für sie ist, dafür ein empfindlicher Nachteil, der tödlich werden kann: erschwerter Zugang zu Märkten, Ausschluß von Begünstigungen, von Verkehrsfreiheiten, von Informationen« (VS, S. 346).

Es ist gewiss bemerkenswert, wie ein Philosoph, der mit so großem Aufwand die Genesis der kopernikanischen Welt rekonstruiert hat und zahllosen Verästelungen theoretischer Neugierde auf den Spuren befremdlicher Fernen nachgegangen ist, am Ende gerade im nächsten und fremden Anderen eine radikale Beunruhigung wieder entdeckt, die ein kosmologisch saturiertes Subjekt angesichts der Öde seiner Erkenntnisgegenstände weniger denn je verspüren lässt. Gewiss: die Indifferenz, mit der uns eine gegen die Existenz der menschlichen Gattung gleichgültige Natur befremdet, »kann wirksamer als Feindseligkeit sein: das Gegenteil eines Gastes, sich nicht wahrgenommen zu finden«. Indifferenz lässt an der eigenen Sichtbarkeit zweifeln. »Sie ist es, worauf wir bestehen. Sie hatte uns verwundbar gemacht, als wir Menschen wurden […]« (VS, S. 350). Wenn aber allenfalls vom Mond her ein toter Blick auf die Erde fällt, werden wir dann nicht rückhaltlos auf die Nicht-Indifferenz der Anderen als einzig Verbleibendes zurückverwiesen, worauf noch ein Leben setzen kann, das nicht bloß wie Mikroben zu *überleben*, sondern *bezeugt* zu werden verlangt? Auch so bestätigt sich die frühere hermeneutische Einsicht: »wir kennen uns nur auf Umwegen«. Durch die Indifferenz des Universums erfahren wir, was für uns unannehmbar ist: unbezeugt dahingerafft zu werden oder Andere sterben zu sehen. Eine menschliche Nicht-Indifferenz aber, die sich dem zu widersetzen verspräche, enthüllt sich keiner Philosophie der Abenteuer theoretischer Erkenntnis. Sie erfordert eine andere Art der Erkundung, von der sich Blumenberg keinen Begriff gemacht hat, obwohl er wusste, dass wir durch Feindschaft, Fremdheit und Indifferenz »verwundbarer [sind] als jedes Tier«.[46] Der Umweg, den auch die Philosophie zu beschreiten lernen muss, ist so gesehen eine Phänomenologie der Gewalt.[47]

---

[46] Zum Vorangegangenen vgl. VS, S. 378, sowie den Begriff der *memoria* in *Lebenszeit und Weltzeit*, S. 78, 301 f. und in H. Blumenberg, *Ein mögliches Selbstverständnis*, Stuttgart 1997, S. 133.
[47] Vgl. dazu v. Verf. u. D. Mensink (Hg.), *Gewalt Verstehen*, Berlin 2003.

KAPITEL II
Weltfremdheit und Gastlichkeit
Die »Entdeckung« des befremdlich Anderen

> Das Homerwort ›Die Erde aber ist allen gemeinsam‹
> habt ihr durch die Tat verwirklicht.
> Denn ihr habt die ganze von Menschen bewohnte Welt vermessen,
> [...] und allen Völkern [...] die Kultur gebracht.
> Aelius Aristides[1]

> Jeder Raum, der ihren Körper aufnahm,
> war ihnen recht, denn ihnen wurde
> in der Welt gar kein Platz mehr zugestanden.
> Anne Michaels[2]

Als unwirtlich hat man unsere *Städte* bezeichnet, in denen man »nicht mehr zu Hause« und deren öffentlicher Raum verödet sei. Schriftsteller haben uns an die Aufgabe erinnert, ein »bewohnbares« *Land* zu schaffen, und wieder andere haben sich dafür ausgesprochen, sich sogar um eine gastliche *Welt* zu sorgen, die von einer »metaphysischen Obdachlosigkeit« bedroht sei.[3] So sehr der Hinweis auf gewisse Fehlentwicklungen moderner Architektur berechtigt gewesen sein mag, die im verwüsteten Nachkriegsdeutschland verschärft zur Geltung kamen, so überzogen wirkt demgegenüber eine philosophische Kritik, die weniger auf gastliche Lebensformen *in* der Welt hinauswill, als vielmehr ein erneutes wohnliches Sicheinrichten *(oikeiosis)* in der Welt selbst im Sinn hat.[4] Erscheint ein solches An-

---

[1] Zit. n. R. Klein, *Die Romrede des Aelius Aristides*, Darmstadt 1983.
[2] A. Michaels, *Fluchtstücke*, Berlin ³1997, S. 61.
[3] Vgl. A. Mitscherlich, *Die Unwirtlichkeit unserer Städte. Anstiftung zum Unfrieden*, Frankfurt am Main ⁸1969, S. 13; H. Böll, *Frankfurter Vorlesungen*, München ⁴1977, S. 45; G. Lukács, *Die Theorie des Romans*, Frankfurt am Main ¹²1989, S. 32.
[4] Damit soll nicht der Sinn einer Revision *szientifischer Weltbegriffe* bestritten werden, die im Verdacht stehen, nicht einmal einen menschlichen *Ort* (wie das *Hiersein* eines situierten Leibes) begreiflich machen zu können, der in jedem »de-zentrierten« Raumbegriff vorausgesetzt ist, mit dem eine zeitgemäße Kosmologie arbeitet. Die Frage, ob

sinnen nicht als ganz und gar abwegig, wenn man bedenkt, welchen Begriff sich heute eine physikalische Kosmologie von der Welt macht, die allenfalls ein neues Weltbild erarbeitet, gewiss aber kein neues »Welthaus« errichten wird, wie Martin Buber treffend feststellt? Für Buber ist mit der modernen Physik längst eine Epoche des Unbehaustseins in der Welt angebrochen. Aus seiner Sicht ist diese Disziplin wie keine andere dazu berechtigt, die Konturen eines neuen Weltbildes zu zeichnen und sogar zu fordern, sich überhaupt kein solches Bild mehr zu machen, wenn es der fortgeschrittenste Stand der Erkenntnis verlangt.[5] Was immer man genau unter einem gastlichen Leben in einer bewohnbaren Welt verstehen möchte: es wird nur den Menschen zu verdanken sein, die es in ihren praktischen Lebensformen einrichten und möglichst dauerhaft garantieren.

Gastlichkeit kann demnach trivialerweise keine Eigenschaft einer dem Schicksal der Menschen gegenüber indifferenten und insofern immer wieder als fremd bezeichneten Welt sein, deren Erkenntnis sich die moderne Physik zur Aufgabe gemacht hat. Fremd ist aber nicht die Welt an sich; fremd fühlen vielmehr *wir uns im Verhältnis zu ihr, zu uns selbst und zu Anderen.* Während der physikalischen Erkenntnis nach der Einschätzung Hans Blumenbergs ge-

---

auf dem Weg einer solchen ontologischen Revision eine Kosmologie sich denken ließe, die eine »irdisch« bewohnbare Welt zu beschreiben hätte, wird hier nicht weiter verfolgt, da Ansätze in dieser Richtung kaum Verbindungen zur Gastlichkeit im Zeichen des Anderen erkennen lassen, so sehr erweisen sie sich fixiert auf die Abwehr einer auf Innerweltliches beschränkten Ontologie, der sie ein sublimes Hören auf das Sein entgegensetzen, in dem sich die Spur des Anderen verliert. Die Gastlichkeit ontologisch angemessen zu beschreiben, bleibt ein Desiderat. Ich verweise nur exemplarisch auf E. Fink, *Sein und Mensch,* Freiburg i. Br., München 1977, S. 11 f., 83, 180, 233, 291, 273 f.; vgl. H. Kuhn, »Die Ontogenese der Kunst«, in: D. Henrich, W. Iser (Hg.), *Theorien der Kunst,* Frankfurt am Main 1984, S. 81–131, bes. S. 100.

[5] M. Buber, »Das Problem des Menschen«, in: *Werke, Bd. 1, Schriften zur Philosophie,* München, Heidelberg 1962, S. 307–408, hier: S. 322 f. Den Bildbegriff führen zwar noch manche Veröffentlichungen der Physiker im Titel (so etwa Werner Heisenbergs *Das Naturbild der heutigen Physik*), aber nach allgemeiner Überzeugung, die besonders Hans Blumenberg bekräftigt hat, ist die Einheit von ästhetischem und theoretischem Sehen spätestens mit der kopernikanischen Kosmologie zerbrochen (ungeachtet pädagogisch sehr einflussreicher anschaulicher Weltbilder, wie sie etwa J. A. Comenius in seinem *Orbis pictus* präsentierte, der noch in den Schulen der Aufklärung Verwendung fand). Vgl. K. Schaller, *Die Pädagogik des Johann Amos Comenius,* Heidelberg 1962; G. Buck, »Exemplarismus und Bildung. Der Bildungsbegriff des J. A. Comenius«, in: *Rückwege aus der Entfremdung,* Paderborn 1984, S. 29–89.

radezu die Fremdheit auszugehen scheint, kehrt sie umso radikaler gewissermaßen hinterrücks wieder: in uns selbst und im Verhältnis zum Anderen, der sich jeder Erkenntnis und Aufhebung im Erkannten entzieht. Für Philosophen wie Buber und andere, die sich dem Denken der Anderheit des Anderen verschrieben haben, liegt darin eine im Vergleich zu kosmologischer Erkenntnis ungleich einschneidendere Einsicht. Was sie bedeutet im Sinne der Herausforderung zur Gastlichkeit in einer »ungastlichen« Welt, ist Gegenstand der folgenden Überlegungen.

1. Geht uns die Fremdheit aus?

Auf der Erde hat sich der »Vorrat an Unbekanntem« erschöpft, stellt Hans Blumenberg in seinem Spätwerk fest.[6] Demnach wäre nunmehr alles, was einst einen menschlichen Entdeckungs- und Erkenntnisdrang herausforderte, gewissermaßen liquidiert – alles, bis auf manche weiße Flecken auf den Landkarten des Wissens, einige abgelegene Urwälder, in denen sich hyperresistente Viren verbergen mögen, die die Medizin noch vor kaum abzuschätzende Herausforderungen stellen können, und besonders die bekanntlich nach wie vor kaum erforschten Tiefen der Meere.[7] In ihrer tiefen Schwärze, die spezielle U-Boote nur für wenige Minuten erhellen können, läge demnach eines der letzten Versprechen irdischen Lebens, der Menschheit Neues zu eröffnen. Aber man ahnt, dass es auch damit ein Ende haben wird. Der Horizont des zu Entdeckenden scheint weitgehend ausgeleuchtet zu sein. Allenfalls wird man im Dunkel der Ozeane noch eine Reihe bizarrer Lebensformen ausfindig machen oder auf unverhoffte maritime Ressourcen stoßen. Aber wem das nicht genug ist, der wird nur noch bei Spekulationen über immerhin denkbare Bewohner fremder Welten draußen im Universum Zuflucht suchen können. Auch die Zuflucht beim Fremdesten, das man sich ausmalen kann, fällt indessen auf die alte Einsicht Pascals zurück, dass der Mensch noch das Fernste, das ihn umfasst, in seiner Erkenntnis aufhebt. »Durch die Ausdehnung umgreift mich das

---

6 Siehe das Kapitel I in diesem Band.
7 H. Blumenberg, *Die Vollzähligkeit der Sterne*, Frankfurt am Main 2000, S. 151.

Weltall und verschlingt mich wie einen Punkt; durch den Gedanken umgreife ich es.«[8]

So fällt das Subjekt des Denkens letztlich in allem Gedachten wieder auf sich selbst zurück. Das scheint für das Fremde ebenso gelten zu müssen wie für die Ferne der Sterne und Galaxien. Nichts belegt das eindrücklicher als die Karriere der *Science fiction*, die in immer raffinierteren und subtileren Formen eine radikale Fremdheit zu inszenieren versucht, die doch allemal eine Ausgeburt menschlicher Phantasie darstellt.[9] Technisch hoch gerüstet, erscheint sie in ihrer Ausmalung von *aliens* nach wie vor nur als allzu menschlich. Der Gipfel dessen, wodurch sie befremdet, ist regelmäßig dort erreicht, wo sie Wesen auftreten lässt, die Menschen zum Verwechseln gleichen, während ihnen alles Menschliche abgeht – bis hin zur völligen Indifferenz allen menschlichen Gefühlen gegenüber. In diesem paradoxen Zusammenfallen von Ähnlichkeit und Fremdheit liegt das vielleicht Beunruhigendste, was diese Gattung zum Vorschein bringt. Aber nicht als wissenschaftliche Hypothese über höheres Leben auf fremden Planeten, sondern als Vorstellung, durch die wir uns selbst äußerst fremd werden.

Die Projektion jener Indifferenz entspringt wiederum nur dem irdischen, menschlichen Leben selbst, das in Wahrheit nie dahin gelangt, dass ihm »nichts Menschliches fremd« ist, wie eine leichtfertige Redeweise besagt. Früher galt als erfahren derjenige, der »weit herumgekommen« war und den Eindruck erwecken konnte, auf diese Weise die Spielräume des Menschlichen erschöpfend kennen gelernt zu haben. Mit dieser Möglichkeit ist es aber nicht weit her, wie wir inzwischen wissen. Jener Eindruck entpuppt sich als geradezu naiv angesichts traumatisierender Erfahrungen, die kaum mehr den Namen »Erfahrung« verdienen, weil diejenigen, die sie durchleiden, Gefahr laufen, den Verstand zu verlieren. Wer in diese Gefahr nicht

---

[8] B. Pascal, *Gedanken*, Bremen, o. J., Fragment Nr. 127; vgl. auch die Nummern 313–315. Hier setzt immer wieder Levinas ein; u. a. in seinen unter dem Titel *Gott, der Tod und die Zeit* (Wien 1996) veröffentlichten Vorlesungen an der Sorbonne, wo es heißt: nicht einmal eine interstellare Reise erschüttere die Identität des Subjekts, das noch die fernsten Sterne auf Steine reduziere, die man im Prinzip beschreiten und bewohnen könnte (S. 144).

[9] M. Salewski, *Zeitgeist und Zeitmaschine. Science Fiction und Geschichte*, München 1987.

geraten kann, besitzt am Ende auch keinen Verstand, den er zu verlieren hätte.[10]

Wer weit herumgekommen ist, kann u. U. heimkehren, ohne das Geringste davon geahnt zu haben. Wo die Gefahr des Zusammenbruchs der Erfahrung als solcher sich abzeichnet, zergeht dagegen die Naivität des Glaubens, die Spielräume des Menschlichen erschöpfend erfahren zu können. Im Widerfahrnis der Erfahrung, sich und Anderen fremd zu werden, die im Gegensatz zu sub-humanen Lebensformen nur Menschen machen, realisieren sie, was sie paradoxerweise miteinander verbindet: nicht ein ungetrübtes, umfassend erfahrbares Wesen, eine stabile Identität oder die unanfechtbare Zugehörigkeit zu derselben Gattung, vielmehr die asymmetrische Erfahrung äußerster Fremdheit, die sie im Verhältnis zueinander auch dann noch machen, wenn sie sich als Gleiche begreifen. Streit entbrennt allerdings darüber, ob auch diese Fremdheit allemal als etwas Vorgestelltes zu gelten hat, das einem denkenden Subjekt zu Gebote stehen müsste, oder ob sie uns auf andere Weise unter die Haut geht und jedes Vorstellen unterläuft. Wäre Fremdheit nur eine Vorstellung von ihr, so müsste sie sich letztlich in menschlicher Subjektivität aufheben lassen. So wie die Seele nach Aristoteles in gewisser Weise »alles« ist, weil alles Erfahrbare sich ihr darstellt, so müsste demzufolge auch alles Fremde am Ende auf Vorstellung und Gedachtes sich reduzieren lassen.

In dieser Aussicht liegt eine bemerkenswerte Ambivalenz. Wo Fremdes nur negativ beunruhigt und als Herausforderung dazu begriffen wird, es als solches zu tilgen, wird man ein vorstellendes Denken als unvergleichliche Macht der Aufhebung von Fremdheit begrüßen. Aber wenn dafür der Preis zu zahlen ist, dass man mit sich allein bleibt, ohne wirkliche, unaufhebbare Exteriorität, nährt das eine Art geistiger Klaustrophobie und Ohnmacht angesichts dieser Macht. Wie, fragt man sich, soll man es anstellen, nicht in ihr gefangen zu bleiben und sich einer radikalen Exteriorität versichern?

Dem Anschein nach hat die Kulturtheorie bereits vor diesem Problem kapituliert. Während einst die Natur als das Andere der menschlichen Kultur galt, muss sie sich nun ihre Aufhebung in einer *menschlichen Geschichte der Natur* gefallen lassen, wie Serge Mos-

---

[10] Vgl. v. Verf., »Ereignis – Erfahrung – Erzählung. Spuren einer anderen *Ereignis-Geschichte: Henri Bergson, Emmanuel Levinas, Paul Ricœur«, in: M. Rölli (Hg.), Ereignis auf Französisch. Von Bergson bis Deleuze,* München 2004, S. 183–207.

covici gezeigt hat.[11] Wo immer man sich noch mit einer widerständi-
gen Natur auseinander setzt, begegnet sie uns demnach nur noch *in*
einem kulturell geprägten Verhältnis zu ihr. So hat die Kultur scheinbar ihr Anderes aus dem Blick verloren, ohne das ihr Begriff doch
keinen Sinn ergibt. Wenn alles Kultur ist, wissen wir nicht mehr,
was Kultur ist. Überall würde demnach der Mensch vermittels einer
kulturell imprägnierten Welt nur noch sich selbst begegnen. Alle
Entdeckungsreisen, Erforschungen des mikroskopisch Kleinsten wie
auch des am weitesten Entfernten hätten ihn letztlich doch nur
wieder auf sich selbst zurückgeworfen. Auf keine Weise wäre er
gleichsam sich selbst entkommen. Alles, was entdeckt und erkannt
worden ist, wäre ganz und gar auf seine Leistung zurückzuführen.
Alle Triumphe menschlicher Subjektivität, die sich noch das Fremdeste vorzustellen vermag und es zu denken versucht, würden nur
beweisen, dass sie letztlich nicht über sich hinaus gelangt.[12]
   Wie sonst aber soll man sich dies vorstellen? Wie könnte sich
menschliche Subjektivität öffnen für Anderes, das ihr nicht in der
Weise der Wahrnehmung, des Vorstellens, Denkens und Erkennens
immer schon unterstellt ist? Gewiss nicht im erkennenden Zugriff
auf das Fernste mittels bester Teleskope, antwortet ein philosophisches Denken, das grundsätzlich bestreitet, dass sich der Mensch in
der Weise der Erkenntnis in Wahrheit für Anderes zu öffnen ver-
möge. Um eine »viel radikalere Umwälzung [...] als die Entdeckung
eines neuen Weltteils oder die Erschließung neuer Sonnensysteme«
soll es sich vielmehr dann handeln, wenn jemandem »das Du aufgeht«, wenn mit anderen Worten im Verhältnis zu einem anderen
Menschen »radikale Anderheit« bewusst wird.[13] »Radikal« bedeutet:
der Andere wird nicht nur als *vergleichsweise verschieden* erfahren,
sondern – in der »unnmittelbaren« Beziehung zu ihm – als derart
»anders«, dass es nicht gelingt, ihn einem Vergleich zu unterziehen.
Radikale Anderheit erweist sich als *un-vergleichlich* und bleibt uns
insofern *fremd*. Wenn in diesem Zusammenhang von der »Differenz« des Anderen die Rede ist, so darf man sie nicht mit bloßer

[11] S. Moscovici, *Versuch über die menschliche Geschichte der Natur*, Frankfurt am Main
1990.
[12] Genau das affirmiert Levinas: *Wenn Gott ins Denken einfällt*, Freiburg i. Br., München ²1988, S. 30.
[13] Vgl. das Zitat von K. Heims in: M. Buber, *Das dialogische Prinzip*, Heidelberg 1962,
S. 310 f.

Verschiedenheit zusammenwerfen.[14] Verschiedenheit gibt es auch in den Augen eines Dritten, der etwas (oder jemanden) und etwas anderes vergleichen kann. Aber Martin Buber, der wie kein anderer die Erfahrung des Du jedem Einblick eines Dritten entzogen hat, bestand darauf, dass die Anderheit des Anderen nur in der Beziehung zu ihm (als zweiter Person) gegeben sein könne, wohingegen sie sich ohne weiteres verflüchtige unter dem verobjektivierenden Blick eines Dritten.

Aber kann man hier wirklich von einer Entdeckung sprechen, die mit den Erkenntnissen der Kopernikaner zu vergleichen wäre? Kann nicht jedem jederzeit im Verhältnis zum Anderen von Angesicht zu Angesicht »das Du« mit seiner radikalen Anderheit »aufgehen«? Und repräsentiert diese Einsicht nicht gerade für einen Juden das alterälteste religiöse Erbe, dessen man sich allenfalls neu zu erinnern hätte?[15] Buber spricht in diesem Zusammenhang nicht von Erkenntnis, aber doch von einer Art Einsicht, zu der zumindest die Philosophie erst sehr spät vorgestoßen sei. Nachdem sie Jahrhunderte lang Ontologie getrieben und ständig gefragt hat, *was* etwas (oder auch die Welt im Ganzen) ist, ist tatsächlich erst seit Ludwig Feuerbach vor allem die philosophische Aufmerksamkeit auf den Anderen, auf die Frage, *wer* er ist und *wie* er begegnet, gelenkt worden. Insofern kann man von einer genuinen Entdeckung der Philosophie sprechen, die sie zu einem veritablen Neueinsatz zwingt, wenn sich herausstellt, dass die Begegnung mit dem Anderen (gerade insofern er radikal Anderer bleibt und nie in bloßer Verschiedenheit aufgeht) »wichtiger« ist als alle Erkenntnis, die die Gattung über das Kleinste oder Fernste gewinnen mag. Infolge dieses Neueinsatzes wandelt sich die Philosophie von der klassischen Ontologie zur Sozialphilosophie: die Frage nach dem Anderen wird zur Angelegenheit der so genannten Ersten Philosophie, wie bereits Theunissen feststellte.

Aber das ist missverständlich. Denn Erste Philosophie war traditionell nichts anderes als Ontologie, die sich ganz und gar von der Was-Frage beherrscht zeigte.[16] In Frage steht indessen gerade, ob sich die Begegnung mit dem Anderen solchem Fragen überhaupt unter-

---

[14] Siehe dazu B. Waldenfels, *Topographie des Fremden*, Frankfurt am Main 1997.

[15] Vgl. T. Cahill, *Abrahams Welt*, Berlin 2002, S. 206.

[16] Vgl. R. Wiehl, *Subjektivität und System*, Frankfurt am Main 2000, S. 32–37; M. Theunissen, *Der Andere. Studien zur Sozialontologie der Gegenwart*, Berlin, New York ²1977, S. 1.

wirft. *Wer* der Andere ist und *wie* er mir begegnet, erschließt sich kaum einem Fragen, das nur darauf abzielt, allgemein zu bestimmen, *was* etwas oder jemand ist. Die Begegnung mit dem Anderen ist jeder allgemeinen Festlegung gerade entzogen, behauptet Buber. Sie vollzieht sich allein im Antworten auf den Anspruch des Anderen, im Hören, Zuhören und Erwidern.

Eine reichhaltige Sozialphilosophie knüpfte hier an. Sie hat Buber aber nicht den Vorwurf erspart, gerade er habe die Begegnung mit dem Anderen in ein traditionelles ontologisches Denken zurückgebogen. Auch Philosophen wie Levinas[17], die diesen Einwand erheben, haben sich allerdings überaus schwer damit getan, die Last des ontologischen Erbes abzuschütteln.[18] Bis heute steht dahin, ob das überhaupt konsequent gelingen kann. Aber auf diese speziellen philosophischen Fragen kommt es an dieser Stelle weniger an als vielmehr darauf, was es mit der in der Begegnung mit dem Anderen liegenden unaufhebbaren Fremdheit auf sich hat. Ob einer erkennenden Subjektivität sozusagen die Fremdheit ausgeht (wenn Blumenberg Recht hat), braucht uns kaum zu beunruhigen, sofern sie in unmittelbarer Nähe, nämlich in der »gastfreien« Begegnung mit dem Anderen jederzeit widerfahren kann. Aber wozu fordert konkret die Gastlichkeit heraus, die erst infolge dieser Begegnung Gestalt annehmen kann?

Sozialphilosophen wie Buber und andere forschen nach unaufhebbarer Fremdheit nicht etwa unter Hinweis auf weiße Flecken auf den Landkarten des Wissens oder auf noch zu entdeckende Kontinente der Erkenntnis, sondern mit Bezug auf das Widerfahrnis der Anderheit des Anderen. Sie erwecken den Eindruck, als sei es geradezu

---

[17] Zu Buber siehe E. Levinas, *Gott, der Tod und die Zeit*, S. 201.

[18] So hat Levinas später den Ansatz seines ersten Hauptwerkes, *Totalität und Unendlichkeit*, noch als allzu sehr der traditionellen Ontologie verhaftet kritisiert. Ricœur veranlasste diese anti-ontologische Stoßrichtung zu der skeptischen Frage, ob eine Ethik im Zeichen des Anderen mit der Ontologie überhaupt noch eine gemeinsame Sprache sprechen könne und ob man darauf verzichten sollte zu fragen, was für eine Art Sein wir sind in der Begegnung mit dem Anderen. Bedarf das für den Anspruch des Anderen aufgeschlossene menschliche Sein nicht einer ontologischen Rechtfertigung? Zu einem ontologischen Begriff des Hörens, der nicht von vornherein ethisch zu fassen ist, vgl. E. Fink, *Grundphänomene des menschlichen Daseins*, Freiburg i. Br., München 1979, S. 52, sowie v. Verf. mit Blick auf Levinas und Ricœur: »The human person: vulnerability and responsiveness. Reflections on human dignity, *religio* and the other's voice«, in: C. Bremmers (ed.), *Studies in Phenomenology. Vol. I. First Philosophy, Phenomenology, and Ethics*, Leiden/Boston (i. E.).

lächerlich, in großer Ferne zu suchen, was doch jedem gewissermaßen vor den Füßen liege. Aber so einfach liegen die Dinge nicht. Ironischerweise belegt gerade die Geschichte sozialphilosophischen
Denkens, wie schwer (wenn nicht unmöglich) es ist, dem Gedanken
einer irreduziblen, in der Begegnung mit dem Anderen zu realisie-
renden Fremdheit philosophisch Geltung zu verschaffen. Die Rede
vom Anderen als »an sich erste[m] Fremde[n]« bei Husserl hat daran
so wenig etwas ändern können wie die verschiedenen Theorien des
»Fremdverstehens« und sozialer Intersubjektivität.[19] Bis heute erhebt sich der Einwand, es sei kaum zu vermeiden, in der Rede über
den fremden Anderen bzw. über die Fremdheit des Anderen eben
diese Fremdheit paradoxerweise aufzuheben. Keineswegs lässt sich
auf eine evidente Fremdheit einfach hinweisen. Zwar stehen Unver-
ständlichkeit, Missverstehen und Unbekanntheit als Erscheinungsformen einer relativen Fremdheit vielfach am Beginn einer echten
Beziehung zum Anderen. Immer wieder aber werden sie so gedeutet,
als gelte es, sie möglichst auf schnellstem Wege im Verständlichen,
Bekannten, Vertrauten usw. aufzuheben. Allemal käme der Fremdheit dann nur ein relativer, privativer und gleichsam *vorläufiger*
Status zu. Sie bliebe stets nur im Spiel, insofern das Verstehen und
Sichvertrautmachen *noch nicht* gelingt oder *misslingt*. Und *als unaufhebbarer* Fremdheit käme ihr überhaupt keine *positive* Bedeutung zu.

Buber scheint freilich eine solche positive Bedeutung bereits im
Sinn zu haben, wo er einem »antwortenden Sein« das Wort redet, das
dem Anderen kein Begreifen, keine Vorwegnahme der Beziehung zu
ihm und keine einengende Frage überstülpt. Mit Nietzsche soll das
Selbst sich angesichts des Anderen als »inspiriert« erweisen, d. h. den
Anspruch des Anderen in Empfang nehmen, ohne zu fragen, um wen
es sich handelt. Buber bekennt sich zu einer *unbedingten Rückhalt-
losigkeit* des In-Empfang-Nehmens, die auf jegliche Vereinnahmung
des Anderen zu verzichten habe. Der Andere ist nicht bloß »etwas«
(worüber eine Ontologie Auskunft geben könnte[20]); er begegnet viel-

---

[19] E. Husserl, *Cartesianische Meditationen*, Hamburg 1977, § 49, S. 109.
[20] Tatsächlich ist ontologischem Denken so leicht nicht zu entkommen, wie Ricœurs
Buch *Das Selbst als ein Anderer*, München 1996 (10. Abhandlung) zeigt; vor allem dann
nicht, wenn der Andere wie das Selbst als verkörpert gedacht wird. Die Frage, wer der
Andere ist oder als wer er in Erscheinung tritt, fasst der Autor ausdrücklich als ontologische. Für Levinas bleibt die Wer-Frage wie die Was-Frage der ontologischen Tradition
ganz und gar verhaftet; vgl. *Jenseits des Seins oder anders als Sein geschieht*, Freiburg

mehr zwischen uns und kann nicht addiert werden zu einer indifferenten, geradezu gesichtslosen Menge von Individuen, in der sich
keiner mehr als Anderer »gemeint« fühlt. Demgegenüber arbeitet
Buber an der Apologie der »dialogischen Gewalt« einer Unvorher-
sehbarkeit, die denjenigen sich selbst entrückt, der niemals im Vorhinein wissen kann, worauf er in der Weise der Aufmerksamkeit, des
Hinhörens oder auch der Gegenrede antwortend Bezug nimmt.[21]
Auch andere Dialogisten haben das hervorgehoben. Sie sprechen von einem Offensein für eine im Verhältnis zum Anderen zur
Geltung kommende Unverfügbarkeit dessen, worauf das Selbst Antwort gibt, ohne sich diese Herausforderung je selbst vorgeben zu
können.[22] Zwar hängt die Offenheit ihr gegenüber gewiss von einer
sensiblen Aufmerksamkeit dessen ab, der »gastfrei allem zugeneigt
[ist], was kommen mag«.[23] Aber selbst eine primäre, noch nicht *sensibel gelenkte* Aufmerksamkeit muss sich unvermeidlich bereits auf
der Spur eines Affiziertseins von dieser Herausforderung bewegen,
der sie nicht zuvorkommen kann. Es scheint fraglich, ob eine Sozialphilosophie, die so einer unaufhebbaren, radikalen Anderheit des
Anderen nachgeht, je wird weiter vordringen können als bis an
Schwellen der Erfahrung, wo sich die Fremdheit des Anderen als *ihr
entzogen* behauptet.[24]
Die Fremdheit, der man als solcher begegnen könnte, gibt es
allerdings gar nicht. Sie zeichnet sich stets nur okkasionell[25] an etwas
oder jemandem ab und erspart uns nicht eine zugleich vielfältige und
spezifische Erforschung. Mitnichten beschränkt sie sich etwa auf
»ethnisch« Fremde oder auf sogenannte Ausländer. Zwar spielt sie
besonders in Formen der *Aufnahme* Anderer hinein, wo sich ein
Subjekt dazu herausgefordert erfährt, sich im Sinne Bubers als

---

i. Br., München 1992, S. 66 f. Anders als Levinas glaubt Ricœur allerdings nicht, dass sich
das Selbst, nach dem wir mit der Wer-Frage fragen, auf eine der Exteriorität des Anderen verschlossene Selbigkeit reduzieren muss.

[21] M. Buber, *Das dialogische Prinzip*, S. 128, 143, 165.

[22] Vgl. M. Theunissen, *Der Andere*, S. 299. Keineswegs geht es hier also um ein *res-
pondeo ergo sum*, wie man es bei verschiedenen Interpreten findet; vgl. G. Wehr, *Martin Buber. Leben – Werk – Wirkung*, Zürich 1991, S. 167, sowie F. Heinemann, *Jenseits
des Existentialismus*, Stuttgart 1957, S. 153 ff. zu einem irreführenderweise an Descartes angelehnten »Prinzip des Antwortens«.

[23] M. Buber, *Das dialogische Prinzip*, S. 142.

[24] Zum Problem der Aufmerksamkeit vgl. in der skizzierten Perspektive B. Waldenfels,
Phänomenologie der Aufmerksamkeit, Frankfurt am Main 2004.

[25] B. Waldenfels, *Topographie des Fremden*, S. 23.

»rückhaltlos« offen zu erweisen für den Anspruch des Anderen. Aber dieser Anspruch kann auch vom Neugeborenen, vom »eigenen« Kind ausgehen, das als fremdes Wesen wie aus dem Nichts zu uns kommt und in seiner Schutz- und Hilflosigkeit absolut auf gastliche Aufnahme bei den Lebenden angewiesen ist.

Außerhalb menschlicher Lebensformen, die sie hätten aufnehmen können, galten Fremde lange Zeit als wolfsgleiche, eigentlich asoziale Naturen[26], was die spektakulären Fälle sog. Wolfskinder umso interessanter macht, die wie jener Victor von Aveyron in Wäldern überlebt hatten und nachträglich domestiziert worden waren, um sie auf ihre menschlichen Entwicklungsmöglichkeiten hin zu erforschen.[27] An solchen Ausnahmen fand man bestätigt, dass die nicht kultivierte Natur ein ungastlicher Ort ist, an dem man praktisch keine Überlebenschance hat. Normalerweise überlebt man die Geburt nur, wenn man Aufnahme findet und nicht verstoßen wird; auch später nicht – wie Kaspar Hauser, den man zu Jahren des Vegetierens ohne soziales Leben verurteilte, bevor man ihn befreite.

Gewiss liegen diese Fälle jeweils sehr verschieden. Gleichwohl kann man mit Blick auf das, was Buber radikale Anderheit nennt, von spezifischen und womöglich paradigmatischen Situationen (wie der Aufnahme des Neugeborenen in die Familie oder der Adoption eines Sorgenkindes) her besser zu verstehen versuchen, wozu sie eigentlich herausfordert. Ohne Bezug dieser Frage auf besondere Kontexte sozialen Lebens bleibt auch die emphatische Rede von der Begegnung mit dem Anderen eigentümlich leer.

Als eine weitere paradigmatische Situation ist in diesem Sinne die Aufnahme eines Fremden zu verstehen, wie sie seit alters her das Ethos der Gastlichkeit zur Sprache bringt. Bei näherem Hinsehen zeigt sich freilich, dass sich in deren Geschichte der Sinn dieses Phänomens nachhaltig gewandelt hat; und zwar derart, dass manche zu der Einschätzung kommen, *ihr ursprünglicher Sinn* habe sich sozusagen *aufgelöst*. Auch hier kommen wir deshalb nicht umhin, das

---

[26] Vgl. B. Geremek, »Der Außenseiter«, in: J. LeGoff (Hg.), *Der Mensch des Mittelalters*, Essen 2004, S. 374–401, hier: S. 377f. Diese Kategorisierung inspiriert neuerdings wieder Ansätze zu einer »politischen Zoologie«: J. Vogl, E. Matala de Mazza, »Bürger und Wölfe«, in: C. Geulen, A. v. d. Heiden, B. Liebsch (Hg.), *Vom Sinn der Feindschaft*, Berlin 2002, S. 207–218.

[27] L. Malson, J. Itard, O. Mannoni, *Die wilden Kinder*, Frankfurt am Main 1972; H. Lane, *Das wilde Kind von Aveyron. Der Fall des Wolfsjungen*, Frankfurt am Main, Berlin, Wien 1985.

Paradigma der Aufnahme des Anderen, der hier als Fremder begegnet, zu spezifizieren.

2. Gastlichkeit: Ökonomisierung, Verrechtlichung und Privatisierung

Eine historische Lesart der Gastlichkeit[28] besagt, sie habe sich von einer »primitiven« Gastfreundschaft, die unentgeltlich, uneigennützig, jedem Fremden gegenüber verpflichtend und nahezu unbeschränkt praktiziert worden sei, in die Richtung einer teils gewerblichen, teils verrechtlichten, auf jeden Fall aber beschränkten Gastlichkeit entwickelt.[29] In ihren heute vorherrschenden Formen verlange sie eine durchgängige Kontrolle Fremder (sowohl bei Aufnahme in einem Gasthaus als auch beim Betreten fremden Bodens, auf dem andere Gesetze eines politischen Gemeinwesens gelten).

---

[28] H. C. Peyer, *Von der Gastfreundschaft zum Gasthaus. Studien zur Gastlichkeit im Mittelalter*, Hannover 1987.

[29] Im Folgenden knüpfe ich zwar wiederholt an Forschungen an, die zu diesem Ergebnis kommen. Doch setze ich es nicht als erwiesen voraus. Erstens liegen keine Quellen vor, die über eine *gattungsgeschichtlich ursprüngliche* Gastlichkeit befriedigend Auskunft geben könnten. Zweitens lassen die Quellen, die vorliegen, keineswegs ohne weiteres auf die *Praxis* der Gastlichkeit schließen. Das gilt etwa für Tacitus' Bemerkung in der *Germania*-Schrift, es gebe kein gastlicheres Volk als das der Germanen. Drittens speist sich die Geschichte der Gastlichkeit aus *heterogenen* Quellen, die ihrerseits *nachträglich* vielfach *uminterpretiert* worden sind. Das gilt für das Alte Testament ebenso wie für das frühe Christentum. In beiden Fällen beruft man sich heute, über Jahrtausende hinweg, auf einen radikalen Sinn der Gastlichkeit, den man doch erst in der Gegenwart zur Geltung bringt und gegen eine tatsächlich vielfach exklusive Auslegung selbst der außer-ordentlichen Liebesgastlichkeit abgrenzt (siehe unten Anm. 32 zu Klemens von Alexandrien). Speziell die christliche Gastlichkeit geht einer ökonomisierten und verrechtlichten Gastlichkeit nicht einfach voraus, sondern setzt sich nachträglich in Widerspruch zu ihr. Das gilt für die Opposition zum römischen Reich, das im Übrigen bereits Formen der ökonomisierten (und nicht privaten) Gastlichkeit kennt, die keineswegs erst in der Moderne zutrage tritt (sich aber ihrerseits nachhaltig gewandelt hat, wie die Entwicklung des Handels im Zeichen reziproker Gastlichkeit und die Geschichte des Wirtshauses deutlich zeigt; vgl. O. Hiltbrunner, *Gastfreundschaft in der Antike und im frühen Christentum*, Darmstadt 2005 [= GAC]). Die genannten Punkte sprechen deutlich *gegen jede einsinnige* Entwicklungsthese – sei es im Sinne des zunehmenden *Verfalls* einer ursprünglichen Gastlichkeit, sei es im Sinne eines kosmopolitischen *Durchbruchs* zu einer unbeschränkten Gastlichkeit. Auch eine schlichte Aufteilung, die eine unbeschränkte Gastlichkeit allein aus religiöser Inspiration, ihre Beschränkung dagegen allein einem sittlichen Ethos, einer Verrechtlichung, Ökonomisierung oder Privatisierung zuschreiben würde, kann nicht überzeugen.

Während es archaische Sitten geradezu verlangten, *nicht* nach dem Namen, nach dem Woher und Wohin des Fremden zu fragen, um dessen Fremdheit zu respektieren, sind Gäste nunmehr meldepflichtig. Die Details können hier nicht ausgebreitet werden. Worauf es ankommt, ist vielmehr die Deutung der entsprechenden historischen Befunde. Sie besagt – ungeachtet einer gewissen Differenzierung nebeneinander vorkommender Formen der Gastlichkeit – grob gesagt, dass deren Ökonomisierung und Verrechtlichung das alte Ethos der Gastfreundschaft weitgehend ersetzt und zersetzt hätten.[30]

Die eigentliche Gastfreundschaft hat demnach nur noch im Privaten überlebt, wohingegen die Beherbergung von Fremden zu einer öffentlichen und politischen Angelegenheit geworden ist. Die Aufgabe des Schutzes von Fremden geht auf politische Herrschaft über. Sie wird, wie besonders die Geschichte des Asyls zeigt, durchgängig verrechtlicht. Abgesehen davon behauptet sich eine politisch-rechtlich überhaupt nicht mehr fassbare christliche Liebesgastlichkeit, die schon sehr früh als dramatische Überforderung derer begriffen worden ist, die sich zu ihr verpflichtet sehen mussten. Inzwischen, so meint der Historiker Peyer, sei keine verpflichtende Bindung zwischen Gast und Gastgeber mehr festzustellen. Je mehr der Staat die Gastlichkeit zu seiner Sache gemacht habe und je mehr sie ökonomisiert worden sei, desto mehr habe sich die eigentliche Gastfreundschaft, die rechtliche Regeln und gewerbliche Zwecke ignoriere, ins Private zurückgezogen. Aber auch dort hat sie ihren Sinn verändert. Demnach verfügt heute der Gastgeber unumschränkt über den Raum, in dem er stets aus freien Stücken und auf Zeit geladenen Anderen Gastlichkeit entgegenbringt. Das Recht der Verfügung über diesen Raum und seinen Besitz kann demnach von keinem Gast angefochten werden. Ein nicht geladener Gast, der zu bleiben begehrte und womöglich die Herrschaft über das Haus in Frage stellen könnte, hat im heute dominierenden Verständnis von Gastlichkeit keinen Platz mehr. Ein solcher Gast würde ohne weiteres als Eindringling eingestuft, der notfalls mit Polizeigewalt entfernt und wegen des Delikts des Hausfriedensbruchs angezeigt werden kann, wenn er das Haus nicht wie verlangt verlässt.

Kaum mehr zu erkennen sind dagegen in unserer Kultur Spuren einer unbegrenzten Gastlichkeit, die jedem, auch ungeladenen und unbekannten Gästen für unbestimmte (nicht von vornherein befris-

---

[30] H. C. Peyer, *Von der Gastfreundschaft zum Gasthaus*, S. 17, 61, 116, 146, 278 ff.

tete) Zeit entgegenzubringen wäre. Schon in der Antike waren Erkennungszeichen *(symbola* als *tesserae hospitales)* üblich, durch die man sich als *berechtigter* Gast auszuweisen hatte. Das mittelalterliche Klosterleben sah sich ungeachtet der unbedingten Aufforderung zu einer Gastfreundlichkeit, der angeblich »keine irgendwie vorgeschriebene Grenze gesetzt« ist (Ambrosius[31]), mit der Erfahrung einer dramatischen Überforderung durch allzu viele Gäste konfrontiert und zu Restriktionen[32] selbst dort gezwungen, wo es einer schrankenlosen Liebesgastlichkeit verpflichtet war. Auf dem Weg in die Moderne mit ihrer durchgreifenden Ökonomisierung und Verrechtlichung des Sozialen ist die Gastfreundschaft einigen Beobachtern zufolge immer mehr verfallen.[33] So zitiert Westermarck in seiner Geschichte des Ursprungs und der Entwicklung der Moralbegriffe einen Zeugen des elisabethanischen Zeitalters mit den Worten: »Es ist so weit gekommen, daß selbst Gastfreundschaft etwas fremdes geworden.«[34]

Als Grund wird vor allem das »Anwachsen des Verkehrs« genannt, der die Gastfreundschaft zu einer »unerträglichen Last« gemacht und gewerbliche Gastlichkeit an deren Stelle gesetzt habe. Infolge dessen habe man sich an den Anblick von Fremden, der früher eher selten war, weitgehend gewöhnt, so dass der Fremde »jenes Ge-

---

[31] Vgl. O. Hiltbrunner, GAC, S. 178.

[32] Zum Beispiel unter Rückgriff auf Empfehlungsschreiben, aber auch durch die Weigerung, Häretikern oder Heiden Gastlichkeit entgegenzubringen (GAC, S. 43, 186). Konsequent beschränkt bereits Klemens von Alexandrien die christliche Gastlichkeit, die angesichts jedes »Bruders« damit rechnen muss, dass Gott in ihm begegnet, dadurch, dass er sie auf Andere reduziert, die »im gemeinsamen Besitz desselben Geistes sind«; und zwar als Welt-Fremde, die auf der Erde Gäste sind und als solche ungeachtet ihrer Fremdheit zu Freunden erklärt werden. Von einer *Koinonia* als einer alle Menschen verbindenden Gemeinschaft von Fremden kann insofern gar keine Rede sein. Vielmehr nimmt paradoxerweise gerade die Gemeinschaft der Welt-Fremden exklusive Formen an, die Andere ausschließen. Dieses Beispiel zeigt, dass es entscheidend darauf ankommt, wie die Gastlichkeit gedacht wird. Vgl. ebd. S. 164.

[33] Demgegenüber wäre geltend zu machen, dass »das Soziale« als solches erst zur Geltung kommen konnte, als deutlich wurde, dass das menschliche *inter-esse* (H. Arendt) nicht in rechtlich und ökonomisch geregelten Beziehungen aufgeht. Erst seitdem ist überhaupt die Chance gegeben, eine nicht immer schon »geregelte« Gastlichkeit zu denken.

[34] E. Westermarck, *Ursprung und Entwickelung der Moralbegriffe,* Bd. 1, Leipzig 1907, S. 490. Demgegenüber wird von anderen Autoren schon in der Antike eine Reduktion einer angeblich ursprünglich unbeschränkten Gastlichkeit auf eine Hospitalität festgestellt, die Befreundete bevorzugt (vgl. F. Rauers, *Kulturgeschichte der Gaststätte,* Berlin 1941, S. 14).

heimnisses« beraubt worden sei, »das den einsamen Wanderer in einer entlegenen Gegend umgibt, deren Bewohner wenig Verkehr mit der Außenwelt haben«.[35] Schließlich sei Gastfreundschaft dadurch unnötig geworden, dass die Fremden unter den Schutz des Staates gestellt worden seien. Paradoxerweise gerät nun gerade dadurch, dass Gastlichkeit zu einer Angelegenheit des Rechts wird, die befremdliche Anderheit des Gastes aus dem Blick.[36] Er ist vor dem Recht *irgendeiner*, ein *Niemand*, der *wie jeder andere* Fall zu behandeln ist. So aber verschwindet in der verrechtlichten Gastlichkeit eben die Anderheit des Anderen, deren Entdeckung in der modernen Sozialphilosophie jede kosmologische Erkenntnis noch zu übertreffen schien. Angesichts der ökonomisierten und verrechtlichten Gastlichkeit fragt man sich, ob diese Entdeckung ohne Folgen blieb.

Eine *verstaatlichte Gastlichkeit*, die im Aufenthalts-, Bleibe- und Asylrecht ihren Niederschlag findet, duldet es nicht, dass eine außerordentliche und übermäßige Gastlichkeit etwa jedem Unbekannten entgegengebracht wird, ohne auch nur nach dessen Identität zu fragen.[37] Wo eine Nation gleichsam Herr im Hause eines territorial abgegrenzten Staatswesens sein will, kommt ein unbedingter Anspruch irgendeines Fremden auf gastliche Aufnahme nicht mehr in Betracht. Sie verteidigt die Souveränität ihrer Entscheidungsbefugnis darüber, wer sich unter welchen Bedingungen und für wie lange auf dem Boden des politischen Gemeinwesens aufhalten darf und wer ggf. unter allen Umständen wieder das Land zu verlassen hat. Das Haus des Gemeinwesens steht keineswegs jedem jederzeit offen, zumal dann nicht, wenn immerfort zu viele danach verlangen, bleiben zu dürfen und wenigstens geduldet zu werden. Der religiös inspirierte, sowohl im Judentum als auch im Christentum und im Islam tief verwurzelte Skrupel, angesichts jedes Abgewiesenen, den man seinem Schicksal überlässt, könnte man sich dadurch an Gott selbst vergehen, richtet dagegen scheinbar genau so wenig etwas aus wie die Erinnerung daran, womöglich selber nur »Gast auf Erden« zu

---

[35] E. Westermarck, *Ursprung und Entwickelung der Moralbegriffe, Bd. 1,* S. 490.

[36] In die gleiche Richtung zielt R. Bürner-Kotzam, *Vertraute Gäste – Befremdende Begegnungen in Texten des bürgerlichen Realismus,* Heidelberg 2001, S. 55. Hier ist von einem »Verlöschen« des alten Ethos des Gastrechts die Rede. Während man sich im Privaten auf geladene und bereits vertraute Gäste beschränke, die unverbindlich und stets nur auf Zeit aufgenommen werden, werde das Ethos zugleich vom Recht zersetzt.

[37] O. Hiltbrunner, »Gastfreundschaft«, in: *Reallexikon für Antike und Christentum, Bd. VIII,* Stuttgart 1972, Sp. 1061–1123.

sein, der darauf angewiesen bleibt, bei Anderen Aufnahme zu finden.[38] So stehen wir vor dem zwiespältigen Befund, dass die verschiedenen religiösen Traditionen an eine *ursprünglich übermäßige und
nicht von vornherein limitierte Gastlichkeit* erinnern, wohingegen
die in rechtliche Ansprüche transformierte Gastlichkeit jede Überforderung durch eine unbegrenzte Gastlichkeit auszuschließen sucht.
Gerade die Anerkennung solcher Ansprüche, wie sie besonders das
Asylrecht repräsentiert, verkürzt sie um ihren »übermäßigen« und
unbedingten Sinn.

Auch Philosophen wie Buber, Levinas und Derrida, die eine unbedingte Herausforderung zur Gastlichkeit verteidigt haben (oder
sich so lesen lassen), sahen sich immer wieder mit der Frage konfrontiert, ob man nicht einer »realistischen« Reduktion menschlicher
Gastlichkeit auf unvermeidlich beschränkte ethnische, kulturelle
und politische Bedingungen ihrer Realisierbarkeit Rechnung tragen
muss. So stellt Derrida fest: »Wir wissen nur zu gut: niemals lässt
sich ein Nationalstaat als solcher, ganz egal, welches sein Regime ist,
sei es auch demokratisch [...], auf eine unbedingte Gastlichkeit ein
oder auf ein unbeschränktes Asylrecht. Es wäre nie ›realistisch‹, so
etwas von einem Nationalstaat als solchem zu erwarten oder zu
fordern, er würde immer ›den Einwanderungsfluß eindämmen‹
wollen.«[39]

3. Viele, allzu viele?

Tatsächlich steht heute jede Diskussion um Fragen des Asyls, aber
auch um Fragen sogenannter Integration von Ausländern oder von
»Menschen mit Migrationshintergrund«, wie es in der fragwürdigen
Sprache »politischer Korrektheit« heißt, *im Zeichen des Zuviel*. Die
Zahl der Menschen nimmt vielerorts dramatisch zu. Allzu viele müs-
sen auswandern oder sich auf die Flucht begeben, um überhaupt eine
Überlebenschance zu haben oder menschenwürdig leben zu können.
Das gilt für die verzweifelten *boat people*, die an den Südküsten

---

[38] Vgl. M. Buber, »Geltung und Grenze des politischen Prinzips«, in: *Werke, Bd. 1*,
S. 1095–1108, hier: S. 1100; E. Levinas, *Humanismus des anderen Menschen*, Hamburg
1989, S. 99.
[39] J. Derrida, *Adieu. Nachruf auf Emmanuel Levinas*, München 1999, S. 116 f. Vgl. dazu Kapitel V, 4 in diesem Band.

Europas zu landen versuchen, genauso wie für sog. »Wirtschaftsflüchtlinge«, die auf dem Landweg oder per Flugzeug meist vor größter ökonomischer Not fliehen, aber wie Parasiten eingestuft werden. Sie alle müssen sich gefallen lassen, auf den gemeinsamen Nenner gebracht zu werden, der besagt, dass sie zu viele sind. Die rhetorisch heraufbeschworene Bedrohung durch ihre Überzahl soll juridische Restriktionen ihres Anspruchs auf Aufnahme in die nach wie vor reichen Staaten des Westens rechtfertigen, was nicht selten zur wirksamen Verhinderung der Möglichkeit führt, diesen Anspruch überhaupt geltend zu machen. Obwohl ursprünglich kein Mensch und kein Gemeinwesen einen exklusiven territorialen Anspruch auf irgendein Stück der Erde hat, wie Kant unnachsichtig feststellte, schotten sich zumal die Staaten des Westens zunehmend rigider gegen Fremde ab, die oft genug nur ihr nacktes Leben mitbringen.[40]

Jeder müsse heute wissen, »was es heißt, daß er einer von vielen – und dazu noch von zu vielen – ist«, befindet der Philosoph Hans Blumenberg in seiner *Matthäuspassion*.[41] Es gibt also zu viele Menschen. Demnach hätte jeder Grund, *sich* zu fragen, ob er selbst nicht »zu viel« ist, statt einfach Andere für »überflüssig« zu halten, um daraus womöglich radikale politische Forderungen abzuleiten. Doch woran nimmt jenes Wissen eigentlich Maß?[42] Offenbar lässt sich der

---

[40] Vgl. das Kapitel V in diesem Band.

[41] H. Blumenberg, *Matthäuspassion*, Frankfurt am Main [6]1988, S. 26.

[42] Das von Blumenberg für evident gehaltene Wissen bezieht sich nicht nur auf eine weit verbreitete Besorgnis, die Weltbevölkerung werde sich über jedes Maß hinaus vermehren und konkret unabsehbare Versorgungsnöte, ökologische Desaster und Kriege um Ressourcen nach sich ziehen. Es bezieht sich auch auf die von Blumenberg nicht bedachte Erfahrung, etwa als Arbeitskraft überflüssig zu sein. Diejenigen, die sich in Zeiten technischer Rationalisierung für entbehrlich halten (oder glauben müssen, für überflüssig gehalten zu werden), kommen sich oftmals wie menschlicher Abfall vor, wenn wir soziologischen Beobachtern wie Zygmunt Bauman Glauben schenken. Darüber hinaus sind wir Zeugen ethnischer Gewalt, die sich vielfach darauf beruft, im angeblich »angestammten« Lebensraum seien gerade die eigenen Nachbarn »zu viel«. Dabei geht es eher selten primär um Ressourcen der Ernährung. Vielmehr offenbaren sich in der entsprechenden politischen Rhetorik tiefgreifende Prozesse der Verfeindung, die darauf hinauslaufen, nicht einmal die physische Existenz Anderer noch zu dulden. Bestimmt am Ende willkürliche Gewalt, *wer wo* »überflüssig« ist und gegebenenfalls »ethnischer Säuberung« zu unterziehen ist – bis hin zum Massenmord? Zweifellos haben wir es hier *nicht* allein mit einem Problem ökonomisch-technischer Rationalisierung oder mit Folgen quantitativen, an objektiven Maßstäben zu messenden Bevölkerungswachstums zu tun. Doch bedient sich die Rhetorik ethnischer Gewalt vielfach erfolgreich demographischer Argumente, die zur Vorsicht mahnen, wenn wie bei Blumenberg davon die Rede ist, Menschen seien überflüssig.

69

Erde weit mehr für die Ernährung der Menschen abgewinnen, als noch vor wenigen Jahrzehnten abzusehen war. Die im Zeichen der »Grenzen des Wachstums« zuerst vom *Club of Rome* abgegebenen Prognosen gelten inzwischen als überholt. Und wann die Grenze erreicht sein wird, über die hinaus sich die Nahrungsmittelproduktion weltweit nicht mehr nennenswert steigern lassen dürfte, weiß auch heute niemand genau anzugeben.

Dennoch ist nicht zu bestreiten, dass die weltweite exponentielle Vermehrung der Menschen seit geraumer Zeit in einem Tempo stattfindet, das eine demographische Katastrophe heraufbeschwört.[43] Die Vermehrung droht in ein Desaster der Fruchtbarkeit zu münden. Das vielerorts (freilich keineswegs überall festzustellende) »explosive« Bevölkerungswachstum zieht eine ebenso dramatisch gesteigerte Mortalität nach sich, die alles übertrifft, was die seit dem 17. Jahrhundert aufgekommene Demographie traditionell in Rechnung stellte.[44] Ein kurzer Rückblick ist an dieser Stelle angebracht, der zeigt, wie der Gedanke, es gebe zu viele Menschen, in verschiedenen Versionen das Denken beherrschte, um schließlich in einer genozidalen Vernichtungspolitik zu kulminieren.

Zuerst in England hatte man damit begonnen, Mortalitätstabellen zu erstellen, die u. a. verzeichneten, wie große Desaster, Epidemien, Kriege oder Hungersnöte massenhaft die Menschen hinwegrafften. Die Bevölkerung machte die infolge dessen eingetretene Entvölkerung wieder rückgängig, bis ein quantitativer *status quo* wieder erreicht war.[45] So einschneidend die Dezimierung der Menschen auch ausgefallen sein mochte, so sicher war doch zu erwarten, dass sich ihre Zahl früher oder später wieder normalisieren würde.[46] Noch im 17. Jahrhundert glaubte der französische Philosoph Male-

---

[43] Vgl. T. Macho, »So viele Menschen. Jenseits des genealogischen Prinzips«, in: P. Sloterdijk (Hg.), *Vor der Jahrtausendwende: Berichte zur Lage der Zukunft*, Frankfurt am Main 1990, S. 29–64, sowie die apokalyptischen Antizipationen des Überlebens eines »Menschheitsrests« auf einer »verödeten Erde«, die von Menschenhand zu einer ungastlichen Wüste gemacht worden ist, bei H. Jonas, *Das Prinzip Verantwortung*, Frankfurt am Main ³1982, S. 252.

[44] Vgl. H. Birg, »Johann Peter Süßmilch und Thomas Malthus – Marksteine der bevölkerungswissenschaftlichen Theoriebildung«, in: R. Mackensen (Hg.). *Bevölkerungsentwicklung und Bevölkerungstheorie in Geschichte und Gegenwart*, Frankfurt am Main 1989, S. 53–76.

[45] Vgl. M. Foucault, *Geschichte der Gouvernementalität, Bd. I, Sicherheit, Territorium, Bevölkerung*, Frankfurt am Main 2004, S. 103 ff.

[46] Vgl. demgegenüber aber die Daten zur europäischen Bevölkerungsentwicklung bei

branche überdies, Gott habe einen bestimmten Vorrat an Menschen geschaffen, der in nicht allzu ferner Zukunft erschöpft sein müsste.[47] Nach und nach sollten die Geschöpfe ihren Auftritt auf der Welt haben, der ihnen die Aussicht auf eine ewige Beherbergung jenseits der Zeit eröffnete, wenn sie nur ein rechtes Leben führten. Im Glauben daran, befristet »Gast auf Erden« zu sein, lag ein absolutes Versprechen.

Seitdem aber ist die Hoffnung, dieses Versprechen werde eingelöst, genauso verblasst wie der Horizont des Anderen der Zeit. Die Menschen erfahren sich als rückhaltlos verzeitlicht. »Ihr sterbt mit allen Tieren. Und es kommt nichts nachher«, schreibt Brecht in seinem Lied »Gegen Verführung«, das einer furchtlosen Ernüchterung zum Ausdruck verhilft.[48] Nicht nur scheint die Aussicht auf ein Nachher nichts mehr zu versprechen (womit noch immer die Wenigsten sich indifferent abfinden mögen). Auch in der kurzen Lebenszeit, die den Geschöpfen bleibt, ist es mit der ruhigen Aussicht vorbei, die Malebranche genoss. Statt ohne zu drängeln auf das Zeichen ihres Auftritts zu warten und das alte Gleichgewicht von Zutritt zum Leben und Abgang nicht zu gefährden, kommen seit langem allzu viele zur Welt, befinden die Demografen. Zwar sind oft schon zu viele gestorben: Die Pestepidemien des ausgehenden Mittelalters und der 30-jährige Krieg waren auch demografische Katastrophen, nach denen sich ein lang anhaltendes Schweigen über die entvölkerten Landstriche Europas legte. Aber selbst danach kam es immer wieder zur Erholung der Bevölkerungen, die zwar dezimiert wurden, aber zu keiner Zeit vom Aussterben bedroht waren. Über *zu viele* Menschen brauchte man sich kaum Sorgen zu machen. Dabei waren schon immer Menschen zur Migration gezwungen, wenn Missernten, klimatische Härten und Formen kollektiver Gewalt ihnen zusetzten, die sie mit der Vernichtung bedrohten. Aber ihr war auf dem Weg der Auswanderung zuvorzukommen. Notfalls um den Preis der Zerstreuung konnte man versuchen, anderswo zu überleben und sein Auskommen zu finden.

Erst gegen Ende des 18. Jahrhunderts begann sich die Lage dra-

---

G. Heinsohn, R. Knieper, O. Steiger, *Menschenproduktion. Allgemeine Bevölkerungslehre der Neuzeit*, Frankfurt am Main 1979, S. 40 ff.
[47] J. Needham, *A History of Embryology*, Cambridge 1934, S. 148 f.
[48] *Die Gedichte von Bertolt Brecht in einem Band*, Frankfurt am Main 1981, S. 260; vgl. H. Arendt, *Menschen in finsteren Zeiten*, München 2001, S. 264 f.

matisch zu wandeln. Die Erde erschien nun weitgehend besiedelt. Die kolonialistische Expansion der europäischen Staaten war denn auch nur noch in Formen gewaltsamer Okkupation möglich. Fast nirgends mehr fand man unbewohntes Land. Und vielerorts war eine vorerst langsame, aber stetige und auf lange Sicht erstmals als bedrohlich wahrgenommene Zunahme der Bevölkerungen festzustellen. Während sich Malebranche ein Gleichgewicht von Geburtenraten und Sterblichkeit vorstellte, schien nun klar, dass unter *normalen* Bedingungen *ständig* zu viele geboren werden. Damit schlägt die Stunde der Bevölkerungstheorie von Malthus, die ihren Schatten bis in unsere Zeit hinein wirft. Mit einem Bein steht Malthus gleichsam noch in der alten Zeit, wenn er ein Gesetz annimmt, das die überschüssige Bevölkerung immer wieder (sei es durch Kriege, sei es durch Hunger usw.) auf ein mit den verfügbaren Ressourcen vereinbares Maß zurückführen wird. Andererseits beunruhigt ihn die Frage, ob die »übermächtige Gewalt der Bevölkerungsvermehrung« nicht auf unerhörte und beispiellose Weise die Menschen gegeneinander aufbringen könnte. Und manchen seiner Zeitgenossen erschien es menschlich unannehmbar, auf »die Sense des Krieges oder des Hungers« und auf die menschlichen Laster als Wegbereiter einer gesunden Entvölkerung zu vertrauen.[49]

Während sich das aufkommende moderne Familienleben erstmals den Kindern zuwendet und sie als einzigartige Andere wertzuschätzen lehrt, denen gastliche Aufnahme unter den Lebenden zusteht, verliert der Einzelne im statistischen Denken der Demographen sein Gesicht und steht von vornherein unter dem Verdacht, *zuviel* zu sein, sofern es die Nationen in ihrem kriegerischen Konkurrenzkampf nicht verstehen, Kapital aus ihren jeweiligen Bevölkerungen zu schlagen. Jetzt ist Bevölkerung nicht mehr das einfache Gegenteil von Entvölkerung, sondern eine Ressource staatlicher Macht, die sich nun eigens um sie zu sorgen beginnt. Als Bio-Macht erfasst diese Macht aber auch, wodurch es zu einem Überangebot an Individuen kommt, die für das Gemeinwesen zur Belastung werden. Paradoxerweise wird Armut als Hauptursache unerwünschten »Kinderreichtums« ausgemacht. Wo zu viele zur Welt kommen, überlebt ein hoher Prozentsatz nicht einmal die Geburt oder die ersten beiden Lebensjahre.[50] Zumal mittellose Eltern sind mit der Sorge für das

---

[49] R. T. Malthus, *Das Bevölkerungsgesetz* [1798], München 1977, S. 27, 32, 68.
[50] Vgl. A. I. Imhof, *Die Lebenszeit*, München 1988, Kap. 2.2.

leibliche, seelische und kulturelle Wohl ihrer Nachkommen hoffnungslos überfordert. Ihr vermeintlicher Reichtum schlägt als primäres Risiko anhaltender Verarmung zu Buche, zumal dann, wenn nicht dafür gesorgt werden kann, dass sie sich einer staatskonformen Sittlichkeit einfügen. Demgegenüber beschränken die Gebildeten ihre Fruchtbarkeit – und schwächen so die Staatsmacht, während es »die Falschen« an der nötigen reproduktiven Kompetenz fehlen lassen. Man nennt sie die Untüchtigen, die Gedankenlosen, die Trägen und Gleichgültigen, aber auch schlicht die Armen, die Minderwertigen, die Schwachen usw. Man fragt sich, wie eine differentielle Steuerung der Fruchtbarkeit möglich ist, so dass der Staat in den Genuss des biologischen Kapitals der genetisch Wertvollen gelangt und die Anderen nicht aufgrund einer sentimentalen Humanität, die man ihnen entgegenbringt, allzu zahlreich am Leben bleiben, um sich ungehemmt zu vermehren. Zu unliebsamen Folgen einer falsch verstandenen Humanität, die staatlicher Bio-Macht abträglich sei, zählt man Arbeitsscheu und Landstreichertum, Verzweiflung und Verbrechen, Siechtum, Wahnsinn und Selbstmord. Diese Humanität steht im Verdacht, die biologische Substanz des Staates zu untergraben. Dem sollte eine entschlossene Rationalisierung des »Fortpflanzungsverhaltens« entgegensteuern. Als probate Maßnahmen zieht man neben der Klassifizierung der Fortpflanzungsberechtigung möglicher Eltern und der Ausmerzung missgebildeter Neugeborener vor allem eine konsequente Beschränkung jeglicher Armenfürsorge in Betracht. Die für minderwertig gehaltene »Aufzucht« von Nachkommen durch die Falschen will man nicht auch noch von Staats wegen fördern. Als Bio-Macht müsse sich der Staat um die biologisch wie ökonomisch Richtigen kümmern, um sich durch sie im inter-nationalen Konkurrenzkampf zu behaupten.

Auch auf diesem Feld gibt die besonders in der zweiten Hälfte des 19. Jahrhunderts festgestellte Zunahme der Bevölkerungen zu Besorgnis Anlass. Womöglich geraten die Zivilisierten gegenüber den fruchtbareren Nicht-Zivilisierten biologisch ins Hintertreffen, fürchtet man. Und zwischen ihnen, als »Fortpflanzungsgemeinschaften« oder Rassen, deren jede »zur ganzen Menschheit werden« möchte, entsteht eine potenziell tödliche Konkurrenz: diejenigen, die sich weniger stark vermehren, werden im internationalen Naturzustand unterliegen. Manche Rassetheoretiker gehen so weit, präventive Gewalt in Betracht zu ziehen, um dem rechtzeitig vorzubeugen, bevor der eigene Staat biologisch in Rückstand gerät. Was sich nicht behaupten könne im Naturzustand, müsse sich gefallen lassen, dass es zu Grunde geht, glaubten sie (oder wollten sie glauben machen).[51] Nicht nur Individuen, die im Übermaß vorhanden sind, auch ganze Völker, Nationen und Rassen müssen nun gewärtigen, als bloßer Überschuss einer quasi evolutionären Geschichte zum Opfer zu fallen.

Wir wissen, wohin die Vorstellung eines solchen Kampfes geführt hat, die ihre ideologisch gefährlichste Ausprägung hierzulande in der propagierten Behauptung völkischen Lebensraums fand, den man sich ostwärts suchte, ohne die geringste Rücksicht auf Millionen, die man einfach vertrieb oder liquidierte.[52] Die Zäsur des Jahres 1945 mag für die Deutschen Befreiung von einem Alptraum gewesen sein (nach langen Jahren erst hat sich diese Deutung durchgesetzt gegenüber dem damals zweifellos vorherrschenden Eindruck einer erneuten, schmachvollen Niederlage, die man lieber nicht erlebt hätte). Dennoch handelte es sich keineswegs nur um ein »deutsches Problem«.[53] Schließlich hatten die Nationalsozialisten Europa fast ganz in ihre Gewalt gebracht. Es hätte nicht viel gefehlt, und das »Tausendjährige Reich« wäre wirklich angebrochen. Nur durch Hilfe von außen hat Europa davor bewahrt werden können. Zu selbstgerechter Berufung auf vermeintliche Grundlagen, die dieses nicht zuletzt europäische Desaster unverändert überstanden haben sollen, besteht gewiss kein Anlass. Grundlagen, auf die man sich heute beruft, um ein anderes Europa zu begründen und dauerhaft zu sichern, mussten allemal nachträglich neu gedacht werden. Europa, so wie es sich heute darstellt, definiert sich vor allem negativ gegen das, was es niemals sein wollte und niemals wieder werden will: ein *radikal ungastlicher* Kontinent – wie damals, als fast alle Staaten nicht nur in ihrer höchsten Aufgabe versagten, den Schutz ihrer Mitbürger gegen vernichtende Gewalt zu garantieren, sondern vielfach auch aktiv deren Entrechtung betrieben und ihr nacktes Leben Häschern jeglicher Couleur auslieferten. Man versteht die Nachwirkungen dieses europäischen Desasters schlecht, wenn man es auf ein nationales Problem reduziert. Es handelt sich auch um eine Lehre über die Verlässlichkeit

---

[51] Zum Vorangegangenen vgl. die ausführliche Darstellung bei R. P. Sieferle, *Die Krise der menschlichen Natur*, Frankfurt am Main 1989, auf die ich hier nur kursorisch Bezug nehme.
[52] Vgl. D. Diner, *Weltordnungen*, Frankfurt am Main 1993, S. 77–164.
[53] Vgl. H. Arendt, *In der Gegenwart. Übungen im politischen Denken II*, München 2000, Kap. 1.

politischer Institutionen und Lebensformen überhaupt. Nicht wenige derjenigen, die deren Zerstörung und den Ruin des alten Europa überlebt haben, weigerten sich seitdem konsequent, je wieder irgendeiner Lebensform oder politischen Ordnung ganz und gar zuzugehören.

4. Eine Lebensform: Gastlichkeit unter Fremden

So befand Hannah Arendt, zumal dem Philosophen und der Philosophin stehe nichts anderes als die »Lebensform des Fremden« *(bios xenikos)* gut zu Gesicht. Sie betont zwar, menschliches Leben könne nur in der Gesellschaft gelebt werden, besteht aber auf ihrer Fremdheit als Unzugehörigkeit zu einer Welt, die derart ihre Unzuverlässigkeit erwiesen hat wie die des alten Europa.[54] Gleichwohl sei es ganz falsch, mit einer von ihr abgeschiedenen »Weltlosigkeit« zu liebäugeln. Denn die Menschen Europas hätten »ihr Gewicht verloren; schwerelos, dem Winde gleich, treiben sie durch eine verlorene Welt, die sie nicht mehr behaust«. Dagegen könnten sie aber auf der Basis »reiner Menschlichkeit« gar nichts ausrichten. Man dürfe sich nicht »im Asyl des eigenen Inneren häuslich einrichten«[55] und auf diese Weise die Sorge um die Welt preisgeben, die beim Anblick fernsten Leides zur Solidarisierung selbst mit ganz Unbekannten aufruft. Nichts kann die Gastlichkeit politischer Lebensformen ersetzen, die sich nicht nur um diejenigen kümmern, die ihnen zugehören. Eine restlose Zugehörigkeit aber wäre eine Falle wie die sogenannte Identität, nach der so viele unaufhörlich suchen – als wäre es ein Allheilmittel, definitiv zu wissen, wer man ist. Das höchste Lob, das Hannah Arendt einem ihrer Freunde (Waldemar Gurian) spendet, betrifft denn auch keineswegs dessen verlässliche »Identität«, sondern die Tatsache, dass er ein Fremder *aus dem Nirgendwo blieb*. »Doch als er starb, trauerten seine Freunde um ihn, als wäre ein Familienmitglied von ihnen gegangen und hätte sie allein zurückgelassen. Er hatte erreicht, was uns allen aufgegeben ist: In dieser Welt

---

[54] H. Arendt, *Vom Leben des Geistes. Bd. 1. Das Denken*, München, Zürich ²1989, S. 62, 194.
[55] Von einem philosophischen Wohnsitz in einem übertragenen Sinne ist allerdings die Rede, der gleichwohl »mitten in der Welt« liege, allerdings »abseits von Behausungen der Menschen«. Zum Vorangegangenen vgl. besonders: *Menschen in finsteren Zeiten*, S. 33, 174, 177, 250.

hatte er seinen Wohnsitz errichtet und sich durch Freundschaft ein
Zuhause auf der Erde geschaffen« – ohne seine Fremdheit restlos
einzubüßen in einer gemeinschaftlichen Identität.[56]

Hier sind wir weit entfernt von einem landläufigen Lob der Differenz als bloßer Verschiedenheit und von einer Apologie menschlicher Pluralität in diesem trivialen Sinne. Gemeint ist eine »Wahlverwandtschaft« von Fremden, die einander an einer unsichtbaren
Tafel willkommen heißen zu einem Wir »inmitten einer Welt, zu
der wir alle als Fremde kommen, heillos verkrüppelt in der Gesellschaft der Feinen, Verfeinerten«, m.a.W. in einer Gesellschaft, die
Gastlichkeit nur als eine luxuriöse Zutat für Besserlebende kennt.[57]
Aber können durch Solidarität unter Fremden alle Freunde werden?
Ist diese Wahlverwandtschaft nicht bloß die Kehrseite einer überwiegend herrschenden Ungastlichkeit – bis hin zur Feindschaft? Diese
Frage beschäftigt nicht nur Hannah Arendt: Wie kann die Welt der
Menschen eine gastliche sein, besonders im Verhältnis zu Fremden,
die nicht mit uns verwandt oder befreundet sind, aber auch im Verhältnis zu angeblich Überflüssigen und Unerwünschten, die schließlich nirgends mehr einen Ort zum leben finden, wo man sie wenigstens duldet?

Wohlgemerkt geht es hier nicht um Physik oder um das unendliche Universum, dessen kopernikanische Geschichte Hans Blumenberg rekonstruiert hat. Von diesem Universum sagt Martin Buber:
»Hat man erst einmal den Begriff der Unendlichkeit Ernst genommen, dann kann man aus der Welt keine Wohnung des Menschen
mehr machen.« Ein für alle Mal sei der Mensch nach Kopernikus zu
einem im Universum »unbehausten« Leben verurteilt, wie es bereits
Pascal beschrieben habe.[58] Es handle sich um ein Leben in der dritten
Person, das vor den Dingen kein Vorrecht genieße. Wenn aber mit
Buber an eine für die Anderheit des Anderen als Du oder »zweite
Person« aufgeschlossene Gastlichkeit zu erinnern ist, so kann es sich
nicht mehr um ein wohnliches Sicheinrichten im Kosmos (oikeiosis)
handeln. Es geht nicht um den ungastlichen Kosmos, der sich zur

---

[56] Vgl. ebd., S. 108, 317 sowie demgegenüber den Begriff einer Gemeinschaft von Gemeinschaften bei Buber, der mit dem Gedanken einer unaufhebbaren Unzugehörigkeit
(und in diesem Sinne mit einer sozialen Welt-Fremdheit) nicht verknüpft wird, in: *Der
utopische Sozialismus*, Köln 1967, S. 225, 239 ff., 253 ff.

[57] H. Arendt, *Menschen in finsteren Zeiten*, S. 303.

[58] M. Buber, »Das Problem des Menschen«, in: *Werke*, Bd. 1, S. 307–408, hier: S. 317–
325.

Existenz des Menschen ganz gleichgültig verhält, sondern um diejenige Welt, die es nur *im Verhältnis der Menschen zueinander* und *durch sie* als eine gastliche gibt, in der man wenigstens auf Zeit Aufnahme findet und auf die Gewährleistung menschenwürdiger Lebensbedingungen hoffen kann. Sie hat ihren Ursprung überall dort, wo Menschen voreinander in Erscheinung treten. Als solche ist die Welt des Zwischenmenschlichen aber etwas überaus Ephemeres und bedarf der Stabilisierung, der Sicherung ihrer Verlässlichkeit auf Dauer, wie Arendt unaufhörlich betont hat.

In einer *institutionell gesicherten*, über die endliche Lebenszeit der Einzelnen hinausreichenden gastlichen Welt sollte Sorge dafür getragen werden, dass ursprünglich Welt-Fremde, als die wir zur Welt kommen und als die wir wieder aus ihr scheiden, Aufnahme finden unter den bereits Lebenden, aber so, dass sie dafür nicht gleichsam den Preis ihrer Fremdheit zu zahlen haben. Die gastliche Aufnahme soll nicht auf eine Zwangsintegration oder totale Zugehörigkeit hinauslaufen. Eine zeitgemäße politische Lebensform, wie sie sich Arendt vorstellte, sollte weder Surrogat eines Stammes sein noch auf eine universale Brüderlichkeit hinaus laufen, die alle, *unterschiedslos* und *ungeachtet* ihrer in Wahrheit *unaufhebbaren* Fremdheit einbeziehen würde. Wie, so fragte Arendt sich, ist unaufhebbare Fremdheit mit quasi freundschaftlichem Zusammenleben in politischen Lebensformen vereinbar, die der eigentlichen Ur-Aufgabe kulturellen Lebens gerecht zu werden versprechen, allen für die Dauer ihres Lebens gastliche Aufnahme zu gewähren?[59]

Allen? wird man fragen. Jede politische Lebensform ist unvermeidlich beschränkt und stößt in der Einbeziehung Anderer, sei es Neugeborener, sei es Fremder, die aufgenommen werden wollen, alsbald an Grenzen, die dazu zwingen können, sie abzuweisen oder auszuschließen – mit womöglich lebensgefährlichen Konsequenzen für die Betroffenen. So verlangt uns die Besinnung auf jene Ur-Aufgabe kulturellen Lebens ab, mannigfaltigen Erfahrungen der Ungastlichkeit nachzugehen, die auf negativem Wege verständlich werden lassen, worum es in menschlicher Gastlichkeit eigentlich geht, wenn sie sich nicht in trivialer Weise darauf beschränkt, geladene Gäste

---

[59] Vgl. in diesem Sinne die Überlegungen von Imre Kertész zur Gastlichkeit in *Die exilierte Sprache*, Frankfurt am Main 2004, S. 216 ff. Im Anschluss an Nietzsche geht J. Shklar so weit, hier eine Unvereinbarkeit zu sehen: »universal hospitality permits no single friendship at all«; *Ordinary Vices*, Cambridge, London 1984, S. 200.

freundlich zu bewirten, die sich meist nach wenigen Stunden wieder höflich verabschieden werden, ohne die Herrschaft über das Haus ernsthaft in Frage zu stellen.

Auf eine solche luxurierende Gastlichkeit für Besserlebende, die sich einer zum bloßen Lebensstil verkümmerten, primär ästhetischen Lebenskunst hingeben, kann man sich gewiss nicht beschränken, wenn es darum geht, Profile zeitgemäßer Gastlichkeit im Ausgang von Erfahrungen der Ungastlichkeit herauszustellen, wie man sie als überflüssiger Mensch, als Fremder oder Unerwünschter macht. Diese Erfahrungen drängen sich uns auch innerhalb unserer Lebensformen auf: in Epidemien der Arbeitslosigkeit wissen sich Millionen »unnütz« Gewordener einem verlängerten Warten auf den Tod überantwortet; fremd sind wir nicht nur anderswo, sondern auch uns selbst *in der Zugehörigkeit* zum Leben mit und unter Anderen; unversöhnt leben die Opfer traumatischer Gewalt in unserer Mitte, als Überlebende, denen keine Trauerarbeit weiter hilft. Eine Gastlichkeit, die sich diesen mannigfaltigen Erfahrungen gegenüber nicht als aufgeschlossen erwiese, verdiente ihren Namen nicht. Von einer Kehrseite menschlicher Lebensformen, wie sie sich in der Erfahrung zeigt, nicht mehr zu »zählen« und sich gleichgültig ausgeschlossen zu wissen, verriete sie keine Spur. Es ist an der Zeit, auszuloten, ob der *minimale* Anspruch, allen ein gastliches Leben zu bieten, nicht *mehr* bedeutet als einen in einer Welt des Hungers, verschärfter Exklusion zahlloser, nur ihr nacktes Leben fristender Menschen und Neuer Kriege unerträglichen Euphemismus.

Bis zu diesen, in der politischen Gegenwart so überaus dringlichen Fragen stößt eine dialogistische Sozialphilosophie kaum vor, die sich darauf beschränkt, zu einem »gastfreien« Empfang des Anderen aufzufordern, der ihn nicht um seine unaufhebbare Fremdheit verkürzt. Schließlich haben wir es im politischen Leben mit vielen, ungezählten Anderen zu tun, die zwar unerwartet in der Nähe auftauchen können (und sei es nur die technisch vermittelte Nähe der Medien), die aber in ihrer Vielzahl konkrete Probleme der Gastlichkeit aufwerfen, welche man im exklusiven Blick auf den Anderen als zweite Person, als Du oder singulären Fremden allzu leicht übersieht. Einige dieser Probleme sind bereits kurz angesprochen worden: Fragen einer ökonomisierten, verrechtlichten oder auch privatisierten Gastlichkeit, die einen unbedingten Anspruch des Anderen, der jeder Andere sein kann, womöglich unterlaufen. Geradezu als drohenden *Verrat* am Anspruch des Anderen auf gastliche Aufnahme scheint

Levinas dies aufzufassen. Auf diesen Philosophen geht das folgende Kapitel näher ein. Denn wie kein anderer hat er, nicht zuletzt angeregt von Martin Buber, sein Denken der menschlichen Gastlichkeit verschrieben und dabei auf die Schwierigkeiten aufmerksam gemacht, die sich uns in den Weg stellen, wenn wir bedenken, wie sie politisch, im Horizont einer *unübersehbaren Pluralität von Anderen* Gestalt annehmen könnte. Wird man in diesem Horizont unvermeidlich den *ethischen Sinn* einer *wahrhaft menschlichen Kultur* wieder aus dem Auge verlieren, der im Gegensatz zu einer fremden, ungastlichen Welt vom singulären Anderen her erst im sozialphilosophischen Denken des 20. Jahrhunderts in Erinnerung gerufen worden war?

KAPITEL III
Inspirierte Gastlichkeit in kulturellen Lebensformen

Die Anderen sind das ursprüngliche Zuhause.
Jan Patočka[1]

Sie werden in diesem Haus lernen, daß es hart ist,
ein Fremder zu sein. Sie werden auch lernen,
daß es nicht leicht ist, kein Fremder mehr zu sein.
Maurice Blanchot[2]

1. Das Subjekt als Gastgeber

Das Werk des jüdischen Philosophen Emmanuel Levinas steht ganz im Zeichen menschlicher Gastlichkeit. Bereits in seinem ersten Hauptwerk, *Totalität und Unendlichkeit*, heißt es programmatisch: »Dieses Buch stellt die Subjektivität als etwas dar, das den Anderen empfängt, es stellt sie als Gastlichkeit dar.«[3] Schroff und nicht selten polemisch wendet sich Levinas vom Denken eines die Dinge vorstellenden und manipulierenden Subjekts ab, um zu erklären, es gehe ihm in Wahrheit um nichts anderes als um den »Empfang«, den es »dem Anderen bereite«. Der gastliche Empfang sei keine Frage des Wohnens in fraglosem Besitz, den ein Gastgeber nachträglich und nicht ohne Vorbehalte für Fremde öffnet, sondern eine Frage des Gebens. Befremdlicher Gedanke: menschliche Gastlichkeit manifestiert sich im Modus der Gabe (TU, S. 105).

---

[1] J. Patočka, *Die Bewegung der menschlichen Existenz*, Stuttgart 1991, S. 139.
[2] Zit. n. S. Kofman, *Erstickte Worte*, Wien 1988, S. 37.
[3] E. Levinas, *Totalität und Unendlichkeit*, Freiburg i. Br., München 1987, S. 28, 434 f. (= TU). Hier heißt es schlicht und ergreifend: »Das Subjekt ist ein Gastgeber.« Die Beziehung zum Anderen vollziehe sich als Gastlichkeit.

Das soll nicht bloß bedeuten, dass ein menschliches Subjekt sich aus freien Stücken dazu durchringt, zu teilen und etwas abzugeben von dem, was ihm gehört. Denn die Gabe, durch die es sich erst als »menschliches« erweisen kann, begreift Levinas ihrerseits als Antwort auf eine Herausforderung, der es sich schlechterdings nicht entziehen kann und die insofern eine absolute Grenze jeglicher Verfügungsmacht darstellen soll. Gemeint ist die ultimative Herausforderung durch die »Unendlichkeit des Anderen«. Das Subjekt könne nicht umhin, sich ihr zu stellen. Es könne sie nicht *nicht* »in Empfang nehmen«. Aber gerade dadurch werde das »Vermögen der Gastlichkeit« inspiriert; und zwar dazu, dem Anderen in seiner unendlichen Anderheit gerecht zu werden (TU, S. 295). In jedem konkreten Anderen hat es das gastliche Subjekt mit dieser Anderheit zu tun; stets zu spät aber, denn »immer schon« hat es ihren Anspruch in Empfang genommen bzw. vernommen, gehört und womöglich auch *auf ihn* gehört.[4] Im zweiten Hauptwerk, *Jenseits des Seins*, ist von einer »unaufholbaren Verspätung« mit Verweis auf das *Hohe Lied* die Rede, wo es heißt: »ich öffnete, [...] er war entschwunden«.[5]

Jene doppelte Negation (nicht nicht) zeigt auf den ersten Blick nur die *Unmöglichkeit* an, *zu vermeiden, den Anspruch des Anderen zu vernehmen*, scheint aber keineswegs auszuschließen, dass man ihn dann doch *überhört, übersieht und übergeht*. Sie erübrigt also in keiner Weise ein *aktives Bezugnehmen* auf den Anspruch im Modus des *Gebens*. Erst im Geben würde sich das Subjekt wirklich als menschliches erweisen und den Sinn der Gastlichkeit *bezeugen*. Diese Zwiespältigkeit macht sich auch in Passagen bemerkbar, in denen Levinas deutlich zu machen versucht, *wozu* der Anspruch des Anderen herausfordert. So ist von menschlicher Sensibilität die Rede, die einerseits schlicht bedeuten soll, dem Anderen rückhaltlos »ausgesetzt« zu sein. Andererseits aber würde daraus rein gar nichts im Hinblick auf menschliche Gastlichkeit folgen, wenn sich die Sensibi-

---

[4] Zum Hören der Stimme des Anderen und zum Hören auf sie vgl. Anm. 18 zu Kap. II in diesem Band sowie v. Verf., »Die Stimme des Anderen. Kritische Anmerkungen zu ihrer aktuellen ›Rehabilitierung‹«, in: *Jahrbuch für Religionsphilosophie* (2007), i. V., und das folgende Kapitel IV, wo auf den Empfang im Zeichen des Unendlichen zurückkommen sein wird (unter 6.).
[5] E. Levinas, *Jenseits des Seins oder anders als Sein geschieht*, Freiburg i. Br., München 1992, S. 199 (= JS). Aber ist der Andere hier nicht bereits identifiziert als »Geliebter«? Das lässt Levinas außer Betracht; vgl. *Neue Jerusalemer Bibel*, Freiburg i. Br. 1985, S. 913 (Viertes Lied, 6).

lität auf eine pure Passivität des Exponiertseins beschränken würde. Deshalb insistiert Levinas auf dem Sinn einer wirklichen, konkreten Gabe wie der Gabe des dem eigenen Munde abgerungenen Brotes und der Öffnung »nicht nur des Portemonnaies, sondern der Türen des eigenen Hauses« (JS, S. 168 f.).

Weitere Konkretisierung erfährt der Begriff der Gastlichkeit an anderer Stelle, wo die *Sprache* als Angelegenheit der Gastlichkeit aufgefasst wird. Nicht die Sprache als virtuelles System, das unzählbare Möglichkeiten des Sprechens eröffnet, sondern als in Anspruch und Erwiderung sich (hörbar oder stumm) vollziehendes Geschehen der Rede, das vom Anderen her kommt und sich an ihn wendet (TU, S. 259, 444). Aber der Mensch lebt nicht vom Wort allein. Deshalb ist es wichtig, dem Anderen nicht mit leeren Händen zu begegnen, wenn es darauf ankommt. Jede Form menschlichen Zusammenlebens, angefangen bei der Lebensform des Hauses, von der der moderne Begriff der Ökonomie ja seine ursprüngliche Bedeutung entlehnt, verlangt konkrete Rücksichten auf diejenigen, die es bewohnen, und auf Andere, denen Zutritt gewährt wird. *Keine* menschliche Beziehung vermag sich »außerhalb der Ökonomie abzuspielen, man kann ein Antlitz nicht mit leeren Händen und geschlossenem Haus ansprechen« (TU, S. 250).

Offensichtlich spielt Levinas hier mit vielfältigen Bedeutungen des Ökonomischen, das nicht auf ein Haushalten mit knappen Ressourcen oder gar auf Nationalökonomie usw. beschränkt ist. Auch das Subjekt, das sich dem Anspruch des Anderen zu stellen hat, lässt sich analog als ein Haus verstehen, in dem er gastliche Aufnahme findet. Die derart ausufernde Metaphorik sollte freilich nicht darüber hinwegtäuschen, dass Levinas – entgegen einer verbreiteten Lesart seiner Schriften, die nur auf ein schlechterdings *außerordentliches* Verhältnis des Subjekts zum »ganz Anderen« abstellt – konkrete, leibhaftige, hungernde und durstige Wesen im Sinn hat, wenn er auf einer nicht zu ignorierenden Einbindung in ökonomische Lebensverhältnisse insistiert.[6] In diesen Lebensverhältnissen stellen sich

---

[6] Es ist ein Desiderat, herauszuarbeiten, wie sich die von Levinas beschriebene Gastlichkeit menschlicher Subjektivität zum klassischen Denken sittlicher Lebensformen und zum modernen Begriff einer politischen Ökonomie verhält. Zweifellos widersetzt sich Levinas' Philosophie dem Gedanken einer Aufhebung sittlicher Lebensverhältnisse im Staat als der Wirklichkeit der sittlichen Idee, wie sie Hegel beschrieben hat, oder einer umstandslosen Identifikation von Lebensform und objektivem Geist (sei es eines Volkes oder einer Kultur). (Vgl. bes. H. Schnädelbach, *Hegels praktische Philosophie*, Frankfurt

Fragen der Priorität und der Gerechtigkeit: *wem* ist vorrangig *was* (und *wie viel, für wie lange*) zu geben? Wer bedarf etwa caritativer Hilfe, solidarischer Unterstützung oder gerechten Ausgleichs? Und diese Fragen stellen sich nicht abstrakt in einem gleichsam luftleeren Raum, sondern stets in gewissen Grenzen des Wirtschaftens mit ihrerseits mehr oder weniger begrenzten oder im Überfluss vorhandenen Lebensmöglichkeiten. Das Paradigma einer unvermeidlichen *Ortung* dieser Fragen ist auch für Levinas das Haus. »Die Sammlung in einem Haus, das dem Anderen offensteht – die Gastlichkeit –, ist der konkrete und ursprüngliche Tatbestand der menschlichen Sammlung und Trennung [...]« (TU, S. 250).

Zusammen leben in der Ökonomie des Hauses Menschen, die füreinander Andere sind und ihre radikale Anderheit nicht in ihren Beziehungen aufheben können. Zusammen können nur unaufhebbar Getrennte leben. Es fragt sich nur, wie sie dem gerecht werden, ohne einer Ideologie der Gemeinschaft zu frönen, in der kein Anderer mehr Luft zum Atmen hätte. Das Haus kann insofern keine totale (oder totalitäre, despotische) Gemeinschaft begründen, in der ein Herr wie einst in Rom zu unumschränkter Macht über Leben und Tod befugt wäre. Es dient nicht dazu, den entsprechenden Grund und Boden exklusiv in Beschlag zu nehmen, um sich ungestört darin für alle Zeiten einzuwurzeln. »Das Haus, das man gewählt hat, ist ganz das Gegenteil einer Verwurzelung«, die jeden fremden Eindringling als Feind einzustufen zwingt. Vielmehr bezeichnet das Haus in Levinas' Verständnis »eine Loslösung, eine Irre, die das Haus möglich gemacht hat; diese Irre ist kein *Weniger* im Verhältnis zur Einrichtung, sondern ein Überschuß der Beziehung zum Anderen« – eine gute »Irre«, wenn man so will (TU, S. 250).

2. Aufgeschlossenheit und außerordentliche Ansprechbarkeit

So bedenkt Levinas nicht von einem geschlossenen Haus her die Frage, wie man darin gegebenenfalls ein für Andere nachträglich aufgeschlossenes Leben führen kann; vielmehr geht eine radikale »Auf-

---

am Main 2000, S. 92, 298 ff. zur Ökonomie, sowie S. 36, 60, 63 zum Begriff sitttlicher Lebensformen.) Ob sich zwischen Gastlichkeit und Sittlichkeit vermitteln ließe, ist eine ganz offene Frage. Darauf wird ein zusammen mit Brigitta Keintzel angestoßenes Projekt zum Verhältnis zwischen Hegel und Levinas näher eingehen.

geschlossenheit« jeder Beschränkung auf ein Haus oder eine analog vorgestellte Ökonomie bereits voraus. Allerdings besteht die Möglichkeit, »ungestraft alle Gastlichkeit [...] aus seinem Haus zu verbannen«, d. h. gerade das zu ignorieren, was es überhaupt erst gestattete, sich einzuschließen. »Die Möglichkeit, sich dem Anderen zu öffnen, ist ebenso wesentlich für das Wesen des Hauses wie die geschlossenen Fenster und Türen.« Das Gleiche gilt für jede begrenzte Ökonomie: Es gibt die Möglichkeit, »sich ohne inneren Widerspruch bei sich einzuschließen«, d. h. aber so, dass diejenigen, die sich eingeschlossen haben, von außen keine Herausforderung zur Gastlichkeit mehr erreicht.

Wenn Levinas nun im Gegensatz zu so manchem Interpreten, der seine Schriften nur »inspiriert« liest, darauf insistiert, dass »die Beziehung mit dem Anderen [...] nicht außerhalb der Welt« geschieht, so bedeutet das: Sie hat es unvermeidlich mit einer Welt zu tun, in der gleichsam wasserdichte ökonomische Grenzen gezogen werden, um Andere auszugrenzen, die »nicht zählen«. So hat die Gastlichkeit gerade *in* der jeweiligen Ökonomie die Ungastlichkeit als Kehrseite, die den Ausgeschlossenen zugewandt wird. Das Gleiche gilt, wenn innerhalb eines politischen Gemeinwesens ökonomische Binnengrenzen gezogen werden. In diesem Falle sind die Ausgeschlossenen nicht einfach »draußen«, sondern gehören dem Gemeinwesen *als ökonomisch Diskriminierte und insofern Ausgeschlossene zu*. Vollends der Möglichkeit beraubt, Andere anzusprechen und sie in Anspruch zu nehmen, d. h. mundtot werden sie nicht selten gerade dadurch gemacht, dass ihre ökonomische Benachteiligung unter Berufung auf ein politisches Realitätsprinzip oder auf das für alle Beste erfolgt – wie es der Fall ist, wenn eine Destruktion sozialstaatlicher Prinzipien mit der Begründung vorgenommen wird, es gelte das Gemeinwesen von einer Kostenlast zu befreien, die es im globalen Konkurrenzkampf benachteiligen. Wer im Sinne der berüchtigten Devise *There is no alternative* (TINA) fortschreitende, eklatante Ungerechtigkeit in einer Gesellschaft rechtfertigt, die neue sog. Unterschichten entstehen lässt, tut der nicht für das Ganze am Ende nur das Beste? So nimmt die ökonomische Exklusion oftmals raffinierte und durchaus rational begründete Formen an und macht durch die Berufung auf das für alle Gute die Benachteiligten sprachlos – und zwar nachhaltiger, als es ein Redeverbot vermöchte, gegen dessen unverkennbare Gewalt man sich immerhin noch gezielt auflehnen könnte.

So gesehen verlangt Levinas' Insistieren auf einer in der Welt sich vollziehenden Beziehung zum Anderen nach einer genauen Beschreibung der Mechanismen, durch die die freie Rede des Anderen im Einzelfall unmöglich gemacht wird. Die Türen der Ökonomie können auch auf andere Weise verschlossen werden als dadurch, dass man freie Rede untersagt oder den Lärm überhört, den die Ausgeschlossenen noch machen mögen.[7] Gastliches Leben würde sich umgekehrt niemals dem Anderen so verschließen wollen, dass die Eingeschlossenen kein Anspruch mehr von draußen erreichen kann. Es müsste sich um die Möglichkeit der *eigenen Ansprechbarkeit* sorgen – und um die Frage, *wer ihrer bedarf*. Kommen nur die »Armen, Fremden, Witwen und Waisen« in Betracht, wie es gewisse Klischees besagen?[8]

Wer auch immer uns zur Gastlichkeit herausfordert, der *Anspruch* des Anderen hat uns immer schon erreicht, auch wenn wir uns ihm verschließen und so tun, als hätten wir ihn nicht vernommen. In *Totalität und Unendlichkeit* besteht Levinas auf einem spezifisch ethischen Sinn dieses Anspruchs. Zumal »angesichts des Hungers der Menschen gibt es für die Verantwortung nur ein ›objektives‹ Maß. Die Verantwortung kann nicht abgewiesen werden. […] keinerlei ›Innerlichkeit‹ gestattet es, der Verpflichtung aus dem Weg zu gehen« (TU, S. 289). Bei der Lektüre solcher Zeilen mag der Leser sich fragen, ob sie ohne jegliche Rücksicht auf eine ihrem Sinn eklatant widersprechende politische Wirklichkeit niedergeschrieben worden sind, oder ob der Autor dieser Wirklichkeit bewusst eine unabweisbare Verantwortung entgegensetzt, die »angesichts des Hungers der Menschen« durch keine Ausflucht zu beschränken ist.

---

[7] Vgl. die Ausführungen von J. Rancière zu politischer Rede und Geräusch, in: *Das Unvernehmen. Politik und Philosophie*, Frankfurt am Main 2002; ders., »Politisches Denken heute. Die normale Ordnung der Dinge und die Logik des Dissenses«, in: *Lettre International 5* (2003), S. 5 ff. Diese Probleme werden unterschlagen, wenn man mit C. Korsgaard der Meinung ist, »[that] it is impossible to hear the words of a language you know as mere noise« und dass im Hören der Worte Anderer bereits deren Anerkennung als »jemand« bzw. als Person verwurzelt sei. C. M. Korsgaard, *The Sources of Normativity, The Tanner Lectures on Human Values*, Cambridge, Mass. 1992, S. 99 (Seitenangabe nach der auf der Web-Seite der *Tanner Lectures* veröffentlichten Fassung).

[8] Auch Levinas scheint von ihnen nicht gänzlich frei zu sein; vgl. TU, S. 361. Mit Bezug auf das *Deuteronomium* (16, 11) meint T. Cahill, es handle sich heute um die »unsichtbaren Gespenster« unserer Wohlstandsgesellschaft«: *Abrahams Welt*, Berlin 2002, S. 221.

So sehr sich Levinas als radikaler Ethiker verstanden hat, so wenig spricht dafür, dass er mit politischer Blindheit geschlagen war.[9] Eindeutig ist die zweite Hypothese vorzuziehen. Allerdings gibt sie zu Missverständnissen Anlass. Keineswegs ist eine von jedem jederzeit und im Verhältnis zu jedem beliebigen Anderen zu tragende Verantwortung gemeint. (Eine derart unbegrenzte Verantwortung wäre überhaupt nicht zu tragen.) Levinas meint vielmehr eine *außerordentliche Affizierbarkeit* des Subjekts durch einen Anspruch, der grundsätzlich jeden Versuch der Abgrenzung unterlaufen kann. Dem widerspricht nicht, dass der Möglichkeit Rechnung zu tragen ist, sich bei geschlossenen Türen und Fenstern gegen jedes Eindringen unerwünschter Ansprüche verwahren zu wollen. Der Versuch, sich derart in sich selbst oder in einer geschlossenen Lebensform zu verschanzen, die sich zu keinerlei Gastlichkeit mehr bereit fände, kann in der Tat so weit gehen, dass man sich hermetisch abschottet gegen eine vergleichgültigte »Außenwelt«. Sie würde allerdings als Außenwelt zu existieren aufhören, wenn aus ihr nicht doch etwas ans Ohr des verschanzten Subjekts dringen könnte. Selbst wenn es sich nur um ein Geräusch handelt, bleibt die Frage im Spiel, ob es nicht auf die Spur unterdrückter Rede des Anderen führt. Noch in dieser Frage bleibt die Ansprechbarkeit des Subjekts durch den Anderen präsent.

Andererseits befindet sich niemand, der in diesem Sinne bloß ansprech*bar* ist, allein dadurch schon in einer Welt des Hungers »angesichts« Anderer. Levinas appelliert an der zitierten Stelle an eine *tatsächliche Wahrnehmung* dieser Welt, ohne die sich nicht klären lässt, ob und wie ein »gastliches« Subjekt durch Andere, die hungern, dazu herausgefordert wird, ihren Ansprüchen gerecht zu werden. Man sollte zwischen einer *bloßen Ansprechbarkeit* und *tatsächlichem Angesprochenwerden* genauso unterscheiden wie zwischen der Erfahrung, in Anspruch genommen zu werden einerseits und Ansprüchen *auf* etwas, die sich zu *Anrechten* steigern lassen. Levinas insistiert auf einer außerordentlichen Ansprechbarkeit des Subjekts im Sinne einer Herausforderung zur Gastlichkeit, die durchaus offen lässt, wem man in welcher Weise in diesem engeren Verständnis gerecht werden soll. Um wen auch immer es sich handelt – der Andere stört auch als ganz und gar Fremder ein in sich zurückgezogenes Leben, das alle Sinne verschließt, um es nicht zur Wahrnehmung

---

[9] P. Delhom, A. Hirsch (Hg.), *Im Angesicht der Anderen. Emmanuel Levinas' Philosophie des Politischen*, Berlin, Zürich 2005.

einer solchen Herausforderung kommen zu lassen. Levinas möchte zeigen, wie diese Störung jederzeit ethisch virulent werden kann als Skrupel, dass man dem Fremden nicht gerecht geworden ist. Ohne diese ethische Beunruhigung lässt sich aus seiner Sicht auch kein Zuhausesein denken (vgl. TU, S. 44, 100).

3. Gegen ein »heidnisches« Denken?

Diese ethische Beunruhigung »vergessen« zu haben oder sie implizit oder explizit zu leugnen ist der Hauptvorwurf, den Levinas gegen die gesamte okzidentale Erste Philosophie erhebt, so wie sie sich traditionell als Metaphysik und Ontologie präsentiert. Sie denke den Aufenthalt auf der Erde und unter dem Gewölbe des Himmels bloß als heidnische und technische Auseinandersetzung mit den Dingen. Inzwischen gilt zwar der ehemalige Kosmos als »dezentriert«, aber das hat anscheinend die Fixierung auf die irdischen Dinge und ihre technische Beherrschung nur noch verstärkt. Nachdem die moderne Physik sich theoretisch den Kosmos zu eigen gemacht hat[10], bleibt der Philosophie demnach nur noch das Denken einer auf der Erde »sesshaften« Existenz, die sich verzweifelt an ihren Ort als Besitz klammert, den sie möglichst tief im Grund und Boden ihrer Geschichte zu verwurzeln strebt. Ein solches Denken kennt keine ursprüngliche Herausforderung zur Gerechtigkeit, zur Verantwortung oder zur Gastlichkeit dem Anderen gegenüber. Es ist in Levinas' Verständnis ganz und gar auf die Sicherung eines exklusiven, den eigenen Grund und Boden verteidigenden Lebens fixiert, das nichts Wichtigeres beschäftigt, als in der Welt zu wohnen oder sich einen wohnlichen Ort zu verschaffen – sei es auch auf Kosten Anderer.

Polemisch und geradezu verächtlich kommentiert Levinas immer wieder die Anliegen einer derart der Welt und ihrer Bewohnbarkeit verhafteten Philosophie, deren wichtigster Repräsentant ihm Heidegger zu sein schien. Diese Philosophie beklagt einen durchgreifenden Weltverlust durch die moderne Technik, deren Verhängnis sie allerdings schon im Ursprung des Europäischen angelegt sieht. Auf dem von dieser Philosophie vorgezeichneten Weg will man die verlorene Welt wiederfinden, »sich dem Licht der großen Landschaften,

---

[10] Vgl. K. Löwith, *Schriften*, Bd. 1–9, Stuttgart 1981–1988, hier: Bd. 1, S. 458; Bd. 3, S. 171.

der Faszination der Natur, den majestätisch hingelagerten Bergen öffnen«; man will wieder auf den Pfad achten, »der sich durch die Felder schlängelt, [...] die Einheit spüren, die die Brücke stiftet, indem sie die Ufer des Flusses und die Architektur der Bauten verbindet, die Gegenwart des Baumes spüren, das Helldunkel der Wälder, das Geheimnis der Dinge, eines Krugs, der abgetretenen Schuhe einer Bäuerin, das Funkeln einer Weinkaraffe auf einem weißen Tischtuch.«[11] Demzufolge würde sich das »Sein des Realen selbst [...] hinter diesen privilegierten Erfahrungen zeigen, sich der Obhut des Menschen anvertrauen. Und der Mensch, Bewahrer des Lebens, zöge aus dieser Gnade seine Existenz und seine Wahrheit.« Und zwar als endlich wieder in der Welt verwurzeltes, situiertes Wesen, dessen höchste Aufgabe eben darin bestünde, seinen Ort zu bewohnen und in diesem Sinne ganz und gar *da* zu sein – radikaler noch als jede Pflanze, die ihre Wurzeln in die Erde senkt und ihr lediglich Nährstoffe entzieht.

Beschreibt man nicht bis heute das Leben der Vertriebenen, der Exilierten und Heimatlosen in der Diaspora als »entwurzelt«, um auf diese Weise hervorzuheben, dass ihnen im Grunde jede Möglichkeit genommen ist, durch den Ort, die Gegend, Landschaft und Heimat inspiriert zu leben und dadurch so etwas wie Halt zu finden? Entwurzelt sein, das bedeutet demnach, haltlos dahinzutreiben, Schwindel, Taumel, Loslösung, Verlust jeglicher Bindung und Anbindung an irdisches Leben, wie es die Anderen leben, die irgendwo verwurzelt sind – so als wäre es das Ideal, stets an Ort und Stelle zu bleiben, um nicht abgetrieben zu werden ins Nirgendwo.[12] Levinas hält sich bei dieser seltsam heterogenen Metaphorik der Verwurzelung nicht lange auf. Vielmehr macht er ethisch kurzen Prozess mit ihr, steht sie doch für nichts anderes als »die ewige Versuchung des Heidentums jenseits der Infantilität des seit langem überwundenen Götzendienstes« (SF, S. 175).

---

[11] E. Levinas, *Schwierige Freiheit. Versuch über das Judentum,* Frankfurt am Main 1992, S. 174 (= SF).

[12] Zur Arbeit an einer zeitgemäßen Revision von Diaspora-Konzepten vgl. die Nr. 3 der Zeitschrift *Golem* (2002). Im Übrigen ist es erwähnenswert, wie sehr vielfach auch jüdisches Denken, an das sich Levinas anlehnt, von Phantasmen der Verwurzelung geprägt geblieben ist. Das gilt nicht zuletzt für M. Buber. So eindeutig, wie es Levinas glauben macht, verlaufen die Grenzlinien zwischen »heidnischer« Verwurzelung und Lösung von jeglicher Ortsbindung keineswegs. Vgl. B. Witte, »Die Renaissance des Judentums aus dem Geist der Neuromantik«, in: *Neue Zürcher Zeitung 50* (2003), S. 49.

Heidnisch, das ist im Verständnis des Juden Levinas »das Eingepflanztsein in eine Landschaft, die Verbundenheit mit einem Ort,
ohne den das Universum bedeutungslos würde und kaum existierte«.
Ethisch diskreditiert Levinas das Denken eines in diesem Sinne situierten Lebens, insofern es eine »Spaltung der Menschheit in Einheimische und Fremde« mit sich bringt. »In dieser Perspektive ist die
Technik weniger gefährlich als die Geister des *Orts*. Die Technik beseitigt das Privileg dieser Verwurzelung und des Exils, das sich darauf
beruft. Sie befreit von dieser Alternative. Es geht nicht darum, zum
Nomadentum zurückzukehren, das ebenso unfähig ist wie das seß-
hafte Leben, einer Landschaft und einem Klima zu entrinnen. Die
Technik entreißt uns dieser Heideggerschen Welt und dem Aberglauben des Orts. Von nun an zeigt sich eine Chance: die Menschen außerhalb der Situation wahrzunehmen, in der sie sich vorübergehend
aufhalten, das menschliche Antlitz in seiner Nacktheit aufleuchten
zu lassen« (SF, S. 174 f.).[13] Man sieht deutlich, worauf die Levinas-
sche Polemik abzielt: die Sehnsucht nach einer Verwurzelung an
einem Ort wird nicht *als solche* diskreditiert, obgleich es den Anschein hat; vielmehr wird sie nur insofern zurückgewiesen, als sie
Einheimische und Fremde *so* gegeneinander ausspielt, dass letztere
ethisch geradezu ihr Gesicht verlieren. Am Ende geht von ihnen keinerlei außerordentlicher Anspruch mehr aus, der das Leben am eigenen Ort im Kern betreffen könnte.

Einem Ort, einer Landschaft oder einer Heimat sich verbunden
zu wissen, zieht diese Konsequenz aber keineswegs zwangsläufig
nach sich. Und eine unvermeidliche Differenzierung von »Autochthonen« und Fremden muss letztere nicht jedes ethischen Anspruchs
berauben. Demgegenüber geht Levinas in seiner Weigerung, irgendeine Bindung menschlichen Lebens an einen Ort, an eine Landschaft,
Heimat oder an die Welt zuzugestehen, so weit, dass sie ins buchstäblich Utopische umschlägt. Geradezu *topophobisch* besteht Levinas auf der Möglichkeit und auf der ethischen Verpflichtung, das
Gesicht des Anderen *außerhalb jeder Situation* wahrzunehmen.
Nur so werde man dem Anderen in seiner Nacktheit gerecht.

Aber was soll man sich unter einer situationslosen Wahrnehmung vorstellen? Etwas oder jemanden wahrzunehmen vermögen

---

[13] Zur Polemik gegen Heidegger vgl. TU, S. 56, 433; zu einer fragwürdigen Apologie
neuzeitlichen Nomadentums N. Ascherson, *Schwarzes Meer*, Frankfurt am Main 1998,
S. 89–93, 121 ff.

nur leibhaftige Subjekte. Subjekte, die nirgends leibhaftig situiert sind, können überhaupt nichts wahrnehmen, auch nicht den Anderen als bedürftiges, hungriges und durstiges Wesen – weder an Ort und Stelle noch gar anderswo auf der Welt.[14] Erinnert nicht Levinas selbst an die elementarste Herausforderung, dass man einander »Nahrung, Getränk und Wohnung« gibt? (SF, S. 176.) Wie sollte das möglich sein »außerhalb jeder Situation«? Man muss nicht so weit gehen, jede Transzendenz des Anderen zu leugnen, wenn man darauf insistiert, dass sie gerade *als* jeden Ort und jede Zeit *überschreitende* stets *bezogen* sein muss auf die Situierung leibhaftiger Subjekte, die einander wahrnehmen und ihre elementaren Bedürfnisse realisieren.[15]

»Die Nacktheit des Antlitzes ist Blöße, Mangel«, schreibt Levinas in *Totalität und Unendlichkeit*. Muss es sich aber nicht um den Mangel *an etwas* handeln, wenn mit dieser Definition irgendein konkreter ethischer Sinn zu verbinden sein soll? Geht es nicht auch um die Nacktheit eines Leibes, der friert, um die »Heimatlosigkeit eines Seienden« in der Lage eines »Fremden, Entblößten, Proletariers«, d. h. in einem spezifischen Elend, das *als solches* überhaupt erst einmal wahrgenommen werden muss und das erst unter dieser Voraussetzung die relative eigene Privilegierung in einer Bleibe, einer gesicherten Lebensform und Ökonomie deutlich werden lassen kann? (Vgl. TU, S. 102 f.) Ohne Spielräume mehr oder weniger sensibler Wahrnehmung, die sich auf die konkrete Lage des Anderen beziehen muss, kann sich aus dessen Anspruch keine Herausforderung zur Gastlichkeit ergeben. Als gastlich können sich nur Bewohner eines Hauses und Teilhaber an einer Ökonomie erweisen, die sich vermittels ihrer konkreten Wahrnehmung des Elends Anderer dazu herausfordern lassen, für deren elementare Bedürfnisse entweder in ihrer eigenen Lebensform oder im Rahmen der jeweiligen Lebensbedingungen anderswo Sorge zu tragen. Demgegenüber bezichtigt Levinas

---

[14] So sind auch Autoren wie Maurice Merleau-Ponty und Charles Taylor zu verstehen, die im Anschluss an Heidegger einem »situierten« Selbst das Wort reden. Im Übrigen hat Levinas selbst gelegentlich zugestanden, dass dem »situierten« Dasein keineswegs jede Sorge um den Anderen oder Fürsorge fremd sein müsse. Levinas kommentiert den Begriff der Situierung in *Die Spur des Anderen*, Freiburg i. Br., München ²1987, S. 132, 311.

[15] In den Kontext dieser Überlegungen gehört Levinas' Begriff eines Nicht-Ortes, von dem her der Andere uns angeht wie eine »Gegenwart, die durch einen Abschied zurückgelassen ist«; *Die Spur des Anderen*, S. 115, 284. Zum Begriff einer Exteriorität, die nicht in Zeit und Raum gesucht wird, vgl. J. Derrida, *Die Schrift und die Differenz*, Frankfurt am Main 1976, S. 171.

nun aber gerade *das In-der-Welt-Sein als solches* einer »widerrechtlichen Inbesitznahme von Lebensraum« bzw. der Okkupation eines privilegierten »Platzes an der Sonne« auf Kosten Anderer, »die ich schon unterdrückt oder ausgehungert, in eine Dritte Welt vertrieben habe«. So gesehen hätte sich auch vermeintlich unschuldigstes Leben bereits eine Mitschuld an Okkupation, Vertreibung und sogar Vernichtung zugezogen. Jedes Leben, das nach der neuzeitlichen Lehre vernünftiger Selbsterhaltung[16] im Sein zu beharren strebt, wäre bereits dessen verdächtig, Andere auszuschließen, heimatlos (!) zu machen, ja auszuplündern, zu töten (TU, S. 250).[17]

Tatsächlich affirmiert Levinas keineswegs die Unvermeidlichkeit einer solchen Schuld.[18] Vielmehr spricht er von der *Furcht*, »im *Da* meines *Daseins* den Platz irgendeines Menschen zu besetzen«.[19] Wer auch immer diese Furcht empfindet, wird nicht dazu in der Lage sein, indifferent einen Ort zu besetzen. Aber hatte Levinas nicht zuvor nahe gelegt, dass jede Bindung an einen Ort mit solcher Indifferenz einhergehe? Und nimmt er nicht für das Judentum in Anspruch, zuerst ganz und gar mit dem »Aberglauben des Orts« Schluss gemacht und zu einer geradezu *entorteten Lebensform* gefunden zu haben?[20]

Diese Vorstellung scheint mir indessen genauso fragwürdig zu sein wie der Vorwurf, jede Ortsbindung (bzw. das Gebundensein an einen privilegierten Ort an sich) laufe letztlich auf eine Okkupation und auf exklusiv verteidigte Besitzansprüche hinaus. Verständlicher ist der *ethische Primat der Beziehung zum Anderen*, den Levinas verteidigt. Demnach verläuft die »erste Beziehung des Menschen

---

[16] Bis zuletzt hat besonders H. Blumenberg Vernunft und um das eigene Leben besorgte Selbsterhaltung zusammen gedacht; vgl. *Die Verführbarkeit des Philosophen*, Frankfurt am Main 2000, S. 57, 62, 111.

[17] Im folgenden Kapitel IV, 6, komme ich darauf zurück.

[18] Wie man es von W. Benjamin bis H. Blumenberg getan hat; vgl. H. Blumenberg, *Ein mögliches Selbstverständnis*, Stuttgart 1997, S. 76.

[19] E. Levinas, *Wenn Gott ins Denken einfällt*, Freiburg i. Br., München ²1988, S. 250.

[20] Vgl. SF, S. 176. Stimmt es denn, dass die Bibel »nur eine heilige Erde« kennt – und nicht etwa ein dem Volk der Hebräer *exklusiv* verheißenes Land? Es ist fraglich, ob je ein Mensch, eine Gruppe, ein Volk oder gar eine Nation das Problem einer territorialen Exklusivität los wird. Im Glauben daran könnte eine gefährliche Illusion liegen. Ausgerechnet das Volk, das angeblich seine Ortsbindung ganz und gar hinter sich gelassen hat, führt bis heute einen blutigen Existenzkampf auch mit den Mitteln der Verdrängung Anderer. Darüber kann keine Metaphysik einer ewigen Reise hinwegtäuschen, auf der die Juden bis heute sind, wenn wir Levinas folgen.

zum Sein [...] über seine Beziehung zum Menschen« – und zwar in der »Nacktheit seines Gesichts«. Allein das soll ihm das Wichtigste vorgeben, worum es im Leben geht: dem Anderen in seiner befremdlichen Nacktheit gerecht zu werden, keine verletzende Gewalt gegen ihn zu verüben, da das Gesicht keineswegs eine rein visuelle Realität, sondern Inbegriff der ethischen Bedeutung selbst ist: Du sollst nicht verletzen, keine Gewalt üben und nicht töten.[21]

Das »entdeckt« zu haben, beansprucht Levinas für den »jüdischen Menschen«. Ursprünglich sei er es, *für den der Andere Vorrang hat* vor der Stadt, in der die griechischen Philosophen das eigentliche menschliche, d. h. politische Leben einsetzen lassen, oder vor der heimatlichen Landschaft, nach der sich ein nostalgisch-entwurzeltes Leben sehnt. »Er begreift die Welt mehr vom Anderen her als die Gesamtheit des Seins in bezug auf die Erde. In gewissem Sinn ist er ein Gast auf Erden, wie der Psalmist sagt, und die Erde gewinnt für ihn in einer menschlichen Gesellschaft Sinn.« Zudem heißt es: »Er ist in einer Gesellschaft heimisch, bevor er in einem Haus heimisch ist« (SF, S. 35). Es geht ersichtlich überhaupt nicht darum, das Wohnen, den Besitz eines Hauses oder die Liebe zu einer Landschaft als solche zu diskriminieren. Vielmehr geht es um *»Freiheit gegenüber den seßhaften Formen der Existenz«*; es geht darum, nicht zu vergessen, was auf andere Weise auch Kant gelehrt hat: dass die Erde kein individueller Besitz ist, dass ursprünglich überhaupt niemand irgendein Recht hat, auch nur ein Stückchen von ihr exklusiv sein Eigen zu nennen und Andere des Landes zu verweisen.[22] »Der Mensch beginnt in der Wüste, wo er in Zelten wohnt« – oder in der afrikanischen Steppe, wo er als Obdachloser aufrecht gehen lernte. So

---

[21] Angesichts des noch immer ungeklärten und vielfach strittigen Verhältnisses von Macht und Gewalt ist es nicht nebensächlich und kein bloßer Pleonasmus, von *verletzender* Gewalt zu sprechen. Keineswegs ist die Semantik der Gewalt in jeder Hinsicht mit dem Begriff der Verletzung assoziiert. *Dass* und *wie* Gewalt verletzt, ist erst in den letzten Jahren ins Blickfeld auch philosophischer Aufmerksamkeit gerückt. Der Zusammenhang von Gewalt und Tötung bzw. von Verletzung und Sterblichkeit harrt gleichfalls der Aufklärung. Jedenfalls sollte deutlich sein, dass Levinas' Rede vom Gesicht des Anderen keinesfalls nur darauf hinaus läuft, tödliche bzw. vernichtende Gewalt ethisch zu inkriminieren. Vgl. M. Dabag, A. Kapust, B. Waldenfels (Hg.), *Gewalt*, München 2000; U. Erzgräber, A. Hirsch (Hg.), *Sprache und Gewalt*, Berlin 2001; K. Platt (Hg.), *Reden von Gewalt*, München 2002; v. Verf., *Subtile Gewalt. Spielräume sprachlicher Verletzbarkeit*, Weilerswist 2007.

[22] So sind auch die Dinge ursprünglich herrenlos, »wesentlich ›niemandem‹ gehörig«, heißt es in *Totalität und Unendlichkeit* (S. 185).

oder so kann man zu dem Ergebnis kommen, auf das es ankommt:
dass sich die »menschliche Weise, auf der Welt zu sein«, nicht aus der
Orientierung an »schwerfälligen und seßhaften Dingen, die man
dem Menschen vorzuziehen versucht«, ergeben kann. Worum es
ethisch geht, ist keiner Ideologie der Verwurzelung zu entnehmen:
»Schließlich ist der Mensch kein Baum und die Menschheit kein
Wald« (SF, S. 36). Aber gewiss ist die fragliche Orientierung auch
nicht einfach »leichten« Dingen oder einer gewissen nomadischen
Leichtigkeit des Seins zu entnehmen. Nicht auf das Gewicht der Dinge oder der Welt kommt es hier an als vielmehr darauf, ob sich die
»menschliche« Weise, auf der Welt zu sein, überhaupt an Dingen
bzw. an Vorhandenem im Horizont der Welt bemessen sollte.

4.   Gastlichkeit und kulturelle Lebensformen

Wo auch immer aber »der Mensch beginnt«, woher auch immer er
stammt, woher auch immer der behauptete Vorrang des Anderen
rühren mag, der ein seinem Anspruch gegenüber gastliches Subjekt
zu einem menschlichen Leben bestimmen soll – dieses Leben kann
doch nicht als ein gänzlich entortetes geführt werden. Gerade der
Sinn der Gastlichkeit verlangt im Gegenteil die Rückbindung
menschlichen Lebens an Orte und Räume des Zusammenlebens, das
allein Gastlichkeit *einräumen* (d. h. einen gastlichen Ort originär
stiften) kann, sei es befristet, um Andere wenigstens mit dem Lebensnotwendigsten zu versorgen, sei es auf Dauer. Bereits das *Alte
Testament*, auf das sich Levinas beruft, kennt die Sitte des Gastrechts
und des Asyls in diesem engeren Sinne, das sich nie mit einer bloßen
Utopie zufrieden geben konnte. Stets und unvermeidlich haben wir
es mit zeitlich und räumlich beschränkten Spielräumen der Gastlichkeit zu tun, die manchmal nur einen oder einige, niemals aber alle
Fremden aufzunehmen gestatten. Genau das belastet diejenigen, die
Andere nicht aufnehmen, mit jener außer-ordentlichen Verantwortung. Wenn Levinas sagt, zum Wesen des Raumes gehöre es, »daß er
durch die Anderen bewohnt wird, die mich angehen«, so will er nicht
sagen, der Raum beschränke sich auf den Umkreis der eigenen Zugehörigkeit (vgl. JS, S. 264, Anm.). Auch die Fremden gehen uns an.
Und zwar gerade deshalb, weil wir nicht wissen, ob sie jenseits des
mehr oder weniger engen oder weiten Umkreises derer, die uns zugehören, überhaupt gastliche Aufnahme finden. Womöglich kom-

men sie in der Ungastlichkeit einer *un-menschlichen* Welt einfach um.

Weder kann menschliche Gastlichkeit angesichts des Anderen (und der vielen anderen Anderen) unabhängig von der Wahrnehmung und den praktischen Spielräumen situierter Subjekte realisiert werden, noch genügt es, religiös inspiriert geradezu »den Raum des Universums […] als Wohnraum der Anderen« gleichsam im Handstreich zu definieren (ebd.). Stets beschränkte Spielräume der Gastlichkeit werden vielmehr dank Anderer hier und jetzt *eingeräumt*, so dass der Raum eines gastlichen Zusammenlebens auf diese Weise überhaupt erst – jedes Mal neu – *originär entsteht*. Und nur durch die mehr oder weniger gastliche Art der Aufnahme Anderer kann das Zusammenleben den Sinn dieses Begriffs erfüllen.

Wenn Levinas einerseits das menschliche Subjekt als einen »Gastgeber« definiert und andererseits ohne viel Federlesen die ganze Welt als Wohnraum Anderer beschreibt, so lässt er ausgerechnet alle Fragen außer Acht, die die Herausforderung kultureller Lebensformen zu einer unvermeidlich beschränkten Gastlichkeit betreffen. Kulturelle Gastlichkeit kann sich weder im bloßen »Empfang« des Anspruchs eines Anderen erschöpfen noch sich anmaßen, die ganze Welt zu einer gastlichen zu machen. Gastlichkeit gibt es nur in einer ungastlichen Welt. Und deren Ungastlichkeit haben wir nicht dem von Pascal beklagten »ewigen Schweigen« der unendlichen Räume zu verdanken, in denen wir Menschen uns als Fremdkörper vorkommen (worauf Levinas immer wieder anspielt), sondern vielmehr Formen des Ausgeschlossenseins oder des Ausgeschlossenwerdens, die oft genug nur die Kehrseite einer Gastlichkeit darstellen, die Anderen entgegengebracht wird. Die Aufnahme der einen läuft vielfach auf die Exklusion Anderer hinaus, ohne dass dies zu rechtfertigen wäre.

Dass wir damit überhaupt ein ethisches Problem haben, ist aus Levinas' Sicht nun letztlich dem Judentum zu verdanken. Er vermag sich keine Menschlichkeit in der Weise der Gastlichkeit vorzustellen, die nicht aus den biblischen Schriften ihre entscheidende Inspiration bezieht. Und wo wie bei Heidegger die Spur dieser Inspiration anscheinend verloren geht, haben wir es demnach nur noch mit einer »heidnischen Existenz« zu tun, »die sich in ihrer Natürlichkeit akzeptiert, für die ihr Platz an der Sonne, ihr Boden, ihr *Ort* alle Bedeutung leitet«. Ihr geht es angeblich nur um eine »Weihe des Bauens und Wohnens inmitten einer vertrauten Landschaft auf einer mütterlichen Erde. Anonym, neutral, befiehlt das ›Sein‹ das Existieren als ethisch indifferentes und als heroische Freiheit, der alle Schuld vor dem Anderen fremd ist.«[23] Für Levinas repräsentiert das Werk Heideggers nicht nur eine Ontologie der Verwurzelung, der Bodenständigkeit, der Situierung menschlichen Daseins; vielmehr soll es auch eine ethisch indifferente, ja rücksichtslose Besetzung exklusiv angeeigneten Lebensraums rechtfertigen. So gesehen hätte es sich passgenau in die Eroberungspolitik des NS-Staates eingefügt.[24]

Levinas führt uns an dieser Stelle an einen Scheideweg. Entweder, so suggeriert er, man begibt sich philosophisch auf diesen Abweg oder aber man geht dem auf den Grund, was sich einer um Andere unbekümmerten, exklusiven Besetzung eines eigenen Ortes und Lebensraums widersetzt. Das ist für Levinas der Skrupel, durch den eigenen »Platz an der Sonne« die Lebensmöglichkeiten Anderer zu gefährden oder ihn sogar nur auf Kosten ihres Lebens zu besetzen. In diesem »Seinsskrupel« sieht Levinas eine radikale Nicht-Indifferenz angesichts des Schicksals Anderer angelegt, die es unmöglich machen soll, sich etwa gleichgültig damit zu arrangieren, dass es ihnen anderswo am Lebensnotwendigsten fehlt.[25]

Nun reklamiert Levinas diese Nicht-Indifferenz als jüdisches Erbe, wenn er feststellt, das Judentum habe das »Gesicht des Anderen« entdeckt, das uns zur Nicht-Indifferenz bestimme. Außerhalb dieses Horizonts (oder derjenigen religiösen Traditionen, die sich nachträglich in ihm situieren) würde demnach die Indifferenz des Heidentums herrschen. Nur die griechische Philosophie wird von Levinas nicht bedenkenlos auf die gleiche Weise verurteilt. Auch sie sei »im Menschlichen ernst« zu nehmen. Aber »alles andere ist Tanzen«. Zwar erinnert sich Levinas an Bilder einer *tanzenden Trauer*, die in Zeiten der Apartheid aus Südafrika nach Europa übermittelt worden sind. Aber er fragt sich, ob man angesichts einer »tanzenden Zivilisation«, die offenbar auch ganz anders als im sog. Westen weint, von einer wirklich menschlichen Dimension sprechen kann, so wie sie *par excellence*, ursprünglich und bis heute verbindlich durch das Judentum eröffnet worden sei.[26] Entweder, so scheint Levinas sagen zu wollen, man bewegt sich in dieser Dimension und damit

---

[23] E. Levinas, *Die Spur des Anderen*, S. 194; ders., *Zwischen uns*, München, Wien 1995, S. 149.

[24] Vgl. D. Diner, *Weltordnungen*, Frankfurt am Main 1993, S. 77–164.

[25] E. Levinas, *Gott, der Tod und die Zeit*, Wien 1996, S. 49.

[26] Vgl. E. Levinas, *Humanismus des anderen Menschen*, Hamburg 1989, S. 140 (= HaM).

auf der Spur des Judentums, oder aber das eigentlich Menschliche bleibt einem fremd. Anderen bliebe nur die Aussicht, die ursprünglich jüdische Erfahrung nachzuholen. Wo dies nicht gelänge, würde eine zutiefst heidnische Freiheit herrschen, sich jeden Ort und Lebensraum gänzlich unbekümmert um Andere anzueignen. So gesehen verstrickt sich Levinas aber in einen tiefen Gegensatz zum *phänomenologischen* Anspruch seiner Philosophie, jene menschliche Dimension als Nicht-Indifferenz der Freiheit an der Erfahrung selber aufzuzeigen.[27] Wäre letzteres möglich, so wäre auch »Heiden« diese Nicht-Indifferenz keineswegs grundsätzlich fremd. Erschließt sie sich demgegenüber aber nur unter Rekurs auf eine bestimmte religiöse Überlieferung, dann folgt gerade aus der Philosophie von Levinas eine radikale Spaltung zwischen den entsprechend Inspirierten einerseits und all jenen andererseits, deren Zivilisation und Kultur, so hoch sie auch entwickelt erscheinen mag, letztlich nichts als eine Art Folklore darstellt.

Gleichwohl will Levinas aber daran festhalten, dass es um einen *Humanismus des anderen Menschen* geht, der jedem offen stehen soll und der als solcher keineswegs mit einer verorteten und räumlich situierten Form leibhaftigen Lebens im Widerspruch stehen muss. Was menschliche Gastlichkeit angeht, stehen wir so gesehen nicht vor der schroffen Alternative radikaler Befreiung von jeglicher Ortsbindung einerseits im Gegensatz zur exklusiven Besetzung von Ort und Raum durch »Autochthone« andererseits. Die Frage lautet vielmehr, wie sich unvermeidlich verortetes und verräumlichtes Leben dennoch gastlich-aufgeschlossen zu Anderen verhalten *kann* – und vielleicht *muss*, um nicht an seiner eigenen Verschlossenheit zu ersticken.

---

[27] Ich verkenne nicht, dass Levinas sich nur mit Vorbehalten als Phänomenologe in diesem Sinne auf die Erfahrung berufen mochte; vgl. v. Verf., »Von der Phänomenologie der Offenheit zur Ethik der Verwundbarkeit. Merleau-Ponty und Levinas auf den Spuren einer An-Archie der Subjektivität«, in: R. L. Fetz, R. Hagenbüchle u. P. Schulz (Hg.), *Geschichte und Vorgeschichte der modernen Subjektivität* Bd. 2, Berlin, New York 1998, S. 1248–1276.

5. Bilder und Klischees der Bleibe

Im Hinblick auf diese Frage ist auch der Philosophie von Levinas viel mehr abzugewinnen als der Lektüre der zitierten, vielfach polemischen Stellen, die sich gegen die angeblich heidnische Ontologie eines nur um sich selbst besorgten Daseins richten. Bereits in *Totalität und Unendlichkeit* stellt Levinas die Situierung leibhaftigen Lebens in einem viel positiveren Licht dar, wo er den *Genuss* als eine Weise des Sicheinrichtens in der Welt zur Sprache bringt, wo er auf das *Wohnen* als Funktion der Vermittlung zwischen Leib und Welt zu sprechen kommt und wo er sich schließlich über *Mütterlichkeit und Weiblichkeit* als Paradigmen der Gastlichkeit auslässt. Die Welt, die von einem »männlichen Geist« bearbeitet und konstruiert wird, ist so wenig bewohnbar wie »jene Depots, in denen sich Waren stapeln, die nicht befriedigen können: sie können weder jene kleiden, die nackt sind, noch diejenigen nähren, die Hunger haben. Sie ist unpersönlich wie die Fabrikhallen und die Industriegebiete, wo die hergestellten Dinge abstrakt bleiben [...], berechenbar und in den anonymen Kreislauf der Ökonomie gezogen« (SF, S. 45). Diesem Geist schreibt Levinas die Ungastlichkeit einer Welt zu, in der er, »einsam und umherirrend und schon dadurch den erzeugten Dingen entfremdet, die er hervorgerufen hatte und die sich nun ungezähmt und feindselig vor ihm aufrichten«, keine Schlupfwinkel findet. Gegen die »Unmenschlichkeit« dieses Geistes beruft sich Levinas auf die »ontologische Funktion des Weiblichen«, durch das Einkehr und Sammlung möglich werde: »Dieses Auftauchen des *Orts* im Raum erfolgt nicht wie bei Heidegger aus einer Geste des Erbauens, einer Architektur, die eine Landschaft gestaltet, sondern aus der Interiorität des Hauses, bei dem das ›Innen‹ so gut wäre wie das ›Außen‹ ohne die wesentliche Diskretion der weiblichen Existenz, die darin wohnt, die die Wohnstatt schlechthin ist« (ebd., S. 46).[28]

Es überrascht nicht wenig, nach der förmlichen Denunziation einer ortsgebundenen Existenz als heidnisch und gleichgültig gegenüber jeder Verantwortung angesichts Anderer hier nun auf eine *Apologie des Ortes* zu stoßen, der durch das Weibliche geradezu gestiftet wird. Ohne das Weibliche wäre es demnach unmöglich, die Welt zu bewohnen. Nur durch Frauen oder gar »die Frau« kann es gastliche Orte geben, wo Andere bleiben können. Nur durch *die Andere* gibt es

---

[28] Im folgenden Kapitel (IV, 5) wird darauf ausführlicher zurückzukommen sein.

Orte, die es verdienen, eine Bleibe *(demeure)* genannt zu werden. »Die Frau ist die Bedingung [...] für die Innerlichkeit des Hauses und für das Wohnen« (TU, S. 222). Sie schafft die Rückzugsmöglichkeit aus der entfremdeten Welt jenes Geistes. Die Bleibe verdankt sich allein ihrer »Gastlichkeit« als »menschlichem Empfang«.

Bei der Lektüre dieser Zeilen in *Totalität und Unendlichkeit* fragt man sich, wo eigentlich die Grenze zum Klischee überschritten ist. Gewiss fließen hier *Idealisierungen* eines bestimmten, anfechtbaren Bildes von Weiblichkeit ein, zu dem sich Alternativen vorstellen lassen – bis hin zum »verwirrenden Mysterium der animalischen und katzenhaften Präsenz, deren eigentümliche Zweideutigkeit zu beschwören Baudelaire sich gefällt«. Diese Zweideutigkeit passt jedenfalls denkbar schlecht zur Idealisierung einer eindeutigen Milde, Sanftheit, Güte und Intimität, zu deren Inbegriff Levinas das Weibliche hochstilisiert (TU, S. 216–226). Das Weibliche wäre also nicht nur Empfang (wenn nicht Empfängnis), Aufnahme, sondern Inbegriff einer *bestimmten* Art und Weise *gastlicher* Aufnahme im Sinne sanfter und gütiger Beherbergung, Inbegriff wohlwollenden Schutzes, den die Frau einem Anderen bietet, der sich aus der virilen, unbewohnbaren Welt des Geistes zurückzieht.

Zweifellos ist der Ansatz einer radikalen Ethik der Gastlichkeit, wie sie Levinas vorschwebte, anfechtbar durch seine unverkennbare Anlehnung an tradierte Rollenverteilungen und Stereotype, die gleichsam abfärben auf die ethische Dimension der Beherbergung. Und man fragt sich, ob eine Ethik der Gastlichkeit nicht leichten Herzens darauf verzichten kann, etwa Väter oder Mütter, die Frau oder den Mann als Gastgeber, das Weibliche oder das Männliche als ursprüngliche Paradigmen der Gastlichkeit ins Spiel zu bringen. Viel näher liegt es, Gastlichkeit nicht als *Funktion* einer *Rolle* oder *eines Geschlechts*, sondern *als Dimension menschlicher Lebensformen* zu verstehen, in denen Andere (seien es Nachkommen, seien es Fremde) Aufnahme und eine Bleibe finden. Dann bräuchte man auch die Zweideutigkeit nicht zu unterschlagen, die darin liegen kann: So wie die Familie durchaus kein Hort der Gemütlichkeit sein muss, sondern zur geschlossenen Anstalt mutieren kann, so kann das Wohnen wie eine Haft erfahren werden, der man nur noch durch einen Ausbruch entkommt. Alles kommt darauf an, wie die Gastlichkeit eines gemeinsamen Lebens unter einem Dach praktiziert wird, ohne quasi totalitäre Formen der Zwangsintegration anzunehmen oder sich auf ein gleichgültiges Nebeneinander zu reduzieren.

Das scheint auch Levinas zu bedenken, wo er hervorhebt, dass in der Intimität des Hauses die »unendliche« Anderheit des Anderen nicht zu tilgen sei. Nachdem er sich ausführlich phänomenologischen Analysen des Genusses, des Hungers, der Bedürftigkeit usw. gewidmet und gezeigt hat, wie es möglich ist, sich – sei es in einer Höhle, in einem Zelt, in einer Hütte oder in einem Haus – gegen eine fremde, lebensbedrohliche Welt zu behaupten, fragt er sich, ob das Wohnen nicht darauf hinaus läuft, alle »Andersheit der Welt« in »Identifikation des Selbst« umschlagen zu lassen und jegliche Andersheit schließlich aufzuheben. »Mit der ursprünglichen Einnahme des Ortes ist alles im voraus genommen, alles ist be-griffen« (TU, S. 42). Eine innere Fremdheit oder Unheimlichkeit des bewohnten Ortes kommt hier nicht in Betracht. Zu stark ist der immer wieder gehegte Verdacht gegen das Selbst, es ziele nur darauf ab, sich in allem wiederzuerkennen, sich in Grund und Boden nur seiner selbst zu vergewissern, usw.

Auf diesen Nenner wird auch der Genuss gebracht: in ihm arbeitet nur die »Umwandlung des Anderen in das Selbe«. Und das menschliche Leben scheint auf gar nichts anderes hinauszuwollen. Ohne Umschweife legt sich Levinas fest: »Leben heißt, das Leben genießen«, d.h. ständig diese Arbeit zu vollbringen (TU, S. 153, 160), um sich gewissermaßen im Anderen einzuhausen, ohne auf diese Weise je zur Ruhe zu kommen. Ohnehin sucht der Genuss nicht einfach Erfüllung, sondern ständig neuen Genuss. Aber er wird auch von außen bedroht, denn er entbehrt jeglicher Sicherheit im Horizont der »Fremdheit der Erde«, die die menschliche Arbeit zu immer neuer Anstrengung motiviert, die Bleibe und das Wohnen-können zu gewährleisten.[29] Immer wieder kommen Genuss und Arbeit auf die Bleibe zurück, die in einem befremdlichen Draußen steht und den Leib des Subjekts schützt – und sei es nur, um seinen Verfall aufzuhalten.[30]

Erstaunlicherweise kommt in diesen Analysen des Genusses der oder die Andere kaum vor. Statt dessen befindet Levinas schroff: »Im Genuß bin ich absolut für mich. Egoistisch ohne Bezug auf Andere […] vollständig taub für Andere, außerhalb aller Kommunikation« (TU, S. 190). Selbst im gemeinsamen Gastmahl, wo der Genuss Anderen bereitet und mit ihnen geteilt wird, wäre das Für-sich-Sein

---

[29] TU, S. 186, 196, 201, 220, 273.
[30] TU, S. 218, 237 f., 242.

nicht überwindbar. Es hat den Anschein, als führe uns Levinas stets nur einen solitär Existierenden vor Augen, der eine Bleibe lediglich braucht, damit seinem *Ich* darin eine von der Fremdheit der Welt entlastete Utopie eröffnet wird.[31] Es geht dabei gar nicht um die architektonische Funktion des Hauses im Sinne der Gewährleistung eines sozialen Zusammenlebens, sondern um einen befestigten Ausguck, einen Wachturm, in dem man sich den Blicken der Anderen, die nur draußen imaginiert werden, entziehen kann, ohne selbst darauf verzichten zu wollen, sie zu beobachten. Allenfalls bietet das Haus seinem Besitzer, der drinnen die von ihm fortgeschafften Dinge bevorratet, Gastlichkeit (TU, S. 226), aber Levinas denkt nicht daran, es seinem Sinn nach als zur Gastlichkeit bestimmt aufzufassen – so als genügte es dem Ich, sich im Haus zu *verschanzen*. Dass Fenster auch Blicke hereinlassen, kommt ebenso wenig in Betracht wie die Schwelle als Ort des Willkommens oder des Abschieds, sei es eines leichtfertig dahingesagten *Bis bald!*, sei es eines unumkehrbaren *à-dieu*.

Levinas evoziert viel mehr Bilder der Abschottung, der Überwachung einer feindlichen Umwelt durch ein auf sich gestelltes Ich als Signale der Offenheit, Zeichen guter Nachbarschaft oder einer Diachronie der Generationen, die das Haus überdauern wird, wenn es nicht in Schutt und Asche zusammenfällt. So lässt er in seiner Ethik der Gastlichkeit viele Dimensionen des Wohnens, der Beherbergung, der Bleibe vermissen, die das Haus ermöglichen soll. Und der Verdacht regt sich, dass es Levinas gar nicht so sehr auf eine umfassende Phänomenologie dieser Dimensionen ankam als vielmehr darauf, den wie auch immer bewohnten Ort in die Perspektive jener »Exteriorität« zu rücken, die bereits im Untertitel von *Totalität und Unendlichkeit* auftaucht.

Letztlich wird sich jedes Wohnen, so »aufgeschlossen« und gastlich es sich auch geben mag, als eine Form der Gefangenschaft erweisen – wie das Leben in Genuss und Arbeit: »Es ist unmöglich, aus

---

[31] Um den Preis allerdings, dass das Ich mangels eines Gastes auch zu sich selbst keinen Abstand mehr hat. Wo Levinas nur ein solitäres Ich als Bewohner eines *oikos* im Blick hat, der im Grunde alle Anderen ausschließt, kann er auch die Intervention eines *Dritten* nicht denken, der als Gast zwischen zwei oder mehrere tritt, um sie vor einem verschlossenen Leben zu bewahren (oder dessen Intimität zu ruinieren). Zu warnen ist vor einer fragwürdigen Emphase der Gastlichkeit, die diese Ambivalenzen einfach unterschlägt; vgl. R. Bürner-Kotzam, *Vertraute Gäste – Befremdende Begegnungen in Texten des bürgerlichen Realismus*, Heidelberg 2001, S. 17–41.

dem Leben herauszutreten. Welche Tragödie! Welche Komödie!«
(TU, S. 208). Daran mit Kierkegaard verzweifeln zu wollen, hat allerdings auch keinen Sinn, denn »die Verzweifelung bricht nicht mit
dem Ideal der Freude« als erfülltem Leben. Man muss vielmehr aus
dem Leben und Sein selbst gewissermaßen auskehren, indem man
sich ansprechen lässt von der Unendlichkeit des Anderen. Nur so,
auf der Spur dessen, was ins *Jenseits des Seins*, in ein *unvordenkliches Anderswo* mündet, wird sich ein menschliches Subjekt als
gastlich erweisen (HaM, S. 52 f., 57). In dieser Unendlichkeit soll
auch das gastliche Wohnen gründen. Das »offene Haus« ist in Wahrheit nur eine Art und Weise der Bereitschaft unter anderen, den Anderen aufzunehmen, wer auch immer er oder sie ist. Die Offenheit
des Hauses reduziert sich nicht auf die Frage, ob man Fenster und
Türen geschlossen hält oder nicht; sie erschöpft sich auch nicht im
gastlichen Ethos mehr oder weniger aufgeschlossener Bewohner (obwohl beides fraglos eine wichtige Rolle spielen kann, wenn es darum
geht, konkret jemanden zu empfangen oder auf Dauer aufzunehmen). Vielmehr geht es um den ethischen Sinn der räumlichen
Struktur des Hauses und der Lebensform derer, die es gastlich bewohnen. Diesen Sinn bringt Levinas auf den Begriff einer Transzendenz des Anderen, die zur Menschlichkeit herausfordert.[32]

Inspiriert von dieser Transzendenz aber ist kein Subjekt je ganz
bei sich bzw. bei sich zuhause. Weder ihm noch der Erde oder einem
gebauten Haus ist die »menschliche« Gastlichkeit zu verdanken. Keineswegs legt »das Bauen das Gastliche der von der Erde geborgenen
Gegend frei«. Gastlichkeit kommt weder der Erde, noch einer Gegend
oder einem Gebäude an sich zu. *Gastlichkeit verdankt sich einem
Leben vom Anderen her, der fremd bleibt.* Und so »suchen sich die
Menschen«: als einander fremd Bleibende, die sich im Übrigen rückhaltlos darauf angewiesen wissen, von Geburt an Aufnahme bei Anderen zu finden – denn »niemand kann sich ohne die anderen retten«
(und vielleicht kann man sich nicht einmal mit ihnen retten).[33] Nur
im Wissen darum könne es eine humane Kultur geben, so lesen wir

---

[32] E. Levinas, *Wenn Gott ins Denken einfällt*, S. 43.
[33] HaM, S. 90, 98 f., 132 f. Paradoxerweise geht Levinas mit der Erinnerung an eine
radikale Welt-Fremdheit gegen gewisse Humanwissenschaften vor, die ihm ein *no
man's land*, eine Art »Mondlandschaft« von Wesen zu beschreiben scheinen, welche
sich indifferent zueinander verhalten (HaM, S. 67, 87 ff.). Einer »menschlichen« Bestimmung zur Gastlichkeit begegnet man in diesen Wissenschaften eben deshalb nicht
mehr, weil sie von der Transzendenz des Anderen keine Spur verraten.

im Vorwort zu Levinas' Schrift über den *Humanismus des anderen Menschen*. Eine solche Kultur *erscheint* erst im Zeichen der Gastlichkeit, die keine luxuriöse Zugabe von Wohlhabenden ist, die sie sich leisten können, sondern die ethische Inspiration menschlichen Lebens darstellt (HaM, S. 6). Das ist es auch, was Levinas im Sinn hat, wenn er die Zukunft einer »Moral ohne Institutionen« ausmalt, die womöglich nur »in der nach allen Winden offenen Laubhütte des Gewissens« ihren Ort hat.[34]

6. Eine kritische Zwischenbilanz

Was die Menschen brauchen, schreibt Levinas, sei viel weniger als die Kulturen, die sie bewohnen, und der ganze Trödel der mehr oder weniger überflüssigen Artefakte, die die Überlebenden musealisieren mögen, nämlich Gastlichkeit, die sie gerade dem Anderen verdanken, den sie bei sich aufnehmen. Nur dank des Anderen sind sie zur Gastlichkeit befähigt – aber auch geradezu verurteilt, wenn es stimmt, dass sie sich seinem Anspruch gegenüber gar nicht verschließen können; dass sie, mit anderen Worten, die Stimme des Anderen, durch die er an sie ergeht, hören müssen, auch wenn es ihnen frei stehen mag, sie zu *überhören*. So gesehen wird Gastlichkeit ursprünglich nicht etwa aus freien Stücken Anderen gewährt. Als gastlich versteht Levinas menschliche Subjektivität insofern, als sie nicht umhin kann, sich als der Stimme des Anderen gegenüber »aufgeschlossen« zu erweisen.[35]

Die oft zitierte Ur-Aufgabe menschlicher Kultur, allen eine bewohnbare Welt zu garantieren, wird so an einem ethischen Maßstab

---

[34] Vgl. HaM, S. 6, sowie E. Levinas, *Eigennamen*, München, Wien 1988, S. 105.

[35] Diese Problemstellung wird nicht nur durch die Polyphonie der Stimmen vieler Anderer, sondern auch durch eine innere Mehrstimmigkeit der Stimme und dadurch weiter verkompliziert, dass zu fragen ist, wer (*durch* oder auch *für* wen) spricht. Wenn Levinas sagen will, dass durch den empirischen anderen letztlich Gott als *der* Andere spricht, so hält ihm Derrida entgegen, jeder andere sei »ganz anders« und könne nach einer unbedingten Gastlichkeit verlangen. Diese ist auch im Verständnis Derridas wiederum von konkreten politischen Fragen der »Einräumung« eines gastlichen Lebensraums zu unterscheiden, die niemals bedingungslos erfolgen könne. Darauf wird in den Kapiteln IV–VI mehrfach zurückzukommen sein. Vgl. Derridas Diskussionsbemerkungen in J. D. Caputo, M. J. Scanlon (eds.), *God, the Gift and Postmodernism*, Bloomington, Indianapolis 1999, S. 132–135; zur Frage der Polyphonie B. Waldenfels, *Die Vielstimmigkeit der Rede*, Frankfurt am Main 1999.

gemessen. Bewohnbar (und gastlich) wird die an sich ungastliche Welt nicht durch Behausungen und Gebäude, sondern vielmehr durch die Aufgeschlossenheit gegenüber dem Anspruch des Anderen, der uns in jedem empirischen anderen begegnen kann. Eine gastliche Kultur würde sich im etymologischen Sinne darüber hinaus durch eine »Pflege« dieser Aufgeschlossenheit auszeichnen.[36] Eine solche Kultur dürfte sich aber nicht in einer unvermeidlichen Aufgeschlossenheit des Hörens erschöpfen, die ein gleichgültiges Überhören allzu leicht neutralisieren könnte. Wo Levinas nur Fragen einer unbedingten Ansprechbarkeit durch den Anderen zur Sprache bringt, ignoriert er allzu großzügig alle Fragen lebenspraktischer Einräumung allemal begrenzter (und oft befristeter) Gastlichkeit, die nur an Ort und Stelle gewährt werden kann, d. h. im situierten Leben Anderer. Die Frage, wie, unter welchen Bedingungen und für wie lange ggf. Gastlichkeit originär eingeräumt wird, ist durch eine Philosophie kaum zu beantworten, die sich ganz und gar darauf konzentriert, eine unbedingte und insofern unvermeidliche Aufgeschlossenheit menschlicher Subjektivität für den Anspruch des Anderen aufzuweisen. Nicht nur ist diese Aufgeschlossenheit durch nichts zu beweisen, sondern nur zu *bezeugen*. Darüber hinaus besteht offenbar jederzeit die Möglichkeit, sie zu überspielen oder zu ignorieren.[37] Eine lebenspraktisch tatsächlich sich als gastlich auszeichnende Kultur würde gerade das nicht zulassen, sondern sich daran messen, ob und wie sie Anderen effektiv entgegenkommt, die in ihrer konkreten Lage auf die Aufnahme in gastlichen Lebensformen angewiesen sind.

---

[36] Vgl. E. Levinas, *Zwischen uns*, S. 222 ff.

[37] Daraus ergibt sich die irritierende Konsequenz, dass jene Aufgeschlossenheit menschlicher Subjektivität, die Levinas als Gastlichkeit zur Sprache bringt, im sozialen und politischen *Verhalten* wie ausgelöscht erscheinen kann. Das war der Fall in der Zeit des Nationalsozialismus, als man die Juden als »unerwünschte Gäste« einstufte und an eine Rückkehr zum »germanischen Fremdenrecht« dachte, um gerade das, was Levinas als unbedingten Anspruch des Anderen bezeugt, zu liquidieren. Levinas bestreitet aber, dass die (sekundäre) Ungastlichkeit des Verhaltens die (primäre) Bestimmung menschlicher Subjektivität zur Gastlichkeit eliminieren kann. Dieser Standpunkt muss in dem Maße in erhebliche Schwierigkeiten geraten, wie er *auch die primäre Gastlichkeit rückhaltlos ihrer praktischen Bezeugung überantwortet* begreift. Auf diese Weise sieht sich dieser Ansatz seiner Anfechtbarkeit durch die historische Erfahrung ausgesetzt. Zum Verständnis dieser Erfahrung, die auch Derrida in seiner Auseinandersetzung mit Levinas offenbar im Blick hat, vgl. W. Burgdorf, »*Chimäre Europa*«. *Antieuropäische Diskurse in Deutschland (1648–1999)*, Bochum 1999; J. Derrida, *Adieu. Nachruf auf Emmanuel Levinas*, München 1999; ders., *Von der Gastfreundschaft*, Wien 2001.

Auch ein Volk, dem seit seinem Auszug aus Ägypten die Erde wie eine Wüste oder Mondlandschaft ohne Ausweg vorkommen mag, ist ungeachtet einer gewissen metaphysischen Verachtung jeglicher Form von Sesshaftigkeit, die sich auf der Erde endgültig eingerichtet glaubt, darauf angewiesen, selbst gastliche Aufnahme zu finden und sie Fremden zu gewähren.[38] Und es droht auf fatale Weise daran politisch zu scheitern, wenn es sich in einer gewissen religiösen Welt-Fremdheit profanen Fragen wie der Gewährleistung eines gastlichen Lebensraums enthoben glaubt. Eine gewisse Tendenz in dieser Richtung lässt die Philosophie von Levinas immer wieder erkennen, wo sie ein »heidnisches« Leben als ignorant gegenüber der vom Anderen her verlangten Gastlichkeit denunziert und damit den eigenen Anspruch untergräbt, der Würdigung einer in der menschlichen Subjektivität selbst angelegten Gastlichkeit den Weg zu bereiten.[39]

Wer diesem Gedanken kulturell zur Geltung verhelfen möchte und sich dafür interessiert, wie Gastlichkeit lebenspraktisch tatsächlich eingeräumt und gewährt wird, wird sich weder mit der Apologie eines nomadischen Lebens, das keinen festen Ort braucht, noch gar mit einer welt-fremden Abkehr von jeglicher Ortsbindung begnügen können.[40] Wer sich als »Gast auf Erden« *dazu* verleiten lässt, wird keine befriedigende Antwort auf die Frage geben können, wie Menschen einander in der Zeit ihres befristeten Lebens Gastlichkeit entgegenbringen können – inspiriert vom Anspruch des Anderen, aber zugleich auch dramatisch überfordert von den vielen anderen Anderen. Diese Frage verlangt nach einer Repolitisierung der Idee der Gastlichkeit und nach einer Rückbesinnung auf die lebenspraktischen Spielräume situierten Lebens an Orten und in Räumen, die es ausschließen, dass alle sie zugleich einnehmen und in gleicher Weise beanspruchen können, ob als bloß geduldete Beisassen wie die Metöken der Antike, als Mieter, Grundbesitzer oder Palastbewohner.

Allzu sehr versteift sich Levinas auf eine verächtliche Kritik jeder Philosophie eines situierten bzw. georteten Lebens und ver-

---

[38] E. Levinas, *Wenn Gott ins Denken einfällt*, S. 29 f.

[39] Nur am Rande sei auf Judith Shklars Rede von einer neo-paganen Sensibilität verwiesen, die sich im Sinn für Ungerechtigkeit, besonders für die ungerechte Verletzung Anderer manifestiere. Unter Rekurs auf Michel de Montaigne behauptet die amerikanische Philosophin, gerade diese Sensibilität widersetze sich einer religiösen Aneignung. Vgl. *Ordinary Vices*, Cambridge, London 1984, S. 9 f., 24, 26.

[40] Vgl. E. Levinas' Auseinandersetzung mit M. Blanchot in: *Eigennamen*, S. 37 ff., wo auch der Gedanke nomadischen Lebens zur Sprache kommt.

dächtigt es einer nur auf exklusiven Besitz fixierten Machtbehauptung.[41] Seine polemische Position erkauft er mit einer erstaunlichen Unaufmerksamkeit für politische Fragen einer *Kultur der Gastlichkeit*, die allein den Anspruch wird einlösen können, ein nicht bloß indifferentes Nebeneinanderher-, sondern wirkliches Zusammenleben unter stets beschränkten und befristeten Bedingungen zu gewährleisten.[42] Diesen Fragen wenden sich deshalb die folgenden Kapitel zu.

---

[41] Vgl. E. Levinas, *Eigennamen*, S. 39 f., sowie die Polemik gegen ein Europa, das ganz und gar der Sicherung des Eigenen, der Eigenheit und des Eigentums verpflichtet scheint (ebd., S. 69 f.; *Außer sich*, München, Wien 1991, S. 164 f.).

[42] Levinas vermeidet es in diesem Zusammenhang, von (politischer) Koexistenz zu sprechen. Gegen gewisse »Koexistenz-Philosophen« wie Buber wendet er sich mehrfach. Im Übrigen versteht er das wesentlich asymmetrische Von-Angesicht-zu-Angesicht ausdrücklich nicht als eine Modalität menschlicher Koexistenz (TU, S. 443). Dessen ungeachtet gibt er das Erfordernis einer Repolitisierung der außerordentlichen Ansprechbarkeit »angesichts« des Anderen im Sinne einer Pluralität von Anderen ohne weiteres zu. Vgl. die Ausführungen zur Solidarität und Brüderlichkeit (TU, S. 309, 409).

Kapitel IV
Gastlichkeit in der Nähe der Anderen
Bleibe und bewohnter Raum: Bachelard und Levinas

Das Haus kämpft nicht.
Gaston Bachelard[1]

Doch der Kampf könnte nicht beginnen,
ein Bewußtsein die fremde Gegenwart nicht einmal
ahnen, die es verneint,
wäre nicht ein gemeinsamer Boden
je schon da.
Maurice Merleau-Ponty[2]

1. Anderswo im prä-geometrischen Raum

Der Mensch verhält sich zur Welt von einem privaten Bereich, von einem Zuhause her, in das er sich zurückziehen kann, lesen wir bei Levinas. »Er kommt zur Welt nicht aus einem interstellaren Raum, in dem er sich schon besäße und von dem aus er in jedem Augenblick eine neue gefährliche Landung zu vollziehen hätte. Aber er findet sich nicht brutal in die Welt geworfen und verlassen. Gleichzeitig drinnen und draußen, geht er hinaus, indem er eine Intimität verläßt.« Doch »öffnet sich diese Intimität« in einer *Bleibe,* die »in diesem Draußen steht« – in einem unermesslichen Draußen, das sich vom Ort und Lebensraum des Menschen aus erschließt.[3] Im Universum kommt der Lebensraum des Menschen andererseits vor – wie

---

[1] B. Bachelard, *Poetik des Raumes,* Frankfurt am Main, Berlin, Wien o. J., S. 72 (= PR).
[2] M. Merleau-Ponty, *Phänomenologie der Wahrnehmung,* Berlin 1966, S. 407.
[3] E. Levinas, *Totalität und Unendlichkeit. Versuch über die Exteriorität,* Freiburg i. Br., München 1987, S. 218 (= TU).

vielleicht zahllose andere Welten, über die die Beobachter des Himmels mit Fontenelle seit langem spekulieren.

Gibt es irgendwo im Universum noch höhere Lebensformen, die
mit denen auf der Erde irgendwie vergleichbar wären? Wird man
ihnen eines fernen Tages begegnen können? Nach wie vor fragen sich
das die offenbar besonders frustrationsresistenten Astrophysiker,
nachdem einige von ihnen bereits Jahrzehnte nahezu ganz vergeblich
auf gewisse Radiosignale gewartet haben. Solche Signale könnten auf
Stellen hindeuten, an denen sich höheres Leben entwickelt hat, so
wie auf der Erde, von der aus man nach Zeichen fremden Lebens
anderswo Ausschau hält. Der homogene, isotrope Raum der modernen Physik kennt aber einen *Ort* des Lebens nicht, von dem aus sich
alles andere abzeichnet.[4] Keine Stelle, die in diesem Raum ihre objektiven raum-zeitlichen Koordinaten hat, ist derart privilegiert im
Vergleich zu irgendeiner anderen, dass sie als zentraler Ausgangspunkt gelten dürfte. So hat das Universum weder ein Zentrum, auf
das hin sich alles andere ordnen würde, noch ist es polyzentrisch-de-
zentriert, sondern streng genommen *a-zentrisch*. Dagegen geht jede
noch so primitive Lebensform, die zu einer differenzierten Wahrnehmung ihrer Umwelt fähig ist, unvermeidlich vom Ort aus, um den
herum *sie* ein Milieu ihres Lebens sich entfalten lässt, das es überhaupt nur als *von ihr wahrgenommenes* geben kann.

Das gilt, so scheint es, in gleicher Weise nun auch für den Menschen. Sein Leib fungiert als Medium einer Vielfalt von Wahrneh-
mungen, die ihr perspektivisches Zentrum und bevorzugtes Hier in
ihm haben.[5] So stiftet die leibhaftige Wahrnehmung überhaupt erst
einen Ort, von dem aus alles Nähere und Fernere zugänglich wird.
Selbst der Fernsinn des Sehens, dem gewisse technische Medien zur
enormen Reichweite vieler Lichtjahre verhelfen, geht unumgänglich
stets von einem hier und jetzt situierten Leib aus und verweist auf
ihn zurück, spätestens dann, wenn er sich infolge anhaltender Über-
beanspruchung schmerzhaft bemerkbar macht.

All das ist nichts Neues und gehört zum traditionellen Lehr-
gehalt der Phänomenologie, die im Gegensatz zum homogenen
Raumbegriff der Physik eine *Topografie* wahrnehmenden Lebens
entwirft, auf dessen Basis erst ein geometrisierter Raum denkbar

---

[4] A. Koyré, *Von der geschlossenen Welt zum unendlichen Universum*, Frankfurt am
Main 1980.
[5] B. Waldenfels, *Der Stachel des Fremden*, Frankfurt am Main 1990, S. 28.

wird.[6] Während die Physik von objektiven, messbaren Distanzen handelt, geht es in dieser Topografie vor allem um Relationen der *Nähe* zu etwas oder zu jemandem, dem Anderes nahe liegt, nahe kommt oder nahe geht. So impliziert der Begriff der Nähe vielfältige Bedeutungen. Was »nahe liegt«, braucht so wenig das räumlich Nächste zu sein wie der Nächste, der sich als der Fernste herausstellen kann. Um die leiblich zentrierte Wahrnehmung herum lagern sich Zonen unmittelbarer Erreichbarkeit, Sphären mittlerer, größerer Distanz und schließlich unerreichbarer Ferne nicht einfach wie konzentrische Kreise, wie eine noch allzu sehr vom objektiven Raum her entworfene Öko-Phänomenologie und –Psychologie gelegentlich glauben macht.[7] Vermittels verschiedener Medien kann zu weit Entfernten nicht selten ungleich schneller Nähe hergestellt werden als zu Nachbarn oder Anderen, die hinter der nächsten Tür wer weiß was für ein verborgenes Leben leben (wenn sie nicht bereits tot sind). Umgekehrt dringt per Anruf das Fernste überraschend in unsere Nähe vor und vereitelt nahezu jeden Versuch, es sich vom Leib zu halten. Wo ein solcher Versuch gleichwohl weitgehend gelingt, schrumpft das vom Unendlichen gezeichnete Universum alsbald wieder zu einer geschlossenen Welt, die imaginäre Fluchten provoziert.

So erweist sich das Gebundensein wahrnehmenden Lebens und mehr noch die *Bindung* an seinen Ort als vieldeutig und hochambivalent. Unversehens wird die Bindung zur Verhaftung, die keinen Ortswechsel mehr gestattet, und die perspektivische Beschränkung, die mit der Ortsbindung unvermeidlich einhergeht, schlägt in die Furcht um, in ihr eingeschlossen und vom Wesentlichen ausgeschlossen zu sein. So kann nicht nur ein Ort (wie das eigene Zimmer), sondern darüber hinaus das Geortetsein menschlichen Lebens überhaupt in klaustrophobische Angst oder in Sehnsucht danach münden, *von jeglichem Ort befreit* zu sein. Inspiriert von dieser Sehnsucht schreibt Maurice Blanchot: »Armes Zimmer, wie wenig bewohne ich dich. Bleibe ich nicht aus dem einzigen Grund, die Spuren meines

---

6 M. de Certeau, *Kunst des Handelns*, Berlin 1988, S. 218 f.; E. S. Casey, *Getting back into place*, Bloomington 1993; M. Augé, *Orte und Nicht-Orte*, Frankfurt am Main 1994, S. 94 ff.

7 Vgl. U. Bronfenbrenner, *Die Ökologie der menschlichen Entwicklung*, Stuttgart 1981. Auch in der Sozialphänomenologie von A. Schütz dominiert eindeutig eine solche konzentrische Vorstellung; vgl. *Der sinnhafte Aufbau der sozialen Welt*, Frankfurt am Main 1974. Berechtigte kritische Bedenken finden sich dagegen bei E. Fink, *Grundphänomene des menschlichen Daseins*, Freiburg i. Br., München 1979, S. 391.

Aufenthaltes zu verwischen?« Hier wird der privateste Raum zum Nicht-Ort, an dem der Absprung in ein Anderswo sich abzeichnet, wo man sich in Wahrheit aufhalten könnte.[8] Und so blendet sich das unendliche Warten auf das unbestimmte Anderswo, das sich an keiner anderen Stelle *im* Raum und an keinem anderen Ort wird finden lassen, in die Erfahrung situierten Lebens an einem Ort ein, dem alles Wesentliche für einen dauerhaften Aufenthalt zu fehlen scheint. Das Hier und das Anderswo fallen insoweit nicht einfach auseinander. Von Letzterem zeichnet sich vielmehr ein Vorschein im Hiersein ab.

Derart inspiriert, ist das Hiersein nicht einfach »an Ort und Stelle«, wo es scheinbar hingehört, sondern öffnet sich einer radikalen Heterotopie (ohne dabei im Geringsten phantastischer Vorgriffe auf die Existenz von *aliens* zu bedürfen, die sich irgendwo im interstellaren Raum aufhalten mögen). Niemand, so wurde behauptet, sei jemals ausschließlich an Ort und Stelle.[9] Demgegenüber bekennt sich aber jemand, der, vom Anderen angerufen, antwortet: *Hier bin ich*, zu seinem Dasein, besonders im Sinne des Daseins *für* den Anderen, sei es in der Weise der Fürsorge, sei es der Verantwortung. Auch jemand, der für einen Anderen da zu sein sich bereit findet, *ist* aber nicht einfach da, sondern *begibt sich* an den Ort, wo seine Verantwortung gefragt und zu übernehmen ist. Es handelt sich um eine *originäre Verortung* des Verantwortlichen, die genauso wenig durch objektiv feststehende Orte von vornherein festgelegt ist wie die Quelle des Anrufs, die Philosophen wie Levinas und Derrida in einer nicht zu ortenden und nicht zu verräumlichenden Fremde vermuten.[10]

Für sie führt die Rückbesinnung vom geometrischen Raum der

---

[8] Vgl. E. Levinas, *Eigennamen*, München, Wien 1988, S. 46 f.

[9] B. Waldenfels, *Topographie des Fremden*, Frankfurt am Main 1997, S. 194.

[10] So spricht Levinas von einer Erfahrung der Verantwortung, »zu der das Antlitz des Anderen, aufgrund seiner Anderheit, aufgrund eben seiner Fremdheit« spricht, ohne dass man wüsste, von wo her die Stimme des Anderen den Verantwortlichen erreicht. E. Levinas, *Wenn Gott ins Denken einfällt*, Freiburg i. Br., München ²1988, S. 18 f.; ders., *Die Spur des Anderen*, Freiburg i. Br., München ²1987, S. 284. So bringt die Nähe einen radikalen Nicht-Ort selbst in der Umarmung noch ins Spiel, den nicht einmal die Intimität je im Erscheinen des oder der Anderen aufhebt. Gerade davon soll das Erscheinen gleichwohl eine Spur »verraten«, so dass dem, was ihm entzogen bleibt, eine »positive« Bedeutung (und nicht nur ein Mangel an Anwesenheit) zuzusprechen ist. Vgl. E. Levinas, *Verletzlichkeit und Frieden. Schriften über die Politik und das Politische*, Berlin 2007, S. 143 zu »Frieden und Nähe«.

Physik auf die Orte, Ortschaften und Ortungen situierten Lebens nicht in eine gemütliche Nähe derer, die einander ohnehin nahe stehen, wie man sagt. Wenn die Nähe nur auf sie beschränkt zu denken wäre, würde sie womöglich in einer bestimmten sozialen Struktur, typischerweise in einer Art »Gemeinschaft«, erstarren. Levinas hat genau das Gegenteil im Sinn, wenn er schreibt: »Die Nähe ist nicht ein Zustand, nicht eine Ruhe, sondern gerade Unruhe, Nicht-Ort, außerhalb des Ruheortes und damit Störung für die Stille [...], die zur Ruhe an einem Ort wird; immer also ungenügende Nähe, wie eine Umarmung.«[11] In der Nähe geht uns die Verantwortung für den Anderen auf, als der uns jeder empirische andere begegnen kann, wenn er uns nur in Anspruch nimmt. Das aber erübrigt nicht die konkrete Annäherung »an Ort und Stelle«, wenn wir uns fragen müssen, wie denn im Einzelfall Verantwortung zu übernehmen und zu tragen ist. Die Aufgeschlossenheit der Nähe für die unvorhersehbare Anderheit des Anderen, der gerade nicht der räumlich Nächste, der sog. Nebenmensch zu sein braucht, schließt es indessen aus, sie von vornherein zu beschränken. Von anderswo her erreicht uns der Anspruch der Anderheit und öffnet uns auf ein Anderswo Anderer hin, die sich keineswegs in räumlicher Nähe aufzuhalten brauchen, um unsere Verantwortung herauszufordern.

Diese radikale, heterotopische Unterwanderung jeglichen ungefährdeten Sicheinrichtens in einem bloß auf Verwandte, Freunde oder Mitglieder einer Gruppe beschränkten Ort hat Levinas im Sinn, wenn er das Wesen des »prä-geometrischen Raumes« dadurch bestimmt, dass er »durch die Anderen bewohnt wird«. Dieses Bewohnen geht dem Denken eines indifferenten raum-zeitlichen Nebeneinanders von Stellen voraus, bedeutet aber nicht, dass nun jeder eine bruchlose Verräumlichung am Ort seines Lebens mit oder unter Anderen erfahren würde. So wie niemand je ganz und gar im Ort seines Lebens aufgeht, so kann sich niemand, der von der Stimme des Anderen erreichbar ist, am Ort seines Lebens verschanzen, um sich hermetisch gegen ein befremdliches Anderswo zu verschließen, von dem her ihn diese Stimme erreicht.[12] Heißt aber, der Stimme des Anderen Gehör zu schenken, sich *vom Ort überhaupt frei machen zu*

---

[11] E. Levinas, *Jenseits des Seins oder anders als Sein geschieht*, Freiburg i. Br., München 1992, S. 182 ff., 264.
[12] Ausführlich dazu v. Verf., »Die Stimme des Anderen. Kritische Anmerkungen zu ihrer aktuellen ›Rehabilitierung‹«, in: *Jahrbuch für Religionsphilosophie* (2007), i. V.

müssen, wie Levinas anzunehmen scheint, der darin eine subtile Affinität von Technik und Judentum erkennt? Wie der sowjetische Kosmonaut Juri Gagarin wenigstens eine Stunde lang »den Ort verlassen« und nur im geometrischen Raum der Physik existiert zu haben schien, um so vor Augen zu führen, wie die Technik das Universum entmystifiziert, so habe das Judentum seit je her auf seiner Freiheit von jeglicher irdischen Verwurzelung an einem privilegierten Ort insistiert.[13]

Im Folgenden möchte ich eine Diskussion aufgreifen, in welcher der Anschein erweckt wurde, diese Freiheit werde nunmehr Gemeingut. Längst seien alle Menschen unterwegs zu einer quasi nomadischen, entorteten Lebensform, die endgültig die Lebensweise »wohnender Tiere« hinter sich lassen müsse. Dem widerspricht eine archaisierende Anthropologie, die noch immer auf Werte der Verwurzelung, lokaler Identität und auf Ängste der Entwurzelung fixiert scheint, weil sie unter Hinweis auf uralte menschliche Erfahrungen eine weitgehende Entortung für unmöglich und nicht einmal für wünschenswert hält. Gegen eine überspannte Abwehr einer solchen Anthropologie, die hier nur die Gefahr lauern sieht, dass sich auch in den Kulturwissenschaften wieder ein »Aberglaube des Ortes« und eine heidnische Beschwörung der »Geister des Ortes«[14] breit macht, verteidige ich die Aufgabe phänomenologischer Forschung, welche die Vorstellung einer weitgehend entorteten Lebensweise als illusorisch zurückweisen muss, ohne indessen einer ohne Umschweife rezentrierten Lebensform das Wort zu reden, die von keiner befremdlichen Heterotopie mehr beunruhigt wäre.

Im Anschluss an diese Forschung zeigt sich, dass wir *ortlos* nicht werden leben können, dass es aber entscheidend auf das *Verhältnis zum Ort* ankommt, darauf also, *wie* wir ihn einnehmen, ob er als

---

[13] E. Levinas, *Schwierige Freiheit*, Frankfurt am Main 1992, S. 176 (= SF). Siehe dazu das Kapitel III, 3. Keineswegs, scheint mir, hat Gagarin die Bedingungen einer »georteten« Existenz radikal verlassen, wohl aber die Erde als *Ur-Arche* (Husserl) aller auf ihren Boden gegründeten Orte und Bewegungen. Als solche ist die Erde für den Kosmonauten in der Tat in Bewegung geraten, was für Husserl noch unvorstellbar war. Vgl. Kap. I, Anm. 6 in diesem Band.
[14] Ebd., S. 174. Wie überspannt die Kritik der Sehnsucht nach Verwurzelung gelegentlich ausfällt, wird bei R. Sennett deutlich, wo sie sogleich einer »romantisch-reaktionären Sentimentalität« gilt: *Civitas. Die Großstadt und die Kultur des Unterschieds*, Frankfurt am Main 1994, S. 288 f. Aber wird man den unbestreitbaren Gefahren der Vereinsamung in einer zunehmend entorteten Welt auf diese Weise gerecht? Aus M. Augés Sicht gewiss nicht (*Orte und Nicht-Orte*, S. 140 f.).

Besitz- oder Schutzraum fungiert, und wovor man sich ggf. an ihm in Acht nimmt. All das ändert sich einschneidend im Lauf der Geschichte. Es kann keine Rede davon sein, dass wir als Bewohner von Häusern, Städten oder Ländern allemal noch *archaischen Lebensformen verhaftet bleiben* müssen bzw. *dass nur eine radikale Kritik des Wohnens an einem Ort uns vom atavistischen Erbe befreien kann*, das man einer fatalen Fixierung auf exklusiven Besitz, Macht über das Eigene und Indifferenz gegenüber allem Fremden, das man außen vor zu halten sucht, bezichtigt hat. Vom bewohnbaren Ort reden, heißt nicht, mit einer homogenen Räumlichkeit liebäugeln, aus der keine Spur mehr in ein Anderswo führen würde und die uns deshalb wie ein Gefängnis erscheinen müsste. Es heißt vielmehr, die Aufmerksamkeit auf Bedingungen allemal situierter Lebensformen zu richten, auf deren stets begrenzte Gastlichkeit auch diejenigen angewiesen bleiben, die sich in der Nähe der Anderen letztlich gegen eine Einsperrung in ein verräumlichtes und geortetes Leben verwahren wollen.

Die Apologie der Nähe der Anderen macht zwar jede Vorstellung eines ganz im *eigenen* Sein konzentrierten Wohnens lächerlich. Aber sie führt auf die Spur des Anderen auch nur auf dem Weg der Begegnung mit vielen Anderen, denen etwas zu Essen und zu Trinken und schließlich ein Obdach gegeben werden muss. Zwischen jenen schlechten Alternativen des Sichverschließens am eigenen Ort einerseits und religiöser Flucht aus ortsgebundenem und verräumlichtem Leben andererseits muss nach dritten Möglichkeiten gesucht werden: nach situierten Lebensformen, die sich für die Stimme der Anderen gastlich aufgeschlossen erweisen – *ohne Vorbehalt* und ohne *von vornherein* zu wissen, um *wen* es sich jeweils handelt.

2. Eine nomadistische These

Die Dynamik der politischen Gegenwart wird vielfach in Metaphern der Liquidität und der Beweglichkeit beschrieben, die sich mimetisch an dominante ökonomisch-technische Entwicklungen anpassen, zu deren Inbegriff die Globalisierung geworden ist.[15] Sie überschreitet oder unterläuft spielend und auf offenbar unkontrollierbare Art und Weise alle politischen Grenzen, die man bisher für fest gezogen hielt.

---

[15] Z. Bauman, *Liquid Modernity,* London 2000.

Ohne es dem Geld als Medium der Globalisierung wirklich gleich tun zu können, folgen die Arbeit suchenden Menschen seinen grenzüberschreitenden Wegen und tragen ihre Haut in einer weitgehend deregulierten Ökonomie zu Markte. »Ströme« von Migranten, aber auch von Flüchtlingen in großer Zahl zeugen von einer Mobilität, die selbst alles in den Schatten stellt, was man aus der Geschichte als Völkerwanderungen kennt. Dieser neuen Lage nimmt sich eine »Nomadologie« an, deren Vertreter im Schicksal der Gastarbeiter, der Asylsuchenden, Obdachlosen, Exilanten und Migranten ein Vorzeichen der Zukunft der Gattung zu erkennen meinen. Die Mobilität, die sie auszeichne, werde, so meinen sie, früher oder später, wenigstens virtuell, alle erfassen. Edward Said sieht darin sogar eine Befreiung, die endgültig nicht mehr von sesshaften Kulturen, sondern von »unbehausten, dezentrierten, exilierten Energien« ausgehe, »deren Inkarnation der Migrant« sei. In ihm verkörpert sich, so scheint es, die neue, marktgerechte Tugend einer an keinen privilegierten Ort mehr gebundenen raschen Beweglichkeit.[16]

Im Widerspruch zu dieser, tatsächlich höchst unterschiedliche Lebenslagen umstandslos auf einen Nenner bringenden *nomadistischen These* wurde behauptet, ungeachtet einer die Menschen immer mehr entwurzelnden Globalisierung seien sie nach wie vor »wohnende Tiere (sei es in Nestern, Höhlen, Zelten, Häusern, übereinandergeschachtelten Würfeln, Wohnwagen oder unter Brücken)«.[17] Dennoch hält es Vilém Flusser, den ich hier zitiert habe, für denkbar, ja für wahrscheinlich, dass die Menschen sämtlich in gewisser Weise obdachlos, unbehaust werden. Jedenfalls gebe es »das heile Haus mit Dach, Mauer, Fenster und Tür […] nur noch in Märchenbüchern«. In die Behausungen der Gegenwart und in die Städte[18] aber dringe die äußere Welt wie in eine Ruine, die keinen Schutz

---

[16]   Vgl. N. Ascherson, *Schwarzes Meer*, Frankfurt am Main 1998, S. 91 ff.

[17]   V. Flusser, *Von der Freiheit der Migranten. Einsprüche gegen den Nationalismus*, Bensheim 1994, S. 65.

[18]   Zur hier nur am Rande beachteten Diskussion um die heutige Stadt als Nicht-Ort vgl. *Neue Rundschau 109* (1998), Heft 2. Besonders in den Beiträgen von H. Bude, H. Böhme und H. Wefing wird deutlich, wie man in dieser Diskussion zwischen einer Nostalgie alt-europäischer Urbanität und einer teils enthusiastischen Auslieferung der Stadt an die tendenziell entortete Virtualität des *Cyberspace* schwankt (S. 12, 67, 96 ff.). Die Anbindung dieser Diskussion an die Phänomenologie und Ethik der Bleibe ist ein Desiderat. Das gilt auch für die medientheoretische Diskussion um den Raum, die sich von diesem Begriff eher noch weiter entfernt; vgl. R. Maresch, N. Werber (Hg.), *Raum – Wissen – Macht*, Frankfurt am Main 2002.

mehr biete, weil »durch deren Risse der Wind der Kommunikation bläst«.

Wie es nach Flusser trotz dieser kommunikativen Obdachlosigkeit wieder möglich sein soll, beschützt zu wohnen, bleibe dahin gestellt. Jedenfalls führt für diesen Autor kein Weg zurück in eine atavistische Sesshaftigkeit. Vielmehr gehe es darum, wie wir zehntausend Jahre Neolithikum hinter uns lassen können. Schließlich seien »wir alle [...] aus dem Zusammenbruch der Seßhaftigkeit emportauchende Nomaden«.[19] Immerhin könnten sich die Menschen in dieser Lage darauf zurück besinnen, was sie einst als Jäger und Sammler waren, um wiederum eine nomadisierende Lebensform zu wählen, zu der sie offenbar ursprünglich prädestiniert gewesen sind. Paradoxerweise würde es ihnen aber gerade das *neue Nomadentum* elektronisch kompetenter Nutzer des *world wide web* mehr denn je gestatten, an Ort und Stelle zu bleiben, weil es leibhaftige Anwesenheit anderswo weitgehend entbehrlich zu machen scheint. So könnten die Netz-Nomaden unbeweglicher bleiben, als es sesshafte Bauern je waren. Womöglich kaschiert die bloß metaphorische Rede von einem Nomadentum des Internet ein genau entgegengesetztes Schwinden realer Beweglichkeit sowie eine verfestigte Lokalisierung des leibhaftigen Lebens seiner Nutzer.

Die bedenklichen Folgen eines modischen Liebäugelns mit nomadischen Lebensformen zeigen sich darüber hinaus in einer unübersehbaren Nivellierung: Wer sich auf Wanderschaft begibt, um sein Zelt anderntags anderswo aufzuschlagen, begreift sich normalerweise nicht als Vertriebener, als Exilierter oder als heimatlos in der Fremde einer Diaspora. Flusser ebnet diese Unterschiede ein, indem er die von ihm gelobte »Freiheit des Migranten« stellenweise mit der von Vertriebenen gleichsetzt, die »wie wir« seien, »nur extremer«.[20] Während die Vertriebenen sich in der Sehnsucht nach einer wiederzufindenden Heimat verzehren, kann sich der freiwillige Nomade oder Migrant von jeglicher Nostalgie lösen und jeden Gedanken an eine wiederherzustellende, ursprüngliche Ortsbindung aufgeben.[21] Selbst wenn der Nomade und der Migrant ihren Ort ständig wechseln, kann das aber nicht zu einer radikalen *Entortung* führen. Umge-

---

[19] V. Flusser, *Von der Freiheit der Migranten*, S. 65, 16 f., 57.
[20] Ebd., S. 37.
[21] Vgl. zu diesen Unterscheidungen ebd., S. 33.

kehrt ist nicht jede Ortsbindung dazu verurteilt, einer im Grunde archaischen Sesshaftigkeit verhaftet zu bleiben. Genau dieses Klischee einer Sesshaftigkeit, die in eine rückständige Provinzialität abgedrängt scheint, herrscht aber über weite Strecken in der Literatur vor, die sich dem Gedanken eines neuen, zeitgemäßen Nomadentums verschrieben hat, das sich auf gleicher Höhe mit der allseits geforderten technisch-ökonomischen Mobilität befinden soll. So zeichnet sich eine bemerkenswerte Umkehrung im Vergleich zur uralten Wertschätzung des Autochthonen, d. h. der quasi biologischen Verwurzelung am angestammten eigenen Ort ab. Galt sie lange Zeit, bis hin zu den Gründungsmythen der modernen Nationalismen, als Inbegriff geschichtlich verbürgter kollektiver Identität, die den *aporoi*, den Nichtsesshaften wie den Skythen der Antike offenbar abging, so erscheint sie nunmehr als hartnäckigstes Hindernis einer zeitgemäß dezentrierten Freiheit, die überall und nirgends mehr sich niederlassen soll.[22] Gleichwohl bleibt der Horror vor wandernden Völkern wie den Skythen, den Hunnen und Mongolen lebendig. Neal Ascherson meint, er lebe fort in der »Furcht des Westens vor allen nicht seßhaften Menschen, vor den Millionen, die als ›Asylsuchende‹, oder ›Wirtschaftsflüchtlinge‹ gegen Europas Tore drängen«.[23]

3.   Eine ethnozentrische Optik

Den Grund dieser Furcht führt eine anthropologisierende Ethnologie weniger auf die Überlieferung bestimmter historischer Erfahrungen wie den Hunnensturm als vielmehr auf ein unüberwindliches menschliches Wesen zurück. Demnach hat die Geschichte der menschlichen Gattung eigentlich erst mit der Urbarmachung, Umfriedung und Kultivierung des Bodens, also mit der erstmaligen Einnahme und Inbesitznahme eines eigenen Ortes begonnen. Ihn zu verteidigen und möglichst auf Dauer zu sichern, sei seit jeher der eigentliche Sinn verorteter Lebensformen, die den Menschen, die ihnen zugehören, durch den Ort, an dem sie leben, zugleich verbürgen, wer sie sind oder als wer sie sich verstehen. Darin sieht der Ethnologe Klaus E. Müller eine letztlich nicht zu überwindende Erb-

---

22 Vgl. N. Ascherson, *Schwarzes Meer*, S. 90, 121 ff.
23 Ebd., S. 122 f.

schaft. Demnach lässt sich eine entortete Identität, die nicht darauf bedacht sei, einen eigenen Lebensraum abzugrenzen und nach außen zu verteidigen, im Grunde gar nicht denken.[24] Mehr noch: die räumliche Verankerung verbürge kollektive Identität auch in der Folge von Generationen. Nach wie vor bleibe deshalb keine Vergangenheit im Gedächtnis der Menschen, wenn man sich nicht auf einen »angestammten Ort« stützen könne. Sie müssten in Geschichtslosigkeit fallen, wenn sie einer *chronotopischen Ortung* in einem eigenen Lebensraum entbehrten. Am eigenen Ort dagegen verwachsen idealiter Raum, Zeit und Identität zu einem ungeteilten und exklusiven Ganzen. Trotzdem soll schon bei bloßer Anwesenheit Fremder die Bindung an den eigenen Lebensraum aufzureißen drohen.

Wer die entsprechenden Passagen in der kleinen Schrift *Die fünfte Dimension* liest, fragt sich, ob auf diese Weise nicht Strukturen sog. »primordialer« Kulturen implizit in grundlegende anthropologische Thesen umgemünzt und verallgemeinert werden. Droht auch heute jede Identität zu zerfallen, wenn sie nicht durch ein unangefochtenes Wissen davon abgestützt wird, wohin man gehört? Und muss die Zugehörigkeit die Form einer Inbesitznahme eines exklusiv eigenen Lebensraums annehmen, jenseits dessen nur eine menschliche Wildnis herrschen kann? Sind wir also unweigerlich einer »ethnozentrischen Optik« verhaftet, die das gesamte Weltverständnis so fundiert, dass »*hier*, in der Gegenwart und räumlichen Nähe [...] alles *richtig*, *wahr* und *gut*« erscheint, »sofern es bruchlos der altüberlieferten Tradition folgt«?[25] Verbürgt eine hinreichend geortete Identität also, dass man sich im Eigenen zugleich einer *moralischen Endowelt* sicher sein kann, an der alle Fremden evidenterweise nicht teilhaben können? Würde eine Auftrennung des integralen Zusammenhangs von Ort und Identität auf ein ebenso ontologisches wie moralisches Trauma hinauslaufen, das jeden, den es trifft, orien-

---

[24] K. E. Müller, *Die fünfte Dimension. Soziale Raumzeit und Geschichtsverständnis in primordialen Kulturen*, Göttingen 1999; R. Gehlen, *Welt und Ordnung*, Marburg 1995. Ganz ähnliche Argumente finden sich in der Phänomenologie E. S. Caseys, der die topografische Rückbesinnung auf einen Identität verbürgenden Raum- und Ortsbezug einer rückhaltlosen Verzeitlichung entgegensetzt, in der sich jedes Selbst aufzulösen drohe (*Getting back into place*, S. 7, 39), und in der Politischen Philosophie Charles Taylors. Für letzteren findet die Frage, *wer* man ist, ihre Antwort in lokaler Zugehörigkeit, darin also, *wohin* man gehört oder *wo* man lebt (*Quellen des Selbst*, Frankfurt am Main 1996, S. 55; vgl. S. 19 f. in diesem Band).

[25] K. E. Müller, *Die fünfte Dimension*, S. 100.

tierungslos zurücklassen müsste? Dass dies auch heute noch unvermindert gilt, suggeriert der Ethnologe mit wissendem Blick auf jene Jugendlichen unserer Tage, die es gewagt haben, nach besseren Lebensformen Ausschau zu halten. Ihnen wird förmlich prophezeit, dass das Paradies nicht vor ihnen, sondern hinter ihnen, im verlorenen Zusammenhang von Ort und Identität liege, den sie wiederentdecken müssten.[26]

So fügt sich, was hier als nüchterne anthropologisch-ethnologische Diagnose präsentiert wird, scheinbar nahtlos in die seit vielen Jahren zu beobachtende Renaissance des Ethnischen[27] und der Erfindung neuer Vergangenheit, die die Menschen auf der Suche nach verlorener Identität einer »genealogischen Seniorität« und unverbrüchlichen »Anciennität« (wie Müller es nennt) versichern soll, um einer drohenden Ortlosigkeit zuvorzukommen, die bis hin zur *Vernichtung* eigenen Lebensraums und zur *Auflösung* jeder Möglichkeit gehen soll, sich eines angestammten Ortes zu versichern, der kollektives Selbstverständnis verbürgen könnte, wenn man verbreiteten Kulturdiagnosen glaubt.

Solche Diagnosen gipfeln schließlich in der Vermutung, infolge moderner Technisierung, Dezentrierung und Rationalisierung der Lebensverhältnisse werde jede Möglichkeit ortsgebundener Lebensformen ruiniert – und damit stürze der Mensch in eine Weltlosigkeit, der nur durch eine *Rückbesinnung auf die verlorene Welt* zu begegnen sei. »Die Welt wiederfinden heißt eine auf geheimnisvolle Weise in einem Ort zusammengekauerte Kindheit wiederfinden« – aber auch die Werte des Heimatlichen reaktivieren, das Licht der großen Landschaften, die Begeisterung für die Faszination der Natur und das Geheimnis der Dinge preisen. Dabei geht es insgesamt darum, »den Ort zu bewohnen, da zu sein« und sich möglichst zu verwurzeln, buchstäblich »radikaler« noch als ein Gewächs, das dem Boden nur Mineralien und Nährsäfte entnimmt (SF, S. 174).

Im Lichte des ethnologischen Textes versteht man den subtilen Spott, der in diesen Zeilen von Levinas[28] zum Ausdruck kommt und im Vorwurf einer *Naturalisierung* der menschlichen Verhältnisse

---

[26] Ebd., S. 144. So kommt kein zwingender Grund in Betracht, diesen Zusammenhang zu überwinden, auch um den Preis einer »großen Loslösung« (Nietzsche) nach der Devise, lieber sterben, als hier bleiben.

[27] Vgl. N. Ascherson, *Schwarzes Meer*, S. 321.

[28] Siehe auch das Zitat in Kapitel III, 3.

kulminiert. Wer so etwas wie kollektive Identität, geschichtlich ver-bürgten Lebensraum und ungebrochene Zugehörigkeit zu ihm allein vom Ort her begreifen will, an dem man sich so tief und unanfecht-bar wie möglich zu verwurzeln strebt (selbst wenn man sich im Übrigen ein Recht auf technisch hochmotorisierte Fortbewegung he-rausnimmt und die Lebensräume Anderer ohne Bedenken ökologisch beeinträchtigt), der begreift letztlich auch die Beziehungen zu Ande-ren von der Welt der Dinge her, deren Orte und Landschaften er verherrlicht. Zudem bedeutet das »Eingepflanztsein in eine Land-schaft, die Verbundenheit mit dem Ort, ohne den das Universum bedeutungslos würde«, eine ethische Spaltung in Einheimische und Fremde, die für Levinas die eigentliche Quelle »jeder Grausamkeit gegen den Menschen« darstellt (SF, S. 175). Will man sich ihr wider-setzen, so bleibt dem Anschein nach nur ein Ausweg: sich nicht nur von *einem* Ort frei zu machen (um sich womöglich an einem anderen niederzulassen), sondern jeden Gedanken an eine verortete Existenz aufzugeben und damit das atavistische Erbe, mit dem der Ethnologe liebäugelt, radikal zu verwerfen. Genau das getan zu haben, beschei-nigt Levinas wie gesagt dem Judentum: Es sei »in bezug auf die Orte stets frei gewesen« und allein jenem radikalen Anderswo, jener Ex-teriorität verpflichtet geblieben, die von der Nacktheit des Gesichts des Anderen her zur Sprache kommt.

Doch so einfach liegen die Dinge spätestens seit der Existenz des Staates Israel nicht mehr. Er besetzt auf unvergleichlich tragische Art und Weise den Lebensraum Anderer, die sich als Araber auch inner-halb des israelischen Gemeinwesens vielfach diskriminiert erfahren. Selbst wenn dieser Staat die politische Existenz all derer sichert (was gewiss keine unproblematische Annahme ist), die allein dem ort-lo-sen, u-topischen Gesicht des Anderen sich verpflichtet wissen, selbst dann muss er Grenzen ziehen, seine territoriale Integrität wahren, sich verteidigen und sein Existenzrecht behaupten. Er muss auf se-lektive und exklusive Art und Weise den Lebensraum einiger gegen viele Andere, deren Existenz er verletzt, zu garantieren versuchen. Es kann keine Rede davon sein, er habe, inspiriert vom religiösen Juden-tum, dem Ort gleichsam abgeschworen und sei damit jeder Tragik politischer Selbstbehauptung unter Inkaufnahme massiver Gewalt gegen Andere enthoben. Genauso wenig darf sich aber deshalb der Ethnologe bestätigt sehen, für den jede ethnische und politische Identität letztlich nur auf eine kollektive Verwurzelung im Grund und Boden eines die Generationen überdauernden Lebens abzielt.

Drehen sich kulturwissenschaftliche Diskussionen nicht seit vielen
Jahren gerade um die Frage, ob politische Mitgliedschaft in einem
Gemeinwesen so konzipiert werden kann, dass sie sich sowohl mit
einer Vielzahl heterogener und einander widerstreitender Identitäten
als auch mit einer gastlichen Offenheit untereinander und im Verhältnis zu Fremden verträgt? Suchen sie nicht nach einer gewissen
Vereinbarkeit von lokaler Identität und kosmopolitischer Liberali-
tät?[29] So anfechtbar beide Begriffe sein mögen[30], so unplausibel erscheint es, den Sinn solcher Forschungen von vornherein in Abrede
zu stellen – sei es unter Hinweis auf den angeblich notwendigerweise
exklusiven Charakter lokaler Identität, sei es mit Hinweis auf eine
fragwürdige politische oder religiöse Vergleichgültigung jedes privilegierten Ortes. Sich einem Ort oder einer Landschaft verbunden
fühlen, zieht keineswegs unvermeidlich nach sich, zwischen Autochthonen und Fremden so zu trennen, als gingen einen letztere ethisch
überhaupt nichts an (wie Levinas befürchtet). Umgekehrt kann der
Glaube, sich von jeder besonderen Ortsbindung gelöst zu haben, eine
gefährliche politische Blindheit nach sich ziehen, wenn es das Zusammen an einem Ort, in einer Stadt, Region oder Landschaft politisch so zu regeln gilt, dass auch einander Fremde ohne Angst anders
und fremd bleiben dürfen, wenn sie das einer zweifelhaften Assimilation vorziehen.[31]

---

[29] C. Leggewie, »Zugehörigkeit und Mitgliedschaft. Die politische Kultur der Weltgesellschaft«, in: F. Jaeger, B. Liebsch (Hg.), *Handbuch der Kulturwissenschaften, Bd. 1*,
Stuttgart 2004, S. 316–334.
[30] Mit Recht weist Marc Augé auf das folgende Paradox hin: »Im selben Augenblick, da
die Einheit des irdischen Raums denkbar wird und die großen multinationalen Netze an
Stärke gewinnen, verstärkt sich auch der Lärm der Partikularismen, all derer, die für sich
bleiben wollen, oder derer, die nach einem Vaterland suchen, als wären der Konservati-
vismus der einen und der Messianismus der anderen dazu verdammt, dieselbe Sprache
zu sprechen: die des Bodens und der Wurzeln.« *Orte und Nicht-Orte*, S. 44 f.
[31] Was Israel betrifft, so erinnert sich Martin Buber daran, wie Theodor Herzls Finger
bei einer Begegnung im Jahre 1901 über eine leere Ebene auf der Landkarte zu gleiten
schien, als er Visionen eines künftigen jüdischen Palästina ausmalte. Palästina wurde als
weitgehend menschenleerer Raum wahrgenommen, der nur ein Transportproblem auf-
zuwerfen schien: »Lapidar ausgedrückt: Wie bringt man das Volk ohne Land in das
(vermeintliche) Land ohne Volk?« Zur Überraschung vieler entdeckte man erst im
Nachhinein: »In Palästina gibt es ja Araber!« Vgl. M. Wehr, *Martin Buber*, Zürich 1991,
S. 264, 75, 79, 43. Wer sich heute über eine gewisse geopolitische Naivität der Gründer
des Staates Israel mokiert, sollte allerdings nicht vergessen, dass ein »politisch unerfah-
renes Volk« (Nahum Goldmann; vgl. ebd., S. 319) sich aufgrund der hierzulande erlittenen rassistischen Verfolgung dazu gezwungen sah, Initiative zu ergreifen, um dann

Sowohl die ethnologische Rückbesinnung auf einen archaischen Zusammenhang von Ort und Identität als auch die religiöse Forderung, ihn endlich zu überwinden, vernachlässigen alle diese Fragen politischer Koexistenz und übergehen die phänomenologische Vielfalt verschiedener Arten und Weisen, sich zum Ort zu verhalten, die sich nicht darin erschöpfen, ihn in Besitz nehmen, eifersüchtig bewachen und aggressiv verteidigen zu wollen, sondern gerade um seine gastliche Offenheit bemüht sind. Solche Offenheit ist kein Luxus einer raffinierten Lebenskunst von Bessergestellten, die es sich leisten können, willkommene Gäste auf Zeit zu bewirten, und sich darin gefallen. Vielmehr gibt es Hinweise darauf, dass wir dank einer ursprünglichen gastlichen Offenheit, in der wir zur Welt gekommen sind, überhaupt erst lernen konnten, einen Ort einzunehmen. In Wahrheit setzt der eingenommene, in Beschlag genommene Raum die Gastlichkeit immer schon voraus. Das schließt allerdings nicht aus, dass sie in Vergessenheit fällt und in keiner Weise mehr als gegenwärtig virulente Herausforderung begriffen wird. Das möchte ich ansatzweise anhand von Gaston Bachelards *Poetik des Raumes* zeigen, um dann mit Bezug auf Levinas auf die Frage zurückzukommen, welche Bedeutung der Gastlichkeit des prä-geometrischen, von Anderen bewohnten Raums in politischer Hinsicht zukommen könnte.

4. Träumereien der Geborgenheit

Selbst in der Intimität des Privatlebens, selbst im Elternhaus, das Bachelard für das Urbild beschützten Wohnens hält, stößt man auf Spuren unvermeidlicher Öffnung auf ein befremdliches Außen hin. Diese Spuren entdeckt Bachelard erklärtermaßen in einer selektiven Perspektive, die ihm sein Interesse an der Imagination glücklichen und geborgenen Seins in beschützten Räumen vorgibt. Die Imagination entwirft Bilder, die nicht Echo der Vergangenheit sind, sondern

---

entdecken zu müssen, wie schlecht vorbereitet es auf diesen Schritt war. – Zur Frage, wie sich die »nomadische Wahrheit« einer Gastlichkeit, die unbedingt dem Anspruch jedes Anderen auf Aufnahme verpflichtet ist, ohne im Geringsten sich auf Besitz, Ort, Grund und Boden zu stützen, mit der Wahrung der territorialen Integrität eines politischen Gemeinwesens vereinbaren lässt, das nicht zuletzt in seiner rechtlichen Verfassung diesem Anspruch gerecht zu werden versucht, vgl. die keineswegs nur Israel betreffenden Überlegungen M. Blanchots in *Das Unzerstörbare*, München, Wien 1991, S. 185 f., 192 f., Anm. 1.

umgekehrt letztere als Zeit verlorenen Glücks in Erinnerung rufen (PR, S. 10, 73, 65 f.). So führt die Arbeit der Einbildungskraft zu einer Resonanz des Vergangenen in den evozierten Bildern. Nachträglich erscheint zwar das Haus, in dem man glücklich gewohnt hat, als Raum des verlorenen Glücks (PR, S. 88 f., 254). In Wahrheit ist es aber die Imagination, durch die das Wohnen überhaupt möglich wird. Vermittels der Einbildungskraft entwirft die Seele Bilder eines glücklichen Wohnens im Raum, das der reale Raum niemals gleichsam aus eigener Kraft bewirken kann. Bewohnt wird der Raum nicht durch Einrichtungsgegenstände und deren Benutzung, sondern nur durch die Imagination, die den wahrgenommenen Raum, in dem man lebt, mit ihren Bildern überzieht.

Eine an solchen Bildern reiche Seele bezeichnet Bachelard wiederum als Haus. In ihm würden wir uns demnach gleichsam selbst bewohnen. Das reale Haus soll dies allerdings möglich machen. Man soll Häuser so bauen, fordert Bachelard, dass es möglich ist, dass die Imagination in ihm Bilder eines geborgenen Seins entwerfen kann. Zweifellos seien nicht alle Wohnräume einer Topophilie günstig. Allzu viele repräsentieren nur Macht und Besitz. Nur »besessene« Räume garantieren nicht, sondern verhindern eher, dass man sich glücklich in ihnen aufhalten kann. Glück, das ist für Bachelard die Gelegenheit zur Träumerei *(rêverie)*. Das noch so funktional geplante, bequeme, komfortable, gesunde, solide Haus mag Besitzerstolz ausdrücken und repräsentativen Ansprüchen genügen. Aber allzu oft wird es nur von außen geplant, ohne dass bedacht würde, wie es imaginativ zu bewohnen ist, wie sich die Seele vermittels der Einbildungskraft in ihm aufhalten kann, die das Leben im Innern konzentriert; und zwar vielfach gerade durch einen Blick nach draußen, der die Geborgenheit des Hauses genießen lässt.

So entwirft Bachelard eine »Topographie« intimen Lebens, die ihn das Haus vom Keller bis zum Dachboden durchstreifen lässt auf der Suche nach Winkeln und Nischen, in die die Seele sich selbst im geborgenen Haus noch weiter zurückziehen kann – am Ende in sich selbst, um sich entrückten Träumereien zu überlassen. Immer wieder wechselt Bachelard die Register: mal durchmustert er *reale Räume*, mal die *Vorstellungen*, die mit ihnen verbunden sind, und ein *rein imaginäres Bewohnen eben dieser Vorstellungen*. Stets aber geht es ihm darum, Imaginationen des Schutzes, der Geborgenheit, des Glücks in einem beschützten Raum zu intensivieren. Kälte, Sturm und durchdringende Feuchtigkeit werden heraufbeschworen, um die

Gewissheit zu steigern, sich im Haus vor all dem geschützt zu wissen (PR, S. 71). Je lauter der Wind ums Haus heult, je stärker das Prasseln des Regens gegen die Fenster zu hören ist, desto intensiver die Erfahrung der Geborgenheit. Das erklärt, warum im perfekt isolierten Haus das Wohnglück schwindet. Die Wärme im Innern verliert an Bedeutung, wenn man drinnen vergessen kann, wie kalt es draußen ist.[32] Gerade das nicht völlig isolierte und gegen die Unbilden des Wetters nicht absolut schützende Haus intensiviert an der Grenze zwischen Drinnen und Draußen die Privilegien der Intimität, die sich in dem Wissen genießen lässt, ihrer präsent gehaltenen Gefährdung entzogen zu sein. Aber dieses Wissen darf nie zur endgültigen Gewissheit werden. Die Topophilie des glücklichen Wohnens zehrt paradoxerweise von der »offenen Zerstörbarkeit« des Hauses, der sie sich ausgesetzt, aber nicht ausgeliefert weiß (PR, S. 131).

Nichts kommt dieser Topophilie so nahe wie das eigene Elternhaus, in dem das Leben in der Wiege und nicht in der Geworfenheit begann, »wie die eiligen Metaphysiker lehren« (PR, S. 39). Es ist das erste, unvordenkliche Haus der Kindheit, das Bachelard ins Schwärmen geraten lässt. Er kann sich nicht genug darin tun, im verlorenen Glück des eigenen Zimmers einen ganz und gar naiven, von keiner nachträglichen Projektion getrübten Geist des Ursprungs wiederfinden zu wollen (PR, S. 46, 167, 267). Alle Häuser scheinen ihm letztlich nur Variationen dieses fundamentalen Themas zu sein. Das Wohnen in ihnen soll die passionierte Bindung ans Elternhaus wiederholen, die die Erinnerung wie eine Krypta all der Bilder aufbewahrt, in welcher sich die träumende Seele ergeht. In ihren Träumen aber hängt sie einer immer schon verlorenen Geborgenheit nach und kultiviert auf diese Weise ihre Trauer über deren Verlust (PR, S. 128, 169). Sie sucht, wie das menschliche Leben seit jeher, »Deckung« in dem Maße, wie sie sich als ungeschützt, exponiert und verletzbar realisiert.[33]

---

[32] Hier wird unverkennbar deutlich, dass Bachelard sich einen privilegierten und kulturell voraussetzungsvollen Begriff vom bewohnbaren Raum macht. Man denke demgegenüber nur an Beschreibungen europäischer Armut wie die von Liam O'Flaherty oder Thomas O'Crohan, von den Slums der außer-europäischen Metropolen ganz abgesehen.

[33] So lässt sie sich zu absurden Träumen von einem Nest-Haus oder von einem Schneckenhaus verleiten, die jedes Moment äußerer Gefährdung leugnen. In Wahrheit wäre man in einem Haus, in das man sich endgültig zurückgezogen hat, niemals »zu Hause«. Es wäre eine geschlossene Welt, ein ontologischer Alptraum, der jeden Gedanken an

Die in allem Wohnen wieder gesuchte und auf die Geborgenheit des Elternhauses zurückgeführte Ur-Erfahrung des Schutzes identifiziert Bachelard nun umstandslos als dessen *Mütterlichkeit (maternité de la maison*[34]*)*, der er die sichere Erwartung verdankt: *ich werde ein Bewohner der Welt sein, der Welt zum Trotz.* D.h. ich werde einen geschützten Raum wiederfinden, der mich gastlich aufnimmt und mir – *wie einst* – Sicherheit und Geborgenheit verspricht. Jeder wirklich bewohnte Raum trägt in sich das Wesen des Hausbegriffs, meint Bachelard. Gewiss kann man eine Vielzahl von Objekten als Haus bezeichnen – die Lehmhütte eines Stammes, den Palast eines adeligen Herrschers, die Mietskaserne, die Villa, das Reihenhaus, das Hochhaus, das Einfamilienhaus usw. Aber was sie über ein morgen schon anderswo wieder aufzuschlagendes Zelt hinaus eigentlich zu einem wohnlichen Haus macht, ist keiner empirischen Gegebenheit einfach abzulesen.

Woher stammt dann aber das »Wesen des Hausbegriffs«?[35] Gewiss nicht aus einer geometrischen Anschauung oder aus der Architektur, antwortet Bachelard. Es handelt sich vielmehr um die originäre Imagination eines auf Dauer geschützten, beherbergenden Raums, durch die ein Ort im Raum überhaupt erst zum bewohnten werden kann. Was Bachelard so zur Sprache bringt, ist keine Definition des Hauses als eines typischen, räumlich strukturierten Gegenstandes, auf den man in einer überwältigenden empirischen Vielfalt treffen kann, sondern die Imagination der Häuslichkeit als einer Zuflucht, die ohne ein entsprechendes Ausmalen dessen, *wovor* man Schutz suchen muss, nicht zu denken ist.

Zweifellos setzt sich eine derartige »Poetik des Raumes« energischen Einwänden aus. Handelt sie überhaupt vom *Raum*, oder vom

---

eine Flucht nach draußen erübrigen würde. Die Geborgenheit des Lebens im Inneren ist vital darauf angewiesen, wieder nach draußen gelangen zu können (PR, S. 248, 140, 150 ff., 127). Ich bin hier weit davon entfernt, dem poetischen Reichtum der Bachelardschen Analysen gerecht zu werden. Keineswegs bezieht er die Rede von »gastlichen Hohlräumen« (PR, S. 153) nur auf den Anderen. Eher geht es ihm um reale und imaginäre Aufenthaltsorte der Phantasie.

[34] PR, S. 77. *Poétique de l'espace*, Paris ⁴1964, S. 57. Während Bachelard von einer mütterlichen *Dimension* des Hauses spricht, meint Levinas ganz explizit die geschlechtliche, »*weibliche Existenz*«, die die »Interiorität« des Hauses stifte. Sie, die das Haus *bewohnt*, gilt ihm als »Wohnstatt schlechthin«; SF, S. 46. Ich komme darauf zurück. Vgl. Kap. III,5 und IV,6 in diesem Band.

[35] Vgl. H. Arendt, *Vom Leben des Geistes, Bd. 1, Das Denken*, München, Zürich ²1989, S. 171.

bewohnten Raum, von der Räumlichkeit *als Wohnlichkeit* (die in keiner Weise speziell in der empirischen Form des Hauses realisiert sein muss) oder vom *Inbegriff des Hauses*? Wenn letzteres der Fall ist, wie es den Anschein hat, wo Bachelard sein Elternhaus zum Maßstab macht: fehlen dann nicht wichtige Dimensionen wie etwa die generative und die generationelle? Im Elternhaus gewährleisten Andere den genossenen Schutz. Aber hat dieser Schutz nicht die Unterwerfung des Kindes unter einen familialen Herrschaftstyp als Kehrseite?[36] Findet man im Haus auch Zuflucht vor der Macht und Gewalt überlegener Insassen? Wenn der Untergang ihrer Macht im Voraus beschlossen ist, da der Tod der Eltern im Leben der Kinder »gesetzt« ist, wie Hegel lehrt, wie ist es dann um die offenbar befristete Erfahrung der Geborgenheit bestellt? Wird ein Haus, das nicht als letztlich provisorische Bleibe bewohnt wird, nicht zu einer Art Mausoleum?

Bachelard beschäftigen diese Fragen nicht, weil er sich auf die Imagination glücklicher Geborgenheit beschränken und zeigen will, welche Inspiration von ihr ausgeht in der nie endenden Suche nach einer Wohnung, in der man bleiben dürfte. So eröffnet die Imagination Refugien[37] dank Anderer, die unerkannt im Hintergrund bleiben. Nur unter dieser Voraussetzung erinnert Bachelard die Erfahrung glücklichen Geborgenseins im Haus, das als Asyl für alte Dinge in Betracht kommt, die Anlass zu neuen Träumereien eines Einsamen bieten. Wenn ins Haus Frieden einkehrt, dann zwischen ihm und den Dingen (PR, S. 171 f., 174). In den Träumereien glücklicher Geborgenheit taucht kein Anderer, weder ein äußerer noch ein innerer Feind auf. Es herrscht kein Terror des Privatlebens, Zwist oder auch nur eine erzwungene Intimität, die abstieße.[38] Und wenn man sich um »den eigentlichen Keim aller Freiheit betrogen« sieht, genügt es, sich auf den Speicher zurückzuziehen (falls es einen gibt),

---

[36] Von Aristoteles bis Arendt war in diesem Zusammenhang von despotischer Herrschaft die Rede.

[37] Zum Rückzug nach Ungerechtigkeit und Traurigkeit vgl. PR, S. 153.

[38] PR, S. 44. Ich verweise auf die schönen Beschreibungen eines kaschierten *inneren Un-Friedens in der Nähe Anderer,* die sich bei Orhan Pamuk finden. »For me, the thing called family was a group of people who out of a wish to be loved and feel peaceful, relaxed, and secure, agreed to silence for a while each day the djinns and devils inside them and act as if they were happy.« *Istanbul. Memories of a City,* London 2005, S. 248. Vgl. demgegenüber die Klischees eines befriedeten »häuslichen Heims«, das für ein verödetes öffentliches Leben entschädigen soll: R. Sennett, *Civitas,* S. 38 ff., 51.

um sich erneut weltabgewandten Spielen der Einbildungskraft zu überlassen (PR, S. 49). Die aber lässt sich im Innern nicht bändigen. In der Abwesenheit der Anderen macht sich eine »absolute Stille« breit und sprengt den Raum, der weit wird wie das unermessliche Universum. Statt vor der Stille als einem ängstigenden Schweigen zu erschrecken, ahnt Bachelard darin nur die Größe eines nächtlichen Friedens (PR, S. 75). Nichts erfahren wir hier von der Angst, dem in der Stille sich behauptenden anonymen Sein nicht zu entkommen, wie sie Levinas anhand der Schlaflosigkeit beschrieben hat.[39] Nichts verrät Bachelard auch von der inneren Fremdheit und Unheimlichkeit des Hauses. Die Stille tangiert nur ein Unvordenkliches als Jenseits des Gedächtnisses, das auf die Spur einer entschwundenen, geradezu vormenschlichen Welt führt, in der es weder Fremde noch Feinde gibt.[40] Ohnehin wird der Einbildungskraft zugetraut, noch das Fremdeste vertraut machen zu können; sei es auch um den Preis einer rigorosen Verkürzung auf eine Miniaturwelt.[41]

Wie aber kann man den abgeschlossenen Raum einer solchen Welt imaginieren, ohne sich in ihn eingeschlossen zu fühlen? Immer, so Bachelard, muss das Haus die Träumerei von einem Anderswo zulassen (PR, S. 92, 213, 234.). Das Wohnen in ihm kann gar nicht umhin, sich dem Anderswo zu überantworten, sobald es Stille und Ruhe aufkommen lässt. Denn »sobald wir unbeweglich sind, befinden wir uns anderswo« und träumen in den weiten Räumen einer unermesslichen Welt, die sich aber »in uns« befinden soll, als Welt der Einbildungskraft. Je konzentrierter die Ruhe, desto weiter greift die Imagination aus.[42] Hier schlägt der von der Welt sich abwendende Rückzug in die häusliche Träumerei unversehens in die größtmög-

---

[39] E. Levinas, *Vom Sein zum Seienden*, Freiburg i. Br., München 1997, S. 76 ff.

[40] PR, S. 42, 172, 206. Es ist hier nicht möglich, dem Reichtum der Bachelardschen Poetik gerecht zu werden. In anderen Schriften, besonders in *La Terre et les rêveries du repos* (Paris 1948) findet sich durchaus mehr zu einer Imagination des Rückzugs von Anderen, denen ein aggressiver, ins eigene Leben vordringender Blick attestiert wird (S. 7 f.).

[41] PR, S. 163, 191. Welt und Mensch seien in gegenseitiger Gefährdung miteinander verbunden, schreibt Bachelard, und deutet so die regressive Motivation einer Imagination an, die sich einem von Fremden und Feinden umgebenen Leben zu entziehen sucht (S. 207).

[42] PR, S. 96. So geschieht zwischen dem Inneren und dem Äußeren eine Art Austausch. Das Anderswo ist nicht das U-Topische einer anderen Welt, sondern dieser, unserer Welt (S. 235 ff.) und trägt noch das ganz auf sich zurückgezogene Privatleben. Selbst dieses

liche Weitung der Seele um, die, konzentriert im geschützten Raum, imaginäre Weite genießt. Wenn sie sich dagegen im eigenen Innern eingesperrt sieht, das der Einbildungskraft nicht zu fliegen gestattet, wird alles darauf ankommen, hinauszugelangen. Denn wie soll ein »weiträumiges Wesen« in einem Haus Platz haben? fragt Bachelard mit Baudelaire.[43]

So arbeitet Bachelard immer wieder an einer »Dialektik«, die von drinnen nach draußen verweist (und umgekehrt), ohne je eine Synthese zu gestatten. Denn es geht um inkompossible Sicht- und Erfahrungsweisen, um einander widerstreitende Zugänge und Ausgänge, um Einblicke ins Haus und Ausblicke, die niemals zugleich möglich sind (PR, S. 261, 233). Die geborgene Innerlichkeit des Hauses wird intensiviert vom Blick nach draußen, in Wind und Regen. Der Blick von draußen nach drinnen nimmt den Lichtschein der Lampe als ein Versprechen wahr: Nur durch das Licht ist das Haus menschlich (PR, S. 67). Aber nicht allein, weil es anzeigt, dass das Haus bewohnt ist, sondern weil es dazu einlädt, anzuklopfen, hereinzukommen, drinnen Platz zu nehmen und womöglich zu bleiben. Wie der Weg zum Haus und die Klinke, die zu öffnen verspricht, verheißt das Licht Gastlichkeit und Gastfreundschaft. Im äußersten Falle ist »die Gastfreundschaft des Hauses […] so uneingeschränkt, daß alles, was man vom Fenster aus sehen kann, ins Haus hineingehört« (PR, S. 96).

Die Träumerei, um deren Phänomenologie es Bachelard allein geht[44], ignoriert die kritische Frage, wer befugt ist, einzutreten; ob die Tür mehr öffnenden oder verschließenden Charakter hat; ob der Weg zum Haus dazu einlädt, sich zu nähern, oder ob er eine Art Zonengrenzbereich durchquert (der heute vielfach mit Lichtschranken und Bewegungsmeldern gespickt ist). Genauso ignoriert sie Fragen des Gastrechts und der Sitte.

Wie oft führt das im Innern erstrahlende Licht in die Irre und stellt in seinem Überfluss nur Reichtum zur Schau! Welches Miss-

---

wohnt stets dicht an archaischen, unvordenklichen Wäldern, wo sich schlechterdings Un-Heimliches verbirgt (S. 216).

[43] Vielleicht genügen schon einige Quadratzentimeter eines leeren, »herrlichen Nichts«; vgl. M. L. Kaschnitz, *Orte*, Frankfurt am Main 1991, S. 230, 234; PR, S. 244, 226.

[44] G. Bachelard, *La poétique de la rêverie*, Paris ³1965. S. 1; kritisch dazu J. Hyppolite, »Gaston Bachelard ou le romantisme de l'intelligence«, in: *Hommage à Gaston Bachelard. Études de philosophie et de l'histoire des sciences*, Paris 1957, S. 13–27.

verständnis, darin gleichsam ein Leuchtzeichen am Gestade einer grenzenlosen Dunkelheit wahrzunehmen, das einen rettenden Hafen verspricht! Anders als der ungebetene Gast, der Einlass begehrt, kann aber die Träumerei alle Grenzen scheinbar spielend überwinden, die real in und zwischen kulturellen Lebensformen gezogen sind. Vom Lichtschein angezogen, nimmt sie imaginär bereits in der warmen Stube Platz, ohne darauf zu warten, ob Einlass gewährt wird und ob sie sittliche oder rechtliche Regeln verletzt. Eben diese Freiheit der Imagination, sich bereits beim geringsten Anlass, selbst beim Anblick eines Schattens oder einer Nische einen nicht nur bewohnbaren, sondern tatsächlich wohnlichen, gastfreundlichen Raum vorzustellen und ihn imaginär zu bewohnen, deutet Bachelard als Erbe der Mütterlichkeit des Elternhauses. Ihr entstammt die Imagination einer Bleibe, die man sich in immer neuen Facetten ausmalt, deren erste Erfahrung man aber der Aufnahme ins eigene Elternhaus verdankt, ohne je nach ihr verlangt zu haben.

So ist das ursprüngliche Verhältnis zum Raum bzw. das menschliche Sein-im-Raum nicht in geometrischen Begriffen zu analysieren. Ein geometrisches Raumbewusstsein wird vielmehr überhaupt erst auf der Basis eines *von Anderen eingeräumten* Wohnens in der Welt möglich. Nicht die Welt ist gastlich, um ein menschliches Wohnen in ihr zu ermöglichen, sondern dank der gastlichen Beherbergung Anderer werde ich zum »Bewohner der Welt, der Welt zum Trotz« (s. o.).

Die Phänomenologie des derart bewohnten Raums aber zeigt, dass es kein *reines* Drinnen oder Draußen gibt. Der »wahre Raum«, schreibt Bachelard mit Henri Michaux, ist ein Drinnen-Draußen, von dem man jede geometrische Evidenz fernhalten muss (PR, S. 247 f.). Dieser Raum erschließt sich allein durch Erfahrungen an Grenzen und Überschreitungen von Grenzen zwischen innen und außen.[45] Grenzen verlaufen nicht nur im Bewohnten, sondern auch zwischen bewohnbarem Raum und einer befremdlichen Unbewohnbarkeit. Diese Grenzen verlaufen nicht im objektiven Raum der Physik; sie zeichnen sich vielmehr nur an einer »sensibilisierten Oberflächenzone« eines imaginierenden Wesens ab, das sich immerfort zwischen dem Eigenen und dem Fremden bewegt und beides voneinander zu trennen versucht (PR, S. 252).

Dieses Wesen ganz und gar vergessen zu haben, wirft Bachelard

---

[45] PR, S. 33, 246, 252, 262.

der modernen Wohnkultur vor, die sich an einem geometrischen Raumbegriff orientiere, der eine dialektische Reziprozität zwischen drinnen und draußen nicht zu denken erlaube. Mit Paul Claudel behauptet er gar, in Paris gebe es überhaupt keine Häuser oder Räume, die die menschliche Imagination bewohnen könne. »Die Bewohner der Großstadt wohnen in übereinandergestellten Schachteln«, in »konventionellen Löchern«, in denen die imaginierende Seele unmöglich eine Bleibe finden könne (PR, S. 59). Ihre Häuser hätten, so beklagt er, »keine Wurzel«, was unvorstellbar sei für einen »Hausträumer«. Über ihnen erstrecke sich nur noch ein Himmel ohne Horizont. So gehe ihnen jegliche kosmische Dimension ab. Eben dadurch aber verflüchtige sich das intime Leben, das man als Wohnen bezeichnet. Da die Häuser nicht mehr »in der Natur« stehen, d. h. ihren Widrigkeiten nicht mehr ausgesetzt scheinen, werde die Dialektik von Drinnen und Draußen zerstört. In ihrem Innern wohne man nicht mehr »der Welt zum Trotz«, die die intime Geborgenheit zerstören könnte, woran früher jeder heftige Windstoß erinnerte, der die Kerzen flackern ließ.[46]

Allerdings schöpft die melancholische Seele Hoffnung, wenn sie dem der Welt exponierten Wohnen nachsinnt. Hört sich die Großstadt nicht wie ein rauschendes Meer an, das noch mitten in der Nacht an das unaufhörliche Brausen von Flut und Brandung erinnert? Handelt es sich nur um ein Klischee? Oder lässt sich aus dem Rumoren entfernten Lärms, der die Luft verpestet, noch der Zauber einer *sekundären Naturalität des technisierten Lebens* gewinnen, um es weniger feindlich zu machen? Nicht ohne Selbstironie erwägt Bachelard, ob der eigene Diwan nicht als ein auf nächtlichen Fluten verlorenes Boot imaginiert werden kann, durch dessen Takelage der Sturm heult. Warum nicht, wenn es allein darum geht, einen »Raum des Trostes und der Intimität« durch die eigene Einbindungskraft zu intensivieren (PR, S. 59 ff., 79)? Das kann freilich nur gelingen, wenn die äußere, durch die Ritzen pfeifende und an den Läden rüttelnde Welt als Widerstand erfahrbar bleibt, dem das geborgene Wohnen *abgerungen* werden muss. Nur dann kann die »Urfunktion des Woh-

---

[46] Auch dieses Phänomen versucht Bachelard an anderer Stelle nostalgisch mit einer verlorenen kosmischen Ordnung in Verbindung zu bringen: *Die Flamme einer Kerze*, München, Wien 1988, S. 34; *La poétique de la rêverie*, S. 109 f. Allerdings scheint die Ontologie der Einsamkeit, an der Bachelard arbeitet, doch gelegentlich einen modernen Zuschnitt zu verraten, obgleich kategorisch behauptet wird, sie habe keine Geschichte (*Die Flamme*, S. 56).

nens« intakt bleiben. Paradoxerweise wird sie gerade durch das komfortable städtische Wohnen ruiniert, das man in einer neutralisierten Außenwelt platziert, gegen die es sich nicht mehr *abgrenzt*, von der es vielmehr nur noch *getrennt* ist.

Indem Bachelard zahlreichen Bildern nachgeht, denen sich eine imaginierende Seele hingibt, um einen bewohnbaren Raum zu stiften, unterschlägt er die Nostalgie nicht, die ihn inspiriert. Jedes glückliche Wohnen verweist demnach zurück auf eine geborgene, aber längst verlorene Kindheit unter dem Schutz Anderer. Darin bestätigt sich indirekt die Einsicht von Levinas, dass der Raum ursprünglich als ein bereits von Anderen bewohnter erfahren wird. Die Nostalgie Bachelards fände überhaupt keinen Ansatzpunkt, wenn sie nicht die Erinnerung an einen gastlich von Anderen bereits eingeräumten Raum aktivieren könnte, in dem sich das Glück der Kindheit (wenn es das gibt) nicht eigener Anstrengung verdankt.

Nicht nur versäumt es Bachelard, ein getrübtes oder zerstörtes Glück in Betracht zu ziehen. Indem er die Bleibe nur als imaginären eigenen Aufenthalt in Erinnerung ruft, desozialisiert er auch die Vorstellung vom Sinn bewohnten Raums, die er sich macht; so als ginge es allein darum, weltabgewandten Träumereien sich hingeben zu können. Die aber werden ursprünglich wie gesagt durch einen von Anderen eingeräumten Raum möglich. Was dem Kind *nicht bewusst* wird, insofern es selbstverständlich und unbefragt unter Anderen lebt, *vergisst* der erwachsene Träumer, der die Geborgenheit des Kindes wiederaufleben lässt, der Welt zum Trotz. Hier geht es nicht darum, die offen eingestandene Naivität dieses *Vergessens in der Träumerei* zu kritisieren, sondern darum, ob Bachelard nicht auf diese Weise *in der Analyse* der »topophilen« Träumerei Entscheidendes vergessen lässt. Das zeigt sich, wenn wir seinen Rückgang auf einen prä-geometrischen, nämlich bewohnten Raum vergleichen mit dem ethischen Begriff der *Bleibe (demeure)* bei Levinas.

5.   Bleibe und Weiblichkeit

Auf den ersten Blick stoßen wir bei Levinas auf durchaus verwandte Themen wie die Einrichtung einer Bleibe in einer fremden, sogar lebensbedrohlichen Welt. Bestehen in der Funktion der Sicherung gegen die Welt zwischen der Höhle, dem Zelt, der Hütte und dem Haus überhaupt große Unterschiede? Evozieren sie nicht allesamt archaische Bilder der Zuflucht, des Schutzes, der Geborgenheit, an die jene Träumereien auf der Spur einer unvordenklichen Vergangenheit rühren? Levinas akzentuiert demgegenüber die Funktion der *Verfügung* über all das, was den eigenen Ort ausmacht, wobei der Ort sich kraft der Verfügung über Anderes weit über die Grenzen des Hauses im engeren Sinne hinaus erstrecken kann. »Selbst die Sterne sind zu meiner Verfügung, wenn ich nur rechne [...]«, wie weit sie entfernt sind. Von meinem Ort aus kann ich die Andersheit all dessen aufheben, was sich mir meinem Zugriff darbietet. Eben deshalb bin ich »in der Welt zu Hause« (TU, S. 42). Das ist kein zum menschlichen Leben äußerlich hinzutretender Umstand. Vielmehr handelt es sich um dessen »konstitutive Artikulation« oder existenzielle Struktur.

Nun wird dort, wo wir zu Hause sind, der *Genuss* des Lebens und das Leben *von* Arbeit möglich. Gemeint ist gerade nicht ein »nacktes« Leben, um das man sich angeblich vor allem sorgt, sondern all das, was die *Liebe zum Leben* ausmacht, die ihrerseits zur Nahrung des Lebens wird. Dann ist das, was ich tue und was ich bin, »zugleich das, *wovon* ich lebe«.[47] In diesem Zusammenfallen des Lebens mit dem, wovon man lebt, liegt *Glück* – eine Art Herrschaft über das, wovon man vital abhängt. Das zu ermöglichen und dauerhaft zu garantieren, wäre also die Funktion des Wohnens an einem Ort; und zwar gesichert gegen eine feindliche Welt, die ständig den Genuss des Lebens und das Glück zu bedrohen scheint (TU, S. 159, 214).

Auf den ersten Blick geht Levinas hier mit Bachelard konform. Durch Arbeit und als Besitz gesicherte ökonomische Unabhängigkeit von einer feindlichen Welt manifestiert sich als *Wohnen in einer Bleibe*, eine Art *Extraterritorialität* inmitten der Elemente, von denen das Leben lebt und gegen die es sich behauptet. Positiv aber ereignet sich diese Extraterritorialität als *Milde* oder *Wärme der Intimität*. Ihr ist die Bewohnbarkeit des Ortes zu verdanken. Das aber bedeutet, dass das Leben von etwas sowie die Arbeit allein nicht ausreichen. Denn diese Milde und Wärme kommt jedem nur »vom Anderen her zu«.[48] So gesehen wäre es absolut vergeblich, sich allein eine Bleibe verschaffen zu wollen. »Das Wohnen und die Intimität

---

[47] TU, S. 156, 160, 182, 195.
[48] Und nicht etwa vom Feuer, wie Bachelard annimmt, wo er auf die Familie zu sprechen kommt (*Psychoanalyse des Feuers*, München, Wien 1985, S. 132).

der Bleibe [...] setzen eine erste Offenbarung des Anderen voraus«
(TU, S. 216). Das bedeutet nicht, dass man sich *zu zweit* an einem Ort
aufhält und ihn bewohnt. Vielmehr ist die Gastlichkeit als Bereitschaft, den Anderen zu empfangen, gewissermaßen das Kriterium
des Wohnens: es findet dort statt, wo man den Anderen aufzunehmen bereit ist, selbst wenn man allein bleibt.

Die Anderheit des Anderen, die sich niemals im Leben oder in
der Arbeit mit ihm aufheben lässt, sondern radikal anders *bleibt*, ist
aber auch in seiner gastlichen Aufnahme nicht zu tilgen. Sie ab-sol-
viert sich, indem sie sich nur als Spur bemerkbar macht, die *anders-
wohin* führt; aber nicht im Raum, in der Welt, sondern in eine unvordenkliche Vergangenheit, die niemals zu vergegenwärtigen sein
wird.[49] Weit entfernt, wie Bachelard, der den gleichen Begriff bemüht, einem »tiefen Einst« (P. Valéry) *in* der Erinnerung auf der
Spur zu sein, spricht Levinas von einem *äußersten Anachronismus*,
um zu betonen, dass wir es hier nicht mit einer relativen, vergleichs-
weisen Andersheit zu tun haben. Empfangen wird der Andere als
Anderer nur dann, wenn man gerade darauf verzichtet, sich seine
Anderheit als bloße Verschiedenheit gegenwärtig und verständlich
zu machen. So gesehen ist hier vom Anderen als unaufhebbar Fremdem die Rede.

Gastlichkeit gibt es also nur dort, wo der Andere als Fremder in
Empfang genommen wird und die Bereitschaft dazu gegeben ist. Das
Ur-Paradigma der Gastlichkeit in diesem Sinne ist für Levinas aber
die Andere, die in der Intimität mit jemandem Vertrautheit mit der
Welt stiftet. Von der Frau her vollziehe sich der »gastfreundliche
Empfang schlechthin«.»Die Frau ist die Bedingung für [...] die Innerlichkeit des Hauses und für das Wohnen« (TU, S. 221). Meint
Bachelard das Gleiche, wenn er von einer Mütterlichkeit des Hauses
spricht? Oder zehrt diese provozierende, Weiblichkeit und Mütterlichkeit allzu rasch kontaminierende Assoziation gleichsam nur von
einer Gastlichkeit des »anderen Geschlechts« (S. de Beauvoir), die
das Haus überhaupt erst zum bewohnbaren macht, wenn wir Levinas
folgen?[50]

---

[49] E. Levinas, *Die Spur des Anderen*, S. 227, 249; *Humanismus des anderen Menschen*,
Hamburg 1989, S. 52 f., 57.
[50] Auf die bis heute anhaltende Diskussion um die fragwürdige geschlechtliche Zuspitzung der Alterität der Anderen bei Levinas kann hier nur am Rande hingewiesen werden; vgl. S. de Beauvoir, *Das andere Geschlecht* [1949], Reinbek 1968, S. 78; S. Stoller,
H. Vetter (Hg.), *Phänomenologie und Geschlechterdifferenz*, Wien 1997; E. Waniek,

In diesem Falle würde es einen bewohnbaren Raum (wie *unter anderem* das Haus) nur aufgrund einer *vorgängigen Gastlichkeit der Frau* geben, die ihrerseits ganz und gar *unabhängig von der konkreten Wohnform* zu denken wäre, in der sie ggf. zur Geltung kommt. Während Bachelard tatsächlich einen bestimmten Typus des Elternhauses im Sinne hat (wo der Speicher so wenig fehlen darf wie der Keller, weil nur sie zwei aufeinander nicht reduzierbare und geometrisch gar nicht interpretierbare Dimensionen der Höhe bzw. Tiefe ins Spiel bringen), begründet Levinas das Wohnen in einer Bleibe von einer weiblichen Gastlichkeit her, die bereits in der armseligsten Hütte und noch in einer betonierten Wüste der Nachbarlosigkeit Platz greift. Levinas stellt das Wohnen so dar, dass dessen materielle Ausprägung unter einem Dach gleichsam parasitär von der Bedeutung der Bleibe zehrt, die im Empfang der Anderen, der Frau selbst angelegt ist, auch in den Slums der heutigen Megastädte, auch unter freiem Himmel und obdachlos.

Während Bachelard gezwungen ist, die Gastlichkeit letztlich zu einem Moment des Hauses an sich zu machen, dem er *bestimmte bauliche Merkmale* abverlangt, wenn es als im engeren Sinne bewohnbares soll gelten dürfen, fundiert Levinas die Gastlichkeit in der *Bedeutung des Empfangs*, den die Frau dem Anderen bereitet. Gastlichkeit gäbe es demnach ursprünglich nur als »zwischenmenschliche«, könnte man sagen, wenn dieses Wort nicht dermaßen abgegriffen wäre.[51] Bachelard muss wie gezeigt letztlich den allermeisten menschlichen Behausungen (sogar ganz Paris) Gastlichkeit *absprechen*, weil sie seinem Idealbild nicht Genüge tun; wobei ihn offenbar wenig kümmert, *wie man in ihnen lebt*. Für Levinas dagegen wird entscheidend, ob man dem Sinn der Gastlichkeit gerecht wird, der ursprünglich nur als zwischenmenschlicher einsichtig wird. Dabei ist vollkommen sekundär, in welcher Art der Behausung (oder der Obdachlosigkeit) der Empfang des Anderen geschieht.

Für eine Kritik moderner Architektur, gewisser Exzesse anonymer Verstädterung oder der »Unwirtlichkeit unserer Städte« (A. Mitscherlich) ist daraus ohne weiteres nichts zu gewinnen.[52]

S. Stoller (Hg.), *Verhandlungen des Geschlechts*, Wien 2001; S. Gürtler, *Elementare Ethik*, München 2001.

[51] Vgl. TU, S. 222, wo Levinas auf die Bubersche Philosophie des Zwischen zu sprechen kommt.

[52] Umgekehrt ist es erstaunlich, dass unter dem Titel Alexander Mitscherlichs Gastlichkeit allenfalls indirekt zur Sprache kommt. Überwiegend geht es darum, eine Architek-

Pointiert könnte man sagen: Bachelard denkt eine Gastlichkeit des Hauses ohne Menschen, die sie leben (wenn man von einer einsamen imaginierenden Seele absieht) und die sie *einander* gewähren, Levinas denkt eine Gastlichkeit zwischen Menschen ohne schützendes Dach, unter dem man sich auf Dauer niederlassen könnte, um womöglich Wurzeln zu schlagen.[53] Bereits eine Laubhütte würde ihm genügen.

6. Welt-Fremdheit und Gastlichkeit

Gewiss finden sich vor allem in *Totalität und Unendlichkeit* lange Passagen zur Bleibe, zum Wohnen und zum Haus. Aber niemals wird hier eine konkrete Architektur, eine bestimmte kulturelle Lebensform »situierter« Wesen beschworen, die ihre Identität zu orten und zu erden begehren. Levinas verachtet die Werte der Verwurzelung, in denen er eine Perversion des Sinns der Gastlichkeit sieht, wenn die Behausung, Grund und Boden mehr sein sollen als ein Provisorium. Und doch arbeitet auch er mit konkreten, gelegentlich wie bei Bachelard ans Klischeehafte grenzenden Bildern der Gastlichkeit. So etwa, wenn er sie weniger als *Dimension* des Zwischenmenschlichen versteht, sondern mit einer bestimmten weiblichen Funktion oder *Rolle* verknüpft, die »den Rückzug ins eigene Heim wie in eine Zufluchtsstätte« ermöglicht (TU, S. 223). Warum sollte das nicht *ein* oder *der* Mann garantieren?[54] Ist überhaupt entscheidend, von wem Gastlichkeit praktiziert wird? Kommt es nicht vielmehr darauf an, in welchem Geiste sie dem Anderen entgegengebracht wird – ob als luxuriöse Zutat zu einem gut gestellten Leben, dem es an nichts

---

tur und Raumplanung zu bemängeln, die elementaren »biologischen« Schutz- und kulturellen Ausdrucksfunktionen nicht gerecht werde (*Die Unwirtlichkeit unserer Städte*, Frankfurt am Main [8]1969, S. 133). Daneben kommt allerdings eine Anteilnahme (auf Distanz) zum Vorschein, die sowohl der Nachbarschaftslosigkeit in einer Stadtwüste als auch der Gesichtslosigkeit des Lebens in der Stadt entgegen wirken soll, ohne die liberale Freiheit heterogener Lebensformen zu beeinträchtigen. Dabei geht es aber vorrangig um das »Gesicht« der Stadt als Identität des Ortes. Ähnlich akzentuiert in diesem Punkt: R. Sennett, *Civitas*, S. 169, 252.

[53] Für Levinas ist die Bleibe kein Gebäude, sondern Inbegriff dessen, was wir dem Anderen versprechen, wenn wir ihn aufnehmen. Es kann sich auch um die Bleibe der trauernden Erinnerung handeln.

[54] Vgl. TU, S. 226 zur Trennung der Dimension des Weiblichen von deren empirischer Erscheinungsform.

fehlt, oder als Sitte des Gastrechts, dem sich nicht selten selbst der ärmste Bauer verpflichtet fühlt, wenn er Fremde zu sich einlädt, oder als unbedingter Empfang, der dem (oder der) Anderen gerade angesichts seiner (oder ihrer) unaufhebbaren Fremdheit gilt, gleich wer er (oder sie) ist?

Genau das (und zunächst nur das) scheint Levinas zu meinen, wenn er sagt, *in der Unendlichkeit des Anderen gründe das Wohnen*, denn die Gastlichkeit gelte dem Empfang des Unendlichen. Der Empfang, den ich bereite, bezieht sich selbst dann, wenn es sich nur um einen Freund, einen Bekannten oder geladenen Gast handelt, stets auf den Anderen *in seiner Fremdheit* und respektiert diese unbedingt. Die Gastlichkeit des Empfangs liegt genau in dieser geradezu maßlosen Überforderung, nicht in einem reich gedeckten Tisch. Sie wird nicht durch eine ausgefallene Dekoration oder sonstige spezielle Vorbereitungen signalisiert, durch die sich Gastgeber von ihrer besten Seite zu präsentieren versuchen, sondern durch eine unbedingte Bereitschaft *sich* zu geben, in einer »Überschreitung seiner selbst«.[55]

---

[55] TU, S. 28, 105, 294, 434. Zur Sprache als Gastlichkeit vgl. ebd. S. 250, 251 f., 259, 444. Hier tangiert dieses Thema ersichtlich die Problematik der Gabe. Bereits in *Totalität und Unendlichkeit* hatte Levinas ja das Subjekt »als Gastgeber« geradezu definiert (s. Kap. III, 1 in diesem Band), dabei allerdings die dem Empfang des Anspruchs des Anderen zu verdankende Menschlichkeit im Grunde als Gabe des Anderen charakterisiert. Von dieser *primären* Ebene zu unterscheiden ist die praktizierte *(sekundäre)* Gastlichkeit, die dem Anderen eingeräumt wird. (Zur Unterscheidung und *Kontamination* dieser Ebenen vgl. Anm. 37 zu Kapitel III). Eine schlichte Gleichsetzung von Gastlichkeit und Gabe kann gewiss nicht überzeugen. Denn es leuchtet ohne weiteres ein, dass es (z. B. ökonomisierte) Formen der Gastlichkeit gibt, die in keiner Weise *als* Gabe zu verstehen oder so gemeint sind. Darüber hinaus wirft eine als Gabe zu beschreibende Gastlichkeit fast unüberwindliche Schwierigkeiten auf, wenn eine »reine« Gabe gemäß der bei Derrida vorgenommenen Zuspitzung nur vorliegen kann, insofern das Subjekt der Gabe sich nicht belohnt und so geradezu dazu gezwungen sein könnte, die Gabe *als Gabe* sich selbst zu verheimlichen (was in sich paradox ist). Gerade eine reine, »selbstlose« Gabe könnte wiederum ihren Empfänger in eine untilgbare Schuldknechtschaft versetzen. Auch ihm dürfte deshalb die Gabe *der* Gastlichkeit bzw. die *als Gabe gewährte* Gastlichkeit nicht als Gabe erscheinen. Zweifellos kommt die christliche Liebesgastlichkeit (der es nicht um irgendeine Aufnahme des Anderen, sondern darum geht, ihn *aus Liebe* aufzunehmen) diesem Gedanken nahe. Die oft beschworene Selbstlosigkeit dieser Gastlichkeit bewahrt freilich nicht ohne weiteres davor, in einer Art Ökonomie wiederum unmöglich gemacht zu werden. Vor allem dann nicht, wenn der Verzicht auf entlohnte Gastlichkeit (und sogar der Verzicht darauf, in diesem Verzicht wiederum nur sich selbst zu belohnen oder auf Entlohnung jenseits des endlichen Lebens zu hoffen) darauf setzt, unter den Augen eines ganz Anderen gewürdigt zu werden. Vgl. J. Derrida, *Falschgeld. Zeit geben I*, München 1993. Zur »jenseitigen« Ökonomisierung O. Hilt-

135

Nun hat es aber den Anschein, als könne man sich solcher Überschreitung gar nicht entziehen, weil man sich *vom Anderen her immer schon überschritten* erfährt. Sein Haus gastlich öffnen, das heißt eigentlich: dem Anderen *unbedingt Gehör schenken*, dessen Anspruch in unverfügbarer Art und Weise zur Sprache kommt. Die Begegnung mit dem Anderen geschieht als Rede und Hören (TU, S. 247). Selbst wenn man den Anspruch des Anderen aber *überhört*, hat man ihn immer schon in Empfang genommen, insistiert Levinas. So gesehen wäre man zur Gastlichkeit geradezu verurteilt; zu einer Gastlichkeit aber, die in keiner Weise bedeutet, aus eigener Initiative, mit eigenen Mitteln und im Rahmen beschränkter konkreter Möglichkeiten jemanden zu empfangen und zu beherbergen. Erweist Levinas der Gastlichkeit nicht einen schlechten Dienst, wenn er eine unbedingte, gastliche Aufgeschlossenheit angesichts des Anderen beschwört, ohne zu bedenken, welche konkrete Form sie überhaupt annehmen kann?

Muss nicht konkrete, bestimmten Anderen (und niemals allen Anderen) entgegengebrachte Gastlichkeit unter allen Umständen die Unbedingtheit ihrer Herausforderung beschränken und geradezu verraten? Wer kommt überhaupt als Anderer in Betracht? Jeder, nicht nur Arme, Witwen und Waisen (TU, S. 361), wie eine wiederum ans Stereotyp grenzende Formulierung besagt. Kein Rückzug in eine private Innerlichkeit gestatte es, der Verpflichtung gegenüber dem hungernden Anderen aus dem Wege zu gehen, *gleich wer er sei*, behauptet Levinas. Erneut schlägt hier eine dramatische Überforderung der Gastlichkeit durch. Der Andere, der zur Gastlichkeit herausfordert, kann *jeder andere* sein. In jedem Falle wird er das Bei-mir-zuhause stören, insofern ihn als fremden Anderen gerade das Fehlen eines gemeinsamen Vaterlandes auszeichnet. In Wahrheit kann ich mit ihm deshalb nur ins Gespräch kommen, wenn ich keinerlei Gemeinsamkeit voraussetze.[56] Selbst dann, wenn man eine gemeinsame Sprache spricht, muss eine radikale Fremdheit im Spiel bleiben, die sich nicht darauf beschränkt, dass man einander vielleicht nicht (oder nicht genug) »kennt«, dass man keine ethnische oder kulturelle Gemeinsamkeit hat, usw. Diese Fremdheit stellt sich als Welt-Fremdheit

---

brunner, *Gastfreundschaft in der Antike und im frühen Christentum*, Darmstadt 2005, S. 176–181.

[56] TU, S. 44, 100; vgl. dazu die Erläuterungen von M. Blanchot, *Das Unzerstörbare*, S. 99 ff.

heraus: Niemand ist je ganz und gar »von dieser Welt«. Und Welt-Fremde können niemals im Leben an einem Ort ganz und gar aufgehen, um dazuzugehören und in der georteten Zugehörigkeit so etwas wie Identität zu finden. Diese Welt-Fremdheit ist keine verhinderte Sesshaftigkeit und keine bloße soziale Marginalität. Sie begründet vielmehr eine »irreduzible Beziehung zur Erde«, einen »Aufenthalt ohne Ort«, an dem man sich verwurzeln könnte.[57]

Mit Maurice Blanchot[58] erinnert Levinas deshalb an das »humane Wesen des Nomadentums«, das jeden, ob faktisch sesshaft oder nicht, daran gemahne, dass die Welt nicht dazu da ist, in Besitz genommen und beherrscht zu werden. Wäre letzteres maßgeblich, dann müsste es allen darum gehen, wenigstens zum Großgrundbesitzer aufzusteigen. Und entsprechende Gelüste würden noch den ärmsten Landstreicher umtreiben. Er würde nur darin kläglich versagen, das zu erreichen, worauf im Grunde alle aus sind. Demgegenüber stellt die Erinnerung an das humane Wesen des Nomadentums den Sinn eines Verhältnisses zur Erde in Frage, das nur auf dauerhaften Besitz und Herrschaft über den eigenen Ort und Lebensraum abzielt. Dabei geht es weniger darum, die Lächerlichkeit eines Ansinnens herauszustellen, das von vornherein zum Scheitern verurteilt erscheint, selbst wenn die mächtigsten Besitzer und Herrscher monumental ihren Geltungsanspruch zu behaupten versuchen. Von vornherein steht doch fest, dass selbst die für die Ewigkeit berechneten Monumente zu Sand und Staub zerfallen werden. Es geht vielmehr darum, den Sinn des Verhältnisses zur Erde von Anfang an jenem Ansinnen zu entziehen. Der welt-fremde Nomade weiß, dass es in erster Linie darum geht, jemanden zu beherbergen, ohne allerdings dieses »Wissen« auf einen unanfechtbaren Grund stützen zu können. Das *menschliche* Leben der Welt-Fremden ist ein gastliches Leben und schöpft seinen Sinn ganz und gar daraus, den Anderen in Empfang zu nehmen, ohne Rücksicht auf Dauer. Die Besinnung auf

---

[57] E. Levinas, *Eigennamen*, S. 37. Man fragt sich allerdings, ob Levinas gelegentlich nur Vorzeichen verkehrt, wenn er die Exteriorität einer unaufhebbaren Welt-Fremdheit als eigentliche Heimat lobt (ebd., S. 61; *Außer sich*, München, Wien 1991, S. 170). Die gleiche Tendenz findet sich bei V. Flusser, der fordert, wir sollten Wohnung beziehen in der Heimatlosigkeit (*Von der Freiheit*, S. 15). Was der eine als wohnungslose Heimat, der andere als heimatlose Wohnung bezeichnet, läuft doch auf dasselbe hinaus: auf einen eigentlichen, wahren Aufenthalt des Menschen im Verhältnis zum Anderen unter Verzicht auf allen Besitz.

[58] Vgl. besonders M. Blanchot, *Das Unzerstörbare*, S. 106 ff., 184 ff.

die dafür maßgebliche Erfahrung des Hungers, des Durstes und des Frierens durchkreuzt jedes ungetrübte, exklusive Besitzen. Dabei kümmert sie sich nicht um Sitten, Beschränkungen und Überforderungen der Gastlichkeit. Sie begnügt sich damit, das religiöse Bild einer ortlosen Welt-Fremdheit zu evozieren, das alle Menschen als in der Wüste Umherirrende erscheinen lässt. So fällt die Wüste mit der Erde zusammen, und ein Ort, an dem man sich ungestört vom Anderen niederlassen könnte, ist nirgends zu finden. Hat nicht Kafka, »bei dem es überhaupt keinen Ort gibt«, diese Lage eindringlich beschrieben?[59] Ist mit Kafka (oder von Blanchot mit Kafka) aber auch zu lernen, wie man unter unvermeidlich stets beschränkten Bedingungen einander Gastlichkeit gewähren kann? Gewiss: die Frage, wie sich eine Praxis der Gastlichkeit im Zeichen respektierter Welt-Fremdheit jedes Anderen vorstellen ließe, braucht kein Schriftsteller zu beantworten. Anders verhält es sich aber, wenn sich ein Philosoph auf Autoren beruft, die den humanen Sinn des Nomadentums bezeugen sollen, um geradezu an den ethischen, d. h. hier: gastlichen Sinn menschlicher *Lebensformen* zu erinnern. Wenn es darum geht, kann man nicht bei Beschreibungen einer radikalen Welt-Fremdheit stehen bleiben. Man müsste wie gesagt[60] vielmehr zu verstehen versuchen, wie sich eine Kultur einrichten ließe, die ihrer Ur-Aufgabe praktisch gerecht werden könnte, Andere aufzunehmen, die, als Welt-Fremde, allemal nur Gast sein können, ohne in ihrer befristet oder auf Dauer eingeräumten Zugehörigkeit je aufzugehen. Levinas' spärliche kulturtheoretische Überlegungen laufen genau darauf hinaus: zu fragen, wie Kultur als »Bewohnen einer Welt«, d. h. als gastliche möglich ist.[61]

Kann sich aber die Besinnung auf eine gastliche Kultur damit begnügen, jedes »Bauen und Pflegen« an einem eigenen Ort und in einem angeeigneten Lebensraum als »heidnische« Besitzkultur zu denunzieren, die »ungerecht« schon dadurch zu sein scheint, dass sie die Ur-Aufgabe der Gastlichkeit vergisst?[62] Darf sie im Gegenzug so weit gehen, den Hunger des Anderen, der auf Gastlichkeit angewiesen ist, geradezu zu idealisieren, weil in ihm vorzüglich das Ant-

---

[59] E. Levinas, *Humanismus des anderen Menschen*, S. 132.

[60] Vgl. die Schlussbemerkung zum Kapitel III, 6, die bereits in diese Richtung zielt.

[61] E. Levinas, *Zwischen uns*, München, Wien 1995, S. 222–225.

[62] Ich verweise hier nur *en passant* auf die immer wieder auf Heidegger gemünzte Polemik gegen eine Ontologie des Besitzes, ohne die Berechtigung dieser Kritik eigens zu diskutieren; vgl. TU, S. 56, 433; *Wenn Gott ins Denken einfällt*, S. 157, 250.

litz des Anderen »leuchtet«, wie Levinas meint? Unterschlägt man so nicht alle im engeren Sinne ethischen und politischen Fragen, die uns bedrängen, wenn es darum geht, *wessen* Hunger es *vordringlich* zu stillen gilt? Und sind dazu nicht allemal nur Andere in der Lage, die ihr Land bestellt und deshalb etwas abzugeben haben? Sind sie deshalb *a priori* der »widerrechtlichen Inbesitznahme von Lebensraum« verdächtig, da doch die Erde ursprünglich (und letztlich) niemandem gehört, wie auch Kant lehrt? Heißt eigenes Land zu besitzen und zu bebauen von vornherein, sich einen »Platz an der Sonne« auf Kosten Anderer sichern zu wollen, die man im gleichen Zug »schon unterdrückt oder ausgehungert« hat?[63]

Levinas, der mit dieser suggestiven Rhetorik zunächst nur eine Quelle radikaler Selbstinfragestellung zum Ausdruck bringen will, die das gute Gewissen des Autochthonen durchkreuzt, läuft auf diese Weise sicherlich Gefahr, wesentliche Unterschiede zu nivellieren. Denn »Lebensraum« nehmen auch Nomaden für sich in Anspruch; und selbst metaphysisch Welt-Fremde und Obdachlose können nicht buchstäblich u-topisch existieren. Aber sind sie darum in der gleichen Weise einer für Andere geradezu tödlichen Exklusivität und Exklusion verdächtig wie eine genozidale Vertreibung und Ausbeutung, die sich um das Lebensrecht Anderer nicht im Geringsten schert oder es mit rücksichtsloser Gewalt verletzt? Wer jede Inanspruchnahme eines Lebensraums einer gewaltsamen Unterdrückung Anderer verdächtigt, macht der sich nicht einer unannehmbaren Verharmlosung solcher Gewalt schuldig? Denn tut letztere – wenn wir Levinas' Rhetorik beim Wort nehmen – nicht bloß *dasselbe*, woran sich auch irgendwelche ignoranten Grund- und Bodenbesitzer und sogar x-beliebige Andere bereits durch bloße Gedankenlosigkeit beteiligen, nämlich daran, Andere auszuschließen, heimatlos zu machen, auszuplündern?

Sollte uns eine ethische Besinnung auf den Sinn einer gastlichen Kultur nicht zeigen, wie sie sich solcher Gewalt widersetzen kann? Und müsste sie sich in dieser Perspektive nicht energisch auf das Feld des Politischen begeben, das Levinas zu betreten zögert, weil er genau weiß, dass es alle Schwierigkeiten indifferenter, friedlicher, aber auch polemischer Koexistenz an einem Ort, in einem Lebensraum oder in einer Kulturlandschaft wieder ins Spiel bringt, denen sich

---

[63] E. Levinas, *Wenn Gott ins Denken einfällt*, S. 250. Vgl. das Kapitel III, 3, in diesem Band.

eine nomadische Welt-Fremdheit nur allzu leicht meint entziehen zu
können, wenn sie glauben macht, »in bezug auf den Ort frei« zu
sein?[64] So hoch auch eine Güte zu schätzen sein mag, zu der diese
Welt-Fremdheit angesichts Anderer herausfordert, ein politisches,
aber zugleich gastliches Gemeinwesen ist auf sie (allein) nicht zu
bauen. Während Levinas immer wieder eine Güte empfiehlt, in der
der Andere mehr zählt als man selbst, warnt Hannah Arendt vor der
schieren Verzweifelung, in die diese Haltung zu stürzen droht, da sie
nicht sichtbar werden dürfe (nicht einmal dem Gütigen selbst), wenn
sie nicht sofort pervertiert werden soll in einer subtilen Selbstgerech-
tigkeit.[65]

Die effektiv gelebte Gastlichkeit einer ethisch inspirierten Kultur, die sich nicht in der Hervorbringung raffinierter technischer und
ästhetischer Produkte, sog. Kulturgüter erschöpft, kann nicht auf den
Schultern einer singulären Subjektivität allein ruhen, die Levinas als
zur Gastlichkeit aufgefordert begreifen will. Sie bedarf der Realisie-
rung an Ort und Stelle, der Einräumung eines gastlichen Aufenthalts
im eigenen *oikos*[66] Anderer (sei es ein Haus oder eine auf jede Bür-

---

[64] Zwar betreibt Levinas »Sozialphilosophie«, wie schon am Untertitel seines Buches
Die Spur des Anderen zu erkennen ist. Gleichwohl glaubt er, dass die Anerkennung
des Einzelnen als eines Welt-Fremden nur in einer religiösen (aber nicht-theologischen)
Ordnung möglich ist (TU, S. 356). So fällt das Soziale mit dem Religiösen in gewisser
Weise zusammen oder wird nur durch letzteres erreicht (ebd., S. 91, 282, 298). Schließlich *ist* der gastliche, ethische Empfang des Anderen »das Ereignis der Sozialität«. Das
bedeutet auch der von Levinas revidierte Begriff der Ersten Philosophie (ebd., S. 442),
die nicht mehr dem Sein oder dem »Haus des Seins« verpflichtet ist, wohl aber dem
»bergenden Obdach«, das man dem Anderen schuldig ist. Zu einer bedenkenswerten
Umdeutung der Unverborgenheit *(aletheia)* des Seins im Sinne der französischen Über-
setzung mit *désabitrement* (Schutzlosigkeit, Obdachlosigkeit, Ungeborgenheit) vgl.
M. Blanchot, *Die Schrift des Desasters*, München 2005, S. 118 f.
[65] Vgl. TU, S. 364, 288, 369, 429, 436 ff., 444 und H. Arendt, *Was ist Politik? Fragmente
aus dem Nachlaß*, München 1993, S. 61 f., 205.
[66] Verwiesen sei auf den weiten ökonomisch-familialen Sinn dieses Begriffs bei J. Derrida, *Glas*, München 2006, S. 150. Im Übrigen ist aber entscheidend, wie die Einräumung von Gastlichkeit in einer lokalen Lebensform verstanden wird. Wenn Levinas
die menschliche Subjektivität als eine gastliche verstehen möchte, so meint er, sie sei
vom Anderen her zur Gastlichkeit bestimmt, lässt aber wie gesagt Fragen des praktischen Einräumens von Gastlichkeit weitgehend außer Betracht. Umgekehrt verkürzt
eine Hermeneutik, die sich auf antike Mythen einer am Herdfeuer gewährten Gastlichkeit im Zeichen von Hermes und Hestia stützt, die Einräumung des Gast*status* allzu
sehr auf eine souveräne Befugnis derer, die bei sich zu Hause sind (und die sie als derart
Bevorrechtigte meist unbefragt voraussetzt). Im ersten Falle sind wir scheinbar zur
Gastlichkeit verurteilt (sofern wir nicht umhin können, den Anspruch bzw. die Stimme

gerlichkeit verzichtende Lebensform), einer sittlichen Pädagogik und am Ende auch der Hospitalität des Rechts, das Bedingungen, Fristen und Prioritäten der Aufnahme besonders Bedürftiger regelt.

Gewiss sind solche Gedanken Levinas nicht gänzlich fremd. Seine Hinwendung zu einem »prä-geometrischen« Raum, der von Anderen bewohnt wird, bewegt sich zunächst auf den Spuren einer Phänomenologie der Situierung menschlichen Lebens, die besonders bei Merleau-Ponty von der leiblichen Erfahrung ausgeht, durch die überhaupt erst ein Ort gestiftet wird, von dem aus sich Anderes erschließt.[67] Und ähnlich wie Bachelard, dessen *Poetik des Raumes* auch in Merleau-Pontys Schriften und Vorlesungen präsent ist, betont Levinas die Priorität eines Zu-Hause vor dem Raum der Physik, dem Universum, in dem es den Ort oder Raum eines *oikos* stiftet.[68] Wie gesagt »situiert sich […] die objektive Welt […] im Verhältnis zu meiner Bleibe«, welche die konkrete Form einer Ökonomie im

---

des Anderen zu hören); im zweiten Falle hängt sie allein von unserer Freiheit ab. Die Frage ist aber gerade, wie die Herausforderung *der* Gastlichkeit (des Subjekts) mit einer Herausforderung *zur* Gastlichkeit einer praktischen Lebensform zusammen zu denken ist. Vgl. J. Greisch, *Hermeneutik und Metaphysik*, München 1993, S. 33 ff.; E. S. Casey, *Getting back into place*, S. 141 f.

[67] Vgl. zum situierten Subjekt sowie zu einem »inkarnierten Denken« TU, S. 237 f., 242 f., *Die Spur des Anderen*, S. 132 f., 311.

[68] Vielfach berührt sich die Phänomenologie Merleau-Pontys mit den sozialpsychologischen Forschungen Kurt Lewins, die bis heute die sog. Ökopsychologie inspirieren, in der gelegentlich noch an die *Poetik* Bachelards erinnert wird. Vgl. K. E. Boesch, »Kultur und Biotop«, in: C.-F. Graumann (Hg.), *Ökologische Perspektiven in der Psychologie*, Bern, Stuttgart, Wien 1978, S. 11–32. Jedoch lehnt man sich hier überwiegend an einen *Umwelt*begriff an (Uexküll), der auf Menschen und Tiere gleichermaßen anwendbar scheint und eine soziale Dimension nur kontingenterweise bzw. als Randbedingung hat. Das gleiche Problem stellt sich beim Milieubegriff und beim Begriff des Lebensraums (dessen biologistische politische Deutung man nicht vergessen sollte), beim Verständnis menschlicher Kultur als eines »Ökosystems« oder kulturell imprägnierten Biotops, in das sich nicht allzu unwirtliche Psychotope einfügen sollen (wie Mitscherlich verlangte). Levinas dagegen misstraut einem wie auch immer spezifizierten humanbiologischen Ansatz, der menschliche Lebewesen in Lebensräumen und –formen erforscht, mit dem Hinweis, hier handle es sich allemal um ein Leben, das »vollständig taub für Andere« sei (TU, S. 190). Daraus sollte man aber kein Dogma machen. Bleibt nicht auch die konkret gewährte Gastlichkeit leibhaftiger Wesen auf ein gastfreundliches Milieu, von der Wohnung bis hin zur Stadt und zur gastlichen Atmosphäre eines Landes, angewiesen? Hier wäre viel Vermittlungsarbeit zwischen Ethik und Kulturwissenschaften zu leisten. Ansatzweise zum Begriff der Lebensform und der Semantik des Lebensraums in einer kritisch-historischen Perspektive vgl. v. Verf., »Kulturelle Lebensformen – zwischen Widerstreit und Gewalt«, in: F. Jaeger, B. Liebsch (Hg.), *Handbuch der Kulturwissenschaften*, Bd. 1, S. 190–206.

weitesten Sinne (nicht notwendig aber eines Hauses) annehmen muss (TU, S. 218). Eine weltumspannende ökonomische Ordnung, in der alle in gleicher Weise Platz hätten, lässt sich aber nicht denken. So stellen sich unvermeidlich Probleme der Aufgeschlossenheit oder Exklusivität einer räumlich und zeitlich beschränkten und begrenzten Bleibe in einem weit verzweigten Geflecht heterogener Ökonomien. Diese Probleme betreffen deren materielle Einrichtung (nicht zuletzt Gebäude und Städte), aber auch Fragen des Rechts, das den Begriff der Bleibe unter Titeln wie Duldung, Aufenthaltsbefugnis und Bleiberecht tangiert. Ist die außer-ordentliche Gastlichkeit, die Levinas auf den Respekt der Welt-Fremdheit angesichts des Anderen verpflichtet, nicht ihrerseits darauf angewiesen, in konkreten Antworten auf diese Probleme Unterstützung zu erfahren? Muss man den Begriff der Bleibe dann nicht auf Fragen der kulturellen, politischen und rechtlichen Einräumung eines gastlichen Lebensraums münzen?

Ob und wie das geschehen kann, untersucht das folgende Kapitel näher; und zwar mit Blick auf Erscheinungsformen kollektiver Gewalt, die man sämtlich als gegenwärtig besonders virulente Herausforderungen einer ethisch inspirierten Kultur der Gastlichkeit begreifen kann.

Kapitel V

Gastlichkeit im Horizont kollektiver Gewalt:
Formen der Exklusion, Genozid und Neue Kriege

A man who is born into a world already possessed [...]
has no claim of right to the smallest portion of food [...].
At nature's mighty feast there is no vacant cover for him.
She tells him to be gone, and will quickly execute her own orders,
if he does not work upon the compassion of some of her guests.
T. R. Malthus[1]

Die Mehrzahl der Bürger ist nicht schuldig,
sich durch eine Minderzahl die Lebens-Möglichkeit rauben zu lassen,
und kann also den Überfluß der Bevölkerung
im Nothfalle mit Gewalt hinausschaffen.
R. Mohl[2]

The war has come home.
G. Kolko[3]

1.   Vom Ethos der Gastlichkeit zum Recht der Hospitalität

Im einschlägigen *Deutschen Wörterbuch* der Gebrüder Grimm findet sich unter dem Lemma »Gast, *m. peregrinus, hospes*« die Auskunft über den Gebrauch: »*gast, fremder, die grundbedeutung in der alle anderen als in ihrem ausgangspunkte sich einigen*«.[4] Es finden sich aber auch vielfältige etymologische Abzweigungen verwandter Bedeutungen, deren wichtigste durch die im Lateinischen zu verzeichnende semantische Nähe von *hostis* und *hospes* angezeigt wird.

---

[1] T. R. Malthus, *An Essay on the Principle of Population* [1798], London ²1803, S. 531 f.
[2] R. Mohl, *Polizei-Wissenschaft nach den Grundsätzen des Rechtsstaates*, Tübingen ²1846, S. 129.
[3] G. Kolko, *Another Century of War?*, New York 2002, S. 146.
[4] Vgl. J. u. W. Grimm (Hg.), *Deutsches Wörterbuch* [1878], München 1991, S. 1454 ff., 1459 (= DW).

Bis heute verführt sie nicht selten dazu, im Fremden sogleich einen potenziellen Feind zu erkennen, so dass auch der Gast in das Zwielicht möglicher Feindschaft rückt. Ob dies einer ursprünglichen Ambiguität des Fremden geschuldet ist, lässt sich unter Rückgriff auf die Etymologie nicht befriedigend aufklären. Die indoeuropäische Urform *ghostis* ist im Lateinischen zu *hostis* und *hospes* geworden, das wie das griechische *xenos* für den Gast und für den Gastgeber stehen kann, der »Gewalt hat über den Fremden«. »Die alte Bedeutung von *hostis* als Bezeichnung für den friedlichen Fremden, den Gast, wird [...] von *hospes* übernommen. Für *hostis* bleibt nur der Restbestand übrig, die verengte Bedeutung von *hostis* als Feind des römischen Volkes.«[5] Als *hostis* gilt nur der Nichtrömer, mit dem man »nichts gemeinsam« hat. So reduziert sich die Bedeutung von *hostis* auf den nicht-römischen Feind, wohingegen für den feindlichen römischen Gegner *inimicus* gesetzt wird. Später wird *hospes* zum Synonym für *xenos*, das sich offenbar nicht aus der etymologischen Quelle von *ghostis* ableiten lässt. In unseren Tagen taucht dieses Synonym in Begriffen wie *Philoxenie* und *Xenophobie* wieder auf, die sich auf jeden beliebigen Fremden oder Anderen, insofern er fremd erscheint, beziehen können, während der Begriff *hospes* in der *hospitalitas* (Cicero) Karriere macht, die bei Kant in *Hospitalität* im Sinne eines rechtlich befriedeten Verhältnisses zum Fremden transformiert wird. Bei Derrida schließlich werden diese verschiedenen Stränge der Wortgeschichte wieder zusammen geführt in einer *hostialité/hospitalité*, die ein zutiefst ambivalentes Verhältnis einer möglicherweise bedrohlichen Gastlichkeit sowohl angesichts eines inneren als auch eines äußeren Feindes zur Sprache bringt.[6] Freundlicher Gast und Gastgeber, Feindschaft und Gastlichkeit sowie innere und äußere Feinde geraten hier in Zonen der Ununterscheidbarkeit, wohingegen die Etymologie den Eindruck erweckt, als hätten sich nach und nach die verschiedenen Bedeutungen von Gast und Gastgeber, Gast als freundlichem Besuch und Feind, sowie von innerem und äußerem Feind stabil ausdifferenziert.

Im Wesentlichen lassen sich drei, sehr grobe Interpretationsschemata unterscheiden, die der Rekonstruktion dieser Geschichte immer wieder zugrunde gelegt werden (1–3). Obgleich das uralte

---

[5] O. Hiltbrunner, *Gastfreundschaft in der Antike und im frühen Christentum*, Darmstadt 2005, S. 9–18.
[6] J. Derrida, *Von der Gastfreundschaft*, Wien 2001, S. 38.

Ethos der Gastlichkeit den aus der Fremde und nach Durchquerung menschenleerer, vielfach lebensbedrohlicher Gegenden einzeln auftauchenden Gast unbedingt freundlich aufzunehmen verlangt, insistiert die anthropologische Reflexion auf der ursprünglichen Ambivalenz und Unheimlichkeit, die der Aufnahme des Fremden immer schon innegewohnt habe (1).[7] Demnach handelt es sich bei der gastfreundlichen Aufnahme des Fremden bereits um einen Versuch der Bändigung dieser Unheimlichkeit und Ambivalenz, nicht um eine ursprüngliche Xenophilie, die manche aus dem Ethos des Gastrechts herauslesen (2). Insofern trifft sich die Anthropologie mit der Dekonstruktion darin, menschliche Gastlichkeit *nicht* von vornherein im Zeichen einer eindeutig bedrohlichen, potenziell feindlichen Fremdheit zu rekonstruieren. Weder die eindeutige Philoxenie noch generelle Xenophobie bestimmt demnach das Phänomen der Gastlichkeit von Anfang an. Dennoch herrscht bis heute eine Deutung der Gastlichkeit vor, der zufolge sie im Vergleich zur ursprünglicheren, bis tief in die Naturgeschichte der menschlichen Gattung zurückzuverfolgenden Feindschaft ein späteres und viel selteneres Phänomen darstellt (3). So meint Judith Shklar unter Berufung auf E. Westermarck, »the stranger is an enemy to most societies«; »even hospitality is but a way of making a formal exception to the rules of hostility«.[8] Die Aufnahme des Gastes hätte demnach grundsätzlich noch heute unter dem *Vorbehalt* zu geschehen, dass er *kein* Feind sei; und mit dem mehr oder weniger virulenten *Verdacht*, dass er sich *doch* als solcher herausstellen könnte, wenn er – vorübergehend, befristet oder auf unbestimmte Zeit – aufgenommen wird im eigenen Lebensraum derer, die ihn beherbergen, ihm zu essen geben und einen Platz einräumen, wo er nächtigen kann.

Gastgeber, bei denen ein fremder Gast (ein Fremder *als Gast* oder ein Gast *als Fremder*) Aufnahme findet, gewähren Gastlichkeit unter diesem Vorbehalt nicht bloß dadurch, *dass* sie ihn hereinlassen, sondern durch das *Wie* der Aufnahme. Als gastlich gilt andererseits besonders ein *freundlicher* Empfang, der nicht von vornherein durch

---

[7] Vgl. H. Plessner, »Macht und menschliche Natur. Ein Versuch zur Anthropologie der geschichtlichen Weltansicht«, in: *Zwischen Philosophie und Gesellschaft*, Frankfurt am Main 1979, S. 276–363, hier: S. 323–327.

[8] J. Shklar, *Ordinary Vices*, Cambridge, London 1984, S. 255 f.; E. Beneviste, *Indo-europäische Institutionen*, Frankfurt am Main, N.Y. 1993, S. 71; C. Meier, *Die Entstehung des Politischen bei den Griechen*, Frankfurt am Main 1983, S. 33 ff., 208 f.; M. Serres, *Der Parasit*, Frankfurt am Main 1987, S. 32, 41, 340.

Vorbehalte, Verdachtsmomente und Bedingungen eingeschränkt ist. *Reine Gastfreundschaft* wäre in diesem Sinne eine *unbedingte*, die sich auch dadurch nicht beschränken ließe, dass der Gast sich als Feind entpuppen könnte. Die Geschichte der Gastfreundschaft ist demgegenüber von einem tiefgreifenden Zwiespalt geprägt: Immer wieder schwankt sie zwischen rückhaltloser Bejahung unbedingter und unbegrenzter Gastlichkeit einerseits und defensiven Versuchen andererseits, sie nur beschränkt und unter gewissen Bedingungen zu gewähren. Gemäß uralter Sitten wurde dem Gast vielfach ein unantastbarer Status eingeräumt: Wer auch immer er war, er musste aufgenommen werden. Auf der anderen Seite hat die Sitte des Gastrechts fast immer auch *Fristen* vorgesehen, nach deren Verstreichen der Gast entweder seiner Wege zu gehen hatte oder aber auf Dauer aufzunehmen war – sei es nur als geduldeter Metöke, der im antiken Griechenland nicht gleichberechtigt Zugehöriger oder Mitglied der jeweiligen politischen Lebensform sein konnte.

War ein fremder Gast in einer nur sehr dünn besiedelten, vielerorts lebensgefährlichen Welt, die er durchqueren musste, um zu Anderen zu gelangen, zunächst eine rare Ausnahmeerscheinung, so ändert sich dies mit zunehmenden Migrationen und einer stetigen demografischen Entwicklung, die zu Beginn des 19. Jahrhunderts zu Besorgnis erregenden Prognosen Anlass gab: Bei ungebremster »Vermehrungskraft« würde sich die »Kraft der Erde, Unterhaltsmittel für den Menschen hervorzubringen«, bald erschöpfen. Hungersnöte müssten die Folge sein. Malthus erkannte in der Naturgeschichte der menschlichen Gattung einen unablässigen »Kampf um Raum und Nahrung«[9], der allein durch die natürliche Gewalt dieser beiden Kräfte das Gespenst einer exponentiellen Entwicklung schien bannen zu können, mit dem wir seither leben, ohne allerdings noch im Geringsten auf ein von allein sich einpendelndes Gleichgewicht von *checks* und *balances* vertrauen zu wollen.[10] Spätestens seit Malthus wirft die Demografie der Massen[11] einen dunklen Schatten auch über

---

[9] T. R. Malthus, *Das Bevölkerungsgesetz* [1798], München 1977, S. 18, 23, 31. Hier ist auch bereits von einem »Kampf ums Dasein« die Rede.
[10] Zur Vorgeschichte des seit langem gestörten Vertrauens in eine Ökonomie der Natur, die eine ateleologische Vermehrung der Bevölkerungen zu verhindern hätte, vgl. R. P. Sieferle, *Bevölkerungswachstum und Naturhaushalt*, Frankfurt am Main 1990, S. 60 ff.
[11] M. Foucault, *Geschichte der Gouvernementalität I*, Frankfurt am Main 2004, S. 27, 161 f. Zur Bevölkerung als neuem, irreduziblem Objekt vgl. ebd., S. 69 f., 72; ders., *Sexualität und Wahrheit*, Bd. 1, Frankfurt am Main 1983, S. 37 f.

die menschliche Gastlichkeit. Zwar reagierte man zuvor schon in dem Maße restriktiv auf ungeladene Gäste, wie sie keine Ausnahmeerscheinung mehr waren, sondern durch ihr vermehrtes Auftreten (sei es als Siedler, als Migranten, als Pilger, Flüchtlinge oder Vagabunden) die Aufnahmebereitschaft und -fähigkeit anderer zu überfordern drohten. Dem »*gast, fremdling, dem auf wohlverhalten erlaubt ist, in der stadt zu wohnen*«, räumte man nur ein befristetes Bleiberecht ein. Zu viele Gäste zerstören die Gastfreundschaft, meinte J.-J. Rousseau.[12] Doch dachte man sich den Gast noch nicht als massenhaft auftretenden, unerwünschten Eindringling.

Neben das ursprüngliche *Ethos* der Gastfreundschaft tritt nun zunehmend eine *juridische* Bedeutung. Der *fremde* wird zum *auslender*, welcher als Nichtbürger dem ortsansässigen Einwohner gegenübersteht, der kraft seiner Mitgliedschaft in einem Gemeinwesen Rechte eines Bürgers *(civis)* genießt. Sekundär werden dann nichtfremde Gäste (im Innern des Gemeinwesens) von Fremden unterschieden, zu denen keinerlei Beziehung zu *bestehen* scheint und mit denen keine tragfähige Beziehung *aufgebaut* werden kann, wenn es sich um »wilde Gäste« handelt, die »immer fremd« und »nirgends zu Hause« sind. So spiegelt sich im Diskurs über den Gast als Fremden und den Fremden als Gast stets indirekt eine Vorstellung vom eigenen Ort oder Lebensraum, von der eigenen Lebensform und von der eigenen Identität, der abverlangt wird, sich in gastlicher Aufnahme aufgeschlossen zu Anderen zu verhalten, die vielfach als Unbekannte von irgendwoher kommen und irgendwohin verschwinden, ohne dass Fragen nach ihrem Woher und Wohin, nach Name und Herkunft den Eindruck der Fremdheit zu tilgen vermöchten. Die Aufnahme fremd Bleibender beschränkt sich schließlich darauf, ihren mehr oder weniger unwillkommenen »*Besuch auf Zeit*« zu dulden. Als eine Art Durchreisender – woher und wohin auch immer – darf der fremde Gast vor allem eines nicht: bleiben wollen. Er gehört als Fremder anderswohin.[13]

Zu ihm als Gast besteht eine *asymmetrische* Relation: er ist *den Anderen fremd*, bei denen er vorübergehend Aufnahme findet (wenn die Aufnahme nicht in einen auf Dauer legitimierten Status mündet); an einem *Ort*, wo er *keine Ansprüche* geltend zu machen hat

---

[12] J.-J. Rousseau, *Emile – oder Über die Erziehung*, Paderborn 6 1983, S. 453. Vgl. DW, S. 1456.
[13] Zum Vorangegangenen vgl. DW, S. 1466, 1467 f.

(wenn ihm keine *eingeräumt* werden). Dagegen sind diejenigen, bei denen der Fremde als Gast Aufnahme findet, nach dieser Vorstellung nicht fremd (weder Anderen noch gar sich selbst); und sie genießen kraft ihrer Bindung an den Ort, den Lebensraum oder das politische Gemeinwesen ihre unbefristet bestehenden Ansprüche. So ist der Fremde auf Zeit Gast im Eigenen der Anderen, die sich in der Selbstverständlichkeit der Gewissheit wiegen, an Ort und Stelle exklusiv genießen zu dürfen, was ihnen gehört und zusteht. Zum willkommenen oder geduldeten Gast kann der Fremde demnach nur in dem Maße werden, wie ihm die Anderen diesen Status *von sich aus* einräumen. Jederzeit kann dies widerrufen werden, so dass der Gast – auch ohne eigenes Zutun – durch seine Gastgeber zur *persona non grata*, zum Eindringling oder zum Feind werden muss. So gesehen kann kein Fremder von sich aus beanspruchen, Gast zu bleiben. Die allein von den Anderen zu verantwortende Einräumung seines Status ist im Prinzip nur ein Akt der Generosität. *Gast ist der Fremde allemal dank des Anderen, der nicht fremd ist und an Ort und Stelle sein Eigenes behauptet.* Auch ein Gastrecht wird dem Fremden stets nur von Anderen *gewährt*, worin sich indirekt bestätigt, dass ihm von sich aus *keinerlei Anspruch* zukommt. Nur selten war mit dem Gastrecht ein *klagbarer* Anspruch gemeint, der hätte vor Gericht verfochten werden können.[14]

Erst Kant deutet die Gastlichkeit *(hospitalitas* oder »*Wirtbarkeit*«) *explizit juridisch* als ein Recht jedes Menschen. Die kolonialistische Europäisierung fremder Völker vor Augen, brandmarkt er als »erschreckende Ungerechtigkeit« das »inhospitable Betragen« der Europäer, wo sie sich ihrer Kolonien rücksichtslos bemächtigten. Obgleich »ursprünglich […] niemand an einem Orte der Erde zu sein mehr Recht [hat] als der andere«[15], zählten für die Europäer, als sie Amerika, Afrika, die Gewürzinseln, das Kap der Guten Hoffnung etc. entdeckten, die dortigen Einwohner »nichts«. Zwar konnten auch die Europäer das von Kant postulierte »Recht der Hospitalität« für sich in Anspruch nehmen, nämlich das »Recht eines Fremdlings, seiner Ankunft auf dem Boden eines andern wegen, von diesem nicht feindselig behandelt« und nur abgewiesen zu werden, »wenn es ohne sei-

---

[14] Das schließt Beschwerden über versagte oder unzureichend gewährte Gastfreundschaft keineswegs aus; vgl. O. Hiltbrunner, *Gastfreundschaft*, Kap. III, 2.
[15] I. Kant, »Zum ewigen Frieden«, in: *Werkausgabe, Bd. XI*, Frankfurt am Main 1977, S. 213f.

nen Untergang geschehen kann«. Diesem Recht müsste aber die Pflicht entsprechen, sich dort nicht feindlich zu verhalten, wo man selbst auf dem Boden anderer zu Gast ist. An den »gesitteten, vornehmlich handeltreibenden Staaten unseres Weltteils« kritisiert Kant sodann, genau dagegen verstoßen zu haben. Unter den Verletzungen des Rechts der Hospitalität, die sie sich zu schulden kommen lassen hätten, zählt er die »Litanei aller Übel, die das menschliche Geschlecht drücken« auf. Nur die genozidale, massenhafte Vertreibung und Vernichtung der Einwohner fremder Länder erwähnt er nicht.[16]

Kants Recht der Hospitalität liest man nachträglich gern als Vorgriff auf ein kosmopolitisches Recht der Gastlichkeit, das ohne Unterschied allen Bewohnern der Erde zustünde. Genau genommen schwebte Kant jedoch nur ein Besuchsrecht, kein Aufenthalts-, Bleibe- oder gar Asylrecht vor. Er begriff den Fremden nicht als Schutzbedürftigen, sondern als unerwarteten Besucher, dem nur der (jederzeit zurückzuweisende) Versuch gestattet sein sollte, »in Verkehr« mit Einwohnern fremder Länder zu treten. Das »Recht der Menschen« schließt nicht das Recht ein, im Notfall irgendwo auf Dauer bleiben zu dürfen. Kant rechnete gar nicht mit der Unmöglichkeit, sich anderswo hin zu wenden. Das Problem der Staaten- und Heimatlosigkeit begegnet uns in seinen Überlegungen nicht. Charakteristisch für unsere Zeit hingegen und historisch beispiellos ist aber gerade die von Millionen Menschen erfahrene Unmöglichkeit, irgendwo auf der Welt eine neue Heimat zu finden bzw. irgendeinem politischen Gemeinwesen zugehören zu dürfen.[17]

Das ist der Ausgangspunkt Hannah Arendts. Angesichts dieser Unmöglichkeit wäre es zynisch, darauf zu verweisen, die Welt sei schließlich »groß genug für uns alle« (wie Kant befand), so dass unerwünschte Gäste ohne weiteres anderswo um Aufnahme nachsuchen könnten. Heute sind nahezu alle bewohnbaren Territorien besetzt. Um so nachdrücklicher wirkt sich die Exklusion bestenfalls als Fremdkörper Geduldeter aus, denen man nur vorübergehenden Gaststatus einräumt, ohne ihnen aber irgendeine dauerhafte Lebensmöglichkeit zu bieten. Sie sehen sich vielfach in ein Niemandsland verwiesen, das ihnen jede Hoffnung auf eine wirkliche Aufnahme in

---

[16] Ich komme im folgenden Kapitel VI, 2 auf diese Überlegungen Kants zurück.
[17] Ebd., S. 214; vgl. H. Arendt, *Elemente und Ursprünge totaler Herrschaft*, München, Zürich ³1993, S. 440, 457 f. (= EUTH).

einem politischen Gemeinwesen nimmt. Immerfort verweist man sie anderswohin. Aber dieses Anderswo liegt für Fremde, die sich auf Dauer im Status des abzuschiebenden Gastes befinden, nirgends. Das Gleiche gilt für Andere, die man durch Exklusion erst zu Fremden gemacht hat.

Nach der Beobachtung Hannah Arendts ist die historische Karriere der »nationalstaatlichen Lebensform« und deren Zerrüttung durch Formen totaler Herrschaft dafür verantwortlich zu machen, dass »immer größere Gruppen europäischer Menschen [...] in ein Niemandsland« sich verwiesen sahen, »in dem es weder Recht noch Gesetz noch irgendeine Form geregelten menschlichen Zusammenlebens gab«. Totalitäre Regierungen, die »im Zuge ihrer Welteroberungspolitik ohnehin trachten mußten, die Nationalstaaten zu zerstören, haben sich dann ganz bewußt darum bemüht, diese staatenlosen Gruppen zu vermehren, um die Nationalstaaten von innen zu zersetzen. Denaturalisierung und Entzug der Staatsbürgerschaft gehörten zu den wirksamsten Waffen in der internationalen Politik totalitärer Regierungen [...]« (EUTH, S. 425). Diese Politik bringt Massen entwurzelter und »überflüssiger« Menschen hervor, mit denen sie schalten und walten kann, wie sie will. So kann sie sich im großen Maßstab einer Politik »ethnischer Säuberungen«, massenhafter Deportation und Vertreibung befleißigen, die schließlich den Genozid als probates Mittel totalitärer »Bevölkerungspolitik« nahe legt. Vor diesem Hintergrund zeichnen sich *neue Herausforderungen menschlicher Gastlichkeit* ab, die sich nicht mehr auf die freundliche Aufnahme seltener Fremder etwa beschränken; sie hat es heute mit einer Vielzahl entwurzelter, vielfach von kollektiver Gewalt traumatisierter Menschen zu tun, die aus einer politischen Lebensform ausgeschlossen werden und irgendwo auf unbestimmte Zeit zu bleiben begehren. Die folgenden Überlegungen loten zunächst diese, mit verschiedenen Formen von Exklusion einhergehenden neuen Herausforderungen anknüpfend an Hannah Arendts Beschreibung einer »ungastlichen« Weltlosigkeit aus (2.). Sie *aktualisieren* diese, ursprünglich auf Phänomene totaler Herrschaft gemünzte Beschreibung sodann mit Blick auf Probleme der Migration und des Asyls (3.), die mit einer *Ethik der Gastlichkeit* konfrontiert werden (4.). Die Frage, wie diese auf die *Gastlichkeit menschlicher Subjektivität* konzentrierte Ethik zu Phänomenen *kollektiver Gewalt* steht, die immer mehr Menschen wie Abfall behandelt, wird abschließend zur Sprache kommen (5.).

2. Erfahrungen der Ungastlichkeit: Exklusion und Weltlosigkeit

An dieser Stelle können die vielschichtigen Gründe der Erfahrung, sich ausgeschlossen zu wissen aus jeglichem politischen Gemeinwesen, nicht *en detail* erörtert werden. Mit Hannah Arendt ist aber an verschiedenen Formen totalitärer Herrschaft das Problem einer radikalen Exklusion hervorzuheben, die andere, besonders demokratische Systeme vor die Herausforderung der Aufnahme anderswo gänzlich Entrechteter stellten. Nicht wenige, die auf der Flucht vor nazistischer Verfolgung nur noch ihr nacktes Leben zu retten versuchten, scheiterten an einer restriktiven Bürokratie der Länder, in denen sie um gnädige Aufnahme nachsuchten. Die Ursachen massenhafter Entwurzelung und Vertreibung mögen heute ganz andere sein; und *unverhüllt* wird kaum mehr eine genozidale Art sog. »Bevölkerungspolitik« propagiert, die kurzerhand die Ausmerzung »Überflüssiger« empfiehlt.[18] Als Herausforderung der Gastlichkeit aufnehmender Lebensformen aber bleibt die Erfahrung massenhafter Entwurzelung Anderer unvermindert virulent, die in einer »Wüste der Nachbarlosigkeit«[19] jede unangefochtene Zugehörigkeit und Mitgliedschaft in einer eigenen Lebensform eingebüßt haben und nun auf Gedeih und Verderb darauf angewiesen sind, als Fremde bei Fremden irgendwie, befristet oder auf Dauer, aufgenommen zu werden.

Von einer solchen Wüste spricht Arendt mit Blick auf ein radikal depolitisiertes, insofern nacktes Leben, das unter totalitärer Herrschaft erzeugt wird. Ansatzweise lenkt sie aber auch den Blick auf mögliche andere Ursachen einer *heute* dramatisch verschärften Erfahrung der Entwurzelung und Heimatlosigkeit. Dabei befleißigt sie

---

[18] Vgl. EUTH, S. 502, 675. In ihren radikalsten Erscheinungsformen – man denke nur an Ruanda – befleißigt sich auch heute noch eine Politik ethnischer Selbstbehauptung (die keine Anleihen bei Ideologien totalitärer Herrschaft mehr nötig hat) einer Propaganda der Ausmerzung. Hannah Arendt spricht dem Modell des Konzentrationslagers und der Gaskammern den paradigmatischen Rang einer »Patentlösung für alle Probleme von Überbevölkerung und ›Überflüssigkeit‹« zu (EUTH, S. 702). Aber wo man gewisse zivilisatorische Rücksichten auf eine geradezu als atavistisch erscheinende moralische »Empfindlichkeit« nicht nehmen muss, mögen auch Macheten genügen. Zur unheilvollen Lage Ruandas vor dem Genozid, der sich bereits in demografischen Argumenten ankündigte, vgl. S. Klein, »Ruanda. Platzangst im Paradies«, in: R. Klüver (Hg.), *Zeitbombe Mensch. Überbevölkerung und Überlebenschance*, München 1993, S. 50–60.
[19] Vgl. Z. Bauman, *Modernity and the Holocaust*, Ithaka, N.Y. 1989, S. 123.

sich gelegentlich einer fragwürdig-nostalgischen Apologie verlorener »Wärme und Sicherheit«, Verwurzelung und Identität unter »Seinesgleichen«, die man vor dem Anbruch der Moderne und zuletzt noch in nationalstaatlichen Lebensformen erfahren haben soll.[20] Viel entscheidender aber ist, dass sie unsere Aufmerksamkeit darauf lenkt, wie Menschen aus der Zugehörigkeit zum Leben mit Anderen herausfallen (sei es in der »Masse«, sei es entrechtet in einem Konzentrationslager, sei es als sog. *displaced persons*), und dass sie aus ihrer Diagnose einer derart bedingten »Weltlosigkeit« nackten Lebens, das jedweder, am Ende auch genozidaler Gewalt schutzlos ausgeliefert ist, ihre *unbedingte Forderung* ableitet, *jedem Mensch stehe eine »Bleibe« in einer politischen Lebensform zu.*[21] So lässt sich m. E. das von ihr geforderte »Recht, Rechte zu haben«, interpretieren.[22] Dieses Recht dürfe keiner politischen Lebensform zur Disposition stehen. Jede Lebensform müsse sich m. a. W. für dieses Recht beliebiger Anderer aufgeschlossen (und in diesem Sinne als »gastlich«) erweisen – auch wenn man dazu neigt, ihre Aufnahmefähigkeit für erschöpft zu halten.

Wie pragmatisch mit jenem Recht umzugehen ist, ist eine andere Frage. Fest steht für Arendt zunächst nur, *dass* sich jede politische Lebensform zu ihm verhalten muss (bzw. nicht *nicht* zu ihm verhalten kann). Jede politische Lebensform muss also Antwort geben auf die Herausforderung einer zunächst minimalen Gastlichkeit. Als minimal ist sie vorläufig einzustufen, weil sie uns nur abverlangt, uns *nicht indifferent* zu jenem Recht zu verhalten. Aber sie besagt nicht, *dass, wie lange, in welcher Zahl* und *in welcher Art und Weise* Fremde aufzunehmen sind. Die im Einzelfall (jedes Mal anders und nach keiner allgemeinen Regel) zu gebende praktische Antwort auf diese

---

[20] Zum Vorangegangenen vgl. EUTH, S. 378, 723–5.

[21] Vgl. H. Arendt, *Was ist Politik?*, München, Zürich 2003, S. 47. In diesen Kontext gehört auch der Begriff der *Verlassenheit* (EUTH, S. 728) bei Arendt, den sie auf die Erfahrung bezieht, sich nicht im Rahmen einer politischen Lebensform *auf Andere verlassen* zu können.

[22] *Explizit* verknüpft Arendt die Bleibe nicht mit jenem Recht. EUTH, S. 462, 465. An dieser Stelle kann der Status dieses Rechtes (der nicht in einem endlosen Regress wiederum auf vorgelagerte Rechte zurückzuführen ist) nicht in der an sich gebotenen Ausführlichkeit diskutiert werden. Nicht zuletzt müsste er dem Befund Rechnung tragen, dass zu den *displaced persons* auch Auswanderer und Arbeitsmigranten zählten, deren Erfahrungen mit der Gastlichkeit ein eigenes Kapitel ist; vgl. S. Sassen, *Migranten, Siedler, Flüchtlinge. Von der Massenauswanderung zur Festung Europa*, Frankfurt am Main ²1997.

Fragen wird stets von ethischen und rechtlichen Bedingungen aufnehmender Lebensformen abhängen, die einen zunächst unbedingten Anspruch auf eine Bleibe stets auf die eine oder andere Art und
Weise mit ihren eigenen faktischen Lebensumständen vermitteln
müssen. Auch Autoren wie Derrida, die einer unbedingten Gastlichkeit das Wort reden, haben niemals den Standpunkt vertreten, derartige Rücksichten bräuchte man angesichts eines absoluten Rechts
auf gastliche Aufnahme gar nicht zu nehmen.[23] Von einem Recht auf
ein entsprechendes Recht kann streng genommen ohnehin nicht die
Rede sein; nur von einem außer-ordentlichen, d. h. jedweder politischen Ordnung gegenüber sich behauptenden Anspruch jedes x-beliebigen Anderen, nicht indifferent einer Wüste der Ungastlichkeit
überlassen zu werden.[24]

In ihrer Rekonstruktion der Elemente und Ursprünge totaler
Herrschaft hat Arendt viele Seiten auf die Darlegung der Aporien
verwandt, in die sich jeder Versuch verstrickt, einer völligen Entrechtung von Menschen entgegen zu wirken, die ihre Zugehörigkeit und
Mitgliedschaft in ihren Lebensformen eingebüßt haben. Der wichtigste Ansatz dazu war zweifellos die Behauptung universaler Menschenrechte im Kontext der Französischen Revolution. Aber insofern
sie »die Menschheit als eine Familie von Nationen begriff, richtete
sich der Begriff des Menschen, der den Menschenrechten zugrunde
lag, nach dem Volk und nicht nach dem Individuum«. Die Folge war,
dass die Berufung auf diese Rechte immer dann versagte, wenn es
ernst wurde. Denn es stellte sich jedes Mal heraus, dass »in dem Augenblick, in dem Menschen sich nicht mehr des Schutzes einer Re-

---

[23] Vgl. J. Derrida, *Adieu. Nachruf auf Emmanuel Levinas*, München 1999, S. 116 ff.,
sowie *Autour de Jacques Derrida. Manifeste pour l'hospitalité*, Paris 1999. Ich komme
weiter unten darauf zurück.

[24] Nur ein solcher außer-ordentlicher Anspruch auf Gastlichkeit wäre dem Einwand
Hannah Arendts gegen das von ihr selbst postulierte Recht, Rechte zu haben, *prima
facie* nicht ausgesetzt. Selbst wenn dieses Recht (das man vergeblich auf eine ihrerseits
uns »unheimlich« gewordene Natur des Menschen glaubte gründen zu können) von der
Menschheit selbst garantiert würde, wäre es möglich, »daß eines Tages ein bis ins letzte
durchorganisiertes, mechanisiertes Menschengeschlecht auf höchst demokratische Weise, nämlich durch Majoritätsbeschluß, entscheidet, daß es für die Menschheit im ganzen
besser ist, gewisse Teil derselben zu liquidieren« (EUTH, S. 465 f.). Demgegenüber
müsste sich ein außer-ordentlicher Anspruch auf Gastlichkeit als *politisch unverfügbarer* behaupten. Genau das wollen m. E. auch Levinas und Derrida sagen, ohne aber
den Anspruch von einem zwielichtigen Bezug auf eine politische Ordnung, die er durchkreuzt, gänzlich zu entbinden.

gierung erfreuen, keine Staatsbürgerrechte mehr genießen und daher auf das Minimum an Recht verwiesen sind, das ihnen angeblich eingeboren ist, es niemanden gab, der ihnen dies Recht garantieren konnte, und keine staatliche oder zwischenstaatliche Autorität bereit war, es zu beschützen«.[25] Faktisch haben die Staatenlosen jedes Mal aufgehört, als juristische Personen zu existieren; insofern hatten sie keinen Standort mehr in der Welt. Diese Weltlosigkeit ist paradoxerweise erst zu Tage getreten, als die ganze Erde von einem Netz von Nationalstaaten überzogen war und seit sich infolgedessen niemand mehr irgendwo hin wenden konnte, ohne sich mit der gleichen Wirkungslosigkeit angeblich von Natur aus gegebener Menschenrechte konfrontiert zu sehen. Erst jetzt offenbart sich wie gesagt auch die Ungastlichkeit einer Welt unverhüllt, die die *displaced persons* von jeder politisch-rechtlichen Ordnung entbunden sich selbst überlässt.[26]

In dieser Ungastlichkeit bleibt »der Tod von Menschen, die außerhalb aller weltlichen Bezüge rechtlicher, sozialer oder politischer Art stehen, ohne jede Konsequenzen für die Überlebenden. Wenn man sie mordet, ist es, als sei niemandem ein Unrecht oder auch nur ein Leid geschehen.« Hier sieht Arendt die alte Vogelfreiheit wiederkehren, mit dem Unterschied, dass die Vogelfreien in der Moderne nicht sich selbst kraft irgendeines Vergehens aus einer Gemeinschaft ausgeschlossen haben, sondern dass sie willkürlich ausgeschlossen werden; und zwar durch Staaten, die »verhängnisvoll interessiert« scheinen »an ethnischer Gleichförmigkeit«.

Mit den modernen Nationalstaaten ist das Phantasma einer Homogenität, aus der am Ende jegliche radikale Differenz getilgt wäre, zu destruktiver Geltung gelangt.[27] Hochentwickelte Gemeinwesen, meint Arendt, zeigten zwar immer schon »eine Neigung zur Fremdenfeindlichkeit«. Doch erst in der Moderne habe sich eine Idee der (ethnischen) Gleichheit durchgesetzt, die auf ein »Gleichmachen aller Unterschiede« hinauslaufe – um den Preis einer Exklusion auf ihr »nacktes Menschsein« zurückgeworfener Einzelner, die sich diesem

---

[25] EUTH, S. 455; J. Kristeva, *Fremde sind wir uns selbst*, Frankfurt am Main 1990, S. 106, 143.
[26] EUTH, S. 462 f. Zweifellos hatte Arendt dennoch den kosmopolitischen Gedanken eines universalen, von keiner Nationalstaatlichkeit mehr zu limitierenden Rechts im Sinn, als sie die Aporien der modernen Menschenrechte vor Augen führte.
[27] B. Anderson, *Die Erfindung der Nation*, Frankfurt am Main, New York ²1996; E. Gellner, *Nationalismus und Moderne*, Hamburg 1995.

Gleichmachen widersetzen und denen deshalb jeder Bezug auf eine gemeinsame Welt verwehrt wird, in der sie ihre Individualität ausdrücken könnten. »Vor der abstrakten Nacktheit des Menschseins hat die Welt keinerlei Ehrfurcht empfunden; die Menschenwürde war offenbar durch das bloße Auch-ein-Mensch-sein nicht zu realisieren.«[28] Die Rechtlosen der Moderne hätten sich im Wissen darum an ihre Nationalität geklammert, um nicht in den sog. Naturzustand zurückzufallen, in dem nacktes Leben keinerlei Schutz vor tödlicher Gewalt mehr genießt.

3. Aktuelle Bezüge: Migration und Asyl

Nun kann aber das hierzulande nach dem Zweiten Weltkrieg eingeführte Asylrecht ohne weiteres als Antwort auf diese historische Erfahrung verstanden werden. Es gewährt gerade den Rechtlosen einen »höchstpersönlichen, absoluten Anspruch auf Schutz« und geht damit entscheidend über das Völkerrecht hinaus, das einen solchen Anspruch seinerzeit nicht kannte.[29] Es installiert eine *rechtliche Gastlichkeit* als Antwort auf die europäische Katastrophe einer radikalen Exklusion, durch die ehemalige Nachbarn und Mitbürger *radikal fremd gemacht* werden sollten. Jetzt verpflichtete sich der Staat darauf, *niemandem mehr gastlichen Schutz vor solcher Entrechtung zu versagen.*

Heute wird indessen diese verrechtlichte, über Kants Begriff der Hospitalität weit hinaus gehende Gastlichkeit vor dem Hintergrund einer nachhaltig gewandelten weltpolitischen Situation diskutiert.[30]

---

[28] An anderer Stelle ist vom Naturzustand bzw. Zurückgeworfensein auf »nacktes Leben« die Rede; EUTH, S. 466, 470. In der Tat kann es m. E. hier gar nicht um ein abstraktes »Menschsein« gehen, sondern nur darum, wie ein menschliches Verhältnis zu Anderen, das ihre Würde achtet, bezeugt wird. Bereits für Kant hat die menschliche Würde nur durch die praktische »Bezeigung« von Achtung als Wahrheitsmodus ihrer Würdigung Gewicht. Ausführlich habe ich das an anderer Stelle zu zeigen versucht: »Würdigung des Anderen. Bezeugung menschlicher Würde in interkultureller Perspektive – im Anschluss an Judith N. Shklar«, in: *Allgemeine Zeitschrift für Philosophie 32*, Heft 3 (2007), S. 227–257.

[29] Vgl. Bundesamt für Migration und Flüchtlinge (Hg.), *Migration und Asyl*, Nürnberg 2004, S. 40.

[30] Vgl. H.-M. Birkenbach, »Citizenship oder Hospitalität. Was sind Weltbürgerrechte?«, in: U. Menzel (Hg.), *Vom Ewigen Frieden und vom Wohlstand der Nationen*, Frankfurt am Main 2000, S. 262–290. Hier wird die Gastlichkeit noch ganz *im* Schema

Was die Ursachen massenhaft erfahrener Weltlosigkeit angeht, stehen kaum mehr die politischen Pathologien totaler Herrschaft im Vordergrund, wie sie Hannah Arendt und andere analysiert haben; vielmehr geht es um unzählige ethnische Konflikte, Genozide und sog. Neue Kriege, die vielfach zu einem massenhaften Exodus aller derjenigen führen, die sich vor Ort nicht aktiv mit Waffen an ihnen beteiligen können oder wollen. Ruinierte Staaten, die besonders in Afrika Millionen von Menschen immer weiter hinter die fortschreitenden Prozesse der Globalisierung zurückfallen lassen[31], und katastrophale Epidemien wie AIDS drohen sie darüber hinaus zu entvölkern. Mannigfaltige, weit ausstrahlende Fluchtbewegungen, die von letzter Verzweiflung angetrieben werden, erreichen die europäischen Südküsten, wo vor allem die italienische und spanische Küstenwache die nach wie vor reichen und weitgehend befriedeten Staaten des Nordens wie eine Festung schützt.

Diese veränderte welt-politische Situation evoziert ganz andere Szenarien und Bilder der Gastlichkeit, als sie uns aus der Tradition des Gastrechts bis hin zur kantischen Hospitalität vertraut sind. Unter dem übermächtigen Eindruck dieser Lage stellt man sich den Gast nicht mehr als einzelnen Fremden vor, dem ein lokales Ethos auf Zeit gastfreundliche Aufnahme einräumt, sondern beschwört ein unkontrolliertes Eindringen von Massen, die überall ungeschützte Flanken und Lücken der Festung Europa zu überwinden drohen. Jahr für Jahr gelangen nach amtlichen Schätzungen tatsächlich über 500 000 Flüchtlinge auf illegalen Wegen nach Europa.[32] Woher und aus welchem Grund sie auch immer kommen, *von vornherein* werden sie jetzt als Eindringlinge eingestuft, die uns in gewisser Weise bereits zu nahe treten, *bevor* sie europäischen Boden erreicht haben. Ihre vielfach aus rechtlichen Gründen unvermeidliche Aufnahme wird zum Akt der Verteidigung gegen angreifende »Gäste«. Begehren sie aufgenommen zu werden, so stellt das nach verbreiteter Wahrnehmung den eigentlichen Sinn der Gastlichkeit auf den Kopf. Gastlichkeit wird demnach nicht mehr oder weniger generös gewährt, sondern von Fremden wie ein Anspruch eingefordert und womöglich

---

der Verrechtlichung gedacht (S. 258, 264), der man in diesem Band generell eine weitgehende Aufhebung der Gewalt zutraut (vgl. S. 61, 183).
[31] Vgl. K. Engelhard, *Welt im Wandel. Die gemeinsame Verantwortung von Industrie- und Entwicklungsländern*, Grevenbroich 2000, S. 175.
[32] *Flüchtlinge*, Nr. 2 (2004), S. 16.

missbraucht. In dem Bild, das man sich vom Fremden macht, spielen die Gründe für sein Kommen (die oft in einer verheerenden Zerrüttung eigener Lebensgrundlagen infolge Neuer Kriege liegen) kaum mehr eine Rolle.[33] *Sein Gesicht verschwindet* in einer Statistik, die sein massenhaftes Auftreten belegen soll (das aber in Wahrheit *0,6 Promille* nicht überschreitet).[34] Längst gilt es als ausgemacht, dass eine objektiv vorliegende zahlenmäßige Überforderung der in Anspruch genommenen Lebensformen den Sinn jeder Gastlichkeit konterkariert.

Befriedigt stellt man seit den Abkommen von Maastricht und Dublin II abnehmende Zahlen fest. Sogenanntes Asylshopping und *refugees in orbit* konnten reduziert werden, nicht zuletzt dank konsequenter Fingerabdruckkontrolle (EURODAC), die in einem Jahr 2649 »Treffer« verzeichnete. Auch die europäischen Ostgrenzen konnten mit nachhaltigem, aber zwiespältigem Erfolg undurchdringlicher gemacht werden. Nun beklagt man in der Ukraine[35], die »Drecksarbeit« für Europa machen zu müssen, das die Flüchtlinge nur fern halten wolle, ohne sich noch im Geringsten um ihre Beweggründe zu scheren. Dazu passt, dass man Abweisungsmöglichkeiten geschaffen hat, die vor einer Entscheidung über Berufungsverfahren zum Zuge kommen (Flughafenverfahren). So wird letztlich die Genfer Flüchtlingskonvention unterhöhlt. Verständlich, dass hierzulande die noch vor kurzem beschworene »Flut« von Flüchtlingen kein politisches Thema mehr ist. Das Gleiche gilt für die geschätzten jährlich 5000 Todesopfer derer, die den Versuch, das europäische gelobte Land zu erreichen, mit ihrem Leben bezahlen.[36]

Blickt man auf Kants Konzept der Hospitalität zurück, so muss das heutige Asylrecht befremden: Einerseits geht es weit über ein bloßes Besuchsrecht hinaus, das zunächst nur verlangte, Fremde in einem fremden Land »nicht feindselig« zu behandeln. Andererseits

---

[33] Vgl. dagegen H.-D. Bahr, *Die Sprache des Gastes*, Leipzig 1994; A. Loycke (Hg.), *Der Gast, der bleibt. Dimensionen von Georg Simmels Analyse des Fremdseins*, Frankfurt am Main 1992.

[34] Bundesamt für Migration und Flüchtlinge (Hg.), *Migration und Asyl*, S. 33.

[35] Dort ist internierten Flüchtlingen, denen auch der ukrainische Staat keine Fahrkarte irgendwohin bezahlen kann, nicht einmal gestattet, das schäbige Haus zu verlassen, in dem sie untergebracht sind. So schlägt das Warten Fremder auf gastliche Aufnahme in das Extrem einer *ungastlichen Exklusion im Innern* um.

[36] In diesem Zusammenhang sollte nicht übersehen werden, dass diese Zahl zu einem erheblichen Teil einem europäischen Konflikt zu verdanken war: dem Zerfall Jugoslawiens. Vgl. *Flüchtlinge*, S. 7–17.

trägt es der kollektiven, von Kant und seinen Zeitgenossen nicht vorhergesehenen Erfahrung, dass man sich *nirgends* mehr ohne Gefahr für Leib und Leben aufhalten kann, wenn man einmal jener Weltlosigkeit preisgegeben ist, in der Praxis vielfach nur mehr formal Rechnung. Duldung, Aufenthalts-, Bleibe- und Asylrecht werden allzu oft so praktiziert, dass sich die unwillkommenen Gäste nur noch als deplatzierte Fremdkörper aufgenommen wissen, die in der Ungastlichkeit der Asyle ihr nacktes Leben[37] fristen müssen. Diese Art, eine verrechtlichte Gastlichkeit zu praktizieren, läuft letztlich auf deren *konsequente Verweigerung im Zeichen des Rechts* hinaus.[38] Auf Asyl im engeren Sinne (Art. 16 a des Grundgesetzes) wird nur noch ausnahmsweise erkannt. Viel häufiger ist das sog. kleine Asyl, das in der amtlichen Feststellung eines zwingenden Abschiebehindernisses begründet liegt (§ 51 Abs. 1 Ausländergesetz).[39] Das kleine Asyl gewährt Schutz faktisch auf eine Art und Weise, die manche bereits hat überlegen lassen, ob eine Verweigerung jeglicher Aufnahme nicht die für alle Seiten bessere Lösung wäre.[40]

Die auf das Klischee des Asylanten als eines unerwünschten, gesichtslosen Eindringlings fixierte Diskussion hat ganz in den Hintergrund gedrängt, dass zahllose andere »Ausländer«, Menschen »mit Migrationshintergrund«, wie man heute etwas verschämt sagt,

---

[37] Ich verweise auf die wesentlich von G. Agamben mit Bezug auf Foucault und Arendt angestoßene, hier nicht auszubreitende Diskussion dieses Begriffs in *Homo sacer*, Frankfurt am Main 2003; vgl. v. Verf., *Gastlichkeit und Freiheit*, Weilerswist 2005, Teil C.

[38] Genau so werden in der Literatur auch Vorschläge zur Einrichtung sog. »Schutzzonen« kritisiert; vgl. D. Oosting, D. Bouteillet-Paquet, N. Henderson, »Eine kritische Analyse der Asylpolitik der Europäischen Union«, in: *Jahrbuch Menschenrechte 2005*, S. 291–303. Mit Recht heben die Autoren auch die ständige Vermischung der Asyl- und der Migrationsproblematik hervor, zu der in jüngster Zeit noch die Vermischung mit Aufgaben der Terrorabwehr hinzu kommt, die jeden ausländischen Studenten unter Generalverdacht stellt – gerade auch die scheinbar harmlosen, könnten sich doch als »Schläfer« entpuppen. In dieser Perspektive, deren Vorbild der amerikanische *Patriot-Act* ist, wird am Ende jeder Fremde zum potenziellen Terroristen und Todfeind. Diese Logik der Verfeindung machte sich das Recht (Schily I und Schily II) zu eigen, wie B. Hirsch treffend zeigt: »Schilys Sicherheitspaket und das deutsche Ausländerrecht«, in: *Jahrbuch Menschenrechte 2004*, S. 255–263.

[39] Vgl. den Bericht v. M.-L. Beck, »Die fünf Mythen des Asylrechts«, in: *Die Zeit 46* (2000), S. 12.

[40] F. Duve, »Fluchtbewegungen«, in: *Die Zeit*, Nr. 2 (1993), S. 42. Tatsächlich ist die Abschiebehaft seit einigen Jahren bereits der Regelfall; vgl. K. Kopp, *Asyl*, Hamburg 2002, S. 36. Auch hier bestätigt sich der Verdacht, die praktische Umsetzung des Rechts diene allzu oft nur der Abwehr seiner Inanspruchnahme.

um eine diskriminierende Sprache zu vermeiden, teilweise Jahrzehnte bei uns leben, z. T. längst mit deutschem Pass, sozusagen naturalisiert.[41] Von der normalen, saisonalen Migration einmal ganz abgesehen, geraten sogar die (nur teilweise »deutschstämmigen«) Flüchtlinge, die nach 1945 ins Land kamen, ganz aus dem Blickfeld[42]; ebenso die eingebürgerten, in keiner Statistik mehr auftauchenden Fälle gemischter Ehen, aus denen gewissermaßen genealogisch polymorphe Kinder hervorgingen. Der öffentlichen, polemisch auf die »Ausländer« fixierten Aufmerksamkeit entgeht weitgehend der ganze Bereich der EU-Binnenmigration; darüber hinaus entgehen ihr die Probleme jüdischer Zuwanderer, Probleme des Ehegatten- und Familiennachzugs und der Spätaussiedler, nicht zu reden von IT-Fachkräften und den Eindrücken, die sie von der hierzulande gelebten Gastlichkeit gewinnen; usw.

Jahrzehnte lang hat man sich den schon aus demografischen Gründen absurden Luxus geleistet, Probleme der Asyl- und Migrationspolitik im Zeichen des Generalverdachts zu diskutieren, Ausländer jedweder Couleur wollten ungerechtfertigterweise aus dem von anderen erwirtschafteten Reichtum parasitär Nutzen ziehen. Da sich nun besonders im Mangel an qualifizierten Fachkräften die Folgen einer seit langem dramatisch abgenommenen Kinderzahl bemerkbar machen, besinnt man sich wieder auf die Nützlichkeit von Ausländern zurück. Nur finden die angeworbenen Fachkräfte das Land unter dem Aspekt kultureller Gastlichkeit offenbar wenig attraktiv. Die in Aussicht gestellte *Greencard*, die man wiederum aus Sorge vor übermäßiger Inanspruchnahme von vornherein kontingentierte, wollen nur wenige haben. Und der schwächelnden biologischen Reproduktion wollen und können Eltern ausländischer Herkunft nun auch nicht mehr auf die Beine helfen. Mit Jahrzehnten Verspätung, nachdem man Hunderttausende von Gastarbeitern angeworben hat,

---

[41] Rund ein Viertel der deutschen Bevölkerung hat angeblich einen solchen Migrationshintergrund. Damit ist freilich nicht zu beweisen, dass wir in einem »Einwanderungsland« leben. Denn das ist eine Frage des kollektiven Selbstverständnisses, zu dem in eminenter Weise eine Bejahung kultureller Gastlichkeit gehört, von der in der meist defensiven Rhetorik angeblicher Überforderung durch Asylbewerber und Migranten kaum je etwas zu spüren ist. Vgl. W. Behlert, »Zuwanderung und Menschenrechte«, in: *Jahrbuch Menschenrechte 2003*, S. 324–335.

[42] Wenigstens am Rande sei darauf hingewiesen, dass im Fall einer Flucht nach Westen (etwa aus der ehemaligen Tschechoslowakei) auch eine deutsche Abstammung keineswegs vor der Erfahrung tiefgreifender Fremdheit in unserem Land bewahrte.

entdeckt man, dass die weitgehend misslungene (bzw. nie ernsthaft versuchte) »Integration« keine Einbahnstraße sein kann. Doch immer noch wird sie als Forderung an Fremde begriffen, die man nun zwingen will, die deutsche Sprache zu lernen und ihre Konformität mit der Verfassung bzw. mit gewissen kulturellen Werten zu bekennen. Aber sprachliche Gastlichkeit[43] erfordert auch die Bereitschaft, sich für einen Dialog zu öffnen und Fremde zu Wort kommen zu lassen. Ein Gesinnungstest kann die Begegnung mit ihnen so wenig ersetzen wie touristische Parolen, die die ganze Welt aufs Profitabelste als »Gast bei Freunden« willkommen heißen, vorausgesetzt, es fällt keinem Fremden ein, nicht nur besuchsweise, sondern auf Dauer aufgenommen werden zu wollen. Das Spektakel einer zur Schau gestellten Gastlichkeit täuscht kaum über die ungelöste Frage hinweg, wie es das Land unter dem Eindruck schrumpfender eigener Bevölkerung und mangelnder Attraktivität in den Augen der so oft zwielichtiger Motive (bis hin zur tödlichen Feindschaft) verdächtigten Ausländer[44] mit gastlicher Aufgeschlossenheit ihnen gegenüber halten will.

Weder ein weitgehendes Asylrecht, mit dem man alle erforderlichen Konsequenzen aus jener europäischen Katastrophe der Gastlichkeit gezogen haben will, noch auch ein liberales Einwanderungs- und Ausländerrecht genügt, um gastliche Lebensverhältnisse zu schaffen, von denen man sich eine wirkliche Aufnahme Fremder *als Fremder* versprechen könnte. So wird unsere Aufmerksamkeit auf die *kulturelle Gastlichkeit* der aufnehmenden *Lebensformen* gelenkt, die letztlich auch den Geist des Rechts tragen und ihn praktisch gewissermaßen einlösen. In dem Maße aber, wie die Lebensformen in den Blick kommen, die allein eine kulturelle Gastlichkeit realisieren können, herrscht Ratlosigkeit hinsichtlich der Frage, wie sie zu denken sein soll, insofern sie sich nicht im Recht erschöpfen kann. Ich greife nur einige Punkte aus der kulturwissenschaftlichen Diskussion heraus, die das verdeutlichen. Geht es im Fall bereits aufgenommener Fremder um Verhältnisse zwischen Mehrheitsgesellschaft und Min-

---

[43] Zu dieser Idee vgl. J. Derrida, *Adieu*, S. 18, sowie P. Ricœur, »Welches neue Ethos für Europa?«, in: P. Koslowski (Hg.), *Europa imaginieren*, Berlin, Heidelberg, New York 1992, S. 108–122.
[44] Unter dem Eindruck der jüngst in Dortmund und Koblenz vereitelten Anschläge nötigt man Muslime bis zum Überdruss zum Bekenntnis ihrer Friedfertigkeit. Wer so gezwungen wird, sich radikalen Verdachts zu erwehren, wird ihn gerade nicht los und weiß sich als Fremder polemisch auf Distanz gehalten.

derheitsgesellschaften, um einen »transnationalen Blick«, der es möglich machen soll, »die Lebenswelt jener Gruppen zu verstehen, die sich außerhalb der Mehrheitsgesellschaft befinden«?[45] Symptomatisch ist hier die Metaphorik des Blicks auf außerhalb Befindliches. Auch die kulturwissenschaftliche Debatte um diese Frage bedient sich nicht selten einer Rhetorik der Exteriorität, selbst dort, wo von »Vermischungen«, von »Hybridität« und bastardisierter »Bindestrich-Existenz« derjenigen die Rede ist, die nicht nur einer Lebensform angehören.[46] Der Gipfel ethnischer Komplexität gilt nicht selten dann erreicht, wenn eingesehen wird, dass es auch italienische Bayern oder anatolische Schwaben geben kann. In einer solchen Logik ethnischen Klassifizierens läuft man gleichwohl leicht Gefahr, zwischen ethnische Fronten zu geraten, wenn man sich nicht unmissverständlich zuordnen kann.

Die auf Fragen der Integration fixierte öffentliche Debatte polemisiert dessen ungeachtet vielfach gegen sog. Parallelgesellschaften, denen mangelnder Wille unterstellt wird, sich einzufügen in die »Mehrheitskultur« derer, die vorher da waren. Dabei übersieht man, dass sich derartige Gesellschaften oft weniger deshalb ausgebildet haben, weil es an solchem Willen fehlte, sondern in einem reaktiven Rückzug auf ein *imaginary homeland,* das umso attraktiver erscheint, wie die kulturelle Wirklichkeit als ungastlich erlebt wird. Man spricht von primär symbolisch verteidigter »reaktiver Ethnizität« und Diaspora (die sich oft weit von ursprünglichen Lebensformen entfernt), von nachträglicher Islamisierung (die das Tragen des Kopftuches zur Frage der Behauptung eigener Identität macht) sowie demonstrativer Gewaltbereitschaft als einer forcierten Antwort auf fortgesetzte Ablehnung, die man als Erfahrung andauernder Ungastlichkeit deuten könnte.[47] An dem hier erkennbaren Zwang, um jeden Preis eine eng umschriebene Identität zu behaupten[48], scheint allerdings auch eine aufnehmende Gesellschaft zu leiden, die nur Integration oder Exklusion kennt und sich demselben Denkschema un-

[45] E. Beck-Gernsheim, *Wir und die Anderen,* Frankfurt am Main 2004, S. 17, sowie die Seiten 109 und 199, die sich gegen eine identitäre Logik wenden, wie sie im Buchtitel anklingt.
[46] Vgl. A. Ackermann, »Globalität, Hybridität, Multikulturalität – Homogenisierung der Kultur oder Globalisierung der Differenz?«, in: *Jahrbuch 1998/99 KWI, Essen,* S. 50–82.
[47] E. Beck-Gernsheim, *Wir und die Anderen,* S. 83.
[48] A. Maalouf, *Mörderische Identitäten,* Frankfurt am Main 2000.

terwirft. Ihr fehlt es darum weitgehend an interkultureller Sensibilität für andere, nicht bloß äußerliche Formen des Miteinanderlebens, in denen nicht nur Bedrohung oder gar Verlust eigener Identität, sondern eine eigentümliche Fruchtbarkeit »befremdeten« Lebens liegen kann. Keine Logik gegenseitiger Anerkennung, die erst aus einem Kampf hervorgehen müsste, kann diese Sensibilität ersetzen. Wo sich die Anerkennung auf gewisse Rechte beschränkt, geht es in einer gastlichen Sensibilität um die *Anbahnung der Begegnung* mit dem Fremden und um deren *Bejahung*, ungeachtet aller Risiken, die in ihr liegen mögen. Wer sich dieser Begegnung erst gar nicht aussetzen will, verurteilt sich dazu, von vornherein auf sie projizierte Risiken und Befürchtungen wie Gespenster zu bekämpfen.

4. Gastliche Subjektivität in gelebter Kultur

An dieser Stelle setzt eine Radikalisierung des Gedankens der Gastlichkeit ein, die die Spur dieses Phänomens über die *verrechtlichte Hospitalität* und über die *Gastlichkeit kultureller Lebensformen* hinaus bis in die *menschliche Subjektivität* selbst hinein verfolgt. Erst im Lichte dieser Radikalisierung wird die einerseits aufs Recht, andererseits auf die Kultur des Zusammenlebens mit Fremden konzentrierte Diskussion der Gastlichkeit in ihrer philosophischen Brisanz erkennbar. Denn sie läuft darauf hinaus, Gastlichkeit nicht etwa als interkulturelle Zutat zu einem ursprünglich ganz und gar dem Eigenen verpflichteten Leben zu verstehen, das sich nur sekundär und nicht ohne radikale, der möglichen Feindlichkeit Fremder geltende Vorbehalte zu einer rechtlichen Hospitalität durchringen würde, sondern *subjektives Leben als von Anfang an zur Gastlichkeit angesichts des Fremden bestimmt* aufzufassen.

Besonders bei Levinas und Derrida erhält der Begriff der Gastlichkeit nun einen ganz neuen Sinn.[49] Er steht nicht für ein gewisses Ethos (Gastfreundschaft) oder für ein schwaches oder starkes Recht (Hospitalität, Asyl), sondern für den radikalen ethischen Sinn menschlicher Subjektivität überhaupt im Zeichen des unverfügbaren Anspruchs des Anderen, der eine unerlassbare Verantwortung für

---

[49] Vgl. das Kapitel III in diesem Band. Die Konfrontation des im Folgenden skizzierten Ansatzes mit den oben unterschiedenen Interpretationsschemata der Geschichte der Gastlichkeit (1–3) bleibt ein Desiderat.

ihn bedeuten soll. Unwillentlich erweist sich die Subjektivität selbst des ärgsten Gewalttäters als in diesem Sinne »gastlich«, d. h. affizierbar durch diesen Anspruch.[50] Das soll auch dann gelten, wenn er sich dieser *Bestimmung zur Gastlichkeit* widersetzt, wenn er sie verwirft oder verleugnet. Für Levinas »bezeugt« demnach – in den Worten Derridas – »noch der schlimmste Folterknecht [...] das, was er an sich oder am Anderen zerstört, sofern er es nicht rettet, nämlich das Antlitz« oder die Gabe der Verantwortung, die wir dem Anderen zu verdanken haben. »Ob sie es will oder nicht, ob man es weiß oder nicht, die Feindlichkeit legt noch Zeugnis ab von der Gastlichkeit.« Demnach wäre auch der Versuch einer genozidalen Vernichtung Anderer noch als eine perverse Manifestation der radikalen ethischen Gastlichkeit zu verstehen, die es gänzlich ausschließt, sich *nicht* (und sei es auch absolut verleugnend oder indifferent) zum Anspruch des Anderen zu verhalten,[51] der freilich nicht ausschließen kann, dass man sich ihm *zuwider* verhält. Wird die ethische Bestimmung zur Gastlichkeit, die nach Levinas auch im gänzlich entrechteten Zustand eines KZ Bestand haben soll, nicht von einem starken oder schwachen Recht und von Menschen, die sich in ihrem wirklichen Verhalten effektiv auch nach ihm richten, gestützt, so muss sie ohnmächtig bleiben. Um in politischen, rechtlich abgestützten Lebensformen Gestalt anzunehmen, muss sie als Anspruch in die Ordnungen eines stets mehr oder weniger exklusiven Zusammenlebens eingehen, die ihrerseits aufgrund ihrer Exklusivität den außer-ordentlichen Anspruch auf Gastlichkeit jederzeit zu verraten drohen.

Auch dann, wenn aufnehmende Lebensformen nach der Devise »Das Boot ist voll« auf die Erfahrung ihrer *Überforderung* durch einen solchen Anspruch reagieren, sind sie aber nicht von ihm entbunden. Levinas hat es freilich versäumt, zu fragen, wie sich dieser Anspruch mit den zweifellos stets begrenzten Möglichkeiten konkreter Gastlichkeit vermitteln lässt. Und in seiner Philosophie kommt die Frage nach einer politisch-rechtlichen *Unterstützung* dieses Anspruchs zu kurz. So lässt sie offen, *ob sich eine Art Vermittlung denken lässt zwischen einem politisch-rechtlich nicht reduzierbaren,*

---

[50] Vgl. J. Derrida, *Adieu*, S. 37, 45, 72. Stellenweise ist also eine bloße *Ansprechbarkeit* des Subjekts gemeint, andererseits aber ein *Anspruch auf* Gastlichkeit und darüber hinaus ein *dem Anspruch Rechnung tragendes Verhalten*. Diese Bedeutungen fließen teilweise missverständlich ineinander.

[51] Ebd., S. 72 f., 115–7, 122.

*unverfügbaren Anspruch des Anderen einerseits und dessen Ange-
wiesensein auf Lebensformen andererseits, die ihm jede politische
und rechtliche Unterstützung gewähren sollten.* Es handelt sich hier
prima facie um einen Widerstreit, der die außer-ordentliche Herausforderung zur Gastlichkeit den Lebensformen ebenso einschreibt wie
er letzteren jedes Sichgenügen in einer geschlossenen Ordnung versagt. Jede politisch-rechtliche Regelung der Gastlichkeit, die unter
anderem auf begrenzte Fähigkeiten der Assimilation oder der so genannten Integration Rücksicht nimmt, bleibt auf einen außer-ordentlichen Anspruch *jedes* Anderen hin geöffnet, der eventuell abgewiesen wird, ohne aber indifferent seinem Schicksal überlassen werden
zu können. Und umgekehrt verlangt jede außer-ordentliche Forderung nach *mehr* Gastlichkeit oder nach einer Gastlichkeit, die auch
anderen Anderen gerecht würde, zugleich eine Antwort auf die Frage, wie man konkret dieser Forderung mit stets begrenzten Mitteln
gerecht werden soll.

Am Beispiel der Gewährung von Asyl zeigt sich, wie sehr auch
die vom Recht gestützte ethische Gastlichkeit, von der Levinas
spricht, auf die gelebte Gastlichkeit der aufnehmenden Lebensformen angewiesen ist. Nach aller Erfahrung muss die Aufnahme des
Fremden misslingen, wenn der Sinn des Rechts nicht durch eine *gelebte Kultur der Gastlichkeit* unterstützt wird. Diese Gastlichkeit hat
nicht bloß auf »Andersheit« oder auf Rechte Rücksicht zu nehmen,
sondern auch darauf, *wem* sie konkrete Lebensmöglichkeiten einräumt und *als wer* sich diese Anderen verstehen. Im Zusammenhang
mit Fragen der Zuwanderung und der Gewährung von Asyl steht in
diesem Sinne stets auch die Identität derer mit auf dem Spiel, die
einander zunächst als Unzugehörige begegnen. Mit dem universalen
Gehalt der Rechte, die man Fremden zubilligt, welche um Aufnahme
nachsuchen, ist es gewiss unvereinbar, die *Unterwerfung ihrer ab-
weichenden Identität* zu verlangen. In diesem Fall würden die Fremden ja gerade nicht *als Fremde* aufgenommen; vielmehr würde die
Vernichtung ihrer Fremdheit zur Voraussetzung ihrer Aufnahme gemacht. Ebenso verfehlt aber erscheint es, einer nur politisch-rechtlich
inklusiven, die Fremden als Andere einbeziehenden, sie aber nicht
um den Preis ihrer fremden Identität »einschließenden« Kultur das
Wort zu reden, die selber keine Rücksicht darauf nähme, welche Folgen aus einer Aufnahme Fremder entstehen können, deren Identität
im Verhältnis zu den aufnehmenden Lebensformen auf Dauer völlig
fremd *bliebe.*

Die Aufnahme der Fremden kann als wirkliche *Aufnahme* nur dann gelingen, wenn sie von Anfang an nicht nur auf Rechte Rücksicht nimmt, die allen Menschen ohne Ansehung ihrer Identität zustehen, sondern wenn sie auch auf die *Ermöglichung* einer gegenseitigen Begegnung einander zunächst fremder Identitäten abzielt. Die gelebte, kulturelle Gastlichkeit, die allein den Sinn sowohl des außerordentlichen ethischen Anspruchs des und der Anderen als auch des Rechts erfüllen kann, das die Aufnahme regelt, muss zweifellos nicht nur auf radikale Anderheit und auf universale Rechte Rücksicht nehmen, die von der »Menschheit« bzw. von der Würde des Anderen hergeleitet werden; sie muss sich den Aufzunehmenden auch in ihrem wirklichen Selbstverständnis öffnen, um ihnen ein eigenes, freies Leben zu ermöglichen. Nirgendwo sonst als hier, in der gelebten kulturellen Gastlichkeit, kann jener außer-ordentliche Anspruch des Anderen effektiv zum Tragen kommen; und nirgendwo sonst ist der Sinn eines Rechtes der Hospitalität zu erfüllen, das mangels gastlicher Lebensformen so wenig wert wäre wie ein radikaler Anspruch, der ungehört verhallte.

Levinas zeigt sich wie Arendt von der Frage beunruhigt, was eigentlich der Souveränität einer zerstörerischen Freiheit entgegenzusetzen ist, die sich das Recht nimmt, Andere rigoros von einer gemeinsamen *gastlichen Welt* auszuschließen, wie es extrem in Genoziden und Kriegen des 20. Jahrhunderts geschehen zu sein scheint. Beide sehen sich dazu herausgefordert, zu denken, was sich noch im entrechteten Zustand, wo Andere jedes Schutzes durch eine politische und rechtliche Zugehörigkeit oder Mitgliedschaft beraubt sind, indifferenter Vernichtung widersetzt. Während sich Arendt auf jenes Recht besinnt, Rechte zu haben, d.h. einer politischen Lebensform zuzugehören, geht Levinas einen geradezu entgegengesetzten Weg, indem er die Apologie eines außer-ordentlichen, unverfügbaren Anspruchs des Anderen als des Fremden jeder politischen Ordnung gleichsam ins Gewissen schreibt. Während aber Levinas oft den Eindruck erweckt, nur eine ethische Gastlichkeit angesichts eines »unendlichen« Anspruchs des Anderen im Blick zu haben, kann Politik geradezu als Inbegriff der Formen menschlichen Zusammenlebens verstanden werden, die eine unbedingte Gastlichkeit verbieten.[52]

---

[52] Vgl. in diesem Sinne J. Derrida, *Von der Gastfreundschaft*, Wien 2001, S. 27, 57, 105; ders. *Schurken*, Frankfurt am Main 2003, S. 12, 64 ff., 124, 189 ff., 198 ff., 206, 211.

Darauf insistiert Derrida unter Hinweis auf Kants Dritten Definitivartikel zum Begriff der Hospitalität. »Dieser generöse Artikel bleibt in der Tat eingeschränkt durch eine große Anzahl von Bedingungen: die allgemeine Gastlichkeit ist nur rechtlich und politisch; sie gewährt lediglich ein Besuchs-, aber kein Wohnrecht; sie betrifft nur die Bürger der Staaten und gründet sich trotz ihres institutionellen Charakters auf einem Naturrecht [...]. Der Vollzug dieses Naturrechts, als der allgemeinen Gastlichkeit, ist auf eine weltbürgerliche Verfassung angewiesen, der sich das Menschengeschlecht nur auf unbestimmte Zeit annähern kann. Aber aus all diesen Gründen, die einen unmittelbaren, unbefristeten, uneingeschränkten Empfang verbieten oder auf unbestimmte Zeit einschränken«, wehrt sich Levinas gegen jede »Relativierung« des absoluten Anspruchs des Anderen, dem eine gastliche Subjektivität antworten soll. Ein Nationalstaat oder eine Gemeinschaft von Nationalstaaten können »die Gastlichkeit, die Zufluchtsstätte oder das Asyl immer nur beschränken [...]. Und die erste, ja, die einzige Sorge Kants ist es, die Beschränkungen und Bedingungen zu definieren.«[53]

Allerdings ist es nicht egal, um welches Regime es sich handelt und ob die gelebte Wirklichkeit einer »realistischen« Praxis der Gastlichkeit deren ethischem Sinn zu entsprechen sucht oder ob sie – wie wir es hierzulande vielfach erlebt haben – geradezu als eine Form institutioneller Abwehr funktioniert, die das formelle Asylrecht durch die Art und Weise seiner Handhabung konterkariert und als eine Form der Ungastlichkeit erscheinen lässt, wenn ein demokratischer Staat Abertausenden von »Schein-Asylanten« nur eine kafkaeske jahrelange Duldung zubilligt. Der von Levinas beschworene ethische Anspruch des Anderen verlangt nicht nur nach einem »Staatlichwerden der Gastlichkeit«, sondern auch nach einer praktischen kulturellen Gastlichkeit der aufnehmenden Lebensformen, ohne die der Anspruch niemals konkret wirksam werden kann. Auf diesem Anspruch zu insistieren genügt nicht, denn *verabsolutiert* droht er jederzeit das Politische zu zerstören, das es nur als ständigen Versuch der institutionellen Regelung einer irreduzibel pluralen menschlichen Koexistenz gibt. Bricht sich der ethische Anspruch des Anderen nicht mehr an ihr, so beschwört er seinerseits eine *ethische Gewalt* herauf, die einen Anderen nur auf Kosten aller anderen An-

---

53 J. Derrida, *Adieu*, S. 114 ff.

deren privilegieren kann.[54] Die vom Anspruch des Anderen her ethisch bestimmte Subjektivität *wird* erst zur politischen und »bürgerlichen«, wenn sie sich der Erfahrung stellt, wie dieser Anspruch in Feldern einer pluralen Koexistenz zur Geltung kommt. Auf den Weg einer »guten Gastlichkeit«[55] kann weder ein ethischer Gewaltstreich führen, der nur den Anspruch des Anderen gelten lässt, noch eine politische Dezision, die mit der Über-Forderung eines ethischen, jedem Anderen zuerkannten Anspruchs Schluss machen soll. Der Sinn der Gastlichkeit ist es gerade, jede politische Ordnung auf einen in ihr nicht aufhebbaren, zwar fremden, dennoch aber nicht-indifferenten Anspruch hin zu öffnen, um auf diese Weise jegliche Selbst-Gerechtigkeit zu unterminieren. Das Politische kann sich so gesehen nicht selbst genügen: es ist vom Anderen her ethisch bestimmt, ohne sich aber im Geringsten darauf zu reduzieren, denn der ethische Anspruch des Anderen sagt uns niemals, *wie* ihm im Zusammenleben mit anderen Anderen gerecht zu werden ist und nach welchen Regelungen das ggf. verlangt.

Gewisser Regelungen der Gastlichkeit bedürfen wir aber, wenn es *kein* »dem Fremden offenstehender Ort« erlaubt, alle aufzunehmen, und wenn es absolut unmöglich ist, dass etwa »ein Volk diejenigen anerkennt, die sich bei ihm niederlassen, so fremd sie auch seien, mit ihren Sitten und Trachten, mit ihrer Mundart und ihren Gerüchen«, um ihnen unbegrenzt und unbefristet »etwas zu atmen und zu leben« zu geben.[56] Selbst »beim besten Willen« ist das unmöglich. Eine völlig entregelte Öffnung zum Anspruch auf Gastlichkeit hin würde deren konkrete Möglichkeiten geradezu zerstören und ihr keineswegs zu einer Verbesserung verhelfen. Nun nimmt man das aber zum Vorwand dafür, sich gegen jeden Anspruch auf Gastlichkeit, der die jeweiligen politischen Regelungen überschreitet, taub zu stellen und eine ethische Über-Forderung des Politischen schon im Ansatz zu unterbinden. Dagegen schreibt Levinas das Ethische als Jenseits-des-Politischen paradoxerweise der politischen Koexistenz selber ein; und zwar bewusst angesichts der Nachwirkungen dessen, was Hannah Arendt (sicherlich verfrüht) den Untergang des

---

[54] Deshalb besteht Derrida auf einem Hiatus zwischen Ethik und Politik sowie auf der Unterscheidung zwischen ethischem und bürgerlichem Subjekt; ebd., S. 39, 51, 54, 125.

[55] Ebd., S. 55.

[56] Ebd., S. 97. Vgl. die detaillierteren Ausführungen dazu im anschließenden Kapitel VI.

Nationalstaates genannt hat: »Überall da, wo Flüchtlinge aller Art, Einwanderer mit oder ohne Staatsbürgerschaft, Exilanten oder Vertriebene, mit Papieren oder ohne, von der Mitte Nazi-Europas bis nach Ex-Jugoslawien, vom Mittleren Osten bis nach Ruanda [...] den Ruf nach einer Veränderung des gesellschafts- und geopolitischen Raums [haben] laut werden lassen – nach einer *rechtspolitischen* Veränderung«, da radikalisiert Levinas genau entgegengesetzt den *ethischen* Anspruch des Anderen, um ihn jeglicher politischen Verfügung zu entziehen.[57]

5. Gastlichkeit, Genozid und Neue Kriege

Im Verständnis Derridas macht Levinas sogar glauben, dass selbst ein Genozid, wie er sich in Ruanda ereignet hat, die »Bestimmung« menschlicher Subjektivität zur ethischen Gastlichkeit nicht aus der Welt schaffen kann. Er soll auf perverse Art und Weise wie »Nicht-Gastlichkeit, Allergie, Krieg usw. noch davon zeugen, dass alles mit ihrem Gegenteil, der Gastlichkeit beginnt«.[58] An dieser Stelle erfährt der Begriff der Gastlichkeit seine wohl befremdlichste Zuspitzung. Während er üblicherweise vom freundlichen, freiwilligen und befristeten Empfang eines Anderen her gedacht wird, dem grundsätzlich von Seiten eines Gastgebers, er ihn verköstigt und beherbergt, auch die Aufnahme verweigert werden kann, steht die radikale Gastlichkeit menschlicher Subjektivität bei Levinas für die Unvermeidlichkeit eines *unbedingten Aufgeschlossenseins*, das nicht umhin kann, sich vom Anderen in Anspruch nehmen zu lassen; nicht einmal dann, wenn er sich als Feind erweist.

Zwar erübrigt die Unbedingtheit des Aufgeschlossenseins keineswegs die Diskussion von Beschränkungen, wenn es darum geht, *wie* auf den Anspruch des Anderen zu antworten ist. Hier kommen Fragen der Freundlichkeit des Empfangs, der Freiwilligkeit, der Befristung usw. wieder ins Spiel. Aber Levinas verteidigt die Position, dass jede Beschränkung gegenüber dem unbedingten Anspruch des Anderen »zu spät kommt«. Transponieren wir diese radikale ethische

---

[57] J. Derrida, *Adieu*, S. 96. Hervorhebg. B. L.
[58] Ebd., S. 122. Bei näherer Betrachtung zeigt sich klar, dass Derrida hier nicht daran denkt, im Zeichen einer »ursprünglichen« Gastlichkeit einer (Levinas gelegentlich unterstellten) primären Philoxenie das Wort zu reden (s. o., Schema 1).

Position in die gewaltsame politische Wirklichkeit, so besagt sie, dass selbst in einem Völkermord oder sog. Neuen Krieg, der sich über jedes Recht hinwegsetzt und jede Sittlichkeit zerstört, die ethische Gastlichkeit »unausrottbar« im Spiel bleibt. In letzter Instanz soll sie ausmachen, was noch den brutalsten bzw. indifferentesten Gewalttäter in einer menschlichen Gemeinschaft mit seinen Opfern verbindet, die ihn mit dem Anspruch konfrontieren, sich der Verantwortung für sie und vor ihnen zu stellen. Ob der fragliche Täter auch nur im Traum daran denkt, ist nicht erheblich: auf jeden Fall ist ihm die Verantwortung für die Anderen *gegeben*. *Darüber* vermag sich seine zerstörerische Freiheit so wenig hinwegzusetzen wie über die Stimme des Gewissens, die man allenfalls *überhören*, aber nicht *nicht* hören kann, wie Kant meinte. So kann – wenn wir Levinas folgen, der in diesem Punkt ganz ähnlich denkt wie Kant – auch der Täter nicht *nicht* antworten auf den Anspruch derer, die ihm die Verantwortung für sein Tun geben – ohne ihm dadurch aber in den Arm fallen zu können. Ist das eine *zynische* Position? *Leugnet* sie am Ende unter Berufung auf eine angeblich unhintergehbare ethische Gastlichkeit die Radikalität gewisser Verbrechen, die sich im Kontext von Genoziden und Neuen Kriegen ereignet haben?

An dieser Stelle bietet es sich an, noch einmal auf Hannah Arendt zurückzukommen, die ja behauptete, bestimmte Formen radikaler Exklusion müssten darauf hinauslaufen, gänzlich entrechtetes, insofern nacktes Leben zu produzieren, an dem man sich vergehen könne, ohne irgendwelche Konsequenzen fürchten zu müssen. Im Gegenlicht der Levinasschen Philosophie besagt dies: das nackte Leben derer, an denen jene Verbrechen verübt worden sind, habe sich als indifferent liquidierbar erwiesen, von einer ethischen Gastlichkeit menschlicher Subjektivität verrieten sie keine Spur. Als Erklärung bietet Arendt immer wieder jene Weltlosigkeit an: Wo Menschen aus der Welt verlässlicher politischer Lebensformen herausfallen, können sie wie bloß Überflüssiges beseitigt werden oder zu Vollstreckern einer Beseitigung Anderer im großen Maßstab werden. Die Wurzel der Weltlosigkeit sieht sie in der europäischen Erfahrung, »daß immer mehr Menschen und immer mehr Volksgruppen erschienen, deren elementare Rechte als Menschen wie als Völker im Herzen Europas so wenig gesichert waren, als hätte sie ein widriges Schicksal plötzlich in die Wildnis des afrikanischen Erdteils verschlagen« (EUTH, S. 455).

In eben dieser weltlosen Wildnis tauchten Ende des 19. Jahrhun-

169

derts in Europa heimatlos gewordene Subjekte wie Carl Peters auf, deren genozidales Tun in Deutsch-Ostafrika (zu dem damals auch Ruanda gehörte) ebenfalls der dortigen Weltlosigkeit geschuldet war, wie Arendt meint. Was die Buren in Südafrika, die Deutschen in ihrer Kolonie oder der belgische König Leopold[59] im Kongo angerichtet haben, erklärt sie aus dem »Entsetzen vor Wesen, die weder Mensch noch Tier zu sein scheinen und gespensterhaft, ohne alle faßbare zivilisatorische oder politische Realität, den schwarzen Kontinent bevölkerten und übervölkerten. Aus dem Entsetzen, daß solche Wesen auch Menschen sein könnten, entsprang der Entschluß, auf keinen Fall der gleichen Gattung Lebewesen anzugehören.« Wie zu erwarten, bedient sich Arendt der Metapher von der *Reise ins Herz der Finsternis* (J. Conrad), die aber gewiss nicht diesem so außerordentlich hellen, von der Sonne geprägten Kontinent, sondern (wie Arendt meint) dem eigenen Schrecken der Europäer »vor den Menschen Afrikas« zu verdanken war, die ungeachtet ihrer »absoluten Fremdheit« zur »Spezies des *homo sapiens*« zu zählen schienen.

Angeblich fanden die Europäer in Afrika weder etwas vor, was den Titel »Welt« verdient hätte, noch erinnerten sie sich der rechtlich-politischen Welt, der sie selbst entstammten.[60] In dieser doppelten Weltlosigkeit war alles möglich, auch systematischer Massenmord, den Arendt allerdings nur mit Schwierigkeiten so nennen kann. Denn wie soll man adäquat ein Tun benennen, das sich gegen merkwürdige Wesen richtete, die wie »Abfallprodukte einer untergegangenen Zivilisation« erschienen und die offenbar so sehr der Natur zugehörten, dass sie ihr »keine menschliche Welt entgegenzusetzen« vermochten? War »ihre Irrealität, ihr gespenstisch erscheinendes Treiben nicht ihrer Weltlosigkeit geschuldet«?[61]

Wer diese Ausführungen in *Elemente und Ursprünge totaler Herrschaft* liest, kann sich des Eindrucks kaum erwehren, hier werde genozidales Verbrechen »verständlich« gemacht; und zwar so, dass Weltlosigkeit erklären soll, wie »absolut Fremde« als Abfall der Ge-

---

[59] A. Hochschild, *King Leopold's Ghost. A Story of Greed Terror, and Heroism in Colonial Africa*, Boston, New York 1999.

[60] Bezeichnend ist in diesem Sinne Arendts Essay über Isak Dinesen in *Menschen in finsteren Zeiten*, München 2001, S. 104–125, bes. S. 113–16.

[61] EUTH, S. 309, 322, 455. In *Was ist Politik?* (S. 122) bekräftigt Arendt ausdrücklich den räumlichen Zusammenhang von Welt und Recht: Letzteres stiftet einen Raum des Zusammenlebens, außerhalb dessen man »ohne Gesetz und […] ohne Welt«, d.h. in einer menschlichen Wüste existieren müsse.

schichte liquidiert werden konnten, ohne die geringste Spur menschlicher Verantwortung für sie zu hinterlassen. Genau gegen diese Konsequenz richtet sich die Philosophie der radikalen ethischen Gastlichkeit, wenn sie besagt, der Anspruch des Anderen hänge nicht von seiner Einordnung in eine politische Welt ab; er erreiche den Verantwortlichen selbst wortlos, da allein das Gesicht besage: du sollst dich nicht am Leben des Anderen vergehen, du sollst nicht töten (und zwar auf keine Weise). Jeder Leugnung dieses Anspruchs zuvor erweist sich menschliche Subjektivität demnach als affiziert durch ihn. Man kann sich an ihm vergehen, aber ihn nicht aus der Welt schaffen. Demzufolge waren jene Fremden keine »gesichtslosen« Wesen; vielmehr musste erst ein solches Bild von ihnen gezeichnet werden; und *infolge dessen erst* konnte der afrikanische Kontinent als der dunkle, schwarze gelten. Im Rückblick, der über diese Art der »Europäisierung fremder Menschheiten« (Husserl) aufgeklärt ist[62], will es so scheinen, als habe *sie* die Finsternis über das Herz von Afrika gebracht[63], in der man sich selbst nicht mehr erkannte, wenn Arendts Diagnose des afrikanischen Schreckens zutrifft.

Eine der bis heute greifbarsten Folgen dieser Europäisierung ist die Einführung rassischer Kategorien und genealogischer Hypothesen, durch die sich die Deutschen bereits im Königreich Ruanda hervortaten, das 1884/5 dem deutschen Kaiserreich angegliedert worden war. Bekanntlich haben dann die Belgier, die das Gebiet nach dem Versailler Vertrag zugesprochen bekamen, für die Eintragung von Stammeszugehörigkeiten in die Pässe gesorgt, was nach dem Genozid des Jahres 1994 wieder rückgängig gemacht worden ist.[64] Wie auch die weitere Chronologie der Vorgeschichte des Genozids belegt, in der sich die Kolonialherren opportunistisch der erzeugten Gegensätze zwischen Hutus und Tutsis bedienten, kann der Völkermord ohne die vorgängige Europäisierung gar nicht als solcher begriffen werden.

Das wird auf ruandischer Seite ebenfalls so gesehen, wo man allerdings nun auch dazu übergeht, diesen Genozid ohne historisches

---

[62] Vgl. R. Stockhammer, *Ruanda. Über einen anderen Genozid schreiben,* Frankfurt am Main 2005, S. 135, 140, 144, 148.
[63] Ich glaube, dass *so* auch J. Conrad zu lesen ist; vgl. *Heart of Darkness & Other Stories,* Hertfortshire 1999, S. 31 ff.
[64] Vgl. M. Kaldor, *Neue und alte Kriege,* Frankfurt am Main 2000, S. 129 f.

Beispiel im eigenen kollektiven Gedächtnis in Anlehnung an die Geschichte Europas zu deuten. So bestreitet Esther Mujawayo, dass es sich um eine »Sache unter Afrikanern« gehandelt habe, nicht nur mit dem Hinweis auf die Kolonialgeschichte. Sie lehnt sich auch gleich zu Beginn ihres autobiografischen Berichts an Primo Levi und an die Landung der Alliierten in der Normandie als Anfang vom Ende des Nazismus an und sieht im Genozid eine allgemeine Lehre darüber, wie ein derartiges Verbrechen im Prinzip überall möglich ist, und darüber, was es heißt, angesichts dessen »Mensch« zu sein. Es sei Zufall, wo man zur Welt gekommen ist, um eventuell schließlich Tätern zum Opfer zu fallen, die offenbar »einfach menschlich und als Menschen zum Schlimmsten fähig« sind. Möglicherweise liegt darin eine geradezu *unannehmbare Gemeinschaft im Menschlichen*, dass Andere an der »Grenze des Un-Vorstellbaren« schlimmerem als dem Tod, nämlich einer *exzessiven* Vernichtung ausgeliefert werden können.[65]

Hier ist von unverzeihlichen Untaten die Rede, die nach einer *unmöglichen Gerechtigkeit* verlangen lassen: Wie soll Un-Vorstellbares bezeugt, gesagt und beschrieben werden? Auch vor einem Gericht, das nach internationalem Recht die Verbrechen ahnden soll, versagt die Sprache. Immer wieder fragen sich die Überlebenden, »ob sie noch zur selben Welt gehören«.[66] Wobei die gebrochene Zugehörigkeit hier nicht von geltendem Recht abhängig gemacht, sondern auf die unterbrochene Kommunikation bezogen wird. Eine Rückkehr aus der traumatischen Weltlosigkeit (um Arendts Begriff in einer ihr zuwiderlaufenden Deutung aufzugreifen) scheint, wenn überhaupt, nur dadurch möglich zu sein, dass Andere den Opfern wenigstens zuhören. Wo sie als Flüchtlinge Aufnahme finden, kann mehr als ihr nacktes Leben, d. h. mehr als ihr physisches Überleben nur gesichert werden, wenn man ihnen Gehör schenkt. Das ist bei Levinas, Derrida und Ricœur auch der Ansatzpunkt einer Philosophie der Sprache, die sie als Form der Gastlichkeit begreift. Vor jedem Diskurs oder Dialog beginnt die Sprache mit dem Hören, Hinhören und Hören auf den Anderen. Zumal an der Grenze des Sagbaren

---

[65] Was durchaus bedeuten kann, sie, etwa infiziert mit AIDS, am Leben zu lassen, wie die Autorin zeigt (E. Mujawayo, S. Belhaddad, *Ein Leben mehr. Zehn Jahre nach dem Völkermord in Ruanda*, Wuppertal ²2005, S. 307, 104, 35, 107, 233).
[66] E. Mujawayo, S. Belhaddad, *Ein Leben mehr*, Kap. 22, sowie S. 13, 236, 201, 203, 217.

bedarf es darüber hinaus des aufmerksamen Zuhörens derjenigen, an die sich Fremde wenden.

Im Falle derer, die vor »ethnischer Säuberung« und anderen extremen Verbrechen geflohen sind, wie sie sich auch in Europa noch vor wenigen Jahren ereignet haben, rührt die Fremdheit der Fremden, die zu uns gelangt sind, weniger aus ihrer Sprache, Kultur oder Nationalität. Diese Fremdheit kommt von weiter her und geht uns zugleich tiefer unter die eigene Haut. Sie lässt auch diejenigen, denen sie sich mitteilt, *sich selbst fremd* werden angesichts einer »unannehmbaren Gemeinschaft«, die es nicht gestattet, diejenigen, die für das Schlimmste, jenseits des Vorstellbaren, verantwortlich sind, aus ihr auszuschließen. Wer die Bedeutung sprachlicher Gastlichkeit angesichts der hier nur kurz angeschnittenen (mehr oder weniger neuen) Formen kollektiver Gewalt bedenkt, die so viele Menschen auch in unserem, noch jungen Jahrhundert in eine ungewisse Flucht geschlagen haben, wird keine Integrations- oder Inklusions-Rhetorik gutheißen können, die die Aufhebung der Fremdheit von sog. Ausländern, ob Migrant oder Flüchtling, geradewegs zur Bedingung ihrer Aufnahme macht.[67]

Andererseits sollte man aber auch nicht eine unaufhebbare Fremdheit festschreiben, in der für Levinas geradezu die Freiheit des Anderen liegt. So bewegt er sich auf der Ebene einer radikalen und *unbedingten Infragestellung* menschlicher Subjektivität im Zeichen des Anderen, vernachlässigt aber die im engeren Sinne kulturellen und rechtlichen Ebenen einer Gastlichkeit, die *niemals unbeschränkt zu praktizieren* ist. Diese Ebenen müssen zweifellos deutlich unter-

---

[67] Einer fragwürdigen Inklusions-Rhetorik bleibt auch das bestgemeinte Verlangen nach allen Menschen zustehenden Rechten verhaftet, wenn es die allen anderen verpflichtete Sensibilität für deren Verletzung nicht mit dem Gedanken unaufhebbarer Fremdheit des Anderen verbindet. Diese Fremdheit ist überhaupt nicht zu »integrieren«. Gleichwohl kann ihr eine außer-ordentliche Gastlichkeit entgegentreten, die angesichts des Anderen noch auf das Schlimmste gefasst sein muss (ohne damit »rechnen« zu können). Zur menschenrechtlichen Inklusion, speziell mit Blick auf Ruanda als »human rights nightmare« vgl. P. Farmer, »Never Again? Reflections on Human Values and Human Rights«, in: *The Tanner Lectures on Human Values* (2005), S. 137–188, der jene Sensibilität im Horizont der Moderne für eine unbedingte Pflicht hält. Demgegenüber setzt J. Derrida die von ihm verteidigte »Logik der Alterität« ausdrücklich von einer »Logik der Inklusion« ab. Vgl. die Diskussionsbemerkungen in: J. D. Caputo, M. J. Scanlon (eds.), *God, the Gift and Postmodernism*, Bloomington, Indianapolis 1999, S. 72, 132–135. Aber der Begriff der Gastlichkeit verlangt nach einer noch kaum absehbaren Verknüpfung beider Ansätze.

schieden werden. Das bedeutet indessen nicht, dass sie nichts miteinander zu tun hätten.

Am Beispiel von Esther Mujawayo, die seit einigen Jahren in Deutschland lebt, zeigt sich, was es bedeutet, Fremde aufzunehmen – bis hin zur Erfahrung der Selbst-Fremdheit, die sich abzeichnet, wenn sie als Opfer einer kollektiven Gewalt zur Sprache kommen, die wie im Falle Ruandas keineswegs nur auf die Spur eines *auswärtigen* Reiches der Finsternis führen. In der dortigen Finsternis, in der wir uns selbst fremd werden, sind die Spuren unserer eigenen Geschichte noch deutlich genug zu erkennen. Sie führen, wie das Beispiel Hannah Arendts beweist, mitten ins Herz unseres gegenwärtigen politischen Denkens – und zwar selbst dort noch, wo es ganz und gar dem Gedanken verpflichtet ist, im Zeichen der Würde des Menschen, seiner Rechte oder des Angewiesenseins eines jeden auf Zugehörigkeit zu einer politischen Lebensform, alle Menschen vor einer radikalen Exklusion zu bewahren, die ihnen nur noch ein nacktes Leben oder den Tod zugestehen würde.

Während Levinas uns davon überzeugen will, dass selbst in einem solchen Leben noch ein Anspruch auf Verantwortung liegt, insistiert Arendt auf dem Recht eines jeden, nicht indifferent sich selbst überlassen zu werden und minimale Rechte gegen Andere zu haben. Aber so wenig wie das oft beschworene nackte Antlitz des Anderen richten Rechte etwas aus, wenn sie nicht zur lebenspraktischen, aktiven Angelegenheit kultureller Lebensformen werden, denen weder ethische Gesetze noch moralische Normen vorgeben können, wie (für wie lange, um welchen Preis ...) Andere (und welche von ihnen) gastlich aufzunehmen sind; schon gar nicht, wenn eine zeitgemäße Hospitalität für jede Rechtsverletzung *weltweit sensibel* sein soll (wie es schon Kant vorschwebte).[68]

Eine solche, »kosmopolitische« Ausweitung menschlicher Sensibilität beschwört alle Fragen der Überforderung herauf, die seit langem im Zentrum der Debatten um Asyl-, Ausländerrecht und Fragen der Einwanderung stehen. Darin liegt eine Tragik eigener Art. Denn gerade diese Debatten rationalisierten oft nur einen tief sitzenden Abwehrreflex – bis hin zur Gastfeindschaft. Behält sie die Oberhand, so könnte auch eine Einsicht wieder verloren gehen, die vor Jahrzehnten die Einräumung eines höchstpersönlichen, absoluten Rechts

---

[68] Ich muss hier davon absehen, das Erfordernis einer aktiven Sorge dafür zu diskutieren, dass solche Verletzungen gar nicht erst eintreten.

eines jeden motiviert hatte, um gastliche Aufnahme nicht nur nach-
zusuchen, sondern sie auch in Anspruch nehmen zu dürfen: Die Einsicht, dass im Prinzip jeder in die Lage des verzweifelten, weltlosen
Gastes geraten kann[69] – wie einst die politischen Flüchtlinge, die aus
religiösen, ethnischen, sexuellen und rassischen Gründen Verfolgten,
die das sog. Dritte Reich verlassen mussten. Diese kollektive Erfahrung der Verlassenheit war die Maßgabe des Artikels 16 des Grundgesetzes im Zeichen des Geistes der Gastlichkeit. Wo dieser verkümmert, beginnt die Wüste der Nachbarlosigkeit, die niemand zu
durchqueren hoffen kann.

Wohin führt uns aber jene Einsicht? In einer künftig noch weiter überbevölkerten Welt sind nach einschlägigen Prognosen weniger
klassische Kriege zwischen Staaten als vielmehr sog. Neue Kriege um
Wasser, fruchtbares Land und andere Lebensressourcen zu erwarten.
Solche Kriege und »eine den Wert des menschlichen Lebens herab-
mindernde demografische Inflation« müssen nach dem Befund Die-
ßenbachers fortan als zusammengehörige Erscheinungen verstanden
werden. »Im Schnittpunkt dieser Erscheinungen verlaufen die regio-
nalen Konfliktlinien der Überzähligen. Der Überzählige wird eine
prägende Gestalt des 21. Jahrhunderts. Er kann die Erscheinung des
Hungernden annehmen, der sich in das Millionenheer der Armen,
der Kranken und Slumbewohner einreiht; aber auch die Erscheinung
des Verbrechers und Terroristen, des Umwelt- und Wirtschafts-
flüchtlings, die des Asylanten oder die des Kriegers und Völker-
mörders.« Der »Überzählige« wird zusammen mit dem »Über-
bevölkerungskrieger« auf der Erde künftig die »Formen veränderter
Lebensräume im heraufziehenden Jahrhundert gebieterisch bestimmen«.[70]

Längst wirft nach der Einschätzung vieler Beobachter die Zukunft Neuer Kriege aus demografischen, aber auch ökonomischen,
ökologischen u. a. Gründen vielerorts, nicht nur in der ehemaligen
Zweiten Welt, ihren Schatten voraus. Auch im sog. Westen glaubt
man das Gespenst einer durch Arbeitslosigkeit, Staatszerfall und
Globalisierung heraufbeschworenen Überflüssigkeit zu erkennen.
Überflüssige suchen am Ende »Arbeit jeder Art«, d. h. auch in ver-
nichtender Gewalt.[71] D. h. gewiss nicht, dass man die Kindersoldaten

---

[69] Vgl. Z. Bauman, *Verworfenes Leben*, Hamburg 2005.
[70] H. Dießenbacher, *Die Kriege der Zukunft*, München 1998, S. 212 f.
[71] Ebd., S. 185 ff.

Afrikas einfach auf eine Stufe stellen könnte mit Formen von Gewalt, zu denen Jugendliche in der ehemals Ersten Welt offenbar greifen, um zu demonstrieren, dass sie ungeachtet ihrer Entbehrlichkeit auch noch da sind. Die Verwendung des gleichen Begriffs, des »Überflüssigen«, legt Kurzschlüsse nahe, die wichtige Differenzen übersehen lassen[72] – selbst wenn es stimmen sollte, dass uns die Neuen Kriege in Afrika nicht die Vergangenheit, sondern die Zukunft der OECD-Welt vor Augen führen, wie T. v. Trotha meint.[73] Handelt es sich hier wirklich um »Menetekel dessen, was auch Europäer und Amerikaner ereilen wird, wenn es ihnen nicht gelingt, das aufgebrochene Gewaltmonopol der Staaten im globalen Maßstab wiederherzustellen (bzw. überhaupt durchzusetzen)«?[74]

Wie dem auch sei: Prognosen, die sich hier von Prophetie nur schwer unterscheiden lassen, erübrigen nicht die Vorsorge dafür, dass Menschen sich dort wie hier nicht schierer Überflüssigkeit überantwortet sehen aufgrund der Erfahrung, in der Welt der Anderen überhaupt nicht mehr zu zählen. Flucht oder Auswanderung im Vertrauen darauf, anderswo gastliche Lebensbedingungen anzutreffen, ist noch die harmloseste Antwort auf diese Erfahrung. Wo derartige sog. Exit-Optionen aber nicht zur Verfügung stehen, wird kollektive Gewalt in den angedeuteten Formen am Ende zum probatesten Mittel der Selbstbehauptung. Davor wird nur eine – transnationale – Kultur der Gastlichkeit schützen können, die nicht nur Flüchtlingen eine Bleibe bietet, sondern auch *Vorsorge* dafür trifft, dass sie anderswo gar nicht erst die Erfahrung radikaler Ungastlichkeit einer Welt machen müssen, die sich um sie nicht kümmert. Allemal kann die Welt nur von Anderen her als eine gastliche erfahren werden. Nicht aus einem objektiven demografischen Befund ergibt sich, wer in ihr angeblich keinen Platz hat; vielmehr einer radikalen politischen Polemik entspringt, wer auf einem bestimmten Boden für »überflüssig« gehalten wird. Zahlen geben niemals her, *wer in den Augen Anderer* als »zuviel«, verzichtbar und schließlich vernichtbar gilt.

Wer das vorgängige Versagen in der Ur-Aufgabe aller menschlichen Kultur nicht bedenkt, allen eine gastliche Bleibe zu bieten,

---

[72] Vgl. bspw. H. M. Enzensberger, *Aussichten auf den Bürgerkrieg*, Frankfurt am Main 1996, S. 44–49, der ebenfalls, in globaler Perspektive, die »Überflüssigen« im Blick hat.

[73] T. v. Trotha, »Die Zukunft liegt in Afrika. Vom Zerfall des Staates, von der Vorherrschaft der konzentrischen Ordnung und vom Aufstieg der Parastaatlichkeit«, in: *Leviathan 28* (2000), Heft 2, S. 253–279; M. Kaldor, *Alte und neue Kriege*, S. 230 f.

[74] H. Münkler, *Die neuen Kriege*, Reinbek 2004, S. 63.

wird schließlich in neo-malthusianisches Fahrwasser geraten und auch eine unerhört gewaltsame, auf dem Weg der Exklusion, des Genozids oder Neuer Kriege erfolgende, angeblich bloß »natürliche Selbstregulation« der Existenz »Überflüssiger« für hinnehmbar halten, die Unbeteiligte bloß abzuwarten bräuchten.[75] Von einer demografisch ausgeglichenen Welt, die »alle[n] gleichen Anteil an den Gaben der Natur« gewährte und in der mangels eines Anlasses zum Streit »keiner zum Feind seines Nachbarn« werden müsste, wie Malthus[76] meinte, sind wir freilich weiter denn je entfernt. In einer solchen Welt bedürften wir menschlicher Gastlichkeit womöglich nicht. Jeder könnte für sich bleiben. Von einer unbedingten Gastlichkeit menschlicher Subjektivität im Zeichen des Fremden bliebe keine Spur.

---

[75] Das meint offenbar K. O. Hondrich: *Wieder Krieg*, Frankfurt am Main 2002, S. 127 f., 168.
[76] T. R. Malthus, *Das Bevölkerungsgesetz*, S. 85.

Kapitel VI
Frieden durch Recht und Gastlichkeit?
Gedanken aus der Ferne – mit Kant und Derrida

> *War is only ›peace intensified‹.*
> George Orwell[1]

> *Es ist möglich, daß jede Politik*
> *zugleich und tatsächlich kriegerisch und friedlich ist.*
> Maurice Merleau-Ponty[2]

> *Gastfreundschaft einer Heimsuchung und nicht einer*
> *Einladung, wenn das, was an Anderem geschieht,*
> *über die Regeln der Gastfreundschaft hinausgeht*
> *und für die Gastgeber unvorhersehbar bleibt.*
> Jacques Derrida[3]

1. Zwischen Krieg und Frieden

Längst vorbei ist die Zeit, in der man mit Hugo Grotius der Meinung
sein konnte, zwischen Krieg und Frieden gebe es nichts Drittes, entweder es »herrsche« Krieg oder eben Frieden.[4] Inzwischen sind wir so
weit, dass man »nur irgendeiner Nachricht Gehör schenken« muss,
um zu realisieren, dass »alle Orte der Welt, alle Orte der *menschlichen* Welt und gewiß nicht nur *auf dem Boden der Tatsachen*, eben-
soviele Abgründe [sind], in denen die ›klaren Unterscheidungen‹« –
wie etwa die zwischen Krieg und Frieden – »zugrundegehen«. Nicht
nur in Ruanda, im ehemaligen Jugoslawien, in Afghanistan, im Su-

---

[1] G. Orwell, »Inside the Whale«, in: *Selected Essays*, London 1957, S. 47; sowie ders.,
Neunzehnhundertvierundachtzig, Zürich 1950, S. 96, wo es umgekehrt heißt: »Krieg
bedeutet Frieden. [...] Wie Grabgeläute fielen ihm diese Worte wieder ein.«
[2] M. Merleau-Ponty, *Das Auge und der Geist*, Hamburg 1984, S. 127.
[3] J. Derrida, *Seelenstände der Psychoanalyse*, Frankfurt am Main 2002, S. 41.
[4] H. Grotius, *De jure belli ac pacis*, Tübingen 1950, S. 47.

dan …, sondern grundsätzlich und überall. Wie kein anderer hat Carl Schmitt bekanntlich diese »klaren Unterscheidungen« zu verteidigen und vor einer massiven Erosion zu bewahren versucht, gerade dadurch aber, vielleicht »besser als alle anderen«, vor Augen geführt, wie sie scheitern und in eine Zone der Ununterscheidbarkeit geraten müssen, wenn man ihrer Logik nur konsequent genug folgt. Davon jedenfalls ist Derrida überzeugt, der in diesem Zusammenhang ohne Umschweife von der »Nostalgie Schmitts« spricht, um damit anzudeuten, dass er jene Zeit für endgültig überholt hält.[5] »Das Paradox und das Interesse der von Schmitt unternommenen Anstrengungen liegt ja nicht zuletzt in der Sturheit, mit der er die klassischen oppositionellen Unterscheidungen in eben dem Augenblick festhalten, restaurieren, rekonstruieren, retten oder verfeinern will, in dem seine Aufmerksamkeit für eine bestimmte Modernität (der ›Technik‹ und eines von ihr untrennbaren Krieges, des Partisanenkrieges oder des Kalten Krieges, der gegenwärtigen oder künftigen Kriege) ihn zu der Einsicht zwingt, daß die grundlegenden Unterscheidungen (als metaphysische, theologisch-politische, sagen wir lieber: als ontotheologische Unterscheidungen) sich verwischen« (PdF, S. 333).

Ungeachtet einer »Dekonstruktion« dieser Unterscheidungen, die den Eindruck erweckt, deren Erosion in der realen geschichtlichen Welt gewissermaßen nur nachzuvollziehen, bleiben wir aber auf begriffliche – wenn auch vielleicht weniger »klare« bzw. eindeutige – Unterscheidungen angewiesen, wenn wir nicht ganz darauf verzichten können und wollen, Frieden zu denken, um auf ihn hin zu wirken. Bleibt es nicht richtig, dass nur Wesen, die zum Krieg (in welcher neuen oder alten Form auch immer) fähig sind und fähig bleiben, sich zum Frieden erheben können, wie es Levinas in *Totalität und Unendlichkeit* formuliert?[6] Welchen Sinn könnte man aber noch damit verbinden, wenn auch der Unterschied zwischen Krieg und Frieden bis zur Unkenntlichkeit verwischt würde? Läuft andererseits unsere geschichtliche Erfahrung nicht genau darauf hinaus? Oder zwingt sie in anderer Weise zur Revision dieser Begriffe?[7]

---

[5] J. Derrida, *Politik der Freundschaft*, Frankfurt am Main 2002, S. 197 (= PdF).

[6] E. Levinas, *Totalität und Unendlichkeit*, Freiburg i. Br., München 1987, S. 322 (= TU); vgl. v. Verf., »Krieg, Genozid, Vernichtung«, in: *Geschichte als Antwort und Versprechen*, Freiburg i. Br., München 1999, Kap. IV.

[7] Wenn Unterschiede »sich verwischen«, heißt das nicht, dass gar keine mehr gemacht werden können. Mit Nicole Loraux (s. u. S. 215) wäre überdies zu zeigen, dass die Unterscheidung zwischen Krieg und Frieden *seit jeher* »unklar« war (wie sie am auch von

Dabei ist es keineswegs sicher, dass wir zum Krieg fähig bleiben. Zumindest als kollektive Form gewalttätiger Auseinandersetzung mit Waffen ist der Krieg, zumal wenn er sich in hochorganisierter Form zwischen Staaten abspielt, viel voraussetzungsvoller, als es etwa einer auch das Denken von Levinas nicht unwesentlich tragenden Tradition zu entnehmen ist, die sich an der Fiktion eines Naturzustandes orientiert, in dem angeblich ein »Krieg aller gegen alle« herrscht.[8] Alleine kann man gar nicht »Krieg führen«, weder gegen

---

Derrida aufgegriffenen Beispiel *polemos/stasis* zeigen kann), ohne dass dadurch das Unterscheiden einfach obsolet geworden wäre. Schmitt selbst beruft sich mehrfach darauf, eindeutige Unterschiede (im Verhältnis zum Feind) müssten »gemacht« werden, wenn sie sich nicht »objektiv« bzw. als »seinsmäßige« gleichsam aufdrängen. Seine »Politik der Differenz« bewegt sich ständig zwischen Finden und Erfinden von Unterschieden. Ihm zufolge ist am seinsmäßigen Unterschied zum Feind, den man als solchen auf jeden Fall identifizieren müsse, unbedingt festzuhalten. Andernfalls öffne man den Weg in einen furchtbaren *status,* der klare Trennungen – und damit die Möglichkeit intensivster politischer Existenz – ganz ruiniere. Warum solche Existenz überhaupt sein soll (einmal abgesehen von der Frage, ob das Politische oder die »Intensität« menschlichen Lebens nicht auch anders zu fundieren wäre), klärt Schmitt ebenso wenig wie die entscheidende Frage der Gewaltsamkeit der getroffenen Unterscheidungen. Eine reine Feinderfindung stützt sich am Ende auf einen Akt purer Dezision, wenn es darum geht, sich – koste es, was es wolle – zu unterscheiden von Anderen. Wenn man dagegen darauf insistiert, gerade eine Welt »verwischter« Unterscheidungen entlaste uns nicht davon, Unterschiede (wie den zwischen Krieg und Frieden) zu »machen«, so liegt die entscheidende Differenz zu Schmitt in der Absicht, dies *mit geringstmöglicher Gewaltsamkeit angesichts dieser Welt* zu tun. Dem würde wohl auch Derrida zustimmen können. In Anbetracht der seit einigen Jahren wachsenden Popularität der *Schmittschen* Diagnose zunehmend verwischter Unterscheidungen ist diese »Klarstellung« angezeigt. Wie auch immer die Welt sich seit Schmitts Kritik der Romantik verändert haben mag, sie entbindet nicht von der Frage, in welchem Sinne wir mit Unterschieden umgehen, so »unklar« oder uneindeutig sie auch sein mögen. Aus Letzterem lässt sich eine *Politik* der Differenz jedenfalls nicht einfach ableiten.

[8] Dieser vor allem mit Hobbes' Sozialphilosophie verbundenen Fiktion gemäß liegt ein »Kriegszustand« auch dann vor, wenn gar nicht akut Krieg herrscht. Unabschaffbar erscheint dieser Zustand, wenn es stimmt, dass nur Wesen, die zum Krieg fähig sind (und bleiben), sich auch zum Frieden erheben können. Insofern ist kaum zu bestreiten, dass Levinas Hobbes nahe steht, *obwohl* er seinen zentralen Gedanken einer ethischen Nicht-Indifferenz immer wieder schroff dem neuzeitlichen Denken einander zunächst »gleichgültiger« Lebewesen entgegensetzt, die ursprünglich nur an ihrer eigenen Selbsterhaltung interessiert zu sein scheinen, ohne im Geringsten im Sinn ihrer Existenz dem Anderen verpflichtet zu sein. Noch die Begriffe Sensibilität und Nähe im Spätwerk Levinas', die genau diesen Sinn bezeichnen sollen, sind nur als gegen jene Gleichgültigkeit gewendet verständlich; vgl. E. Levinas, *Jenseits des Seins oder anders als Sein geschieht*, Freiburg i. Br., München 1992, Kap. III. Gerade dadurch bleibt Levinas auch dort Hobbes verpflichtet, wo er sich dezidiert von ihm absetzt, um sowohl den

den Nächsten noch gegen Dritte. Der Krieg bedarf spezieller, nur mit einigem technischem und ökonomischem Aufwand zu beschaffender Mittel, der logistischen Organisation, taktischer und strategischer Überlegungen, moralischer Unterstützung usw. Selbst der Hass steht ihm nicht ohne weiteres als Katalysator zur Verfügung. Auch heißer Hass erkaltet und stumpft früher oder später ab. Um für einen anhaltenden Krieg brauchbar zu sein, muss er immer wieder geschürt und sorgsam gehegt werden. So lassen sich zahlreiche Ansatzpunkte einer Friedensforschung benennen, die sich nicht mit dem auch bei Levinas geradezu *fatalen* Anschein abzufinden braucht, dass wir auf Dauer und unabänderlich »zum Krieg fähig« bleiben. Die effektive Fähigkeit, Krieg wirklich zu führen, ist keine ontologische oder anthropologische Konstante. Über diese Fähigkeit gibt weder eine Ontologie noch eine Anthropologie befriedigend Auskunft, die ein »polemogenes« Moment im Sein oder im menschlichen Leben glaubt ausmachen zu können. Gewiss kann sich jede Auseinandersetzung im Streit steigern zu einem – wie auch immer ausgetragenen – Krieg. Aber darin liegt keine Zwangsläufigkeit; auch dann nicht, wenn sich die oft geäußerte Vermutung bestätigen sollte, was oder wer wir sind, lasse sich nur im polemogenen Konflikt mit Anderen herausfinden.[9]

In sog. »Neuen Kriegen«, die die Komplexität der noch immer waffenstarrenden militärischen Großmächte ebenso unterlaufen wie die Spielregeln der internationalen Diplomatie, geht es angeblich vor allem darum, eigene Identität um jeden Preis zu behaupten. Man sucht und findet in ihnen Möglichkeiten extremer Gewaltsamkeit, die nicht mehr mit großem Aufwand militärisch organisiert zu werden braucht. Auf reguläre Armeen kann man in diesen Kriegen ebenso leicht verzichten wie auf Regeln der Austragung kollektiver Gewalt. Je weniger konventionell und geordnet die Neuen Kriege stattfinden, desto schwieriger sind sie häufig von der un-friedlichen

---

Vorrang als auch die *Vorgängigkeit* des Krieges gegenüber dem Frieden zu bestreiten. Schon hier sei darauf hingewiesen, dass Levinas ein außer-ordentliches Verlangen nach Frieden vom Anspruch des singulären Anderen her – *ethisch* – begründet und von einem »vernünftigen Frieden« spricht, der *politisch* ermöglicht werden soll, vor allem in der Ordnung einer gerechten Staatlichkeit. Auf den Widerstreit beider Bestimmungen wird zurückzukommen sein. Vgl. E. Levinas, *L'Au-Delà du Verset*, Paris 1982, S. 216; TU, S. 21, 286; *Jenseits des Seins*, S. 26 f.

[9] Woraus folgen würde, dass man Krieg umwillen eigener Identität riskieren muss. G. Konrad konstruiert daraus vor (immer noch aktuellem) europäischem Hintergrund einen engen Zusammenhang von Identität und Hysterie: *Identität und Hysterie*, Frankfurt am Main 1995.

Normalität gewisser Lebensformen zu unterscheiden, in denen *war-lords* durch den Export von Rauschgift und versklavten Frauen ihre Macht behaupten. Wenn Krieg selbst zur normalen Lebensform wird, ohne sich noch als klassischer militärischer Konflikt zwischen staatlichen Einheiten zu präsentieren, was unterscheidet ihn dann noch von einem organisierten Un-Frieden, der von ständiger Feindschaft geradezu lebt, statt auf deren Beendigung abzuzielen? Dass solche Lebensformen in einer Grauzone zwischen Krieg und Frieden angesiedelt sind und dass gewisse »höllische Künste«, von denen Kant in seinem Entwurf eines »Ewigen Friedens« in der Besorgnis sprach, sie könnten in der Zukunft jeden Frieden dauerhaft vergiften, längst zur Normalität eines welt-weiten Un-Friedens bzw. Nicht-Krieges gehören, der auch die Staaten infiziert, in denen sog. Rechtsfriede zu herrschen scheint, bedeutet nun aber nicht, dass man nicht mehr auf künftigen Frieden abzielen könnte. Dass wir faktisch vielfach in Zonen der Ununterscheidbarkeit zwischen Krieg und Frieden geraten, macht weder die Sehnsucht nach Frieden noch das Verlangen, ihn neu zu denken, gänzlich obsolet bzw. zur bloßen Illusion. Allerdings wird jedes Ansinnen, einem neu, nämlich definitiv jenseits der alten Opposition von Krieg und Frieden zu denkenden Frieden zuzuarbeiten, paradoxerweise nur noch um den Preis glaubwürdig erscheinen können, dass man der Erfahrung Rechnung trägt, die für die Zerstörung des Vertrauens in ihn spricht.

Vor diesem Hintergrund versuche ich im Folgenden eine Art Standortbestimmung ausgehend vom bis heute wirkungsmächtigsten Ansatz zu einem dauerhaften Frieden, der einst versprach, ihn durch Recht zu garantieren. Frieden durch Recht – im Geist des *Versprechens*, Gewalt-Verzicht zu üben, – ist das nicht die bis heute überzeugendste Perspektive, in der ein Unterschied zwischen Krieg und Frieden, der faktisch vielfach verwischt erscheint, geradezu *gesetzt* und aller gegenteiligen empirischen Evidenz entgegen *aufrechterhalten* wird durch diejenigen, *die willens sind,* »sich zum Frieden zu erheben«?[10] Genügt es nicht, in diesem Sinne weiterhin Kant zu folgen? Auf diese Frage gehe ich zuerst ein, um dann an dieser Per-

---

[10] Zum Gewalt-Verzicht als Versprechen vgl. etwa E.-O. Czempiel, »Der Friede – sein Begriff, seine Strategien«, in: D. Senghaas (Hg.), *Den Frieden denken. Si vis pacem, para pacem,* Frankfurt am Main 1995, S. 165–176, hier: S. 169. Dieser Gedanke wäre zu revidieren angesichts subtiler Nachweise einer inneren Gewaltsamkeit, die sich selbst eine an Verständigung orientierte Sprache zuzieht, ohne dass wir je versprechen könnten, auf sie zu verzichten.

spektive orientierte Vorschläge aufzugreifen, die auf eine Schaffung oder Wiederherstellung des Friedens dort abzielen, wo er irreparabel zerstört erscheint. Die Diskussion dieser Vorschläge lenkt den Blick zurück auf die Frage, wie Frieden überhaupt möglich ist – eine Frage, die auch »bei uns« aktuell bleibt – und vielleicht wieder verschärft ins Bewusstsein treten wird, wenn man sich weiter leichtfertig darauf verlässt, inneren Frieden garantiere allein das Recht (bzw. die Faktizität seiner Anerkennung im Leben). Es wird sich zeigen, wie ungenügend jene Formel »Frieden durch Recht« ist.

Zum einen halbiert sie in ihrer zumeist primär auf vergangenen Unfrieden abstellenden Form den Kantischen Ansatz gewissermaßen. Kant bestimmt nämlich den Frieden als »Ende aller *Hostilitäten*« (nicht des Krieges) auch im Hinblick auf die Zukunft, in der man gemäß dem Recht der *Hospitalität* einander »nicht feindselig« behandeln soll, um nicht zu neuen Kriegen Grund zu geben. Der Gedanke der Hospitalität wird aber meist ganz unterschlagen. Gerade an diesem Gedanken zeigt sich *zum anderen*, dass Friede in der Absicht, sich kriegsträchtiger Feindschaft zu widersetzen, durch Recht allein gar nicht zu bewirken ist. Gewiss soll auch der durch Recht gestiftete Friede für *die Zukunft dem Aufkeimen neuer Feindschaft vorbeugen*. Gleichwohl ist damit die *aus dem Kantischen Ansatz abzuleitende Aufgabe der Vorsorge* noch höchst unzureichend bestimmt. Es genügt nicht, einander in der »Welt der äußeren Freiheit« nicht ins Gehege zu kommen (womit man über ein indifferentes Nebeneinander kaum hinausgelänge); zumal dann nicht, wenn die Staaten, deren weitgehende innere, juridische Pazifizierung man meist einfach voraussetzt und deren inter-nationale Verhältnisse man nun nach dem gleichen Muster zu befrieden versucht, nicht wie Container nebeneinander existieren, ohne dass die inneren Verhältnisse der einen die der anderen überhaupt tangieren würden. Tatsächlich ruft die ökonomische Reproduktion unseres ignoranten Lebens Un-Frieden anderswo hervor, aus dem – nicht frontal, aber gewissermaßen *lateral* – radikale Feindschaft bis hin zum Terror entsteht, wie einschlägige Analysen zeigen.

Wer erst den extremen *Resultanten* gewaltträchtiger Verhältnisse zwischen den Ethnien, Staaten und Kulturen Beachtung schenkt (und gemäß klassischem Vorbild nach internationaler Legislative, Judikative und Exekutivgewalt verlangt), ohne sich um die Vorgeschichte zu kümmern, kann zu einem *zeitgemäßen Umdenken der Hospitalität auf den Spuren Kants* nichts beitragen. Heute verlangt

letztere nicht erst das »nicht feindselige« Auftreten Handeltreiben-
der auf dem Boden Fremder, sondern eine langfristige, über das Recht
weit hinausgehende Vorsorge dafür, dass auch ein keineswegs von
sich aus friedlicher »Handelsgeist« nicht zu exzessiver Verfeindung
beiträgt. Wenn wir wissen wollen, wie Prozesse der Verfeindung womöglich dauerhaft den Frieden gefährden, müssen wir Vorsorge treffen für eine sensible Wahrnehmung ihrer Anfänge. Wer sich weiterhin vom Recht (oder von der Gerechtigkeit) Frieden verspricht, darf
sich nicht damit begnügen, Frieden durch Recht wieder möglich zu
machen, *nachdem* eklatante, aber nicht wahrgenommene Ungerechtigkeit zu radikaler Verfeindung beigetragen hat. Vielmehr muss ein
aktiver, sensibler Sinn für Ungerechtigkeit den Anfängen der Verfeindung (aus erlittener Ungerechtigkeit, die gegenwärtig durch eine
euphemistisch sogenannte »Globalisierung« noch dramatisch verschärft wird) bereits nachforschen, bevor es überhaupt dazu kommt,
dass etwa den Handeltreibenden (um beim Beispiel zu bleiben) offene Feindschaft bis hin zum Hass entgegenschlägt.[11]

Eine solche, *präventive Hospitalität* wäre nicht mehr auf ein
Recht zu beschränken, wie es Kant vor Augen hatte. Aber sie könnte
durchaus Kant im Geist eines Friedens verpflichtet sein, der zwar
nicht das Ende aller Feindschaft (die unvorhergesehen überall und
jederzeit aufkeimen kann) in Aussicht stellen, wohl aber *Vorbeugung
gegen eine offene und zu alten oder neuen Formen des Krieges eska-
lierende Austragung neuer Feindseligkeit* versprechen kann. Zu ihr
kommt es nach meiner optimistischen Annahme *nicht*, weil die Menschen nur so erfahren können, wer sie sind, weil sie als »polemogene
Tiere« nicht anders können oder weil ihnen die Erfahrung intensivster, feindseliger »Dissoziation« (C. Schmitt) schlechterdings nicht er-
setzbar erscheint in einem entfeindeten Leben, das nicht auf Kosten
anderer geführt würde.[12] Zu ihr kommt es vielmehr im Zuge einer

---

[11] Was nicht wenig damit zu tun hat, dass sich die sog. Globalisierung vielerorts als
kulturell rücksichtslose Amerikanisierung vollzieht (und in Washington regierungs-
amtlich auch so verstanden wird). Dass die Gewaltsamkeit dieses Prozesses vielfach noch
mit einer Moralisierung kaschiert wird, die sich universale »Werte« aneignet, um sie
Anderen zur Nachahmung zu empfehlen, macht die Lage nicht besser, sondern konterkariert die Moral, die man zu exportieren gedenkt, durch die Art und Weise, in der man
dies zum eigenen ökonomischen Vorteil tut.
[12] Vgl. D. Losurdo, *Die Gemeinschaft, der Tod und das Abendland*, Stuttgart 1995,
S. 69 ff.; M. v. Creveld, *Die Zukunft des Krieges*, Berlin 1998; T. v. Trotha, »Das Ende
der Clausewitzschen Welt« oder vom Selbstzweck des Krieges und der Vorherrschaft des
›Krieges geringer Intensität‹«, in: *Soziologische Revue 22* (1999), S. 131–141.

Antwort auf diskriminierende, demütigende Erfahrungen, die einer
eskalierenden Verfeindung immer wieder und immer mehr durch
eklatante Ungerechtigkeit Grund geben. Diesen Zusammenhang
zwischen Erfahrungen der Demütigung und der Ungerechtigkeit hervorzuheben, bedeutet keineswegs, die Formen der Gewalt gewissermaßen zu nobilitieren, die aus ihm erwachsen.[13] Es bedeutet vielmehr, die Aufmerksamkeit auf *Spielräume möglicher Entfeindung*
zu lenken, in denen sich Auswege aus einer fatalen Verkettung von
alten und neuen Kriegen ergeben könnten, die bislang nur von vorübergehenden Friedens-, d. h. Zwischenkriegszeiten unterbrochen
wurden.

Ausgehend vom bislang vorherrschenden Denken eines solchen
schicksalhaften Zusammenhangs von Krieg und Frieden betreibe ich

---

[13] Vgl. T. Honderich, *Nach dem Terror. Ein Traktat*, Frankfurt am Main 2003 (der sich
diesen Vorwurf nicht ganz zu Unrecht zugezogen hat). Allerdings führt Honderichs
Analyse auch vor Augen, dass ein alleseitiges Versprechen des Gewalt-Verzichts als
Grundlage einer Pazifizierung der internationalen Verhältnisse gewiss nicht ausreicht,
wenn es nicht auch von dem Willen getragen ist, für die positive Sicherung und Entfal-
tung der Existenz derer Sorge zu tragen, die andernfalls, nach langer Vernachlässigung
und Demütigung, als unversöhnliche Feinde auftreten. Die Sensibilität dieser (etwa im
Fall der israelischen Friedensbewegung) grenzüberschreitenden Sorge kann nicht allein
dem eigenen Schutz vor fremder Gewalt dienen; sie muss vielmehr darauf abzielen,
Andere vor solcher Gewalt zu schützen, die bereits in der Not und in der Erfahrung
erlitten wird, im Elend sich selbst überlassen zu bleiben. Diese Sensibilität der Sorge
läuft dem Recht voraus und muss es ständig daran erinnern, dass es nicht genügt und,
wie sich später zeigen wird, niemals genügen kann, wenn es grundsätzlich ausgeschlossen erscheint, dass Gerechtigkeit und Recht je zur Deckung kommen. (S. u.) Ich habe
hier Überlegungen Georg Pichts im Blick, der den Frieden von der erlittenen Not und
von der Sorge um die Not Anderer her denkt, nicht vom Krieg her, in den die verzwei-
felte Not sekundär umschlagen kann. Vgl. G. Picht, »Was heißt Frieden?«, in: D. Senghaas, *Den Frieden denken*, S. 177–195. Zum Gedanken einer inter- oder transnationalen
bzw. lateralen Sensibilität, die nicht auf den Binnenhorizont der eigenen politischen
Zugehörigkeit beschränkt bleibt, vgl. L. Boltanski, *Distant Suffering*, Cambridge 1999;
A. Kleinman, »Experience and Its Moral Modes: Culture, Human Conditions, and Disorder«, in: *The Tanner Lectures on Human Values*, Stanford 1998, S. 355–420, bes.
S. 399–406. Eine auf solche Sensibilität gegründete »Friedenspolitik« wird vielfach, gemessen an einem gängigen macht-politischen Politikverständnis, *antipolitisch* vorgehen
müssen, um jene Sorge gewissermaßen zu dislozieren und zu deplatzieren, um die Not
der Verachteten, der Gedemütigten, ihrem nackten Leben Überlassenen, die am Ende in
der schieren Gewalt das einzige Mittel noch sehen, zu demonstrieren, dass es sie gibt,
dass sie zu »zählen« begehren, anderswo – *heterotopisch* – zur Geltung zu bringen,
bevor es zu spät ist und die Not, von interessierten Dritten angestachelt, sich Wege des
Hasses und der Feindschaft zur »asymmetrischen« Gewalt sucht, wenn keine anderen
Mittel zur Verfügung stehen.

im Folgenden eine Revision Kants mit Blick auf eine heute *zur Gastlichkeit zu erweiternde präventive Hospitalität*[14] im Kontext geschichtlicher Erfahrung, die uns immer wieder mit der Ununterscheidbarkeit von Krieg und Frieden konfrontiert. Dass die klassische Unterscheidung von Krieg und Frieden nicht mehr überzeugt, insofern gerade ein dritter Status (den Hugo Grotius glaubte ausschließen zu können) weltweit normal zu werden scheint, verlangt nach einer fruchtbareren Unterscheidung, die sich gerade in einer die Unterschiede zwischen Krieg und Frieden, Nicht-Krieg und Un-Frieden nivellierenden Welt zu bewähren hätte. Ich meine die Unterscheidung zwischen gastlichen und ungastlichen Lebensformen. Kants Ansatz ist noch heute gerade dadurch lehrreich, dass er *nicht* vom klassischen Gegensatz von Krieg und Frieden abhängt, sondern auf den Willen abstellt, virulente Feindschaft, die in offenen Krieg münden kann, zu beenden und nicht zu neuer Feindschaft Grund zu geben. So gesehen hängt der Friede von unserem Verhältnis zur Feindschaft ab – nicht nur in und zwischen Staaten, die ihre Verhältnisse im Geist des Gewalt-Verzichts regeln, sondern auch im Verhältnis zu Fremden und potenziellen Feinden, mit denen »uns« scheinbar nichts mehr verbindet. Es wird sich zeigen, dass dieses Verhältnis nicht in einem Recht aufgehen kann, das alle Feindschaft im Geist des Gewalt-Verzichts zu »begraben« verspräche. Paradoxerweise muss es vielmehr selbst radikalen Feinden erst einmal erlauben, uns in Anspruch zu nehmen und uns die Sensibilität einer außerordentlichen Gastlichkeit abzuverlangen, so unannehmbar dieser von Derrida im Anschluss an Kant radikalisierte Gedanke auch zunächst erscheinen mag. Meine Auseinandersetzung mit Kant und Derrida führe ich am Schluss bis an den Punkt, wo sich das Desiderat einer Philosophie der Gastlichkeit kultureller Lebensformen abzeichnet, die sich weder rechtlich noch ethisch zureichend begreifen lässt.

---

[14] Hier (wie auch in der Überschrift zu Abschnitt 4) spreche ich von Hospitalität nur im engeren rechtlichen, Kantischen Sinne und lasse dahingestellt, inwiefern die fragliche Erweiterung zur Gastlichkeit eine *Erinnerung* an eine bereits in der Antike und im Christentum viel weiter gefasste *hospitalitas* bedeuten könnte. S. u. Anm. 34.

2. Hostilität und Hospitalität

Nach dem Krieg ist vor dem Krieg. Nicht allein, weil Krieg und Frieden unaufhörlich aufeinander folgen, sondern weil jeder Krieg in den nächsten Frieden übergeht, in dem sich wiederum der folgende Krieg anbahnt. Es gibt also keinen Frieden, von dem man sich mehr versprechen könnte, als den nächsten Krieg ein wenig hinauszuzögern. Das heißt, es gibt gar keinen echten Frieden, sondern nur eine schier endlose Verkettung von (latenten oder manifesten, sich vorerst nur anbahnenden oder bereits ausgebrochenen) Verfeindungen.[15] Krieg und Frieden würden einander so gesehen keineswegs als gänzlich heterogene Phänomene einfach ablösen, sondern sich als innigst miteinander verwandt erweisen. Handelt es sich nicht lediglich um Phasen einer andauernden Geschichte der Feindschaft, die nur ihre Erscheinungsformen, Gründe und Motive wechselt, niemals aber wirklich aufhört? Niemals ist zu beweisen, dass sich eine dem Anschein nach durch und durch friedliche Nachkriegszeit nicht nachträglich doch als Vorkriegszeit erweisen wird, in der ein als Zwischenkriegszeit definierter *Kriegszustand* in Wahrheit andauerte. Genau so definiert Kant bekanntlich einen Frieden, der nicht etwa das »Ende aller Feindseligkeiten«, sondern die »immerwährende Bedrohung mit denselben« bedeutet.[16] Bleibt diese Bedrohung ständig bzw. »immerwährend« in der Welt, so müssen Krieg und Frieden als *einander abwechselnde* und *auseinander hervorgehende* Phänomene genau darauf relativiert werden.

In Wahrheit un-friedlich ist der Nicht-Krieg (den Kant auch als Kriegszustand bezeichnet), weil in ihm tatsächlich nicht das Ende aller Feindschaft eintritt, das eigentlich mit der Rede von einem echten Frieden zu verbinden wäre. Das ist Kants Ausgangspunkt gleich zu Beginn des ersten Präliminarartikels seines Entwurfs »Zum ewigen Frieden«. Im Gegensatz zu bloßem Schweigen der Waffen oder Aufschub weiterer gewaltsamer Auseinandersetzungen bedeutet »Friede das Ende aller Hostilitäten« (WA XI, S. 196). Dieses Ende soll

---

[15] J. Patočka, »Die Kriege des zwanzigsten Jahrhunderts und das zwanzigste Jahrhundert als Krieg«, in: *Ketzerische Essays zur Philosophie der Geschichte*, Stuttgart 1988, S. 146–164; U. Beck, *Der kosmopolitische Blick oder: Krieg ist Frieden*, Frankfurt am Main 2004, Kap. V.

[16] I. Kant, »Zum ewigen Frieden. Ein philosophischer Entwurf«, in: *Werkausgabe Bd. XI* (Hg. W. Weischedel), Frankfurt am Main 1977, S. 193–251, hier: S. 197 (= WA XI).

einerseits die Geschichte der Feindschaft, in die sich die menschliche Gattung ausweglos verstrickt zu haben scheint, endgültig *abbrechen*, andererseits aber nicht erst *jenseits* der Geschichte eintreten, sondern *in* ihr; d. h. es soll die unaufhörliche Verkettung von Krieg und in Wahrheit un-friedlichem Nicht-Krieg, der nur einen neuen Krieg anbahnt, *unterbrechen*. Während der end-gültige Abbruch der Geschichte der Feindschaft tatsächlich einen »ewigen« Frieden einläuten würde, auf den kein Krieg mehr folgen dürfte, könnte eine *wirkliche* Unterbrechung fortdauernder Feindschaft wenigstens einen *Vorgeschmack von wirklichem Frieden in Nachkriegszeiten* geben, denen später vielleicht doch wieder ein neuer Krieg folgt (was niemand im Vorhinein wissen kann). Durch diese Überlegung versucht Kant einen wahrhaften, sich nicht auf bloßen Nicht-Krieg reduzierenden Frieden denkbar zu machen, dem sein »echter« Charakter selbst dann nicht abzusprechen wäre, wenn später doch wieder Feindschaft aufkeimt und zu neuen Kriegen anstachelt.

Solange Feindseligkeiten *nur nicht ausbrechen*, kann von echtem Frieden keine Rede sein. Zwischen Krieg und Frieden herrscht normalerweise ein indifferenter Status, der gefährlich darüber hinwegtäuschen kann, wie bedroht infolge nicht wirklich pazifizierter Feindschaft die trügerische Ruhe ist, die im bloßen Nicht-Krieg herrschen mag. Um den Frieden positiv sowohl vom manifesten Krieg als auch vom indifferenten *dritten Status* abzuheben, in dem Nicht-Krieg und Un-Frieden zusammenzufallen scheinen, bestimmt Kant ihn wie gesagt als »das Ende aller Hostilitäten«; d. h. streng genommen: *als Liquidierung selbst der im dritten Status allzu oft verborgenen Potenziale neuer Verfeindung*, die auch aus einem mit Vorbehalt geschlossenen Frieden resultieren können. Wenn Friede nicht nur auf ein Schweigen der Waffen hinauslaufen, sondern auch auf diese Liquidierung *wenigstens abzielen* können soll, muss er unbedingt – und das heißt ohne jeden Vorbehalt *(reservatio moralis)* – geschlossen werden. Nicht den geringsten Ansatzpunkt für eine wieder auflebende Verfeindung soll er enthalten. Echter Friede erwächst nicht daraus, dass man »zu erschöpft ist, den Krieg fortzusetzen«, bzw. aus einem bloßen »Aufschub der Feindseligkeiten«, sondern daraus, dass man sie »begräbt«. Am Grab der Feindschaft müssten diejenigen, die wie »die Staatsoberhäupter […] des Krieges nie satt werden können« (ebd., S. 195 f.), Trauerarbeit leisten angesichts des endgültigen Verlusts dessen, was ihnen von neuem Grund geben könnte, einen Krieg zu entfachen.

189

Genau genommen liquidiert ein vorbehaltloser Friede aber nur die im unmittelbar vorausgegangenen Krieg ausgetragene Feindschaft. Er kann nicht *die Feindschaft als solche* und künftiges Wiederaufleben unvorhersehbarer Verfeindung aus neuen Motiven und Gründen verhindern. Insofern besteht auf Seiten derer, die »des Krieges nie satt werden«, kein Grund zur Beunruhigung. Denn ein *endgültiges* Ende aller Hostilitäten steht nicht zu befürchten. Allerdings müsste ein zum vorbehaltlosen Willen, den Feindseligkeiten *der Vergangenheit* ein Ende zu bereiten, komplementär hinzutretendes Recht (und die Pflicht) der Hospitalität, die *künftiger* Feindschaft vorbeugen soll, immerhin in diese Richtung wirken.

Im dritten Definitivartikel brandmarkt Kant das »inhospitable Betragen« der Europäer, wo sie sich ihrer Kolonien rücksichtslos bemächtigten, obgleich wie gesagt[17] »ursprünglich« »niemand an einem Orte der Erde zu sein mehr Recht [hat] als der andere« (ebd., S. 213 f.). Das Recht, einen Ort oder Lebensraum als seinen eigenen in Anspruch zu nehmen, kann zwar durch die Urbarmachung, durch Kultivierung und Arbeit »ursprünglich erworben« werden, wenn niemand dem widerspricht. Kant kritisiert aber die »erschreckende Ungerechtigkeit« der Europäer, für die die Bewohner der kolonialisierten Länder gar nicht zählten. In dieser Perspektive formuliert Kant das »Recht der Hospitalität« zunächst einseitig, nämlich bloß als das Recht eines Fremden, bei seiner Ankunft auf dem Boden Anderer »nicht feindselig behandelt« und nur abgewiesen zu werden, wenn es ohne Gefahr für Leib und Leben geschehen kann. Europäer, die auf amerikanischem, afrikanischem oder fernöstlichem Boden als Handeltreibende auftraten, sollten demnach das Recht der Hospitalität für sich selbst in Anspruch nehmen können.

Die diesem Recht eigentlich entsprechende *Pflicht*, sich dort nicht feindlich zu verhalten, wo man selbst auf dem Boden anderer zu Gast ist, haben die Europäer nach Kants Ansicht allerdings massiv verletzt.[18] Durch ihr »inhospitables Betragen« gaben daher die Europäer ständig zu *neuer Feindschaft* Anlass. Sie waren – und sind bis heute, wie wir feststellen müssen – weit entfernt davon, die Geschichte der Feindschaft, als deren bloße Modulationen Krieg und

---

[17] Vgl. Kapitel V, 1, S. 148.

[18] Vgl. C. Schmitt, *Der Nomos der Erde im Völkerrecht des Jus Publicum Europaeum*, Berlin ³1988, S. 43 f.

Frieden in ihren bisherigen Formen erscheinen, wenigstens unterbrochen (oder gar abgebrochen) zu haben.

Kant sah nicht in eine Zukunft voraus, in der die aus dem Kolonialismus und Imperialismus der Europäer und ihrer amerikanischen Erben keimende Feindschaft in *neue Kriege* münden würde. Und er machte sich keine Vorstellung von der Art der Gewalt, in der diese Feindschaft sich auswirken könnte. Sein Begriff des Krieges blieb eindeutig durch die historischen Gegebenheiten auf europäischem Boden beschränkt, von denen er in Königsberg Nachricht erhalten hatte. Doch liegt in seinem Verständnis echten Friedens offenbar eine Zweideutigkeit, die es heute, unter gänzlich veränderten historischen Umständen, attraktiv macht.

Der echte, als Ende aller Feindschaft bestimmte Friede ist im vorbehaltlosen Willen, Kriege zu beenden, zunächst von der Vergangenheit bestimmt. In der Achtung der (fortan als Recht *und als Pflicht* verstandenen) Hospitalität aber richtet er sich *präventiv gegen die Entstehung neuer Feindschaft in der Zukunft;* wenn auch zunächst nur negativ in dem Willen, keinen Fremden feindselig zu behandeln, wobei gar nicht maßgeblich ist, ob die Feindseligkeit kriegerische Formen (im konventionellen Sinne einer militärischen Auseinandersetzung zwischen Staaten) annimmt. Nicht hinzunehmende Feindseligkeit liegt für Kant schon darin, dass eine zur Globalisierung ansetzende ökonomische Praxis in fremden Ländern deren Einwohner als ein Nichts behandelt. Der vorbehaltlose Wille, die Kriege der Vergangenheit zu beenden und ihnen keine Chance zu geben, in der Gegenwart wiederaufzuleben, müsste so gesehen ergänzt werden durch den ebenso vorbehaltlosen Willen, sofort und bedingungslos damit aufzuhören, Fremde »für nichts« zu erachten, d.h. die »Menschheit« nicht in ihnen zu achten. Denn der dritte Artikel deutet an, dass *darin* die Quelle zu *neuer* Verfeindung liegt.[19] Die Idee, die Kant von einem echten Frieden hat, stellt überhaupt nicht auf eine konventionelle Form des Krieges ab (und bestimmt den Frieden deshalb auch nicht als dessen bloße Abwesenheit), sondern zielt auf das Ende der Feindschaft.

---

[19] Wie sehr sich Kant und Levinas bei aller Gegensätzlichkeit in diesem Punkt nahe kommen, habe ich an anderer Stelle zu zeigen versucht *Moralische Spielräume,* Göttingen 1999. Anders als Kant spricht Levinas vom Anderen nicht als Person, die von vornherein einem Genus unterstellt zu denken wäre, sondern hinsichtlich seiner Singularität, von der ein unbedingter Anspruch ausgehen soll ihr gerecht zu werden (in der Weise der Verantwortung, der Gerechtigkeit, des Gewalt-Verzichts etc.).

Obwohl Kant sich die Zukunft der Feindschaft, die aus dem »in-hospitablen« Verhalten der Europäer zu resultieren drohte, so wenig ausgemalt hat wie die Formen der Gewalt, die sie annehmen könnte, hat er bis hin zur (eher ironisch) erwogenen »Ewigkeit« des Friedens vorausgedacht, der in der Welt doch nie erreicht werden kann, wenn es immer ein Später gibt, in dem es wieder anders kommen mag.

Kant hat denn auch nicht die allenfalls anzustrebende Dauerhaf-tigkeit des Friedens mit einer Garantie für die Ewigkeit verwechselt. Dennoch bringt er in einer eschatologischen Perspektive die Frage ins Spiel, wie *ein* Friede in der Gegenwart *(pactum pacis)* geschlossen werden müsste, um allgemein herrschendem Frieden *letztlich* zu-träglich zu sein, der »alle Kriege auf immer zu endigen« hätte *(foe-dus pacificium;* WA XI, S. 211). Die Rede vom »Ende aller Hostili-täten« impliziert einen eschatologischen Maßstab, den Kant an jeden einzelnen Friedensschluss angelegt wissen will. Dem Maßstab eines letzten, die Feindschaft als solche aufhebenden Friedens würde wie gesagt nur ein *vorbehaltloser* Wille entsprechen, den Krieg zu be-enden und mit allem Schluss zu machen, was ihn wieder aufleben lassen könnte. Wenigstens diesen Willen muss man haben, um *jetzt* zu tun, was in der Perspektive des Friedens *letztlich* zählt. Der vorbehaltlose Friedensschluss im Geist des ewigen Friedens repräsen-tiert gleichsam dessen Vorschein in einer heillosen Gegenwart, die doch immer wieder vom Krieg eingeholt wird. Daran soll der echte Frieden, der die normalerweise fortdauernde (aber latente oder ka-schierte, in der Zwischenzeit mutierende, völlig neue Formen anneh-mende) Feindschaft zu unterbrechen hätte, nicht schuld sein. Diesem Anspruch kann der echte Friede aber nur genügen, wenn er wirklich verspricht, *wenigstens im Einzelfall* für einen *Abbruch* aller Hostili-tät Sorge zu tragen, um so nicht zu neuen Kriegen im Vorhinein Grund zu geben, *und* wenn er von dem Willen getragen ist, *für die Zukunft* nicht Anlass zu *neuer* Feindschaft zu geben.

So radikal der echte Friede im Lichte seiner eschatologischen Inspiration bei Kant gedacht wird, so beschränkt ist wie gesagt doch der Blick des Königsberger Philosophen durch die Erfahrung seiner Zeit. Kant hat nur »Hostilitäten« zwischen Staaten vor Augen. We-der die *Genealogie des Staates* im Kontext einer viel *weiter zurück-reichenden* Geschichte der Feindschaft[20] noch auch die sich bereits zu

---

[20] M. Foucault, *Geschichte der Gouvernementalität I. Sicherheit, Territorium, Bevölke-rung,* Frankfurt am Main 2004, S. 421, 425 f. Foucault rekonstruiert hier mit Blick auf

seinen Lebzeiten anbahnende *Überbietung verstaatlichter Feind-schaft* in tiefgreifenden Verfeindungen zwischen Völkern, die späte-ren Generationen im »Nationalhass« des 19. Jahrhunderts ihr vergif-tetes Erbe hinterließen, bestimmt seinen Begriff einer Feindschaft, die selbst einen echten Friedensschluss zwischen politischen Souve-ränen zu ruinieren droht. Die einzige Gefahr, die Kant in dieser Hin-sicht in Betracht zieht, sind »ehrlose Stratageme« (Listen), die einem echten Frieden entgegenstehen, insofern sich ein »Staat in einem Kriege mit einem andern solche Feindseligkeiten erlaub[t], welche das wechselseitige Zutrauen im künftigen Frieden unmöglich ma-chen müssen: als da sind, Anstellung der Meuchelmörder (percusso-res), Giftmischer (venefici), Brechung der Kapitulation, Anstiftung des Verrats (perduellio) in dem bekriegten Staat, etc.« (WA XI, S. 200). Selbst »beim besten Willen« zum Frieden wäre es nicht mehr möglich, über einen (vorübergehenden) Un-Frieden bzw. Nicht-Krieg hinwegzukommen, wenn solche Feindseligkeiten vorgekom-men sind: Sie vergiften unweigerlich auch die Nachkriegszeit so, dass diese zur Vorkriegszeit des nächsten Krieges werden muss. Kant schreibt solchen Feindseligkeiten eine Kraft zu, gegen die auch der vorbehaltloseste Wille zum Frieden womöglich nichts mehr aus-zurichten vermöchte. Deshalb verlangt er, es müsse bereits *im* Krieg für die Möglichkeit *künftigen* echten Friedens (nicht nur eines Nicht-Krieges bzw. eines unentschiedenen *status* zwischen Krieg und Frie-den) Sorge getragen werden. In diesem Falle wäre der echte, eschato-logische Friede bereits im Krieg gegenwärtig, wenn dieser sich an die Artikel des Entwurfs »Zum ewigen Frieden« halten würde.

Das Gleiche müsste für jedes künftige Verhalten Fremden ge-genüber gelten, wenn es nur unbedingt darauf bedacht wäre, in kei-nem Fall das Recht (und die Pflicht) der Hospitalität zu missachten. Eine nachhaltige Gefährdung echten Friedens für die Zukunft legt Kant auch für den Fall »inhospitablen« Verhaltens zu bedenken nahe. Auch in diesem Falle gilt es Feindseligkeiten zu vermeiden, die künf-tigen echten Frieden ein für alle Mal unmöglich zu machen drohen. Kant führt diese zweite Seite seines Friedensentwurfs aber nicht aus,

---

das Zeitalter der »Staatsraison« das Aufkommen eines entmoralisierten Konkurrenz-verhältnisses zwischen den Staaten, das v. a. im 19. Jahrhundert dann evolutionär ge-deutet wird. Hier wäre eine Brücke zu Hannah Arendts Analysen zu schlagen. Vgl. v. Verf., *Gastlichkeit und Freiheit. Polemische Konturen europäischer Kultur*, Weilerswist 2005, Kap. IX (= GF).

der infolge dessen von Anfang an (nicht erst in seiner heutigen Rezeption) eigenartig halbiert erscheint. Es fehlt nämlich eine Vorstellung »gastlichen« Verhaltens, das seinerseits im Vorhinein an echtem Frieden orientiert wäre.[21]

Kant weiß bereits, dass die Europäer sich weit Schlimmeres als konventionellen Krieg, nämlich als Völkermord zu bezeichnende Verbrechen haben zu Schulden kommen lassen, in denen weder ordentliche Armeen noch Staaten als Subjekte des Krieges gegeneinander antraten. Und er ahnt, dass der Begriff des Krieges als Bezeichnung für Formen der Gewalt unangemessen sein könnte, die bereits eine welt-weite Dimension angenommen hatten. Doch stellt er seine Begrifflichkeit nicht auf eine bereits über die Ebene der Staatlichkeit hinausgreifende, globale Dimension der Verfeindung um. Er bleibt trotz mancher Überlegungen, die sich wie Vorgriffe auf unsere Zeit lesen, am Bild eines militärischen Konflikts orientiert, das auch seine Einschätzung der *Gefährdung* echten Friedens weitgehend bestimmt. Kant weiß, dass man sich jener Stratageme tatsächlich oft bedient hat. Dass er dennoch echten Frieden weiterhin für möglich hält, erklärt sich nur daraus, dass er offenbar nicht an einen schicksalhaften Ruin jeglichen künftigen Vertrauens zwischen ehemals Verfeindeten glaubt. Nicht gleichsam automatisch also wird eine Nachkriegszeit zur Vorkriegszeit des nächsten Ausbruchs ehrloser Feindschaft. Kant geht sogar so weit, Kriegen, die nicht jegliches Vertrauen zwischen den Feinden endgültig zerstören, eine gewisse Würde zu bescheinigen und sie als dem Fortschritt der Gattung zuträglich zu beschreiben. Ist Krieg nicht ein probates Mittel der Natur, die Menschen daran zu hindern, sich müßig mit ihrer schlechten Gegenwart abzufinden und ihre Talente ungenutzt zu vergeuden (WA XI, S. 221, 226)? Löst nicht *er allein* den »Widerstreit unfriedlicher Gesinnungen« auf einem dem Fortschritt der Gattung langfristig förderlichen Weg? Diese Perspektive konnte Kant nur eröffnen, weil er definitiv *nicht* der Meinung war, bestimmte Formen der Feindschaft würden künftigen, echten Frieden unmöglich machen.[22]

---

[21] Eine bloß negative Bestimmung (Andere »nicht feindselig« zu behandeln) reicht in dieser Hinsicht kaum hin.

[22] Ebd., S. 224. Und mit Blick auf das ideale Surrogat einer Weltrepublik, die Kant nicht für realisierbar gehalten hat, glaubte er zwar, dass die beständige Gefahr des Ausbruchs von »feindseligen Neigungen« bestehen bleibe. Aber er war offenbar doch davon überzeugt, dass sie sich beherrschen ließe. Vgl. E. Tugendhat, »Überlegungen zum Dritten Weltkrieg«, in: *Die Zeit 49* (1987), S. 76.

Das mag daran liegen, dass er das Projekt eines dauerhaften Friedens vor dem Hintergrund der Konfessionskriege, der merkantilistischen und Kabinettskriege entwarf, während er den genozidalen Kolonialismus und Völkermord allenfalls peripher wahrnahm (WA XI, S. 214). Vom modernen Volks- und Bürgerkrieg hat er nur wenig, vom Partisanenkampf, vom politischen Terror, von der massenhaften Liquidierung, wie sie durch das Maschinengewehr möglich wurde, sowie vom chemischen, biologischen und atomaren Krieg hat er noch gar nichts wissen können. Jede dieser Erscheinungsformen kollektiver Gewalt, die ihre furchtbare Wiederholung ankündigten, musste »Zutrauen im künftigen Frieden« weit radikaler und nachhaltiger in Frage stellen als jene vergleichsweise harmlos anmutenden »Stratageme«, die Kant selbst zunächst für so unerheblich eingeschätzt hat, dass sie ihn nicht daran hinderten, dem Krieg *generell* einen fortschrittlichen Sinn zu attestieren.

Allerdings zog er die Denkbarkeit eines »Ausrottungskriegs« in Betracht, »wo die Vertilgung beide Teile zugleich, und mit dieser auch alles Rechts« betreffen könnte, so dass »der ewige Frieden nur auf dem großen Kirchhofe der Menschengattung stattfinden« würde. Was sich wie ein Vorgriff auf die atomare Konfrontation des 20. Jahrhunderts liest, die erst einen Suizid der Gattung durch »restlose« gegenseitige Vernichtung zweier Subjekte des Krieges in greifbare Nähe gerückt hat, dient Kant nur dazu, zu bestimmen, was echtem Frieden absolut widerspricht: »Ein solcher Krieg also, *mithin auch der Gebrauch der Mittel, die dahin führen*, muß schlechterdings unerlaubt sein.« Lange bevor es zu einer welt-geschichtlichen Apokalypse kommen kann, die mit der Gattung auch den Frieden liquidieren müsste, den sie eigentlich zu realisieren hätte, droht der Friede bereits durch den Gebrauch dieser Mittel unmöglich gemacht zu werden. Kant spricht sogar davon, dass dies »unvermeidlich« so sein muss, weil »jene höllischen Künste, da sie an sich selbst niederträchtig sind, wenn sie in Gebrauch kommen, sich nicht lange innerhalb der Grenze des Krieges halten, […] sondern auch in den Friedenszustand übergehen« (WA XI, S. 200). Unvermeidlich infizieren also bestimmte Formen der Feindschaft selbst den guten Willens geschlossenen Frieden und hindern ihn daran, sich über einen bloßen Nicht-Krieg zu erheben. Sie gefährden *jetzt* schon den Frieden, auf den es *letzlich* als »Ende aller [bislang vorgefallenen] Hostilitäten« *und aller Potenziale weiterer, künftiger Verfeindung* ankommen muss. Hat Kant damit nicht der Realgeschichte die Macht zugeschrie-

195

ben, durch bestimmte Erscheinungsformen der Feindschaft den auf ewigen Frieden abzielenden Sinn der Geschichte selbst zu ruinieren?[23] »Höllische Künste« *in* einem Frieden, der sie scheinbar aus eigener Kraft nicht wieder los wird – das ist die in Kants Entwurf *auch* eröffnete Perspektive einer *unheilbaren Vergiftung jenes dritten Status.* Führt nicht gerade diese Perspektive mitten ins Herz der Gegenwart?

3.   Vergiftete Gegenwart

Die verbreitete Entschlossenheit, endlich den Alptraum einer sog. Nachkriegszeit abzuschütteln, die noch bis 1989 ständig mit dem Bevorstand eines Dritten Weltkrieges konfrontiert war, geht so weit, dass man sich im vollen, selbstgerechten Stolz auf eine gewisse innereuropäische Entschärfung alter Feindschaften der Illusion eines inzwischen herrschenden Friedens hingibt, der nie wirklich erklärt worden ist. Noch immer leben wir im Schatten des sog. Kalten Krieges bzw. eines »Terrorfriedens« (R. Aron), der angeblich durch das Patt gegenseitiger apokalyptischer Vernichtungsdrohungen (MAD, d. h. *mutually assured destruction*) gewahrt werden konnte. Schon diese Worte zeigen die wirklich heillose Verwirrung an, in der man sich befindet, will man hier noch die überkommene Begrifflichkeit des Krieges anwenden.[24] Sie schien nun gänzlich unbrauchbar – und zwar sowohl zum Verständnis eines für die Zeit nach dem Dritten Welt-

---

[23] Kant selbst spricht vom »Endzweck« als einer in der Natur der Gattung angelegten, nicht den Menschen zur Verfügung stehenden Finalität. Aber im Entwurf »Zum ewigen Frieden« hat es ganz im Gegenteil den Anschein, dass diese Finalität keine transhistorische oder regulative Idee ist, sondern rückhaltlos der Zeit der Verfeindungen ausgesetzt gedacht werden muss.

[24] Das ist oft genug analysiert worden: Die in diese Konfrontation verwickelten Staaten konnten nicht mehr glaubhaft machen, ihre Bevölkerung vor äußerer Gewalt zu schützen – womit sie im Grunde eine in der Politischen Philosophie der Neuzeit stets für erstrangig gehaltene Grundlage ihrer Legitimität vollständig einbüßten. Sie mussten im antizipierten Gebrauch der ihnen zur Verfügung stehenden Waffen auch ihren eigenen Untergang gewärtigen. Sie mussten den unbedingten Willen glaubhaft machen, einen den Gegner vernichtenden Vergeltungsschlag auch dann auszuführen, wenn die Abschreckung bereits versagt hat, d. h. wenn die vernichtende Antwort keinerlei militärischen oder politischen Sinn mehr haben kann. Die angeblich die internationalen Verhältnisse »pazifizierende« Logik der Abschreckung musste also darauf beruhen, dass man einander ein absolut »irrationales« Verhalten glaubhaft androhte.

krieg wiederherzustellenden Friedens als auch zum Verständnis einer Nach- bzw. Vorkriegszeit, die unter der ständigen Drohung »höllischer Mittel« so zu leben zwang, dass Un-Friede und Nicht-Krieg, Kalter Krieg und Terrorfriede ununterscheidbar werden mussten.[25]

Die Denkbarkeit eines echten Friedens schien, nachdem die nukleare Waffe unwiderruflich als Mittel moderner Kriegsführung zur Verfügung stand, ebenso in weite Ferne gerückt wie das Konzept eines Krieges, der sich offenbar über jeden instrumentellen, meist mit Clausewitz gedeuteten »Sinn« hinweggesetzt hatte. Wie sollte unter der fortwährenden, unabwendbaren Drohung eines möglichen Einsatzes nuklearer Waffen noch an einen echten Frieden zu denken sein? Zwar erscheint diese Drohung im Verhältnis der sog. Weltmächte inzwischen weniger aktuell, doch hat die lange befürchtete Proliferation der Waffe stattgefunden. Sie ist nicht nur an dritte Staaten, sondern vielleicht auch schon in die Hände irgendwelcher Hasardeure gelangt, die sie als terroristisches Mittel einsetzen könnten.[26] Sowohl der im engeren Sinne militärische als auch der unmittelbar terroristische Gebrauch der nuklearen Waffe aber sprengt einen instrumentellen Begriff des Krieges, der darauf abzielt, einen Gegner »zur Erfüllung des eigenen Willens« (Clausewitz) zu zwingen, ohne ihm dabei »restlose« Vernichtung anzudrohen.

Infolgedessen gerät man in große Verlegenheit, will man verstehen, in welcher Lage wir uns im inzwischen »normal« gewordenen Zustand einer keineswegs nur Gegner bzw. Feinde, sondern in Anbetracht der nicht begrenzbaren Wirkungen der nuklearen Waffe grundsätzlich alle Menschen betreffenden fortwährenden Bedroh-

---

[25] Wer wie der berühmt-berüchtigte Analytiker der Abschreckung Herman Kahn dieser Lage trotz allem noch eine gewisse Rationalität abzugewinnen vermochte, suchte mit dubiosen Rechnungen zu beruhigen: »Objektive Untersuchungen zeigen, daß die Summe menschlicher Tragödie zwar in der Nachkriegszeit erheblich ansteigen würde [u. a. infolge thermonuklearer Verseuchung], daß dieses Ansteigen jedoch ein normales und glückliches Dasein für die Mehrzahl der Überlebenden und ihrer Nachkommen nicht ausschließen würde.« Ungeachtet dieser speziellen moralischen Mathematik vermochte man sich keinen rechten Begriff von diesem Überleben, von dem ihm prophezeihten Glück und von seiner wieder genesenen Normalität zu machen. H. Kahn, *On Thermonuclear War*, Princeton 1961, S. 21. Zit. n. H. M. Enzensberger, *Deutschland, Deutschland unter anderem*, Frankfurt am Main ³1968, S. 84.

[26] Noch ist das Spekulation, doch geben die aus Beständen der ehemaligen sowjetischen Armee aber auch im britischen Sellafield und anderswo abhanden gekommenen, womöglich bereits an meistbietende Interessenten verhökerten Mengen spaltbaren Materials genug Anlass zur Besorgnis.

lichkeit eines möglichen Einsatzes nuklearer (u. a.) Waffen befinden, der keinem »instrumentellen« Krieg der Vergangenheit mehr gleichen würde. Als Subjekte des Krieges, der kein Krieg mehr wäre, kämen weniger Staaten als vielmehr irgendwelche Unbekannte in Betracht, die überall und nirgends sein können, ohne noch eine militärische Front aufzumachen, an der sie als Feinde erkennbar wären. Sie zwingen *schon jetzt* allen anderen »das Gesetz« auf (Clausewitz), das Schlimmste zu gewärtigen, das angesichts aller zur Verfügung stehenden Waffen von ihnen zu befürchten ist. Dazu bedarf es keiner für sich schon bestehenden Feindschaft. Antizipationen des Schlimmsten genügten vollauf, um die Normalität des gegenwärtigen Un-Friedens bzw. des gegenwärtigen Nicht-Krieges mit der imaginären Präsenz »höllischer Mittel« zu vergiften, von denen Kant meinte, dass sie jeden künftigen Frieden unmöglich zu machen drohen. Was Kant aber mit Blick auf einen lokalen Krieg dachte, gilt nun im globalen Maßstab. Nicht weil ein Dritter Welt-Krieg unmittelbar bevorstünde, sondern weil nun ein *dritter Status* jenseits von Krieg und Frieden herrscht, in dem der tatsächliche, nur angedrohte oder nur *bedrohlich bevorstehende* Gebrauch schlimmster Mittel, die jede bloß instrumentelle Deutung sprengen, *welt-weit normal* geworden ist.

Dieser Lage hinkt die Philosophie des Krieges und des Friedens hinterher. Nachdem die atomare Ost-West-Konfrontation weggeblasen scheint wie ein Spuk, greift man häufig wieder auf alte Kategorien zurück, um den gerade eben vom Krieg ununterscheidbar gewordenen Frieden wieder zu denken. Zu diesem Zweck erfährt die Clausewitzsche Theorie des Krieges eine Renaissance. Zwar nimmt man sog. »Neue Kriege«[27] zur Kenntnis, die sich vielfach unterhalb der Schwelle der Staatlichkeit abspielen, aber nach der Diagnose Münklers etwa fallen diese Kriege in die Zeit vor Clausewitz und noch vor dem Westfälischen Frieden (1648) zurück und verlangen insofern gerade kein neues Verständnis des Krieges.

Münkler erscheint Clausewitz nach wie vor als *der* »Philosoph des modernen Krieges«.[28] Ironischerweise gilt das aber nicht für den

---

[27] M. Kaldor, *Neue und alte Kriege*, Frankfurt am Main 1999; H. Münkler, *Die neuen Kriege*, Reinbek 2002.
[28] H. Münkler, *Über den Krieg. Stationen der Kriegsgeschichte im Spiegel ihrer theoretischen Reflexion*, Weilerswist ³2004 (= ÜK). Ich knüpfe im Folgenden an kritische Überlegungen zur neueren Philosophie des Krieges an; vgl. die Rezension von Arbeiten U. Kleemeiers, H. Münklers und A. Hirschs im *Philosophischen Jahrbuch 112/II* (2005), S. 478–486.

meist zitierten Theoretiker der »instrumentellen« Kriegsauffassung, der keine »Verselbständigung« des Krieges gegenüber der Politik akzeptieren mochte (ÜK, S. 90), sondern vielmehr für den frühen Clausewitz, der eine »existenzielle« Theorie des Krieges entwickelt hat. Infolge einer dramatischen »Schwäche der Staatlichkeit« sieht Münkler den Krieg in die alten Bahnen vor dem Westfälischen Frieden zurückkehren. Insbesondere »an den Rändern der OECD-Welt« scheint der Krieg wieder zu einer *Lebensform* geworden zu sein, in der sich dasjenige Subjekt, das sich des Krieges als eines Mittels bedienen sollte, ständig im Krieg und durch Krieg originär formiert, statt unabhängig von ihm zu bestehen.[29] Ob es sich nur um eine Rückkehr zu früheren Formen des Krieges handelt, mag man indessen bezweifeln. In den »Bürgerkriegsökonomien«, die Münkler vor Augen hat, wird mit Drogen, Frauen und Waffen in effektiver Anbindung an die westlichen »Friedensökonomien« gewirtschaftet, ohne dass es erkennbar um hehre Ziele wie Freiheit oder kollektive Identität ginge, die Clausewitz in seiner existenziellen Deutung des Krieges im Blick hatte. Diese »neuen«, schmutzigen Kriege, welche sich infolge vielfach gescheiterter Nationalisierungsprojekte zwischen »Völkerabfällen« und »Überzähligen« (ÜK, S. 161, 214) abspielen, die in keiner politischen Lebensform mehr Sicherheit erfahren, haben sich aller konventionellen Formen entledigt. Und sie entziehen sich bislang jeder wirksamen rechtlichen und humanitär motivierten Bändigung. Eine regressive Entstaatlichung[30] bzw. »Privatisierung« des Krieges lässt Münkler an eine Rückkehr des Naturzustandes im Sinne einer *außer-ordentlichen kollektiven Gewalt* denken, die weniger denn je in einer gehegten Ordnung aufhebbar zu werden verspricht.

Während andere Autoren (wie etwa Preuß) die Rettung in der Staatlichkeit und im Vertrauen zwischen Staaten sehen, die die Gewalt im Prinzip wie im Europäischen Völkerrecht wieder in die Grenzen einer rechtlich gehegten Ordnung bannen müssten, lässt Münkler in dieser Hinsicht denn auch deutlich Skepsis anklingen.[31] Zwar affirmiert er die Rolle des Staates (trotz der abgründigen Ambiva-

---

[29] ÜK, S. 148, 223, 232, 114 f.

[30] Mit Recht wendet sich Münkler aber dagegen, die Diagnose eines »Endes der Epoche der Staatlichkeit« zu überzeichnen, wie C. Schmitt es getan hat (ebd., S. 205, 200, 221 zur Deterritorialisierung sowie zu Staatszerfallskriegen).

[31] Vgl. U. K. Preuß, *Krieg, Verbrechen, Blasphemie*, Berlin 2002.

lenz, dass dem Staat eine innere Bändigung *und* eine unerhörte Frei-
setzung kollektiver Gewalt sowohl gegen äußere als auch gegen innere Feinde zu verdanken ist[32]), doch traut er weder dem Staat noch
einer überstaatlichen Organisation auf der Basis menschen- oder
weltbürgerlicher Rechte zu, die Lage grundsätzlich zum Besseren zu
wenden. »Alles« spreche vielmehr dafür, dass auch in Zukunft allein
der Grad der Bedrohtheit der Ökonomien der »reichen Staaten des
Nordens« über Interventionen in die kriegerischen Lebensformen
entscheiden werde (ÜK, S. 234), in denen die kollektive Gewalt sich
ein für alle Mal ein nicht mehr zu sicherndes Terrain geschaffen zu
haben scheint, wo das Äußerste ständig droht – nicht das Äußerste
der Wehrlosmachung des Gegners oder seiner militärischen Vernichtung, sondern einer weit schlimmeren Liquidierung, die wir uns an
dieser Stelle zu beschreiben ersparen.

Auch Münkler setzt zwar auf eine nachhaltige Stärkung des
Staates bzw. einer klugen Staatsraison, der allein er langfristig die
Bändigung der gefährlich-exzessiven Potenziale einer Feindschaft
zutraut, die sich in der kollektiven Gewalt zwischen heterogenen Lebensformen jeglichem Recht und jeglicher Gerechtigkeit zu entziehen droht. Doch beurteilt er die Zukunft des Krieges pessimistisch;
und zwar vor allem deshalb, weil den wilden, ethnisch, kulturell und
religiös begründeten Feindschaften, die immer mehr jede staatliche
Ordnung und die Grenzen zwischen Staaten ignorieren, bislang keine auf den Staat oder auf eine internationale Ordnung sich verlas-
sende Macht entgegengewachsen ist.

An der Schwelle zur bereits vielfach angedachten Rechtfertigung einer effektiven Interventionsgewalt, die im Namen der Welt-
gemeinschaft agieren dürfte, macht Münkler halt. Er warnt vor einer
Fortsetzung menschenrechtlicher Moral mit anderen Mitteln (Beck),
die aufgrund eines leichtfertigen Interventionismus neue Kriege
rechtfertigen könnte (wenn auch nur im Vorgriff auf quasi welt-
polizeiliche Aktionen) und sieht allein in der »passiven Rolle der
UN-Streitkräfte während des Massakers von Srebrenica oder des
Völkermordes in Ruanda« einen bezeichnenden »Vorgriff auf die
Weltordnung des 21. Jahrhunderts«.[33]

---

[32] Vgl. besonders A. Hirsch, *Recht auf Gewalt? Spuren philosophischer Gewaltrechtfertigung nach Hobbes*, München 2004.
[33] Ebd., S. 251. Musste man aber nicht in beiden Fällen von einer *Verpflichtung* ausgehen, *präventive Gewalt zum Schutz absehbarer Opfer auszuüben*, die hier eklatant

Gegenwärtig ist der beschämenden Diagnose Münklers kaum
etwas entgegenzusetzen, zumal die einzig verbliebene Hegemonialmacht, der ebenbürtige Gegner vorläufig abhanden gekommen sind,
alles Erdenkliche unternommen hat, die wirksame Etablierung einer
effektiven internationalen Strafverfolgung zu verhindern, die auch
Untaten amerikanischer Soldaten belangen könnte. Statt sich der
Herausforderung eines auch für sie geltenden überstaatlichen Rechts
zu stellen, propagiert die US-Administration selbstherrlich einen
»Krieg« gegen den Terror. In dieser für Münkler fortan nicht mehr
aufzuhebenden doppelten Asymmetrie von Hegemonialmacht einerseits und Terror andererseits werden wiederum die Begriffe förmlich
zerrieben, mit denen man sich traditionell den Krieg in allen seinen
Erscheinungsformen verständlich zu machen suchte. Gegen eine
scheinbar ubiquitäre terroristische Gefahr, die eine ultimative Ver-
nichtungsdrohung heraufbeschwört, ist so wenig ein Krieg zu führen
wie umgekehrt der Terror sich noch darauf beschränkt, einen erklärten Gegner bloß wehrlos zu machen. (Einem Terror, der auf die Vernichtung der »Ungläubigen« abzielt, lässt sich eine Vision künftigen
Friedens mit ihnen gewiss nicht entnehmen.)

Nicht nur geraten die Begriffe Krieg und Frieden auf diese Weise auch in diesem Falle in eine Zone der Ununterscheidbarkeit. Auch
das Recht, durch das sie nicht zuletzt auf den Spuren Kants vermittelt
gedacht worden sind, scheint unter den skizzierten Bedingungen keinen Weg mehr zu weisen in Richtung einer Überwindung der Feindschaft, wie sie bei Kant angedacht wird. Im Gegenteil herrscht nun,
diesseits von Krieg und Frieden, eine politisch-rechtlich kaum mehr
fassbare Feindschaft, der alle Mittel an die Hand gegeben sind. Während Münkler sich als Analytiker der »Neuen Kriege« mit vorläufig

---

verletzt worden ist? Begründet die »weltweite« Wahrnehmung von Rechtsverletzun-
gen, die Kant bereits im 18. Jahrhundert gegeben schien, nicht eine Pflicht, ihnen zumal
in derart exzessiven Fällen wirksam entgegenzutreten, wenn man dazu in der Lage ist?
Ich kann diese Frage hier nicht vertiefen. Nur soviel sei zu dieser Diskussion kritisch
angemerkt: Sie konzentriert sich bei besonders Besorgten allzu sehr auf die Frage, ob
man Gefahr läuft, dem Krieg wieder neue Gründe zu liefern. Dabei ist nicht zu sehen,
dass etwa im Fall der sich abzeichnenden Gewalttaten im ehemaligen Jugoslawien auch
nur eine konsequente Embargopolitik betrieben worden wäre. (Die serbischen Panzer
bezogen bis zuletzt ihren Treibstoff fast ungehindert u. a. über die Donau …) In jedem
Falle wäre eine zu Mitteln der Gewalt greifende Friedenspolitik ja dazu verpflichtet,
zuerst nach auch die Täter schonenden Wegen zu suchen. Das ist nur höchst unzulänglich geschehen. Vgl. R. Merkel (Hg.), *Der Kosovo-Krieg und das Völkerrecht*, Frankfurt
am Main 2000.

nicht auszuräumenden Zweifeln an der Kantischen Perspektive konfrontiert sieht, die es nahe legt, nach der Devise »Frieden durch
Recht« auch den wieder »enthegten« und der Kontrolle staatlicher
wie internationaler Rechtsstrukturen sich entwindenden Krieg in
den Griff zu bekommen, können andere in solchen »realpolitischen«
Diagnosen allerdings noch keinen Einwand dagegen erkennen, dass
in der Tat Frieden durch Recht hergestellt werden *soll*. Ich gehe im
Folgenden zunächst auf diese Gegenposition ein, wobei ich mich frage, *ob sie die zweite, der Zukunft künftiger Feindschaft (bzw. ihrer
Vermeidung) zugewandte Seite des Friedens bei Kant, nämlich die
Hospitalität, nicht weitgehend vernachlässigt.* Ohne eine Synthese
zu beabsichtigen, greife ich danach Kant wieder ins Spiel bringende
Überlegungen Derridas auf, der der Hospitalität den erweiterten
Sinn einer dem Recht gar nicht unterstehenden *Gastlichkeit* gibt
und sie in den aktuellen Kontext radikalster Verfeindung stellt, die
sich längst nicht mehr an konventionelle Definitionen von Krieg und
Frieden hält. Ohne den Gedanken »Frieden durch Recht« einfach zu
verwerfen, trägt Derrida einer erweiterten Gastlichkeit doch so Rechnung, dass sie sich in die skizzierte Lage einer geradezu ubiquitären,
die Unterscheidung von Krieg und Frieden ignorierenden, normal
gewordenen Präsenz radikaler Feindschaft einfügt.

4.   Von der Hospitalität (zurück) zur Gastlichkeit?[34]

In den meisten Arbeiten, die jüngst zu Ehren Kants und seines vor
über 200 Jahren erschienenen Entwurfs veröffentlicht worden sind,
spielen Phänomene »Neuer Kriege« und »enthegter« Feindschaft
eine genauso geringe Rolle wie eine eigentlich fällige Rückbesinnung
darauf, was Hospitalität unter veränderten historischen Umständen
heute bedeuten könnte. Man setzt vielmehr allein auf den Weg weiterer Verrechtlichung der internationalen Verhältnisse und glaubt
»die von Kant vorgestellte allgemeine Friedensordnung in ihren wesentlichen Elementen in greifbare Nähe gerückt«. An der Devise

---

[34] Diese Überschrift ist mit einem Fragezeichen zu versehen, weil sich zeigen wird, dass
der in Kapitel V, 1 in historischer Perspektive zunächst beschrittene Weg »vom Ethos
der Gastlichkeit zum Recht der Hospitalität« keineswegs einfach rückwärts zu begehen
ist, wenn wir etwa Derrida folgen. Denn der Begriff wird einer radikalen Revision un-
terzogen.

Frieden durch Recht hält man unbeirrt fest – ohne sie etwa durch einen revidierten Begriff der Hospitalität bzw. einer erweiterten Gastlichkeit zu ergänzen.[35] Abstriche werden dagegen an (z. T. bereits angesprochenen) Elementen des Kantischen Ansatzes gemacht, die offenbar den Umständen seiner Zeit geschuldet sind.[36] Daraus

---

[35] Vgl. dazu programmatisch M. Lutz-Bachmann, J. Bohman (Hg.), *Frieden durch Recht. Kants Friedensidee und das Problem einer neuen Weltordnung*, Frankfurt am Main 1996 (s. das Zitat ebd., S. 150), R. Merkel, R. Wittmann (Hg.), *»Zum ewigen Frieden«. Grundlagen, Aktualität und Aussichten einer Idee von Immanuel Kant*, Frankfurt am Main 1996, sowie jetzt W. Schluchter (Hg.), *Fundamentalismus, Terrorismus, Krieg*, Weilerswist 2003. Die hier vorgelegten soziologisch-kulturwissenschaftlichen Diagnosen laufen ebenfalls auf das längerfristige Vertrauen auf einen »Verrechtlichungsschub« hinaus, der sich an universalen Menschenrechten orientieren sollte, die man gegen den Verdacht der Ethnozentrik in Schutz zu nehmen versucht. Flankiert wird diese Perspektive durch die Aussicht auf eine »Weltsozialpolitik« (v. Beyme, S. 149), die erst verspräche, den rezenten terroristischen Erscheinungsformen radikaler Feindschaft den Nähr- und Rekrutierungsboden zu entziehen.

[36] Dazu gehört eine gewisse Verharmlosung des Krieges (u. a. als Manifestation von »Zwietracht«, die sich ihrerseits kaum von »ungeselliger Geselligkeit« unterscheidet, oder als »Lustreise« von Souveränen, die sich als »Staatseigentümer« aufführen und es als »die unbedenklichste Sache von der Welt« betrachten, einen Krieg vom Zaun zu brechen, dessen Rechtfertigung sie, »der Anständigkeit wegen«, einem »dazu allezeit fertigen diplomatischen Corps […] gleichgültig überlassen«; *Kants gesammelte Schriften*, Akademieausgabe, Berlin 1900 ff., Bd. VIII, S. 351). Zwar zieht Kant die Denkmöglichkeit eines finalen Vernichtungskriegs in Betracht, doch kann er damit noch keine reale historische Gefahr verbinden (s. o.). Nur weil er keine Kriegstechniken vor Augen hat, deren Gebrauch auch einen bevorstehenden Abbruch der Geschichte bewirken könnten, baut er sogar auf gewisse fortschrittliche Momente des Krieges und sieht sich nicht dazu genötigt, Frieden *ultimativ* zu fordern. Wie sehr Kant auf die Zukunft menschlichen Fortschritts vertraut, zeigt sich auch an seiner Fehleinschätzung des »Handelsgeistes« als einer generell pazifizierenden Kraft, die zur allmählichen Beseitigung des Krieges beitragen werde (was sich mit den Phänomenen kolonialistischer und rassistischer Ausbeutung kaum vereinbaren lässt). Der Gedanke, dass Handel die Form extremer einseitiger Ausbeutung oder hegemonialer Macht annehmen und infolge dessen eine gewaltsame, mangels symmetrisch-militärischer Mittel auch asymmetrisch-terroristische Gegenreaktion provozieren kann, liegt Kant gänzlich fern. An der Schwelle zum modernen Partisanen- und Volkskrieg beschränkt er die Gefährdung des Friedens auf zwischen-staatliche, militärisch-symmetrische Auseinandersetzungen, ohne eine »ideologische« Beteiligung daran und andere Subjekte des Krieges als Staaten in Betracht zu ziehen. Dem entsprechend überschätzt Kant das bürgerliche Eigeninteresse in republikanisch verfassten Gesellschaften, von denen er glaubte, Furcht vor eigenem Schaden sei schon ein hinreichendes Motiv, nicht für Krieg zu optieren, wenn man effektiv an der Entscheidung über Krieg und Frieden beteiligt sei. So konstruiert Kant zwar einen inneren Zusammenhang von innerstaatlicher und interstaatlicher Verfassung, doch gelingt es ihm nicht, ein (öffentliches) Medium zu denken, in dem sich die Forderung nach einer Überwindung des inter-nationalen Naturzustandes durchsetzen

wird aber in der Regel kein grundsätzlicher Einwand gegen Kants Ansatz insgesamt abgeleitet. Man fragt sich lediglich, *wie* das Recht (Recht der Völker [*jus gentium*], Staatsrecht, Völkerrecht, Weltbürgerrecht) zu denken ist, das Kant nur hinsichtlich der Trennung von exekutiver und gesetzgebender Gewalt beschrieb, ohne eine internationale Rechtsprechung zu bedenken; ob nach wie vor der Friede zwischen (möglichst republikanischen) Staaten als Personen konzipiert werden sollte, die souverän bleiben, oder ob der Gedanke staatlicher Souveränität einzuschränken ist; ob man nach wie vor nicht über einen pluralistischen Völkerbund bzw. Föderalismus freier Staaten hinauskommt; ob die Idee einer Weltrepublik nach wie vor skeptisch zu beurteilen ist, die über ein welt-staatliches Gewaltmonopol verfügen würde; etc.

Ungeachtet aller Einwände, bei denen es sich eher um Spezifizierungsversuche handelt, bleibt es dabei: vom bloßen Nicht-Krieg oder »Vorfrieden« will man mit Kant zu einem als *»Verrechtlichung aller konfliktträchtigen Beziehungen in der Welt der äußeren Freiheit«* aufgefassten »positiven Friedenszustand« gelangen durch einen »gewaltverdrängenden Vertrag«, den idealiter alle Staaten der Welt miteinander schließen würden und der, solange dies nicht geschehen kann, schon jetzt als Probierstein der Rechtmäßigkeit der internationalen Verhältnisse gelten dürfte – genau so, wie der so genannte Gesellschaftsvertrag, der nach dem Vorbild Rousseaus aus dem »gesetzlosen Zustand«, wo »lauter Krieg« herrscht, durch ein Versprechen des Gewalt-Verzichts herausführt und innerhalb eines Staates bereits einen Vorgriff auf einen *foedus pacificum* darstellt, der Krieg zwischen den Menschen »auf immer zu endigen« verspricht. Analog zur Pazifizierung der zwischenmenschlichen Verhältnisse (durch

---

ließe, nachdem dies immerhin zwischen einigen, im Innern rechtlich pazifizierten Staaten gelungen scheint. Wo Kant eine Zweistufigkeit der Konstruktion von Frieden durch Recht (d. h. Überwindung »gesetzloser« oder »ungebundener« Freiheit der Anarchie des Naturzustandes erst innerhalb der Staaten, dann zwischen ihnen) vorsieht, liegen die Verhältnisse viel komplizierter. Diese Überwindung mag bis heute nicht welt-weit auf ganzer Breite gelingen. Das liegt auch daran, dass »die Staaten, in denen der Frieden aufgrund einer florierenden Marktökonomie am stärksten geschützt und genossen wird, am wenigsten Bereitschaft zur Durchsetzung dieses Friedens in bellizistischen Regionen aufbringen« – nach der Diagnose H. Münklers in seiner Rezension von M. Howards Buch *Die Erfindung des Friedens:* »Von Kriegsfürsten und Friedensstiftern«, in: *Die Zeit 32* (2001), S. 41. Auch das hat Kant nicht vorhergesehen, was ihm hier nicht angekreidet, sondern nur in der Absicht angemerkt werden soll, die historische Distanz zu seinem Entwurf auszumessen.

Recht) im Staat sucht man mit Kant nach dem »Surrogat« eines Welt-Gesellschaftsvertrags, der nach dem gleichen Muster das Prinzip »Frieden durch Recht« global durchzusetzen verspräche. Dabei werden grob zwei ganz unterschiedlich gelagerte Fälle unterschieden. Zum einen (1.) der Friede zwischen Staaten, deren legitime Vertreter bereits erklärt haben, mit anderen in Frieden leben zu wollen und auf Gewalt zu verzichten. Das *Angebot* eines solchen Versprechens bedeutet, dass das darauf gegründete Recht den Frieden nicht juridisch wie aus dem Nichts konstruiert, sondern bereits als vor-rechtlichen in Anspruch nehmen kann und muss. Die rechtliche Fixierung des im Sinne Kants vorbehaltlosen Willens, aller Feindschaft zwischen den Staaten ein Ende zu machen, soll freilich darüber hinausgehen und die Unterwerfung unter allgemeine Jurisdiktion zur Folge haben für den Fall eigenen schuldhaften Verstoßes gegen den Inhalt des Vertrages, der den sog. Welt-Frieden dauerhaft sichern soll.

Noch weit problematischer ist der zweite Fall (2.), der das Verhältnis zu Staaten betrifft, die das Versprechen des Gewalt-Verzichts nicht geben oder von denen es auf absehbare Zeit nicht zu erwarten steht. Darunter befinden sich Staaten, die entweder gegen andere Staaten oder gegen die eigene Bevölkerung derart mit Gewalt vorgehen (oder derart auf ihrem Territorium Gewalt zulassen), dass sich die Anhänger eines globalen Friedens geradezu zur sog. »humanitären Intervention« aufgefordert sehen. Inzwischen hat sich die Einsicht durchgesetzt, dass Staaten, die so zerrüttet sind, dass dergleichen als Notfallmaßnahme erforderlich scheint, um die betroffene Bevölkerung vor dem Schlimmsten zu bewahren, durch keine politische Technik wiederherzustellen sind. Jeder Beitrag zum *nation building* bzw. zur *Rekonstruktion* einer leidlich funktionierenden und im Inneren wie nach außen befriedeten Staatlichkeit muss darauf bauen, dass ihm die Betroffenen auch entgegenkommen. Demokratische Lebensformen sind auf keine Weise von außen aufzunötigen. Wo das versucht wurde, waren eher aversive Effekte in die entgegengesetzte Richtung festzustellen.

Selbst international legitimierte Interventionen, die darauf abzielen, überhaupt erst *Bedingungen* herzustellen, unter denen innerhalb existierender Staaten »Frieden durch Recht« wieder *möglich* erscheint, sind auf schmerzhafte Weise mit der Unzulänglichkeit des Rechts konfrontiert, das sie wiederherstellen sollen. Ein bloß nachträglich wiederherzustellendes Recht spottet vielfach jeder Wieder-

gutmachung, nach der gewaltsam beschädigtes Leben eigentlich verlangt. Vor allem deshalb münden nachträgliche Interventionen in die
Gewaltverhältnisse fremder Staaten, die sich einem allgemeinen Versprechen des Gewalt-Verzichts nicht angeschlossen haben, regelmäßig in die Einsicht, dass nur effektive Prävention dem Frieden zu
dienen vermag, dem das Recht allemal zu spät beispringt. Die Formel
»Frieden durch Recht« kann jedenfalls nicht bedeuten, dass das Recht
gleichsam für sich selbst sorgt durch seine anerkannte Geltung. Gel-
tendes Recht stellt von sich aus überhaupt keinen »Friedenszustand«
her, sofern es nicht getragen wird von den kulturellen Lebensformen
derer, für die es gelten soll.[37] Entweder *durch die Lebensformen
geschieht Recht* oder es muss *gegen ihr Versagen nachträglich* in
Anspruch genommen werden und kann dann allenfalls einen be-
scheidenen Beitrag dazu liefern, den Schaden, die Verletzung oder
Traumatisierung wiedergutzumachen, die im Verstoß gegen das
Recht unwiderruflich geschehen ist. Das gilt für das Recht im Staat
so gut wie für das Recht zwischen Staaten, für das Völkerrecht wie
für das Weltbürgerrecht. Wenig wäre für letzteres effektiv dadurch
gewonnen, dass jede »Rechtsverletzung an einem Platz der Erde an
allen gefühlt« würde (WA XI, S. 216), wenn sich aus solcher Sensibilität nicht *auch* die Konsequenz ergäbe, derselben Verletzung – vor
Ort und aus der Ferne – für die Zukunft vorzubeugen und dafür
Sorge zu tragen, dass sie sich nicht an Anderen wiederholt.

Wenn dem *Frieden durch Recht* aufgeholfen werden soll, darf
man gerade nicht so weit gehen, beides einfach zu *identifizieren*,
wie es Fichte getan hat in seinem Kommentar zu Kants Entwurf.[38]
Vor allem dann, wenn eine nachträgliche Inanspruchnahme des
Rechts im Verhältnis zwischen den Staaten massiver Gewalt begegnen soll, wie sie in Krieg und Genozid geschieht, muss es darauf
abzielen, die gleiche Gewalt für die Zukunft zu verhüten. Das wird
vor Ort – dort, wo die Gewalt menschliches Leben versehrt hat – auf
Dauer nur anknüpfend an die Lebensformen gelingen, die allein dem

---

[37] Der Devise »Frieden machen« ist insofern mit Skepsis zu begegnen; vor allem dann,
wenn man an eine *politische Technik* denkt, die sogar in Form eines Handbuchwissens
beschrieben werden könnte; vgl. E.-O. Czempiel, »Alle Macht dem Frieden«, in:
D. Senghaas (Hg.), *Frieden machen*, Frankfurt am Main 1997, S. 31–47.

[38] »Recht ist Friede«, behauptete Fichte (womit er einem »Völkerrecht zum Krieg« widersprechen wollte). J. G. Fichte, »Zum ewigen Frieden. Ein philosophischer Entwurf
von Immanuel Kant«, in: Z. Batscha, R. Saage (Hg.), *Friedensutopien. Kant, Fichte,
Schlegel, Görres*, Frankfurt am Main 1979, S. 83–92, hier: S. 89.

Recht zu gelebter Wirklichkeit werden verhelfen können. Der durch
das Recht zu erreichende Friede ist überhaupt kein »Zustand«, sondern überzeugt nur als gelebte Rechtlichkeit, als ein ständiges Geschehen seiner fortwährenden Erhaltung. Im Gegensatz zum »geschlossenen« und rechtlich als »Zustand« fixierten Frieden könnte
man von einem im Zusammenleben *sensibel fungierenden Frieden*
sprechen, der immer an einer Wegscheide steht, wo man sich zwischen ihm und aufkeimender, fortgesetzter und schließlich propagan-
distisch forcierter Feindschaft zu entscheiden hat.

So gesehen kann kein vertraglich fixierter Friede je das »Ende
aller Feindschaft« versprechen – weder zwischen Staaten noch innerhalb von Staaten. Mögliche Verfeindung keimt vielfach auf unvorhersehbare Art und Weise ereignishaft auf. Jeder ernsthaftere Konflikt bietet dazu Gelegenheit. Das gilt auch innerhalb bereits rechtlich
pazifizierter Gesellschaften. Vorsorge kann man nur dafür treffen,
dass die Verfeindung nicht Nahrung erhält und von interessierter
Seite angefacht wird. Wenn das nicht gelingt, steigern sich Auseinandersetzungen zum *polemogenen* Streit, in dem am Ende jede Gemeinsamkeit aufgekündigt und das soziale oder politische Verhältnis
der miteinander Streitenden selber ruiniert wird. An der Grenze zwischen Streit *(stasis)* und Krieg *(polemos)*, die durch progressive Verfeindung überschritten wird, bewegt sich menschliches Zusammenleben grundsätzlich und immer, insofern jede Auseinandersetzung in
ein ernsthaftes Zerwürfnis münden *kann.* (So gesehen war die Unterscheidung zwischen un-friedlichem Streit und Krieg immer schon
»unklar«.)

Das hat Nicole Loraux in ihrer Revision eines gängigen Politik-
verständnisses gezeigt, das wiederum (rechtlich gesicherten) Frieden
und Politik geradezu identifiziert, wie es etwa Dolf Sternberger und
Hannah Arendt getan haben.[39] Im Prinzip jederzeit kann aus dem
normalen Widerstreit von Meinungen, Standpunkten und Überzeu-
gungen eine Art Bürgerkrieg entstehen, der die nirgends objektiv
gezogene Grenze zum *polemos* hin überschreitet, in dem das politische, rechtlich befriedete Verhältnis der miteinander Streitenden
selbst zerstört wird. Weder durch genealogische Verwandtschaft noch

---

[39] Vgl. N. Loraux, *L'invention d'athènes*, Paris 1993; »Das Band der Teilung«, in: J. Vogl
(Hg.), *Gemeinschaften*, Frankfurt am Main 1994, S. 31–64; GF, S. 306 ff.; und M. Müller, »Der Friede als philosophisches Problem«, in: D. Senghaas (Hg.), *Den Frieden denken*, S. 21–38 zur Stadt der Antike als »Stätte des Friedens« (S. 24).

durch ein von Natur aus vorgegebenes *telos* des Zusammenlebens noch auch durch einen rechtlichen Vertrag ist je gänzlich aus-zuschließen, dass sich polemogener Streit auf dem Weg der ein- oder gegenseitigen Verfeindung verschärft und die Ordnung des Zusam-menlebens von innen heraus zu zerstören beginnt. Selbst wenn es zutreffen sollte, dass Politik als »innere« und als »äußere« ihrem eigentlichen Sinn nach letztlich dem Frieden zu dienen hätte (so dass es zur »Friedenspolitik« im Grunde gar keine Alternative gäbe), kann doch nicht durch das Recht allein (zumal nicht durch ein anders-wohin exportiertes Recht, das man im zerrütteten Leben Anderer technisch zu installieren versucht) dafür gesorgt werden, dass das politische Handeln wirklich am Frieden orientiert bleibt. Ein nur rechtlich fixierter Friede vermag das polemogene Potenzial mensch-lichen Zusammenlebens nicht aufzufangen; und zwar auch dann nicht, wenn er durch eine weitgehende *faktische Akzeptanz* des Rechts gestützt wird, *bevor* es überhaupt zu einem Konfliktfall kommt, in dem man das Recht *gegen* Andere, gleichsam als »Ausfall-bürgschaft« einer anders nicht mehr zu regelnden bzw. wiederherzu-stellen Integration in Anspruch nehmen muss.[40] Orientiert sich diese Akzeptanz nur an etablierten Geltungsansprüchen, also daran, was als »rechtens« gilt, so läuft sie Gefahr, das polemogene Potenzial kon-flikthafter Erfahrungen zu übersehen, die in einer am Recht aus-gerichteten Kommunikation gar nicht repräsentiert sind.

Wer zwar Rechte hat, faktisch aber nicht Gehör findet, mit sei-ner eigenen Stimme nicht zählt oder nicht einmal wahrgenommen wird, kann ungeachtet seiner formellen Gleichberechtigung in die Lage geraten, sich als vom politischen Gemeinwesen getrennt und *in ihm wie nicht existent* zu erfahren. Selbst eine von weitgehender Akzeptanz des Rechts im Geist der Inklusion aller Gleichberechtigten getragene politische Ordnung wird sich immer in einem gewissen Missverhältnis zu denen befinden, die sich faktisch in ihr nicht wahr-genommen, gehört und beachtet sehen. Sie wird sehr leicht unter-höhlt werden, wenn sie nicht – statt sich allein auf eine fahrlässiger-weise unterstellte faktische Akzeptanz des Rechts zu stützen –

---

[40] Zur Frage, ob zum fungierenden Frieden nicht weit mehr noch gehören muss als nur eine faktische »Akzeptanz« des Rechts (vor allem insofern es dem Schutz des Einzelnen vor Verletzung zu dienen hat), vgl. J. Habermas, *Faktizität und Geltung*, Frankfurt am Main 1998, S. 33 ff. Habermas bringt eine nicht wiederum allein rechtlich, durch die faktische Anerkennung gewisser Geltungsansprüche gestiftete Solidarität zwischen den Mitgliedern eines Gemeinwesens ins Spiel (S. 51).

ständig von der sensiblen Sorge getragen wird, die Legitimität des Gemeinwesens auch im Verhältnis zu denen immer neu deutlich zu machen, die sich weder gehört noch überhaupt wahrgenommen wissen und darin einen auch im Streit der Meinungen *nicht repräsentierten Dissens* erfahren, der sie dem politischen Leben entfremdet.

Die übliche Rede von einer Institutionalisierung des Streits, durch die moderne Demokratien angeblich dessen zerstörerischem, polemogenen Potenzial Herr werden, lässt nur allzu leicht übersehen, dass keine institutionalisierte Ordnung je alle einschließen kann. Infolgedessen verkümmert zugleich die unabdingbare außerordentliche Sensibilität dafür. Stets bleiben faktisch einige oder viele draußen, weil sie die Macht oder die Mittel nicht haben, sich Gehör und ihrem Standpunkt Geltung zu verschaffen. Wo das aus dem Blick gerät, hat auch eine dem Gedanken der »Friedenspolitik« verpflichtete demokratische Lebensform, die glauben macht, im institutionalisierten Streit sei ihr polemogenes Potenzial aufgehoben und die Gefahr innerer Verfeindung ein für allemal gebannt, am Ende kein adäquates Verhältnis mehr zum inneren Un-Frieden, den sie den nicht Wahrgenommenen, *in ihr* faktisch Ausgeschlossenen zumutet, ohne sich noch dem – sei es unartikulierten, sei es gewaltsam manifestierten – Anspruch ihrer Erfahrung zu stellen.[41]

So gesehen muss die sowohl auf außenpolitische wie auch auf innenpolitische Verhältnisse gemünzte Formel »Frieden durch Recht« ergänzt werden durch die Sorge um Frieden, die sich weniger von strittigen Geltungsansprüchen als vielmehr von unterdrückten Erfahrungen in Anspruch nehmen lässt. Ohne die pazifizierende Wirkung eines von hoher Akzeptanz getragenen Rechts gering zu schätzen, ist doch einer Reduktion des Friedens auf Bedingungen des Rechts zu widersprechen, denn es zeigt sich, wie voraussetzungsvoll schon innerhalb rechtlich pazifizierter Gesellschaften ein Friede sein muss, der nicht nur »äußerlich« zu gewährleisten ist – sei es durch »bloße Koexistenz«, durch eine fragwürdige »Toleranz des Sein-Lassens« oder durch die selbstbewusste Inanspruchnahme des Rechts.

---

[41] Vgl. v. Verf., »Widerstreit und Dissens. Kritische Überlegungen zum *polemos* bei Jacques Rancière«, in: H. Vetter, M. Flatscher (Hg.), *Hermeneutische Phänomenologie – phänomenologische Hermeneutik*, Frankfurt am Main 2005, S. 135–155; »Differenz und Dissens«, in: G. Kruip, W. Vögele (Hg.), *Schatten der Differenz: Das Paradigma der Anerkennung und die Realität gesellschaftlicher Konflikte*, Münster 2006, S. 15–44.

Zwar ist diese Überlegung nicht neu, doch besteht die starke Neigung, eine auf das Recht nicht zurückzuführende Sorge um »innerlichen« Frieden wiederum als normatives Moment des Zusammenlebens aufzufassen.[42] Damit verfehlt man aber gerade das außerordentliche Moment einer Sorge, die sich nicht in der Berücksichtigung bereits artikulierter Ansprüche erschöpft, sondern dem Nicht-Artikulierten, dem ungesagt Bleibenden, dem Un-Wahrgenommenen ihre *sensible Aufmerksamkeit* widmet, weil sie weniger im institutionalisierten, nach Regeln ausgetragenen Streit, als vielmehr im gar nicht wahrgenommenen, in Wahrheit aber vorliegenden Dissens die Quelle eines inneren Un-Friedens vermutet.

So hat Jacques Rancière die Sorge um Gerechtigkeit genau an der Grenze zwischen der jeweils etablierten rechtlich-politischen Ordnung einerseits und nicht in ihr aufgehenden Ansprüchen andererseits lokalisiert, die überhaupt nicht angemessen wahrgenommen werden.[43] Zwar will auch Rancière nicht der Illusion Vorschub leisten, es bedürfe allemal lediglich einer *erweiterten Inklusion*, um schließlich allen gerechten Ansprüchen Rechnung zu tragen, doch verschärft er das Problem der Sorge nicht derart, wie es etwa Levinas und Derrida getan haben, die jedem Anderen einen *radikal außerordentlichen* Gerechtigkeitsanspruch zuschreiben, der in überhaupt keiner gerechten Ordnung je aufzuheben sein wird. Statt daraus ein unfruchtbares Schisma abzuleiten, suchen sie das Verhältnis zwischen der rechtlich pazifizierten Ordnung und dem Anspruch des Anderen, der darauf hinaus läuft, ihm in seiner absoluten Singularität gerecht zu werden, zu destabilisieren, um gerade aus der mit diesem Anspruch verknüpften *Über-Forderung* eine fruchtbare *Sensibilität* der rechtlich gefaßten Gerechtigkeit abzuleiten und sie davor zu bewahren, sich gleichsam selbst-gerecht zu genügen. Deshalb weigert sich Derrida kategorisch, Recht und Gerechtigkeit einfach gleichzusetzen – womit zugleich die Möglichkeit gänzlich entfällt, Recht und Frieden ohne Umschweife zu identifizieren.

Ich greife diese Überlegungen im Folgenden insoweit auf, wie sie eine im Recht gar nicht aufzuhebende Gerechtigkeit auch ange-

---

[42] Müller (»Der Friede als philosophisches Problem«, S. 31) betont mit Recht, das genüge niemals, um Verträglichkeit und Ertragen praktisch zu gewährleisten – zumal wenn beides mit Erfahrungen lebenspraktisch-ästhetischer Unvereinbarkeit zu tun hat, die sich im Streit um Fragen des normativ Richtigen überhaupt nicht auflösen lassen.
[43] Vgl. J. Rancière, *Das Unvernehmen*, Frankfurt am Main 2002.

sichts eines Feindes ins Spiel bringen, der heute nicht mehr der leicht identifizierbare nationale Feind, der Staats-, Klassen- oder Rassenfeind ist, sondern ein anonymer Anderer sein kann, der jede rechtliche Ordnung von außen wie von innen zu bedrohen vermag. Paradoxerweise konfrontiert Derrida das in dieser Situation geforderte Denken demokratischen Lebens mit dem Anspruch, *selbst einem solchen Feind gegenüber gerecht zu sein* und ihn in gewisser Weise – *gastlich* – bei sich aufzunehmen. Wie sich zeigen wird, entfernt uns dieses Denken auf den ersten Blick am weitesten von Kant und hält doch viel engere Verbindung zu ihm als es ein Rechtsdenken tut, für das ausgemacht ist, dass jeder Mensch entweder zum Geltungsbereich des (wie auch immer, etwa in kosmopolitischer Absicht erweiterten) Rechts gehört oder aber »nur ein bedrohlicher Fremdling und also ohne Recht ist«.[44]

5. Singularität und Feindschaft

»Gerechtigkeit läßt sich niemals auf Recht reduzieren, auf die berechnende Vernunft, auf die Verteilung nach dem Gesetz, auf die Normen und Regeln, die das Recht bedingen […]«, *weil sie* »*den freien Raum des Verhältnisses zur unberechenbaren Singularität des anderen*« öffnet. »*Genau dort überschreitet die Gerechtigkeit das Recht*, setzt aber auch die Entwicklung, die Geschichte und das Werden der juridischen Vernunft in Bewegung beziehungsweise motiviert das Verhältnis des Rechts zur Vernunft […]. *Die Heterogenität zwischen Gerechtigkeit und Recht schließt ihre Unzertrennlichkeit keineswegs aus, sondern fordert sie im Gegenteil:* keine Gerechtigkeit ohne die Anrufung juridischer Bestimmungen und der Gewalt des Rechts; es gäbe kein Werden, keine Transformation, keine Geschichte und keine Vervollkommnungsfähigkeit des Rechts, *wenn es dabei nicht an eine Gerechtigkeit appellierte, die es dennoch übersteigt.*«[45]

Zwar verwirft Derrida nicht gänzlich den Gedanken, Friede sei durch Gerechtigkeit auf dem Wege des Rechts zu erreichen; aber ein

---

[44] D. Henrich, *Ethik zum nuklearen Frieden*, Frankfurt am Main 1990, S. 53.
[45] J. Derrida, *Schurken. Zwei Essays über die Vernunft*, Frankfurt am Main 2003, S. 201–204. Hervorhebung B. L. Zur Zuordnung von Recht und Gerechtigkeit vgl. auch J. Derrida, *Gesetzeskraft. Der »mystische Grund der Autorität«*, Frankfurt am Main 1991, S. 21, 33, 46, 123.

Friede, der damit *identifiziert* wäre, müsste angesichts des außer-ordentlichen Anspruchs jedes Anderen zugleich in absolute Ungerechtigkeit umschlagen. Eine rechtlich gefasste Gerechtigkeit, die nichts
mehr davon ahnen ließe, dass sie gleich zu behandeln zwingt, was
nicht von sich aus gleich *ist,* die also nicht realisiert, dass sie *gleich
macht,* verdiente ihren Namen nicht. Daraus folgt nicht, dass nun
umgekehrt ein absoluter Friede zu verwirklichen wäre, wenn man
dem singulären, außer-ordentlichen Gerechtigkeitsanspruch des Anderen gerecht würde, der seinerseits von jedem anderen Anspruch
entbunden zu denken wäre. Vielmehr *wird der rechtlich verfasste
und fixierte Friede bewusst in ein unaufhebbares Missverhältnis zu
seiner Über-Forderung durch den Anderen gesetzt und diese wiederum an die rechtliche Ordnung gebunden, die sich überfordern lässt.*
Nur weil die Sorge um Recht und Gerechtigkeit in diesem Missverhältnis niemals zur Ruhe kommen kann, hat der Friede Zukunft. Nur
weil das *Geschehen des Friedens* kein »Zustand« ist, sondern Inspiration, Beunruhigung um die nie definitiv zu beantwortende Frage, wie
man dem Anderen zwischen Recht und Gerechtigkeit gerecht werden
soll, »gibt« es Frieden.

Die Formel »Frieden durch Recht« (bzw. durch eine verrechtlichte Politik, die bedeutet, miteinander vergleichbare Ansprüche
Anderer abzuwägen, zu berechnen und quantitativ zu bestimmen)
wird damit nicht ganz und gar falsch; aber sie wird nun gleichsam in
entgegengesetzter Richtung lesbar: Das Recht ist seinerseits im Zeichen eines außer-ordentlichen, niemals in einer juridischen Ordnung
aufgehenden Verlangens nach Frieden angesichts des Anderen zu
verstehen. Der angesichts jedes Anderen verlangte, aber zugleich
auch überforderte Frieden verdankt sich gerade nicht dem Recht oder
irgendeiner politischen Ordnung, durch die man es zu garantieren
versucht, sondern einem außer-ordentlichen Anspruch, dem er in
einer Weise antwortet, die das Recht inspiriert. Das Missverhältnis
von außer-ordentlicher Gerechtigkeit und Recht denkt Derrida dabei
um den Preis, dass die Vorstellung, man könne ihm je gewaltlos zur
Wirklichkeit verhelfen, aufgegeben werden muss, wenn dieses Missverhältnis als unaufhebbar zu gelten hat. So gesehen läge der Frieden
gewissermaßen *im Un-Frieden mit sich selbst.* Und *gerade darin läge
zugleich die eigentliche Inspiration seines wirklichen Geschehens im
Lichte seines unaufhörlichen Versagens.*[46]

---

[46] Vor allem in *Gesetzeskraft,* wo Derrida sich ausdrücklich Levinas' Denken der Ge-

Die dekonstruktionistische Entzauberung der Formel »Frieden durch Recht« zeigt, wie weit wir davon tatsächlich entfernt sind, uns von einer »Verrechtlichung aller konfliktträchtigen Beziehungen« (s. o.) unmittelbar Frieden versprechen zu dürfen. Das so oder so Gewaltsamkeit heraufbeschwörende Missverhältnis zwischen dem Anspruch des Anderen und dem Recht, in dem man ihm, wie mangelhaft auch immer, gerecht zu werden versucht, ist selbst überhaupt nicht zu verrechtlichen. Vielmehr zeigt es gerade die radikale ethische Überforderung des Rechts an, an der sich Ansätze der Verrechtlichung produktiv »abarbeiten«, wie man heute gerne sagt. Nicht einmal angesichts eines singulären Anderen vermögen wir Gerechtigkeit und Recht zum Ausgleich zu bringen. Noch viel weniger wird dies gelingen, wenn wir mit dem Widerstreit zwischen dem Anspruch eines Anderen und vielfältigen Ansprüchen Dritter konfrontiert sind.[47] Schon bevor wir konkret fragen können, mit welchem Anspruch, mit welcher Gerechtigkeit und mit welchem Recht wir es jeweils zu tun haben, scheint uns auf der Ebene ihrer *abstrakten* Zuordnung bereits jeder Ausweg in Richtung eines solchen Ausgleichs verbaut. Wie es scheint, ist die gegenseitige Inspiration von Recht und Gerechtigkeit in ihrem unaufhebbaren Missverhältnis nur um den Preis zu haben, dass man auch deren Widerstreit nicht beschönigt. Wo aber Widerstreit vorliegt, kann eine konfliktträchtige Auseinandersetzung beginnen. Nicht schon am strukturellen Missverhältnis von Recht und Gerechtigkeit, sondern erst hier: an der Frage, wie diese Auseinandersetzung um einander widerstreitende Ansprüche *ausgetragen* wird, entscheidet sich das Schicksal des Friedens in den konkreten Lebensformen, die ihn verwirklichen sollen.

Damit rücken dem radikalen Missverhältnis von Recht und Gerechtigkeit nachgelagerte, aber kaum weniger bedeutsame Fragen

---

rechtigkeit als einer unbedingten Aufforderung zum »Frieden jetzt« anschließt (S. 45, 51; J. Derrida, *Adieu. Nachruf auf Emmanuel Levinas*, München 1999, S. 114 f.), wird ein vom Anderen her ereignishaft widerfahrender Gerechtigkeitsanspruch als geradezu *gewaltsame Unterbrechung des Rechts* gedeutet (und zugleich vor einer ebenso *gewaltsamen Entbindung vom Recht* gewarnt). Derrida ist hier weit entfernt davon, einem harmlosen Frieden das Wort zu reden, den man sich von einer »positiven« politischen Ordnung verspricht. Überhaupt geht er mit diesem Wort sehr sparsam um. Wenn ich hier dagegen Gerechtigkeit und Frieden gewissermaßen kurzschließe, so nur insofern, als der Anspruch des Anderen auf außerordentliche Weise nach Frieden verlangen lässt, der aber nur politisch-rechtlich zu sichern sein wird.
[47] Vgl. P. Delhom, *Der Dritte. Levinas' Philosophie zwischen Verantwortung und Gerechtigkeit*, München 2000.

nach der Friedlichkeit eines konfliktträchtigen Zusammenlebens im
Widerstreit in den Vordergrund. Wer unter Verzicht auf eine nicht
mehr glaubwürdige »substanzielle Sittlichkeit« praktischer Vernunft
mit Habermas allein noch der *aufs Recht sich berufenden Kommunikation* vertrauen will, verdeckt eher die klaffende Lücke, auf die die
Frage nach einem im Zusammenleben selber fungierenden Frieden
zielt. Levinas und Derrida verstehen die Herausforderung durch den
Anspruch des Anderen bereits als eine erste Aufforderung zum Frieden, die jede politisch-rechtliche Ordnung auf außer-ordentliche
Weise unterlaufe.[48] Diesem Anspruch gerecht werden, heißt das
nicht, sich der Herausforderung zum Frieden angesichts *jedes* Andern stellen? Und begegnet nicht jeder Andere stets als einer unter
anderen Anderen, so dass das Missverhältnis zwischen der von ihm
verlangten Gerechtigkeit und dem Recht, das alle gleich behandeln
soll, auf dem Fuße folgt? Wenn nun dieses Missverhältnis weder in
der Richtung einer ethischen Verabsolutierung des Anspruchs des
Anderen noch auch in Richtung einer rückhaltlosen Verrechtlichung
aufzuheben ist, sind wir dann nicht umso mehr auf die *zwischen
radikaler Ethik und Recht vermittelnden Lebensformen* angewiesen,
wenn wir denken wollen, wie Frieden nicht nur – vom Anderen her
oder »durch Recht« – *verlangt* oder sogar *geboten*, sondern auch *konkret möglich* ist?[49] Eine überzeugende Antwort auf diese Frage fällt

---

[48] Vgl. dazu ausführlich GF, S. 138 f.; J. Derrida, *Adieu*, S. 70 ff.; E. Levinas, *Schwierige
Freiheit*, Frankfurt am Main 1992, S. 29.

[49] Derrida überspringt die Konkretheit kultureller Lebensformen auf höchst fragwürdige Art und Weise, indem er immer wieder von einer unbedingten, absoluten, nicht-li-
mitierten Gastlichkeit zum Recht übergeht, obwohl er gelegentlich auch vom Erfordernis einer »médiation« spricht. Dieser Begriff bleibt aber eigentümlich ortlos. Zwischen
radikaler Gastlichkeit und juridisch beschränkter Gastlichkeit soll nur eine erfinderische
»anarchie improvisatrice« stattfinden (J. Derrida, E. Roudinesco, *De quoi demain ...
Dialogue*, Paris 2001, S. 42; J. Derrida, »Responsabilité et hospitalité«, in: *Autour de
Jacques Derrida. Manifeste pour l'hospitalité – aux Minguettes –*, Paris 1999, S. 111–
124, hier: S. 124, wo es heißt:»tout le problème, et c'est celui de tout désir de l'hospitalité, est d'en trouver la traduction et la formulation juridiques«). So sehr der Begriff der
Anarchie wiederum die Sache trifft, so blass bleibt bei Derrida jede Vorstellung kultureller Praxis, auf die er konkret zu beziehen wäre. Zu den angesprochenen Problemen
des Übergangs zwischen Ethik und Recht vgl. auch J. Derrida, »Une hospitalité à l'infini«, ebd., S. 97–106, hier: S. 100. Dass Derrida das Desiderat einer kulturphilosophi-
schen Erweiterung seines Ansatzes durchaus gesehen hat, zeigt das Interview »Non
pas l'utopie, l'im-possible«, in: *Papier machine*, Paris 2001, S. 349–366; dt. unter dem
sonderbaren Titel »Ich mißtraue der Utopie, ich will das Un-Mögliche«, *Die Zeit*, Nr. 11
(1998), S. 47 ff., hier: S. 49.

umso schwerer, als ein unproblematischer Begriff praktischer Vernunft bzw. einer im Vorhinein gesicherten Sittlichkeit politischer Lebensformen genauso wenig zur Verfügung steht wie eine deutliche Vorstellung davon, wie man sich in diesem Zusammenhang ihre »vermittelnde« Funktion vorstellen soll.

Habermas, der am Begriff der praktischen Vernunft nur mit starken Vorbehalten festhält, spricht deshalb vom Erfordernis, eine »radikale Demokratie«[50] zu denken – deren Radikalität doch wohl darin bestehen müsste, nicht nur auf ein »Risiko des Dissenses«, sondern darauf sich einzulassen, sich selbst aufs Spiel zu setzen. Genau das geschieht, wenn Nicole Loraux' Analysen zutreffen, in der Weise polemogener Auseinandersetzung in ständig widerstreitenden Ansprüchen ausgesetzten Lebensformen, die – weit entfernt, sich auf eine prästabilierte »gegenstrebige Fügung« des Widerstreitenden in einer sittlichen »Kultur des Konflikts« einfach verlassen zu können[51] – im *offenen* Streit, aber auch im *unterdrückten* Dissens ihre Existenz riskieren. Demgegenüber auf eine durchgängige Verrechtlichung aller konfliktträchtigen Beziehungen zu setzen, erscheint eher als Flucht vor eben der Radikalität des Demokratischen, die man beschworen hat, um das demokratische Leben vor der Erstarrung in einem politischen »System« zu bewahren.

Tatsächlich lastet nach wie vor auf den menschlichen Lebensformen das ganze Gewicht des Anspruchs, Frieden zu verwirklichen. So wenig wie ein radikaler, außer-ordentlicher Anspruch des Anderen kann ein Recht, das als »Ausfallbürgschaft« im Versagen sozialer Integration gedacht wird, ersetzen, was das menschliche Zusammenleben selber eigentlich leisten soll.[52] Steht jener Anspruch zunächst

---

[50] J. Habermas, *Faktizität und Geltung*, S. 13, 15.

[51] Vgl. J. u. A. Assmann, »Kultur und Konflikt«, in: J. Assmann u. D. Harth (Hg.), *Kultur und Konflikt*, Frankfurt am Main 1990, S. 11–48; E. Cassirer, *An Essay on Man* [1944], New Haven, London 1972, S. 228; I. Berlin, *The Proper Study of Mankind*, London 1989, S. 10 ff.

[52] Darauf werden wir umso mehr zurückverwiesen, wie das Recht jene Funktion immer weniger erfüllt, weil es ungeachtet aller Rechte, die einem zustehen, nicht in Anspruch genommen bzw. eingeklagt werden kann. Angesichts massiver Asymmetrien hinsichtlich der Möglichkeit, seinem Recht auch wirksam Geltung zu verschaffen, scheint es unverständlich, dass Habermas meint, das Recht funktioniere »gleichsam als Transformator«, der erst sicherstelle, dass das Netz der gesellschaftlichen Kommunikation nicht reißt. Im Gegenteil muss man sich fragen, wie es kommt, dass dieses Netz ungeachtet eines weitgehenden Versagens des Rechts nicht reißt (obwohl es brüchig und an vielen Stellen bereits zerrissen genug scheint). (*Faktizität und Geltung*, S. 78.) Gewiss befreit

nur für ein Gebot des Friedens, das wir uns nach Levinas immer schon vom Anderen her »zuziehen« (und zwar gerade dann, wenn er sich als unser Feind erweisen sollte[53]), so tangiert das Recht nur die »Welt der äußeren Freiheiten«, die zusammenstimmen sollen. Weder auf dem Weg einer radikalen Ethik, die jenem Anspruch nachgeht, noch auf dem Weg einer Philosophie des Rechts allein werden wir aber erfahren, wie für Frieden praktisch zu sorgen ist.[54]

Nun ist Derrida kein Sozialphilosoph, der sich anheischig machen würde, diese Frage auf direktem Wege zu beantworten. Ihm geht es eher darum, die radikale Situation aufzuklären, die die Sorge um Frieden vorfindet und in der sie sich bewähren muss, um auch nur im Geringsten zu überzeugen. Radikal ist diese Situation in der Sicht Derridas in genau dem Maße, wie politische (demokratische) Ordnungen als *de-limitiert* verstanden werden müssen. Sie sind nämlich in seinem Verständnis dem Versprechen sensibler Einbeziehung »der namenlosen und irreduziblen Singularität von Einzelnen« verpflichtet, »deren Differenz unendlich und also jener partikularen Differenz gegenüber indifferent ist, um die es dem blindwütigen Eifer einer Identitätsbehauptung zu tun ist«.[55] Eine solche Identitätsbehauptung fließe auch überall dort ein, wo man glaube, die Frage, wem das in einer politischen Ordnung geltende Recht zukommt, durch eine eindeutige Demarkationslinie zwischen Mitgliedern und

---

jedenfalls das Recht nicht einfach vom gewaltsamen, polemogenen Potenzial, das auch in bereits hinsichtlich der sog. »äußeren Freiheit« pazifizierten Gesellschaften angelegt bleibt.

[53] Derrida spricht von einer »contamination de l'hospitalité par hostilité«, in: »Responsabilité et hospitalité«, S. 118, vgl. auch *Von der Gastfreundschaft*, Wien 2001, S. 38, und die lehrreichen, in diese Richtung weisenden Befunde von J. u. W. Grimm (Hg.), *Deutsches Wörterbuch*, Bd. 4 [1878], München 1991, Sp. 1454 ff., sowie Kap. V, 1 in diesem Band.

[54] Derrida identifiziert mehrfach Gastlichkeit und Empfang bzw. Aufnahme *(acceuil)* des Anderen. Offenbar meint er aber nur einen primären Empfang des Anspruchs des Anderen, den man auch dann, wenn man sich ihm zu verschließen versucht, nicht vermeiden kann. Letzteres gilt aber gewiss nicht für die konkrete Ausgestaltung einer Gastlichkeit, die dem Anderen wirklich zugute käme. Die Radikalisierung der Gastlichkeit geht m. E. mit einer auffälligen Schwäche in dieser Hinsicht einher. Zum »Empfang« des Anderen vgl. *Adieu*, S. 36 f., 40 ff., 67.

[55] J. Derrida, PdF, S. 156 f. Zu Derridas Kritik an einem geradezu zum Krieg herausfordernden Identitätsbegriff vgl. *Das andere Kap*, Frankfurt am Main 1992, S. 10. Ich verstehe Derrida aber nicht so, dass er jedes Ansinnen, eigene Identität zu behaupten, denunzieren will. Das geht auch aus seinen Beiträgen zum *Manifeste pour l'hospitalité* (s. o.) klar hervor.

Nichtmitgliedern, Zugehörigen und Unzugehörigen entscheiden zu können. Die Folge wäre eine konsequente Entrechtung derer, die der Ordnung nicht an- oder zugehören. Aber das wäre das Ende der Demokratie selbst. Denn »keine Demokratie ohne Achtung vor der irreduziblen Singularität und Alterität« – ganz gleich, von woher sie sich geltend macht. Andererseits aber etabliert auch jede politische (demokratische) Ordnung eine selektive Gleichheit zwischen ihren Mitgliedern. Keine Demokratie ohne diese Gleichheit, ohne Berechnung dessen, was den Gleichen zusteht, und ohne »Errechnung der Mehrheiten, ohne identifizierbare, feststellbare, stabilisierbare, vorstellbare, repräsentierbare und untereinander gleiche Subjekte. Diese beiden Gesetze lassen sich nicht aufeinander reduzieren; sie sind in tragischer und auf immer verletzender Weise unversöhnbar. Die Verletzung bricht zugleich mit der Notwendigkeit auf«, die Gleichen »zählen, die anderen abzählen, mit den Seinen haushalten, sie einer Ökonomie unterwerfen zu müssen – dort, wo jeder andere ganz anders ist«.[56]

Jeder, der dazugehört, ist »ganz anders« und konfrontiert die Idee der Gleichheit mit jenem nicht auflösbaren Widerstreit. Gleich behandelt werden können paradoxerweise nur Ungleiche, absolut Singuläre. Dadurch zieht sich jede demokratische Lebensform in ihrem Innern eine Un-Berechenbarkeit zu (die nicht einen *Mangel an Berechenbarkeit*, sondern das bedeutet, was sich der Berechenbarkeit *radikal in ihr entzieht*[57]). Jeder Andere, der ihr zugehört, ist als Singulärer in radikaler Weise eine Ausnahme. In diesem Sinne ist aber auch jeder Fremde ein Anderer: hinsichtlich dieser Singularität, die danach verlangt, dass man ihr gerecht werde, ist keine eindeutige Grenze in der politischen Welt zu ziehen. Jede politische Welt, die sich als solche abgrenzt, kann dies nur auf der Folie einer vorgängigen und niemals aufzuhebenden De-Limitation, welche die Überforderung des Rechts *in der Ordnung* durch eine *über sie hinausreichende* Gerechtigkeit bedingt, *die in die Ordnung hineinwirkt*.

Ob eine derart de-limitierte, d. h. auch: überforderte Politik, die sensibel mit Unberechenbarem zu rechnen hätte, das ihr sowohl von innen wie von außen, von Unzugehörigen her widerfährt, noch Politik im üblichen Sinne heißen kann und ob wir hier nicht zu einer nachdrücklichen Revision dieses Begriffs aufgefordert sind, kann an

---

[56] PdF, S. 47; »Responsabilité et hospitalité«, S. 148 f.
[57] Derrida unterscheidet *l'incalculable* und *le non-calculable*; *De quoi demain*, S. 86.

dieser Stelle offen bleiben.[58] (Auch Derrida gelangt über insistentes Fragen an dieser Stelle kaum hinaus.) Es geht hier viel mehr darum, dass politisches (demokratisches) Leben so zum Anderen, der jeder andere sein kann, geöffnet wird, dass ein Anspruch auf Gerechtigkeit selbst einem radikalen Feind nicht zu verwehren ist. Gewiss kann man versuchen – wir haben es erlebt und erleben es noch –, die staatlichen Grenzen gegen gewisse Feinde lückenlos abzudichten. Aber sind die schlimmsten Feinde der Demokratie nicht gerade jene, die sie um jeden Preis abzugrenzen versuchen (PdF, S. 69, 78)?

Gelänge das, so könnte sich ein derart rechtlich abgeschottetes politisches System in seiner Selbst-Gerechtigkeit selbst genügen; um den Preis aber, jeden mit der Singularität des Anderen verbundenen Gerechtigkeitsanspruch zu liquidieren. So gesehen wären das Recht und die Entrechtung als dessen Kehrseite, die es den Ausgeschlossenen zuwendet, zwei Seiten derselben juridischen Struktur. Entweder wir lassen uns auf ein solches, letztlich die Gerechtigkeit auf das Recht reduzierendes Verständnis des Politischen ein, oder aber wir müssen mit einer *irreduziblen Inkongruenz von Recht und Gerechtigkeit* »rechnen«, die in unberechenbarer Weise bedeuten muss, dass wir einen Gerechtigkeitsanspruch auch Anderen zuerkennen, die wir nicht einmal kennen, ja die sich als unsere Feinde herausstellen können (PdF, S. 74). *Eine wahrhaft de-limitierte Demokratie müsste sich dem Anspruch stellen, selbst dem radikalen Feind Gerechtigkeit widerfahren zu lassen, auch auf die Gefahr hin, das eigene Recht gänzlich zu überfordern.*[59] Sie wäre eine auf radikale Weise »offene Gesellschaft«, was sich eigentümlicherweise gerade in ihrer *Gastlichkeit* gegenüber Feinden erweisen würde. Gastlichkeit bedeutet hier nicht, dass man ihnen Nahrung und Unterkunft gewährt und bis auf weiteres ein Besuchs-, Gast- oder Asylrecht einräumt (obgleich auch all das in Betracht kommt), sondern *zunächst, dass man realisiert, in jedem Falle bereits den Anspruch des Anderen in Empfang genommen zu haben, bevor man ihm statt gibt oder ihn abweist. Auch die*

---

[58] Vgl. PdF, S. 154, 264 f., 311. Diese Frage beschäftigt auch eine ganze Reihe von jüngst erschienenen Aufsätzen (von M. Abensour, S. Critchley u. a.) in: P. Delhom, A. Hirsch (Hg.), *Im Angesicht der Anderen. Levinas' Philosophie des Politischen*, Berlin 2005.

[59] Nicht nur das Recht droht überfordert zu werden, auch die Gastlichkeit, auf der es aufruht. In die Offenheit ist eine Selbstüberforderung eingebaut, die bis zum Hass gehen kann, durch den der »entfernte« Friede in immer weitere und schließlich unerreichbare Ferne rückt. Darin liegt eine eminente Herausforderung für eine *sensible Praxis der Gastlichkeit.*

*Zurückweisung ist eine Weise des Verhaltens zum Anspruch des An-
deren,* den man in gewisser Weise nicht *nicht* zur Kenntnis nehmen
kann.

Auf die unhintergehbare Sensibilität für den Gerechtigkeitsanspruch des Anderen (selbst des Feindes oder dessen, von dem wir
nicht einmal wissen, was oder wer er oder sie oder es ist) bezieht
Derrida, ähnlich wie Levinas, den Gedanken einer Gastlichkeit[60],
durch die sich eine Gerechtigkeit, die jedes demokratische Leben
überfordert, dem Recht geradezu aufdrängt. Diese Überforderung
impliziert eine »Politik der Trennung«. Man ist, unter Gleichen, zusammen, aber um davon zu zeugen, dass man eine irreduzible Singularität respektiert. Nur unter der Voraussetzung einer »unendlichen Disproportion« befindet man sich in Gemeinschaft, die *in
sich* gewissermaßen »auseinandertritt«, um ein unaufhebbares Ge-
trenntsein der Vergemeinschafteten zu realisieren (PdF, S. 297,
396 f.).

Derrida spricht in diesem Zusammenhang von der nachhaltigen
»Erschütterung der Struktur oder Erfahrung der Angehörigkeit oder
Zugehörigkeit selbst«. Im Innern wird sie von einer irreduziblen Ge-
trenntheit der einander An- oder Zugehörigen unterhöhlt: es handelt
sich um eine »Gemeinschaft ohne Gemeinschaft«.[61] Dieser Gedanke
wird erst dann radikal gedacht, wenn man der Erfahrung des Ge-
trenntseins über jede beruhigende Identifikationsmöglichkeit hinaus
nachgeht. Dann verliert sogar der innere oder äußere Feind jeden
vertrauten Umriss. Ein identifizierbarer Feind wäre nicht derart
beunruhigend wie ein uns bis zum Verwechseln Ähnlicher, der den
Unterschied zu ihm aufzuheben droht.[62] Ein radikaler, jede Identifi-

---

[60] Vgl. Kap. III in diesem Band. Von diesem – mitnichten auf einen »guten Anderen«
beschränkten – Gedanken ist es allerdings ein sehr weiter Weg zum Begriff einer einerseits rechtlich-politisch verbindlich gemachten, andererseits in kulturellen Lebensformen praktizierten Gastlichkeit. Diese Begriffe habe ich in GF sowohl zu unterscheiden
als auch aufeinander zu beziehen versucht.

[61] PdF, S. 118 f., 122 f.; J. Derrida, G. Vattimo, *Die Religion,* Frankfurt am Main 2001,
S. 39, 103 zum Gedanken eines unendlichen Entferntbleibens des Anderen bzw. einer
Ent-Bindung in jeder Bindung oder Gemeinschaft.

[62] Zur Frage, wie sehr gegenwärtiges kulturelles Leben von dieser Problematik umgetrieben wird, vgl. A. Kuhlmann, »Fehlt uns der Feind?«, in: *Die Zeit 43* (1992), S. 73;
C. Bertram, »Auf der Suche nach dem neuen Feind«, in: *Die Zeit 50* (1996), S. 3; A. Stäheli, »›Mars Attacks‹ Oder der undarstellbare Feind im amerikanischen Film«, in: *Neue
Züricher Zeitung 135* (2003), S. 49; J.-W. Müller, »Feinde der Zivilisation. Neo-Souverän«, in: *Frankfurter Allgemeine Zeitung,* Nr. 104 (2004), S. 3 f.

kationsmöglichkeit unterlaufender Feind wäre am Ende von uns selbst, vom eigenen Selbst, nicht mehr unterscheidbar. Genau das hat Carl Schmitt, der wie kein anderer nach einer verlässlichen politischen Identifikationsmöglichkeit des Feindes gesucht hat, immer wieder umgetrieben. Eben deshalb habe besonders er die »Gefahr« der Ununterscheidbarkeit des Feindes vom Selbst in einer Welt realisiert, die es dem Denken des Politischen immer schwerer, wenn nicht unmöglich machte, unverrückbare Grenzen in der Welt zu ziehen, schreibt Derrida (PdF, S. 130, 333 f.). Gerade der vom Verlangen nach einem identifizierbaren Feind Besessene muss schließlich eingestehen, dass der Feind in seiner vermeintlichen Hinterhältigkeit vom Selbst nicht mehr zu unterscheiden sein wird. Keine Suche nach eindeutiger politischer Identität kommt daran vorbei. Umgekehrt bedeutet dies, dass jede (demokratische) Lebensform, die ihre unvermeidliche Öffnung zum singulären Anderen hin realisiert, der »ganz anders« sein kann, unweigerlich selbst zum radikalen Feind hin *gastlich* sich verhalten muss.[63] D. h. vorläufig allerdings nur: sie gewährt ihm unvermeidlich Eintritt, was uns aber die Frage nicht erspart, wie man sich *dazu* verhalten soll. Aus einer radikalen Ethik der Gastlichkeit ist eine konkrete Politik des Umgangs mit radikalen Feinden in keiner Weise unmittelbar abzuleiten.[64]

Rückt mit einem solchen Ansatz der Friede nicht in noch weitere Ferne? Beschwört eine radikal de-limitierte Demokratie (oder demokratische Lebensform) nicht eine geradezu maß-lose Über-Forderung herauf, so dass sie dazu neigen wird, mit ihr möglichst effektiv Schluss zu machen? Oder ist umgekehrt gerade denjenigen politischen Systemen, die man gegen radikale Feinde glaubt lückenlos abschotten zu können, eine ungeahnte Verschärfung drohender Feindschaft zuzuschreiben? Derrida scheint zu glauben, dass sich

---

[63] Vgl. dazu im Anschluss an Derrida, Schmitt und Levinas GF, Kap. II, III, VII. Ich unterscheide hier eine Dimension primären (unvermeidlichen und unbedingten) Empfangs des Anderen von einer sekundären Dimension, in der es um ein dazu Stellung nehmendes Verhalten geht. Kulturelle Gastlichkeit hat es m. E. vor allem damit zu tun – aber stets im Lichte der irreduziblen ersten Dimension, aus der andererseits nicht zu entnehmen ist, was wir im Sinne wirklich praktizierter Gastlichkeit tun sollen.

[64] Und zwar so wenig, dass nicht einmal auszuschließen ist, dass die Rede von einer »unbedingten« Aufnahme selbst radikaler Feinde zum Vorwand eines rigorosen politischen Umgangs mit ihnen genommen werden kann. Ich sehe nicht, dass eine Ethik der Gastlichkeit ein zwar von ihr inspiriertes, aber doch eigenständiges und positiv ausformuliertes Recht ersetzen könnte, das auch diese Feinde vor Entwürdigung bewahren muss.

eine Demokratie, die sich ihre in Wahrheit unvermeidliche und unbedingte Öffnung zum Anderen (selbst wenn er sich als radikaler Feind erweist) eingesteht, am ehesten zum Frieden eignet. Demgegenüber wären Lebensformen, die sich gewissermaßen selbst blind machen gegen ihre im unbedingten »Empfang« des Anderen tatsächlich nicht aus der Welt zu schaffende Herausforderung zum Frieden, nicht einmal in der Lage, auch nur diese Herausforderung *als solche* zu realisieren. Paradoxerweise würden demnach gerade politische Lebensformen, die sich rückhaltlos drohendem Un-Frieden aussetzen, am ehesten zum Frieden finden.

Aber der Preis, der für eine solche Exposition zu zahlen ist, ist außerordentlich hoch. Eine bedingungslose Gastlichkeit nämlich riskiert absolut unvorhersehbare Reaktionen bis hin zum unverhohlenen Hass auf Seiten derer, die sich sogar in der generösesten Aufnahme Anderer mit radikaler Feindschaft konfrontiert sehen. Mitnichten nämlich pazifiziert die primäre Gastlichkeit der (unbedingten) Aufnahme Anderer das konkrete Verhalten, das man von ihnen zu erwarten hat. Was, wenn der Gast seinerseits jede Gastlichkeit verwirft oder gewaltsam verletzt? Wie sich die *keineswegs unbedingte sekundäre Gastlichkeit* kulturellen Lebens in einem solchen Fall zur *primären, unbedingten Gastlichkeit* verhält bzw. verhalten sollte, lehrt uns keine radikale Ethik und kein Recht.

In *Schurken* bekennt sich Derrida ausdrücklich zum Gedanken einer unbedingten Gastlichkeit, die den Anderen in gewisser Weise aufnimmt, noch bevor überhaupt die Möglichkeit einer Identifikation oder Gelegenheit dazu besteht, Bedingungen zu stellen, Vorbehalte geltend zu machen und Beschränkungen vorzunehmen. Die »Ankunft« des Anderen findet in radikal ereignishafter Weise statt, die von keiner »beschränkten Gastfreundschaft« zu kontrollieren ist.[65] Es handelt sich um den »Einbruch einer unberechenbaren und exzeptionellen Singularität«, ohne den sich tatsächlich in einem radikalen Sinne »nichts und niemand« ereignen würde. »Ich sage ›nichts und niemand‹, um zu einem Denken des Ereignisses zurückzukehren, das noch vor der Unterscheidung oder Konjugation des ›Was‹ und des ›Wer‹ erwacht oder wiedererwacht« (ebd., S. 198, 201). *Im Ereignis* der In-Empfang-Nahme des Anderen in seiner absolut unberechenbaren Singularität kann man also unmöglich wissen, um was oder um wen es sich handeln wird. Jedes Wissen, jede Identifikation

---

[65] J. Derrida, *Schurken,* S. 124.

kommt zu spät. Die Gastlichkeit bedeutet eine unbedingte Öffnung, der sich nur nachträglich eine »bedingte«, der Ordnung des Ethischen, des Kulturellen, Juridischen oder Politischen angehörende Gastlichkeit entgegensetzen kann.[66]

Eine »radikale« demokratische Lebensform sieht sich demnach mit dem Widerstreit zwischen einer unbedingten Gastlichkeit, die sie ereignishaft und unbedingt zur Aufnahme jedes Anderen herausfordert, und einer stets bedingten, mit Vorbehalten versehenen (sekundären) Gastlichkeit konfrontiert. Einerseits sollte eine radikale Demokratie sogar noch »den Feinden der Demokratie entgegenkommen, ihnen die andere Backe hinhalten, sich ihnen gastfreundlich zeigen«, d. h. um keinen Preis jemanden ausschließen.[67] Andererseits würde eine vorbehaltlose Aufnahme aller, selbst derer, die ihr feindlich gesonnen sind, die demokratische Lebensform sofort zerstören. Entweder diese Lebensform erweist sich als unbedingt gastlich und verkürzt nur dann nicht den Gerechtigkeitsanspruch, der von jedem Anderen ausgehen kann, auf das Recht; oder aber sie »macht Schluss« mit dieser Über-Forderung, schließt ihre Feinde aus und gewährt nur denen Recht, die ihr positiv zugehören. Damit wären die Feinde nicht nur ent-rechtet; *ihnen – wie auch den Zugehörigen* – käme darüber hinaus kein außer-ordentlicher Gerechtigkeitsanspruch mehr zu. In beiden Fällen erscheint die demokratische Lebensform als geradezu »suizidäres« Unterfangen (ebd., S. 55).

Im ersten Fall riskierte sie ihre schiere Existenz, indem sie radikalen Feinden Einlass gewährt; im zweiten Fall verriete sie das außerordentliche Verlangen nach unbedingter Gerechtigkeit für den Anderen – ganz gleich, wer er oder sie ist. In beiden Fällen drohte die Demokratie *im Namen ihrer Erhaltung* zerstört und zu einer Auto-Immunreaktion provoziert zu werden (ebd., S. 57, 70, 206). Eine gastliche Aufnahme radikaler Feinde, die ihnen »unbedingt« Gerechtigkeit widerfahren lassen würde, drohte die (de-limitierte) demokratische Lebensform wehrlos denen auszuliefern, die sie zu zerstören beabsichtigen. Die konsequente Weigerung, ihnen im Geringsten

---

[66] Vgl. E. Levinas, TU, S. 434. Die hier nur gestreifte, zentrale Frage, ob die Gastlichkeit von Anfang an als ethische gelten muss, beantwortet Derrida schwankend. In der Schrift *Von der Gastfreundschaft* gelten Ethik und Gastlichkeit bzw. Gastfreundschaft als »koextensiv« (S. 106), während in *Schurken* die primäre Gastlichkeit in der unbedingten Aufnahme des Anderen als auch dem Ethischen »fremd« eingestuft wird (S. 199). (Derrida behauptet hier, dies immer schon getan zu haben.)

[67] J. Derrida, *Schurken*, S. 66.

einen gerechten Anspruch zuzubilligen, würde den vom Verlangen nach einer radikalen und unbedingten Gerechtigkeit inspirierten Sinn der demokratischen Lebensform selbst ruinieren. Dieser Sinn steht und fällt mit einer De-Limitation, die das begrenzte und bedingte Recht durch eine geradezu maß-lose Gerechtigkeit überfordert, für die es sensibilisiert ist. So gesehen kann der Tendenz zu einer Art Auto-Immunität, die einer solchen, möglicherweise ruinösen Überforderung[68] entgegenwirken soll, nicht jeglicher Sinn abgesprochen werden.[69] Kommt es nämlich nicht zu einer Beschränkung der unbedingten Gerechtigkeit, so wird sie praktisch unmöglich gemacht. Öffnet sich umgekehrt die beschränkte (etwa im Recht sich manifestierende) Gerechtigkeit nicht für eine sie unaufhebbar überfordernde Inspiration durch einen unbedingten Gerechtigkeitsanspruch, der jedem Anderen, auch dem radikalen Feind zukommen kann, so liefert man sich einer Liquidierung der Gerechtigkeit im Recht aus.

Es geht mir hier nicht um die Dekonstruktion von Gerechtigkeit und Recht als solche, sondern darum, wie Derrida zu einer Revision der gängigen Formel »Frieden durch Recht« zwingt (die sich weitgehend auf die Beendigung bzw. Aufhebung bereits vorgefallener Feindschaft bezieht). Zunächst hebt er jede Möglichkeit auf, den von einer unbedingten Gerechtigkeit her gedachten Frieden mit dem Recht einfach zu identifizieren. Wenn überhaupt, dann gewährleistet das Recht stets nur einen begrenzten, bedingten und auf partikulare Lebensformen zugeschnittenen Frieden, wohingegen vom singulären Anderen her ein unbedingter, unbegrenzter und außer-ordentlicher Gerechtigkeitsanspruch widerfährt. Der *unbedingte Friede* scheint von jenseits des Rechts her geboten; und zwar angesichts jedes Anderen, auch eines radikalen Feindes.

Die so überaus griffige Formel »Frieden durch Recht« steht in dieser Perspektive für eine *Verkürzung des gebotenen Friedens um*

---

[68] Diese Rede gerät in eine gewisse Nähe zur bekannten rechten Polemik, die aber nicht über den Unterschied zwischen einer Verachtung der Gastlichkeit und einer Überforderung hinwegtäuschen kann, die ihr gerade verpflichtet bleibt, selbst wenn sie sich beschränken lassen muss, um im Geringsten konkretisierbar zu sein. Vgl. J. Derrida, »Le principe d'hospitalité«, in: *Papier Machine*, S. 273–277. Derrida gesteht eine »irreduzible Pervertierbarkeit« der Gastlichkeit zu.
[69] Instruktiv dazu ein Vergleich mit R. Rorty, »Feind im Visier. Im Kampf gegen den Terror gefährden westliche Demokratien die Grundlagen ihrer Freiheit«, *Die Zeit*, Nr. 13 (2004), S. 49 f.

seine Unbedingtheit. Man liefert sich in Folge dieser Verkürzung
einer »inhospitablen« Inanspruchnahme des Rechts gegen Feinde
(nicht zuletzt gegen Feinde der Demokratie) aus, mit denen man sich
nicht mehr durch ein unbedingtes Gebot des Friedens verbunden
weiß. Der von Derrida im Anschluss an Levinas radikalisierte Gedanke einer Gastlichkeit, die noch vor jeder willentlichen Stellungnahme
und vor jedem positiven Recht wie der Hospitalität zum sensiblen
Empfang eines unbedingten Anspruchs des Anderen bestimmt, beugt
dagegen gewissermaßen jeder radikalen Exklusion Anderer vor, die
in der Zukunft zum Wiederaufleben neuer, verabsolutierter Feindschaften beitragen könnte. So gesehen ist es nicht abwegig, im
Gedankengang von der Kantischen Hospitalität (die zunächst nur
das Recht bedeuten sollte, »nicht feindselig« behandelt zu werden)
zur Ethik der Gastlichkeit im Zeichen eines keinem Recht zur
Disposition stehenden Friedens ein mit der üblichen juridischen Verengung des Friedensbegriffs *gegenläufiges* und *komplementäres*
Moment zu erkennen.

Der außer-ordentlich verlangte Friede, der auch angesichts eines
radikalen Feindes sich noch bewähren soll, kann gewiss nicht versprechen, aller künftigen Feindschaft ein Ende zu machen, wie es
der eschatologischen Ausrichtung des »ewigen Friedens« bei Kant
entsprechen würde. Er tritt dem rechtlich gesicherten Frieden, der
mit Feindschaften der Vergangenheit idealiter absolut vorbehaltlos
Schluss machen würde, nur als ebenso vorbehaltloser und unbedingter Empfang des Anderen zur Seite, der sich seiner radikalen Exklusion widersetzt. Die Philosophie der Gastlichkeit, die über den Sinn
dieses Empfangs Aufschluss zu geben versucht, lehrt uns freilich
nicht, wie *im* unüberwindlichen *Widerstreit* zwischen dem unbedingten Anspruch des Anderen und einer in praktischen Lebensformen unvermeidlich immer beschränkten Gerechtigkeit zu »vermitteln« wäre. Die Frage nach *praktischen Spielräumen des Verhaltens
zwischen (unbedingter) Gerechtigkeit und (bedingtem) Recht* bleibt
bei Derrida weitgehend offen.[70]

---

[70] Von Lebensformen, denen man im Widerstreit zwischen Recht und Gerechtigkeit
eine »vermittelnde« Rolle zuschreiben könnte, ist bei Derrida ohnehin nicht die Rede,
obgleich die *performative* Deutung der »radikalen«, bzw. »de-limitierten« Demokratie
als eines – stets und unvermeidlich »übermäßigen« – *Versprechens* (*Schurken*, S. 118,
122) m. E. darauf hinauslaufen muss, gastliche Lebensformen zu denken, denen konkret
ein anderer Umgang auch mit radikalen Feinden zuzutrauen wäre als derjenige, den
etwa die amerikanische Administration in einer bis heute anhaltenden Auto-Immunre-

Wie gesagt konzipiert Derrida keine Sozialphilosophie im üblichen Sinne, von der man erwartet, konkrete, positive Bedingungen und Möglichkeiten des Friedens anzugeben. Das mag daran liegen, dass er einen tiefen Argwohn gegen jedes positive Denken hegt, das etwa erlauben würde zu sagen: ich bin, wir sind gerecht und leben insoweit »in Frieden«.[71] Ist nicht jede Spur der Beunruhigung durch ein unstillbares Verlangen nach Gerechtigkeit getilgt und herrscht nicht die schiere Selbst-Gerechtigkeit, sobald das festzustehen scheint?[72] Zu selbst-gerechter Affirmation eines angeblich – etwa in Europa – bereits »herrschenden« Friedens besteht tatsächlich kein Grund. Nicht nur wegen eklatant fortbestehender realer Ungerechtigkeit, aus der sich ständig neue Feindschaft nährt, die auch auf die Europäer zurückschlägt, sondern weil Friede überhaupt nicht herrschen kann. Wenn etwas nicht herrscht und nicht herrschen kann, dann der Friede. Friede zeigt sich stets nur an der Gabelung eines Weges, an der sich auf unvorhersehbare Weise entscheidet, ob man in Richtung einer Verfeindung abzweigt, die in Krieg und Genozid münden kann, oder ob man einer bereits aufkeimenden Feindschaft den Nährboden weiterer Verfeindung zu entziehen versteht. Als zunächst asymmetrisches Geschehen zwingt uns die »gastliche« Aufnahme selbst radikaler Feinde in keiner Weise zu einer symmetrischen Erwiderung der Feindschaft. Ein Friede, den man sich selbst überlassen zu können glaubt, weil er bereits zu »herrschen« scheint, wird schon verraten, wenn in ihm die Sorge um künftigen Frieden verkümmert.

Derrida begreift diese Sorge als eine Art Skrupel in der Gerechtigkeit (die er ähnlich wie Levinas als Gebot des Friedens aufzufassen scheint); als einen Skrupel, der sich gegen die Gerechtigkeit selbst wendet, um ihr jede Selbst-Gerechtigkeit zu verwehren. Entweder in der – wie unvollkommen oder gut auch immer – realisierten Gerechtigkeit ist noch der Skrupel lebendig, für den Frieden nicht genug getan zu haben, oder die realisierte Gerechtigkeit genügt sich selbst und verrät so jeden außer-ordentlichen Anspruch, der es ihr verweh-

---

aktion zeigt, die am Ende auf eine radikale Exklusion der Feinde im Namen der Verteidigung der Demokratie hinauslaufen könnte. Dann hätte die (amerikanische) Demokratie in der Tat ihre Inspiration durch eine außer-ordentliche Gerechtigkeit eingebüßt, die man jedem Anderen schuldet.

[71] Vgl. *Gesetzeskraft*, S. 48.

[72] Vgl. v. Verf., »Über einige Schwierigkeiten, Europas Europäisierung(en) zu denken«, in: *Eurostudia. Transatlantische Zeitschrift für Europaforschung 2* (2006), Heft 1, S. 59–77.

ren muss, sich je mit einer – wie unzulänglich oder scheinbar perfekt auch immer – realisierten Ordnung einfach abzufinden. Entweder die Gerechtigkeit bleibt dauerhaft inspiriert von einem *in ihr gegen sie selbst* sich wendenden Sinn für Ungerechtigkeit[73] oder aber man befindet »dies ist gerecht«, »wir sind gerecht«, »ich bin gerecht«, so dass sich das Verlangen nach Gerechtigkeit darin erschöpft. Das aber hieße bereits, die Gerechtigkeit zu verraten. Dasselbe muss für den Frieden gelten, insoweit er von der Gerechtigkeit her oder sogar *als Gerechtigkeit* gedacht wird.[74]

So nimmt die sensible Sorge um eine *immerfort ausstehende* Gerechtigkeit die Form der Forschung danach an, »woher sie kommt und was sie von uns will«.[75] Woher ziehen wir uns das nie wirklich zu befriedigende Verlangen nach Gerechtigkeit bzw. nach Frieden zu? Das müsste man schon wissen, um wenigstens in erster Näherung angeben zu können, welche Gerechtigkeit bzw. welches Denken der Gerechtigkeit diesem Verlangen »angemessen« Rechnung zu tragen verspricht. Denn entweder das Gerechtigkeitsdenken antwortet einem vorgängigen Verlangen oder es genügt sich als theoretisches Spiel am Ende selbst und büßt jedes weitere Interesse ein. Dieser Frage nach dem Woher möchte ich abschließend nachgehen.

6.   Der Anspruch eines unversöhnten Gedächtnisses

Woher sich das Verlangen nach Gerechtigkeit ergibt, worauf es Antwort gibt, warum »Gerechtigkeit sein muss«, das lässt sich nicht einfach als empirisches Faktum konstatieren. Derrida sieht sich der »grenzenlosen und folglich notwendig übermäßige[n] Verantwortung« einem kulturellen Gedächtnis gegenüber verpflichtet, dem er die Aufgabe entnimmt, »die Geschichte, den Ursprung, den Sinn, will sagen die Grenzen der Begriffe der Gerechtigkeit, des Gesetzes,

---

[73] Vgl. ebd., S. 41, wo von einer unabdingbaren »Empfindlichkeit« für eine Disproportion der Gerechtigkeit die Rede ist.

[74] Dies bietet sich an, insofern das Verhältnis zum Anderen von vornherein im Horizont der Dritten gedacht wird, denen ebenfalls Gerechtigkeit zukommt. Allerdings hege ich Zweifel an dieser in jüngster Zeit sehr beliebten Verzahnung von Ethik und Politik, Singularität und Pluralität. Sie nimmt die Exklusivität zwischen-menschlicher Erfahrung nicht Ernst genug, in der, selten genug, jeder wenigstens eine Ahnung davon gehabt haben muss, was Friede sein könnte, um ihn politisch denken zu können.

[75] J. Derrida, *Gesetzeskraft*, S. 40.

des Rechts [...] in Erinnerung zu rufen« (ebd.). Nicht zuletzt vermittels dieses Gedächtnisses, glaubt er, ziehen wir uns »die Forderung nach unendlicher Gerechtigkeit« zu, der zunächst dadurch »Gerechtigkeit widerfahren« muss, »daß man auf sie hört, sie liest, sie deutet«. Aber keineswegs hat sich diese Forderung gleichsam aus eigener Kraft, von archaischen Quellen und Ursprüngen her »vererbt«. Der Prozess der Überlieferung setzt sie vielmehr rückhaltlos der Geschichte aus. Es handelt sich um ein von geschichtlichen Ereignissen heimgesuchtes, infiziertes und deformiertes Erbe. Das geht so weit, dass ihm auch die *Erfahrung der versuchten Zerstörung der Gerechtigkeit* zu entnehmen ist.[76]

Den Nazismus interpretiert Derrida unumwunden als den »Versuch« bzw. als das »Projekt«, »den Zeugen einer Gerechtigkeit« zu zerstören, die »der Rechtsordnung gegenüber (selbst wenn es sich

---

[76] Ich würde noch einen Schritt weiter gehen und (wie in *Gastlichkeit und Freiheit*) behaupten wollen, dass das Verlangen nach Gerechtigkeit in gewisser Weise sogar dem Versuch ihrer Zerstörung zu »verdanken« ist. Eben deshalb sind alle, Agnostiker wie Religiöse (gleich welcher Couleur), »Ketzer« wie »Heiden« dazu aufgerufen, sie zu denken – um sie *einander* zu gewähren. Insofern kann ich mich Levinas nicht anschließen, der die Gerechtigkeit für eine bestimmte, biblische Tradition einfach in Anspruch nimmt, wenn er sagt, alles Menschliche verdanke sich der Bibel und den Griechen, alles andere sei »nur Tanz« und Exotismus. (Vgl. R. Mortley, *French Philosophers in Conversation*, Pittsburgh 1992, sowie das Kapitel III, 4 in diesem Band.) Damit verrät Levinas in meinen Augen sogar die unbedingte, selbst auferlegte Verpflichtung, das Religiöse vom Anderen her zu denken, d. h. es in der Beziehung zum Anderen – gleich wer er sei – aufzuweisen, statt es von vornherein im Lichte einer den »Vater« über die sog. Brüderlichkeit einsetzenden Tradition dieser Beziehung überzustülpen. Wer das tut, läuft Gefahr, sich die Gerechtigkeit in gewisser Weise anzueignen und sie anderen Traditionen vorzuenthalten, worin schon ein polemogenes Moment liegt. Wer das umgekehrt vermeiden und die Gerechtigkeit ihrerseits im Geist des Friedens denken will, muss m. E. konsequent auf eine gewisse Ausgrenzung Anderer aus dem originären Verlangen nach Gerechtigkeit und aus dem geschichtlichen Wissen darum verzichten. Wenn Levinas beides den genannten Traditionen vorbehält (von denen ahnungslose »Heiden« sich nur nachträglich belehren lassen müssen, wenn wir ihm folgen), impliziert er zweifellos eine solche Ausgrenzung. Demgegenüber ist alles, was ich hier beizutragen habe, von der Überzeugung getragen, dass ein ggf. in der Gerechtigkeit zum Tragen kommendes Moment der *re-ligio* auch den Anderen als »Heiden« betrifft bzw. dass dieser vielfach denunziatorisch gebrauchte Begriff einer gegenüber dem Anspruch der Gerechtigkeit grundsätzlich verspäteten Kategorisierung angehört. Entweder dieser Anspruch erweist sich als ein »unbedingt« zwischenmenschlicher und muss sich dann auch jeder solcher Kategorisierung widersetzen, oder aber man arbeitet mit solchen Kategorien, verspielt dann aber seinerseits den Anspruch, eine unbedingt dem fremden, singulären Anderen verpflichtete Gerechtigkeit und Frieden *für alle* und vom »x-beliebigen« Anderen her zu denken.

um die Menschenrechte handelt) [...] ihre Heterogenität behauptet«.[77] »Man muß dieses Ereignis von seinem Anderen aus zu denken versuchen, das heißt von dem aus, was es auszuschließen und zu zerstören versucht hat, von dem aus, was es radikal exterminieren wollte«, darunter den »Gerechtigkeitsanspruch« als solchen und das Gedächtnis dieses Anspruchs. Das Gedächtnis dieser versuchten Zerstörung – »Endlösung« (ebd., S. 60, 115 f.) genannt – bezeugt einerseits ihr Scheitern (indem es die Spur einer radikalen Widersetzlichkeit der Gerechtigkeit gegen ihre Zerstörung in diesem Projekt selbst nachweist) und diktiert andererseits die Erneuerung des Verlangens nach Gerechtigkeit auf der Basis eben der Erinnerung, die den äußersten Angriff auf die Gerechtigkeit vergegenwärtigt. Diesem Angriff kann das Gedächtnis keinen Beweis entgegensetzen, dem zu entnehmen wäre, dass jedem Anderen ein unverfügbarer Gerechtigkeitsanspruch zukommt. Es muss ganz und gar auf die *Bezeugung* eines solchen Anspruchs setzen, ohne noch auf irgendeiner unangefochtenen Grundlage *wissen* zu lassen, ob es einen solchen Anspruch jenseits des Rechts überhaupt »gibt«.

Diesen Angriff auf den außer-ordentlichen Gerechtigkeitsanspruch selbst deutet Derrida offenbar als eine erst in der Moderne radikalisierte Feindschaft jenseits aller konventionellen Begriffe der Feindschaft, die bis hin zu Carl Schmitt das Denken des Rechts bestimmten. Ihm setzt er in seiner Schrift »Glaube und Wissen« ein *der historischen Erfahrung zum Trotz nur mehr zu bezeugendes Versprechen erneuerter Gerechtigkeit* entgegen, deren Anspruch im Augenblick der Anrede widerfahren soll, die vom Anderen her kommt, wobei sich Derrida wiederum Levinas sehr annähert, der bereits in *Totalität und Unendlichkeit* Gerechtigkeit und Frieden von der Anrede des Anderen her beschrieben hatte.[78]

Worauf es mir aber hier mehr noch ankommt, ist der von Derrida auch in der genannten Schrift einbekannte Ruin des Vertrauens infolge dieser Erfahrung. Er führt uns in gewisser Weise wiederum zu Kants Warnung vor einer Feindschaft zurück, die jegliches Vertrauen in künftigen Frieden unmöglich zu machen droht. Nur betrifft der drohende Ruin des Vertrauens diesmal nicht die Erfahrung eines Krieges, den ein vorbehaltlos geschlossener Friede beenden könnte.

---

[77] J. Derrida, *Gesetzeskraft*, S. 119.
[78] J. Derrida, »Glaube und Wissen«, in: ders., G. Vattimo, *Die Religion*, S. 9–106, hier: S. 33, 47.

Vielmehr strahlt die radikale Infragestellung des Vertrauens nun in jede Zeit aus, die sich zu ihr ins Verhältnis setzt.

Bereits Kant deutete wie gezeigt an, dass rechtlich zu sichernder Friede mit der Aufgabe, jegliche ihm vorausgehende Feindschaft zu liquidieren, überfordert sein könnte.[79] Erweist sich nicht die im Kontext jenes Projekts radikalisierte Feindschaft als schlechthin *zerstörerisch* hinsichtlich eines wenigstens minimalen *Vertrauens* »in die Denkungsart des Feindes«, das jeder spätere Frieden bereits in Anspruch nehmen muss? Kann ein künftiger Friede angesichts der *Erinnerung* an zerstörtes Vertrauen *neues Vertrauen stiften?*

Vom »einfachen« Massaker über die ethnische »Säuberung« bis hin zum industriell betriebenen Massenmord in einem genozidalen Vernichtungskrieg sind inzwischen weit schlimmere Mittel als jene Stratageme eingesetzt worden, die Kant vor Augen hatte. Nicht nur haben sie vielfach Nachahmung gefunden (woran sich die hitzige Debatte um die Vergleichbarkeit der damit verbundenen Verbrechen entzündete); sie sind auch Teil der Normalität eines Un-Friedens geworden, der inzwischen wahr gemacht hat, was Kant befürchtete: dass nämlich diese »schlechterdings unerlaubten« Mittel, indem sie »in den Friedenszustand übergehen« (der so vom Nicht-Krieg ununterscheidbar zu werden scheint), »die Absicht desselben gänzlich zu

---

[79] Eine bloße Oblivionsklausel, die man seinerzeit Friedensverträgen angehängt hat, um der späteren Erinnerung an den beendeten Krieg keine Chance mehr zu geben, ihn doch wieder aufleben zu lassen, konnte schon damals insoweit nichts ausrichten, als das Vertrauen und die Erinnerung nicht der Verfügung des Rechts unterstanden. (Vgl. H. Weinrich, *Lethe. Kritik und Kunst des Vergessens*, München 1997, S. 217 f.) Dies ist umso weniger der Fall, wie der Krieg und der Friedensschluss, der ihn beenden soll, nicht nur die Existenz politischer Souveräne und die Herrschaft über das jeweilige Territorium affizieren. Gewiss hat es nie gestimmt, dass im Krieg zwischen politischen Souveränen nur ein »Gebietswechsel« auf dem Spiel stand, wie es Carl Schmitt lapidar ausdrückte. Stets hat der Krieg in allen seinen Erscheinungsformen Menschen auf unberechenbare Weise miteinander verfeindet und auf diese Weise seine unbestimmte Fortsetzung heraufbeschworen. Spätestens seit der *levée en masse* des Volkes aber unterläuft dieses auch als Subjekt des Krieges mit seiner Erinnerung an begangene Feindseligkeiten die Ebene des Rechts zwischen Staaten, dem sie nicht zur Disposition steht. Kein Waffenstillstand und kein Friedensschluss nach einem Krieg, der nicht nur Souveräne, sondern in unberechenbarer Weise ungezählte Einzelne in Mitleidenschaft gezogen hat, kann über die womöglich neue Unversöhnlichkeit heraufbeschwörende Erinnerung und über die ihr widersetzende Wiederherstellung eines gewissen Vertrauens in den Feind auf rechtlicher Ebene verfügen. Das gilt umso mehr, als die Palette jener Kriegsmittel, die jegliches Vertrauen zu zerstören drohen, inzwischen noch erheblich zu erweitern ist.

vernichten« drohen (WA XI, S. 200). Wer an dieser Absicht dennoch festhalten will, wird sich nicht im Rückblick auf eine lange Geschichte von Kriegen *bestätigt* finden, die den 6. Präliminarartikel (Verzicht auf Feindseligkeiten, »welche das wechselseitige Zutrauen im künftigen Frieden unmöglich machen müssen«) *eingehalten* hätten. Im Gegenteil wird man einer langen Geschichte verbrecherischer Kriege, die die nachhaltige Zerstörung jeglichen Vertrauens in künftigen Frieden zur Folge haben könnten, eine nur unzureichend begründbare, erneute »Absicht« des Friedens entgegensetzen müssen. Nicht *weil* die Kriege der Vergangenheit Hoffnung auf Frieden genährt und ein gewisses Zutrauen oder Vertrauen nicht zerstört hätten, sondern nur *obwohl prima facie* überhaupt kein Vertrauen mehr in Anspruch zu nehmen ist, kann jene Absicht fortbestehen.

Dass man kein Vertrauen mehr »in Anspruch nehmen« kann, bedeutet freilich nicht, dass es gänzlich und endgültig zerstört worden wäre und zur »Aufgabe« des Friedens keinerlei Beitrag mehr zu leisten vermöchte. Die Geschichte der europäischen Kriege, der Zwischen- und Nachkriegszeiten ist gewiss *nicht nur* eine Geschichte der Zerstörung jeglichen Vertrauens. Schließlich haben sich auch die Nationen diesseits und jenseits des Rheins von einer fatalen sog. »Erbfeindschaft« zu lösen vermocht, die Hitler mit Hinweis auf Versailles weidlich auszuschlachten wusste. Inszenierte Gesten politischer Versöhnung (von Straßburg bis Bitburg) können freilich nicht darüber hinwegtäuschen, dass es nicht Sache gewisser Repräsentanten der Staatsmacht ist, eine vertrauensbildende Politik moralischer Versöhnung zu betreiben, die leicht in die Gefahr gerät, Vertrauen herbeizureden, Vergebung zu erpressen und Vergessen zu verlangen, wo die Erinnerung der Traumatisierten in Wahrheit ganz eigene, nächtliche Wege geht.[80] Zwar liefert die erinnerte Gewalt keine neuen Kriegsgründe mehr; doch entfaltet sie gleichsam geschichtliche Fernwirkungen, deren Bedeutung weit über den speziellen historischen Kontext der letzten beiden, von der Mitte Europas ausgegangenen Weltkriege hinausreichen.

Zuletzt ist mit Hitler an der Spitze ein Feind auf den Plan getreten, dessen in extensiver und intensiver Hinsicht *exzessive* Vernich-

---

[80] Vgl. dazu P. Ricœur, *Gedächtnis, Geschichte, Vergessen*, München 2004, sowie v. Verf., »Zur Kritik eines glücklichen Vergessens in der politischen Gegenwart. Ricœurs Projekt einer Versöhnung von Gedächtnis und Geschichte«, in: *Journal Phänomenologie 23* (2005), S. 52–59.

tungspläne jede militärische Logik und selbst die der eigenen Selbsterhaltung sprengten. Weder war mit einem solchen Feind rational zu rechnen noch gar in irgendeiner Hinsicht auf ihn zu vertrauen. Der Vernichtungskrieg und der in seinem Windschatten planmäßig vorangetriebene Völkermord sprengte alle konventionellen Begriffe, die man sich bis dahin vom Krieg gemacht hatte. Der symmetrische Krieg schlug in den asymmetrischen Exzess einer Vernichtung um, auf die nicht einmal mehr das allzu menschliche Etikett »Feindschaft« noch zu passen schien. Seine Opfer waren allenfalls im paranoiden Denksystem der Vollstrecker noch »Feinde«, deren Bedrohlichkeit paradoxerweise gerade in ihrer Ununterscheidbarkeit zu liegen schien. Welcher Sinn einer exzessiven Vernichtungsanstrengung sollte darin liegen, gerade diejenigen, die den Tätern bis zur Ununterscheidbarkeit ähnelten, zu liquidieren, ausnahmslos, restlos und um jeden ökonomischen Preis? An diesen Fragen scheitert bis heute auch die historische Forschung, die mit Recht darauf besteht, es hier, ungeachtet aller buchstäblich maß-losen Dimensionen des Verbrechens, mit einem historischen Phänomen zu tun zu haben, das nach einer historischen Erklärung verlangt.

Gleichwohl erschöpft sich die Bedeutung des Phänomens keineswegs im historischen Ereignis. Es schneidet tief ins menschliche Selbstverständnis ein, mit der Folge, dass es uns radikal im Gebrauch der Worte, in denen wir es zu beschreiben, zu erklären oder auf den Begriff zu bringen versuchen, verunsichert. Hannah Arendt hat in diesem Zusammenhang von einer regelrechten Zerstörung der Kategorien politischen Denkens gesprochen, die es ihr und im Grunde allen, die sich davon betroffen sehen, nur noch erlaube, eine Lebensform der Fremdheit *(bios xenikos)* zu wählen, die in die Erfahrung radikaler Selbst-Fremdheit umschlägt.[81] Weder der historischen Zeit,

---

[81] Vgl. das Kapitel II, 4 in diesem Band, sowie zur »Heimatlosigkeit« eines Denkens, das sich in den Augen der Autorin immer »außerhalb der Ordnung« halten muss, H. Arendt, *Vom Leben des Geistes. Bd. 1. Das Denken*, München, Zürich ²1989, S. 62, 189, 193. Zwar beruft sich Arendt hier auf Aristoteles, doch zweifellos bezieht sie sich auf eine historische Erfahrung, die dieser nicht gemacht hatte, wenn sie überlegt, »was es mit dieser merkwürdigen außer der Ordnung stehenden Tätigkeit, die da Denken heißt, eigentlich auf sich haben mag«. Ihre Antwort: »ich bin eindeutig denen beigetreten, die jetzt schon versuchen, die Metaphysik und die Philosophie mit allen ihren Kategorien, wie wir sie seit ihren Anfängen in Griechenland bis auf den heutigen Tag kennen, zu demontieren« (ebd., S. 207). Arendt begriff diese Demontage nicht als intellektuelles Spiel, sondern als durch die historische Erfahrung erzwungen. Vgl. E. Traverso, *Auschwitz denken*, Hamburg 2000, S. 60.

in der sie lebte, noch der menschlichen Gattung glaubte sie angesichts dieser Zerstörung noch ganz und gar zugehören zu können. Tatsächlich bewahrt uns nichts vor der Einsicht, dass wir und diejenigen, die diesen Exzess der Feindschaft über jedes menschliche Maß hinaus zu verantworten hatten, »vom gleichen Schlag« sind, wie Primo Levi sich ausdrückte.[82] Diese im Grunde »uneingestehbare Gemeinschaft« verbindet uns selbst mit radikalen (alten und neuen) Feinden in der Erfahrung, nichts mehr mit ihnen gemeinsam zu haben – damals wie heute.[83]

Diese Erfahrung beschränkt sich nicht auf einen lokalen Konflikt zwischen Staaten, wie ihn sich Kant in seiner Zeit vorstellte, oder auf ein »jüdisches« bzw. »deutsches Problem«. Sie affiziert auf der Folie des Welt-Krieges auch jede Idee von einem Frieden, der sich selbst angesichts radikalster Feinde als glaubwürdig müsste verteidigen lassen. So gesehen *wird die historische Erinnerung angesichts einer Geschichte, mit der wir uns nie werden versöhnen können, geradezu zum Prüfstein einer überzeugenden Idee des Friedens.* Mit dieser Geschichte, die uns mit einer radikalen Selbst-Fremdheit konfrontiert, werden wir keinen »Frieden machen« können. Vermutlich würde auch Kant heute kaum mehr den Gedanken zu vertreten wagen, dem Krieg in *allen* seinen uns heute bekannten Erscheinungsformen, einschließlich des Vernichtungskrieges, sei aufgrund seines Beitrages zum Fortschritt der Gattung eine gewisse Würde kaum abzusprechen. Der exzessiv vernichtende Krieg hat uns jede Möglichkeit einer solchen geschichtsphilosophischen Rationalisierung aus der Hand geschlagen. Weit entfernt, durch eine – von den seinerzeit beteiligten Staaten durchaus gewollte, aber bis heute nicht förmlich erklärte – friedliche »Beendigung aller Hostilitäten« liquidiert und begraben worden zu sein, zieht er bis heute seine traumatischen Folgen nach sich. Darunter die Weigerung, sich jemals wieder mit einer Geschichte auszusöhnen, die solches zugelassen hat (und, unter gewiss veränderten Umständen, wieder zulassen kann). Wer den Anspruch erheben will, danach wenigstens für die Zukunft, trotz allem, Frieden wieder denkbar zu machen, wird so gesehen den langen Weg einer Erinnerung gehen müssen, die jeden Gedanken an eine versöhnte Geschichte abweist. Lässt sich *Friede in einer unversöhnten*

---

[82] P. Levi, *Die Untergegangenen und die Geretteten*, München, Wien 1990; vgl. I. Kertész, *Die exilierte Sprache*, Frankfurt am Main 2004, S. 116.
[83] Vgl. GF, Kap. VII, 4.

Geschichte denken – statt als deren am Ende versöhnende Aufhebung? Angesichts des letzten Welt-Krieges, aber auch der atomaren Paralyse, die auf ihn folgte, und angesichts der heutigen Allgegenwart einer Feindschaft, die sich jedes Mittels zu bedienen droht, wiederholt sich die Frage, die Kant zunächst nur im Hinblick auf die Möglichkeit eines lokalen *pactum pacis*, nicht eines letzten *foedus pacificium* erörtert hatte; die Frage nämlich, ob im Krieg (oder im welt-weit normal gewordenen Un-Frieden) Mittel gebraucht werden, die jegliches Vertrauen in künftigen Frieden zu zerstören drohen. Wenn der Gebrauch dieser Mittel genauso wie der Exzess der Feindschaft über jedes menschliche, aus der langen Geschichte der Kriege bekannte Maß hinaus durch die Generationen überliefert wird und nicht mehr aus dem Gedächtnis verschwindet, wie verhält sich dann die nach wie vor erhobene Forderung dazu, den Frieden zu denken? Lässt sich die unlängst beklagte »Ferne des Friedens im Denken« aufheben oder reduzieren?[84] Rückt der Friede nicht eher in noch weitere Ferne, wenn man mit Derrida den »Anspruch eines europäischen Gedächtnisses«[85]

---

[84] Vgl. D. Senghaas, »Vorwort«, in: ders. (Hg.), *Den Frieden denken*, S. 9–17, hier: S. 9.
[85] Vgl. J. Derrida, *Das andere Kap*, S. 56. Die Frage nach einem neu zu denkenden Frieden so, im Lichte einer bis heute traumatisierten Erinnerung zu stellen, scheint auf eine absolute Überforderung des Denkens hinauszulaufen. Wie soll etwa Vertrauen in künftigen Frieden je wieder möglich sein, wenn sich die Signifikanz der Erinnerung, durch die wir uns selbst fremd geworden sind, weit über den speziellen historischen Kontext der fraglichen Ereignisse hinaus erstreckt und jeden Vorgriff auf einen letzten Frieden in Mitleidenschaft zieht? Kann eine derart überfordernde Erinnerung überhaupt »relevant« sein für die Denkbarkeit künftigen Friedens? Oder muss man ihn gerade *ohne* weitere Rücksicht auf die Erinnerung zu konzipieren versuchen? Davon ist man in der weit überwiegenden Literatur, die den Frieden heute im Anschluss an Kant weiterdenkt, offenbar überzeugt. Die Erinnerung kommt, wenn überhaupt, dann nur hinsichtlich der Psychologie der Opfer und ihrer Nachkommen in Betracht. Spätestens wenn deren Spuren sich in der Geschichte verlieren und das sprichwörtliche Gras über die Ruinen wächst, wird uns, so glaubt man, das Geschehene derart entrückt sein, dass es nur noch als historischer Gegenstand unter beliebigen anderen gelten kann. Das Gedächtnis gerinnt – einem gängigen Vorurteil zufolge – auf diese Weise zur Geschichte, wovon man sich immerhin den Vorteil verspricht, dass auch die Keime neuer Feindschaft, die jetzt noch in ihm schlummern mögen, verkümmern und schließlich absterben werden. (Der Mythos des Amselfeldes sollte freilich jeden eines Besseren belehren: die Feindschaft setzt sich spielend auch über x Generationen und deren verblasstes Gedächtnis hinweg, um sich im Nachhinein der Geschichte als Ressource ideologischer Munitionierung zu bemächtigen.) Unbelastet von einem womöglich unversöhnlichen und unversöhnbaren Gedächtnis kann man dann daran gehen, einen neuen Frieden nach neuen Kriegen zu denken, die zu erwarten stehen ... Läge man damit nicht ganz auf der Linie Kants, dem

Ernst nimmt, das uns angesichts der exzessivsten, auf europäischem
Boden Wirklichkeit gewordenen Feindschaft mit einer irreduziblen
Selbst-Fremdheit konfrontiert und es als gänzlich aussichtslos erscheinen lässt, mit einem radikalen Feind je wieder Frieden zu schließen?[86] Oder ist es vielmehr gerade diese Erfahrung der Fremdheit, die
uns überhaupt erst ohne jegliche Beschönigung nach Frieden verlangen lässt, der *niemals herrschen* wird, der aber doch aussteht und im
Ausstand darauf wartet, zwischen uns *sich zu ereignen?*

7. Schluss

In dieser Perspektive verlangen wir nach einem entfernten Frieden,
aus der Ferne einer Wirklichkeit, aus der uns auch Verachtung für all
zu viele hehre Begriffe entgegenschlägt, die, statt *ihr* zur Sprache zu
verhelfen, womöglich nur oberflächliche Hoffnungen auf »universale Verantwortung«, »Welt-Frieden« und »globale Gerechtigkeit«
nähren sollen, um das intellektuelle Gewissen zu beruhigen. In dieser
Lage einer zwischen Krieg und Frieden verschärft un-friedlichen
Wirklichkeit und angesichts eines unversöhnlichen geschichtlichen
Gedächtnisses darf sich kein Versuch, Frieden heute zu denken, einer
unglaubwürdigen Beschönigung befleißigen. In diesem Sinne stellt
Derrida dem klassischen Ansatz, mit Kant Frieden durch Recht garantieren zu wollen, eine radikale Gastlichkeit an die Seite[87], die den
Frieden nicht dem Recht vorbehält, vor dem wir gleich sind, sondern
ihn jedem Anderen, selbst dem radikalen Feind *im Gedächtnis und
für die Zukunft* anbietet (was gerade nicht bedeutet, die Radikalität
der Feindschaft zu leugnen oder zu beschönigen).
  Dabei wird der Friede im gegenwärtig vorherrschenden dritten

---

es ja auch gar nicht darum ging, uns selbst mit der Wirklichkeit von Kriegen zu versöhnen, die den Artikeln seines Entwurfs eklatant widersprechen, sondern dem Krieg
eine dem weiteren Fortschritt der Menschheit durchaus dienliche – allerdings nur vorläufige – Form zu geben, in der er zumindest dem Prospekt eines ewigen Friedens nicht
widerspräche? (Daher der Ausschluss jener Stratageme und das Erfordernis eines auch
im Krieg zu wahrenden Vertrauens in den Feind.)
[86] Ich hege Zweifel an der Aussicht auf eine »versöhnende« Trauer, wie sie Ricœur
eröffnet, und frage mich, ob ihrer *Unversöhnlichkeit* nicht gerade das Verlangen nach
einem *nicht beschönigten* Frieden zu verdanken ist; vgl. M. Ignatieff, *Die Zivilisierung
des Krieges*, Berlin 2000, S. 238 f.
[87] Vgl. J. Derrida, *Von der Gastfreundschaft*, S. 100.

Status[88] eines nicht-kriegerischen Un-Friedens aber einem instabilen Widerstreit zwischen Gastlichkeit und Recht ausgeliefert, den allein die praktischen Lebensformen austragen können, *in* und *zwischen* denen sich die Zukunft der Feindschaft entscheidet, die weder von Natur aus noch in einer schicksalhaften Polemologie vorgezeichnet ist. Es gibt keine Feinde, deren Feindschaft nicht aus einer vorgängigen *Verfeindung* erst entstanden wäre.[89] In Prozessen ein-, zwei- oder vielseitiger Verfeindung aber bietet sich allemal die Chance, sowohl einem welt-weit normal gewordenen Un-Frieden als auch Neuen Kriegen den Unterschied zu echtem Frieden entgegenzusetzen, der sich progressiver Verfeindung widersetzt. Eine noch so diffus gewordene politische Wirklichkeit, in der die klassischen Unterscheidungen nahezu unkenntlich zu werden scheinen, erübrigt nicht den Versuch, nicht-willkürliche Unterschiede im Geist geringstmöglicher Gewalt wahrzunehmen und zu »machen«. Wenn die klassische Unterscheidung zwischen Krieg und Frieden obsolet geworden sein sollte, können wir darum doch nicht darauf verzichten, verfeindeten Verhältnissen im Geist echten Friedens entgegenzutreten.

Aber dazu genügt es gewiss nicht, sich auf das Recht zu verlassen. Eine präventive Gastlichkeit muss sich, bevor es zu spät ist, dem Aufkeimen künftiger radikaler Feindschaft sensibel entgegenstellen. Sie muss sich dem Anspruch Anderer schon jetzt stellen, die aufgrund lang anhaltender Demütigung, Diskriminierung und Ungerechtigkeit vielleicht im Begriff sind, zu radikalen Feinden zu wer-

---

[88] Wer Frieden nicht *nur* eschatologisch denken, sondern diesen Begriff anknüpfend an die geschichtliche Erfahrung bestimmen will, muss hinnehmen, sich von späterer Erfahrung berichtigen zu lassen. Welche neuen Formen der Feindschaft, des Krieges und des Un-Friedens sich jetzt schon anbahnen, steht dahin. (Man denke nur an die vorsorglich bereits aufgebaute Militärpräsenz der USA in den Staaten des westlichen Afrika, die offenbar die Aufrechterhaltung des extrem verschwenderischen eigenen Lebensstils wenigstens noch einige Jahre durch ununterbrochene Öllieferungen gewährleisten sollen. In dieser Region versprechen sich ahnungslose »Eingeborene«, deren Felder man systematisch auf lohnende Ziele neuer ökonomischer Raubzüge hin durchforstet, noch eigenen Wohlstand davon. Dabei ist ihre Feindschaft infolge brutaler, bereits absehbarer Enttäuschung ihrer naiven Hoffnungen schon vorgezeichnet. Aber es kommt der amerikanischen Administration derzeit nicht in den Sinn, daraus Konsequenzen hinsichtlich des *way of life* zu ziehen, dem man sich im eigenen Land hingibt. Man sorgt sich nur um den chinesischen Konkurrenten, der auch an den Ölquellen rund ums Kaspische Meer bereits Militär zu stationieren beginnt ...)

[89] Vgl. ausführlich dazu: GF, Teil B.

den, ohne es schon zu sein.[90] Wenn überhaupt irgendwo, dann hat ein ferner Friede hier, in praktischen Spielräumen der Verfeindung und der Entfeindung, eine entfernte Chance.

Man sieht, mit welchen Vorbehalten der Hoffnung auf Frieden zu begegnen ist, wenn man sie nicht wie üblich auf den Begriff des Rechts und auf Perspektiven allein juridischer Pazifizierung der menschlichen Lebensverhältnisse gründet, sondern sie mit der Herausforderung zu außer-ordentlicher Sensibilität angesichts jedes einzelnen Anderen verbindet. Diese Sensibilität verlangt nicht nur nach einer geradezu maßlosen Gerechtigkeit, sondern auch danach, Lebensformen einzurichten und gegen eine notorische Überforderung zu sichern, die jede Gerechtigkeit zu ruinieren droht. Ob sich ein entsprechend *sensibilisiertes Ethos der Gastlichkeit menschlicher Lebensformen* denken lässt, steht dahin.

---

[90] Ich verweise nur exemplarisch auf T. Ben Jelloun, »Die Rekruten aus der Hölle«, *Die Zeit 29* (2003), S. 31.

Epilog

Jeder beliebige Mensch
kann zu jeder beliebigen Tages- und Nachtstunde
die subtile Höhe des Gastseins erklimmen.
Allen steht also zu jeder Zeit der Weg
zu dieser befristeten Göttlichkeit offen. Oder nicht [...]?
Ismail Kadaré[1]

Ich werde ein Bewohner der Welt sein, der Welt zum Trotz, erklärt Bachelard in seiner *Poetik des Raumes*[2], die in immer neuen imaginären Variationen Bilder der Geborgenheit aufruft. Kraft schöpfen diese Bilder offenbar vor allem aus ihrem Kontrast zur Ungastlichkeit der Welt, gegen die sich deren Bewohner zu behaupten versucht. Wenn er die Welt selbst nicht bewohnen kann, so wird er sich in einen kleineren *oikos* zurückziehen, sei es ein Haus, eine Hütte, ein Zelt, ein Zimmer, eine Nische oder am Ende das eigene Selbst, das ihm wie ein bewohnter Raum Schutz gegen eine fremde und bisweilen feindliche Exteriorität verspricht, auch auf die Gefahr hin, mit sich selbst im Geborgenen allein zu bleiben. Die in Bachelards Poetiken wild wuchernde Metaphorik vermag allerdings nicht darüber hinwegzutäuschen, dass die Welt, deren imaginäre Bewohnbarkeit sie ausleuchtet, nicht das Universum der Physik sein kann. In diesem Universum ist kein Leib zu situieren, von dessen privilegiertem Ort her sich der Horizont einer Welt abzeichnen könnte.

Die Phänomenologie leiblicher Erfahrung, die originär einen Welthorizont stiftet, hat immer wieder darauf insistiert, dass wir als leibhaftige Wesen nicht im Universum der Physik leben, die heute den Begriff der Kosmologie für sich in Anspruch nimmt.[3] Für Blu-

---

[1] I. Kadaré, *Der zerrissene April*, München 1993, S. 78.
[2] Siehe das Kapitel IV, 4 in diesem Band.
[3] M. Merleau-Ponty, *Phänomenologie der Wahrnehmung*, Berlin 1966, S. 491.

menberg dagegen stand fest, dass der heute maßgebliche Weltbegriff nur ein kopernikanischer, d. h. dezentrierter sein kann, der keinen Ort und kein Hiersein als bevorrechtigten Ausgangspunkt kennt. Auch Blumenberg muss aber zugeben, dass dieser Weltbegriff allemal ein originäres leibliches Eingefügtsein in die Welt voraussetzt, in dem die Phänomenologen mit Husserl oder mit Heidegger dem ursprünglichen *ethos* oder Aufenthalt des Menschen auf die Spur zu kommen suchen.[4]

In diesem *ethos* bewohnen wir nach wie vor die Welt, insistierte der Heidegger-Schüler Eugen Fink, der sogar mit einer zu erneuernden ontologischen Kosmologie liebäugelte, die die elementaren Strukturen der Einfügung des leiblichen Menschen ins Sein (nicht ins konstruierte Universum der Physik) zu beschreiben hätte. Während uns die moderne Physik in einen indifferenten ort- und heimatlosen Raum versetzt hat, verspricht diese Richtung der Phänomenologie eine bewohnte »Nähe«[5] wiederzufinden, die sich dem Menschen vermittels seiner Ansprechbarkeit durch das erschließt, was ihn angeht und in Anspruch nimmt. So fügt diese Phänomenologie im Denken eines bewohnbaren Kosmos ganz unbefangen wieder zusammen, was im Zeichen des modernen, dezentrierten Weltverständnisses ein für allemal zerbrochen schien. Sie weist die Vorherrschaft szientifischer Weltbegriffe generell zurück und behauptet, ursprünglich hause der Mensch im Sein, nur habe man das vergessen. Die rückgängig zu machende »Seinsvergessenheit« verspricht demgegenüber auf dem Weg der Heim-suchung wieder zum Wesen einer bewohnbaren Welt zurückzufinden, in der der Mensch nicht bloß wie ein Ding an beliebiger Stelle vorkommt.[6]

Handelt es sich auch um eine *gastliche* Welt, die auf diese Weise rehabilitiert werden soll? Auf den ersten Blick gewiss nicht. Abgewandt von den im Übermaß vorherrschenden Dingen lauscht der Ontologe vor allem auf die vermisste Stimme des Seins und forscht

---

[4] Vgl. H. Blumenberg, *Wirklichkeiten in denen wir leben,* Stuttgart 1981, S. 7–54; ders., *Lebenszeit und Weltzeit,* Frankfurt am Main 1986, Kap. XIV, sowie Anm. 22 zur Einleitung.

[5] Siehe in der Einleitung Seite 22.

[6] E. Fink, *Sein und Mensch,* Freiburg i. Br., München 1977, S. 11 f., 83. Hier wird die Welt unversehens wieder zur Heimat des Denkens und sogar das Weltall als bewohnbares ausgegeben. Selbst angesichts fernster kosmischer Nebel soll es sich noch um ein »irdisches« Leben handeln, das eine phänomenologische Kosmologie zu beschreiben hätte (S. 96 f., 180, 233, 241, 250 f., 273, 284, 291).

nach einer »Zwiesprache von Sein und Mensch [...], welche erst alles zwischenmenschliche Reden ermöglicht«.[7] Wenn überhaupt, dann taucht der Andere hier nur auf wie alles Übrige zwischen Himmel und Erde – wie Mücken, die im Licht tanzen, Gebirge, die langsam verwittern, oder Sterne, die gleichgültig ihre Bahn ziehen – und eher nebenbei auch als Gesprächspartner. Handelt es sich hier vor allem um eine neo-pagane Feier der Einweihung in das Mysterium einer ontologischen Erfahrung, die dem Menschen all das zu denken gibt?[8]

Wie dem auch sei: der Andere begegnet hier nur beiläufig im Versuch einer sich vom Universum der Physik abwendenden *oikeiosis*, die ganz und gar auf die Abwehr einer Ontologie fixiert scheint, die Menschen wie Dinge im Raum platziert. Tatsächlich lässt sich ein indifferenter Raum, in dem Dinge bloß nebeneinander vorkommen und aneinander stoßen, nicht bewohnen. Aber darf sich eine Philosophie, die das aufzeigt, auf die Apologie einer ontologischen Erfahrung der Einfügung ins Sein beschränken, wenn sie auf diese Weise nicht im Geringsten verständlich zu machen vermag, wie »*zwischenmenschlich*« eine gastliche, nämlich von Anderen originär eingeräumte Welt möglich werden kann? Läuft eine solche Philosophie, die diese Frage überspringt, nicht Gefahr, sich auf ein hochmütiges ontologisches Wissen zurückzuziehen, von dem der naive Gedanke, eben die Welt zu bewohnen, die uns die moderne Physik beschreibt, rein gar nichts ahnen lässt?

Die Philosophie kann die in dieser Hinsicht gewiss irreführende Naivität vor-philosophischer Erfahrung nur *überspringen*, indem sie zugleich Gefahr läuft, sich in eine fragwürdige Weltabgewandtheit zu versteigen. Dabei sind zunächst dieser Erfahrung brennende Fragen wie die zu entnehmen, wie wir Bewohner einer ungastlichen, von mangelnder Fürsorge für Andere, ethnischen Konflikten, Genoziden und Neuen Kriegen gezeichneten Welt sein können. Die Frage betrifft in erster Linie die Gewährleistung des Lebensnotwendigsten, das als solches bereits radikale Probleme der Verantwortung und der Gerechtigkeit aufwirft, die philosophisch nicht gering zu schätzen

---

[7] Ebd., S. 112, 117, 189f.; vgl. E. Fink, *Grundphänomene des menschlichen Daseins*, Freiburg i. Br., München 1979, S. 441.

[8] E. Fink, *Sein und Mensch*, S. 318, 309. Es soll nicht verschwiegen werden, dass der Autor sozialontologische Strukturen des Mit(da)seins zur Sprache bringt. Doch selbst dabei herrscht das Bild vor, ein bloßes »An-einander-Vorübergehen« präge die normale Art und Weise menschlicher »Co-Existenz« (S. 390).

sind, wie Amartya Sen, Martha Nussbaum und andere gezeigt haben, die sich mit weltweiten Schwierigkeiten der Einrichtung elementar gastlicher Lebensbedingungen auseinandergesetzt und gefragt haben, was dazu mindestens erforderlich wäre.[9]

Auf diesen Denkwegen geht es aber nicht einfach um sog. Angewandte Philosophie, denn die realen Erfahrungen mit defizitären Lebensbedingungen provozieren ihrerseits radikale Rückfragen an die Adresse der Philosophie[10]; so etwa die Frage, was uns der Andere, selbst der fremde Unbekannte überhaupt »angeht« im Sinne der Gewährleistung besserer Lebensbedingungen und wie man sich menschliche Subjektivität als für diese Frage gastlich aufgeschlossene vorstellen kann. Keineswegs handelt es sich hier um Probleme einer sentimentalen Mitleidsethik, der zufolge sich ein generöses Subjekt aus freien Stücken dazu bereit finden muss, sich affizieren zu lassen vom Anspruch Anderer.[11] Apologeten der Gastlichkeit, die uns nicht derart zur Disposition steht, beschäftigt demgegenüber eine unbedingte und unvermeidliche Offenheit diesem Anspruch gegenüber.

Levinas und Derrida, die hier in erster Linie gemeint sind, radikalisieren diesen Gedanken der Gastlichkeit in befremdlicher Art und Weise. Dabei laufen sie selbst Gefahr, in ihrer Konzentration auf diese das Subjekt rückhaltlos inspirierende Gastlichkeit aus dem Auge zu verlieren, was man sich konkret von dieser Gastlichkeit versprechen könnte. »Verspricht« sie Anderen (wem, wenn nicht vielen oder allen Anderen, für wie lange und unter welchen Bedingungen) eine gastliche Bleibe? Lässt sich die primäre Gastlichkeit des Subjekts auch auf der sekundären Ebene gastlicher Lebensbedingungen als ein Versprechen begreifen? Kann nicht nur diese sekundäre Gastlichkeit das Versprechen bezeugen und einlösen, das Levinas und Derrida mit jener unbedingten Aufgeschlossenheit für den Anspruch des Anderen offenbar verknüpfen? Was ist diese gastliche Aufgeschlossenheit wert, wenn man ihr nicht praktisch gerecht zu werden ver-

---

[9] Vgl. A. Sen, *Ressources, Values and Development*, Oxford 1984; M. C. Nussbaum, »Beyond the Social Contract: Toward Global Justice«, *The Tanner Lectures on Human Values*, Canberra, Cambridge 2002/3; P. Ricœur, *Wege der Anerkennung*, Frankfurt am Main 2006, S. 182 ff.

[10] Ausführlich dazu v. Verf., »Die Frage nach dem Anderen zwischen Ethik und Politik der Differenz: eine vorläufige Bilanz. Kant, Ricœur und Levinas im Horizont sozialontologischen Denkens«, in: *Phänomenologische Forschungen II* (2005), S. 193–220.

[11] Vgl. H. Jonas, *Das Prinzip Verantwortung*, Frankfurt am Main [3]1982, S. 65.

spricht? Ist es aber nicht fahrlässig, hier von einem Versprechen zu reden?[12] Können oder müssen wir sogar – Bachelard paraphrasierend – Anderen versprechen, *dass sie Bewohner der Welt sein werden, Anderen zum Trotz*, die sich gleichgültig zu dieser Aufgabe verhalten oder sie gewaltsam durchkreuzen? Müsste man das zu Versprechende nicht genauer benennen, wenn es nicht zynisch darauf zu reduzieren ist, Anderen *irgendeine* Bleibe zu versprechen? Schließlich könnte damit ja auch eine Bleibe aus Wellblech, Plastik und Pappe oder die rudimentäre Gastlichkeit der Latrinen gemeint sein, von der Jorge Semprun sprach.[13]

Handelt es sich womöglich um ein geradezu maßloses Versprechen, das zuviel des Guten verspricht und Überdruss an einer Rhetorik der Gastlichkeit hervorruft, die auf eine hoffnungslose Überforderung hinauslaufen muss, wenn sie gemäß einer Logik der Inklusion alle Menschen gastlich einzubeziehen verspricht?

Wiederum Levinas und Derrida erinnern demgegenüber mit ihrem Denken einer nicht zu bezähmenden Alterität daran, welche Herausforderung durch den Anderen als Fremden man sich auf diesem Wege zuzieht. Gerade eine Rhetorik gastlicher Solidarität mit Fremden sollte sich nicht darin erschöpfen, »gut gemeint« zu sein. Sie darf die radikale Herausforderung nicht unterschlagen, die in einer außer-ordentlichen bzw. radikalen Gastlichkeit liegt.[14] Es handelt sich buchstäblich wiederum um Zuviel des Guten, wenn wir auch dazu noch ja sagen sollen, radikale Feinde aufzunehmen. Genau darauf scheint sich im Übrigen eine aggressive Rhetorik zu berufen, die diese Überforderung der Gastlichkeit zum Vorwand ihrer rigorosen Beschränkung nimmt und so in Ungastlichkeit umschlägt. Derrida spricht in diesem Zusammenhang wie gesagt von einer »irreduziblen Pervertierbarkeit« der Gastlichkeit.[15]

Selbst wenn wir aber die Wahl haben, *ob* wir überhaupt jemanden und *wen* wir *(in begrenzter Zahl)* gastlich aufnehmen, können wir streng genommen niemals wissen, mit wem wir es zu tun haben. *Du weißt nie, wen du beherbergst* – diese Ungewissheit hat schon das

---

[12] Auf diese bedenkenswerte Mehrdeutigkeit des Versprechens geht die nachfolgende Veröffentlichung ausführlich ein: *Gegebenes Wort oder Gelebtes Versprechen*, Freiburg i. Br., München 2008.

[13] Vgl. die Einleitung in diesem Band.

[14] Vgl. H. Brunkhorst, *Solidarität unter Fremden*, Frankfurt am Main 1997.

[15] J. Derrida, *Cosmopolites des tous les pays, encore un effort!*, Paris 1997, S. 43.

alte Ethos der Gastlichkeit beunruhigt.[16] Derrida knüpft daran an, wenn er sagt, wirkliche Gastlichkeit gebe es überhaupt nur, wenn wir nicht wissen, mit wem wir es zu tun haben – selbst angesichts des vertrautesten Gastes. Darin liegt ein irreduzibles Moment möglicher Überraschung, die einer Heimsuchung nahe kommen kann. Zugleich bewahrt uns aber gerade dieses Moment davor, Gefangene unserer selbst zu sein.[17]

So gesehen spricht wenig dafür, dass uns eine Aufhebung aller Fremdheit in einem entweder dramatisch verengten oder erweiterten Haus (oder in einem analog vorgestellten *oikos*) bevorsteht, in dem uns am Ende nichts Fremdes mehr begegnen könnte. Auf der Ebene der primären Gastlichkeit haben wir überhaupt nicht die Wahl, ob und inwieweit wir uns auf Fremde bzw. darauf einlassen wollen, ob uns vertraute Andere oder wir selbst uns fremd werden.[18] Auf der sekundären Ebene einer bewusst praktizierten Gastlichkeit aber stellen sich diese Fragen durchaus. Derridas Behauptung, Gastlichkeit sei »die Kultur selbst«, überspielt die Differenz zwischen diesen Ebenen.[19]

Gewiss kann sich eine Kultur der Gastlichkeit nicht in einer ganz und gar verrechtlichten Hospitalität erschöpfen, welche die Bedingungen der Einräumung eines Gaststatus regeln mag. Genauso wenig aber kann sie allein aufgrund einer unbedingten Gastlichkeit menschlicher Subjektivität Gestalt annehmen, die dem Anspruch des Anderen immer schon offen steht. In Wahrheit kommt es darauf an, wie zwischen einer unvermeidlich überforderten – aber gerade deshalb auch inspirierten – außerordentlichen Gastlichkeit und deren rechtlicher Beschränkung in Spielräumen der Gastlichkeit praktisch zu leben ist.

Wenn man für eine Kultur der Gastlichkeit »plädiert«, wie es der Titel dieses Buches nahe legt, begibt man sich auf einen gefähr-

---

[16] E. Westermarck, *Ursprung und Entwickelung der Moralbegriffe, Bd. 1*, Leipzig 1907, S. 479.

[17] Das Gesagte leidet ganz offensichtlich unter der Einseitigkeit, nicht aus der Perspektive dessen formuliert zu sein, der aufgenommen werden will. Für den Gast ließe sich ebenfalls behaupten, dass er nie weiß, *als wer* sich derjenige herausstellen wird, bei dem er Aufnahme findet (oder nicht findet). Die Frage, inwieweit sich die Gastlichkeit der Reziprozität einfügt oder entzieht, bleibt hier ausgespart.

[18] So gesehen kann Gastlichkeit genauso wenig wie die menschliche Sensibilität (die bei Levinas gelegentlich als ein Synonym für Gastlichkeit fungiert) umstandslos normativ gedeutet werden. Zur Unterscheidung der beiden Ebenen vgl. Anm. 37 zu Kap. III, sowie Kap. VI, 5 in diesem Band.

[19] Siehe Seite 23 in der Einleitung.

lichen Weg. Die durch die konzertierte Verrechtlichung, Ökonomisierung und Privatisierung der Gastlichkeit erreichte Stabilität in Frage zu stellen bedeutet, sich wieder außer-ordentlichen Überforderungen auszusetzen, die die Gastlichkeit lebenspraktisch zu ruinieren drohen. Das zeigt sich unübersehbar spätestens dann, wenn es darum geht, auch einem radikalen Feind Gastlichkeit entgegenzubringen. Wer das für einen ganz und gar abwegigen Gedanken hält, kann sich vom Ethos der Gastlichkeit, aber auch von weit zurückreichenden religiösen Überlieferungen und schließlich auch von Kants Begriff der Hospitalität eines Besseren belehren lassen.

Indem man sich auf diese weit verzweigten Beiträge zu einer zeitgemäßen Revision der Gastlichkeit stützt, sollte man sie allerdings nicht als exklusives Erbe für sich in Anspruch nehmen, wie es vor allem Levinas tut, wo er suggeriert, jene radikale, unbedingte Gastlichkeit sei allein biblischer Inspiration zu verdanken.[20] In diesem Fall muss nämlich die *Philosophie* der Gastlichkeit unvermeidlich den Eindruck erwecken, sich ihrerseits – voller Misstrauen gegen gewisse neo-pagane Tendenzen – im Haus ihrer eigenen Überlieferung zu verschanzen, statt sich rückhaltlos denen zu öffnen, die ihre Prämissen nicht teilen oder mit ihnen nicht vertraut sind.[21] Allemal

---

[20] Dies ist Levinas ebenso wenig einfach zuzugestehen wie der Erfolg seines dezidierten Versuchs, das menschliche Hören auf die Stimme des Anderen, das ihm gastlich Einlass gewährt, von jeglicher Ontologie zu befreien. Appelliert diese Stimme – von wobei sie auch immer zu vernehmen sein mag – nicht stets an ein rezeptives Selbst, das *auf* sie hören, sie aber auch *überhören* kann? Hängt diese Rezeptivität des Selbst in irgendeiner Weise davon ab, ob es gemäß einer speziellen religiösen Überlieferung inspiriert lebt? Wenn nicht, unterläuft sie dann nicht die übliche Diskreditierung eines angeblich unethischen Heidentums? Ich glaube, dass sich eine *religio* als »hörende« Hinwendung zum Anderen denken lässt, die sich nicht von einer partikularen Religion vereinnahmen lässt und gerade deshalb als interkulturelles Deutungsangebot einer universalen Gastlichkeit menschlicher Subjektivität attraktiv erscheinen kann. Eine solche Deutung muss die von Levinas betonte Unaufhebbarkeit des Anspruchs des Anderen in der Gegenwart des Subjekts nicht leugnen. Gleichwohl stellt sich die Frage, ob wir ohne weiteres darauf verzichten können, diesen Anspruch mit Rücksicht auf die Strukturen intentionaler Erfahrung zu verstehen, in denen sich die »gastliche« Offenheit des Subjekts zeigt. Auf diese v. a. von D. Janicaud aufgeworfene Frage sowie auf die um sie entbrannte Debatte über eine fragwürdige »theologische Wende« der Phänomenologie in Frankreich kann hier nur am Rande hingewiesen werden. Vgl. v. Verf., »The human person: vulnerability and responsiveness. Reflections on human dignity, *religio* and the other's voice«, in: C. Bremmers (ed.), *Studies in Phenomenology. Vol. I. First Philosophy, Phenomenology, and Ethics*, Leiden, Boston (i. E.).

[21] Schritte in diese Richtung geht Levinas unverkennbar, wo er für sich (als Philosoph) in Anspruch nimmt, nicht von einem unbekannten Gott auszugehen und sich statt des-

befinden Andere darüber, was als Einladung zur Gastlichkeit aufgefasst und akzeptiert werden kann. Ohne sie gelingt die Gastlichkeit
nicht. Das hat die Gastlichkeit mit der Gabe gemeinsam. Die Gabe
muss als »annehmbar« erscheinen, um als solche zur Geltung kommen zu können. Und die Gastlichkeit muss Fremden bzw. Anderen in
ihrer Fremdheit als »einladend« erscheinen.[22] Die Philosophie der
Gastlichkeit gerät aber in einen sonderbaren Widerstreit mit sich
selbst, wenn sie als exklusives Erbe präsentiert wird, auf das eine
Kultur der Gastlichkeit einen fragwürdigen Besitzerstolz gründen
könnte. Fremden wird eine solche Kultur kaum als einladend, sondern als überaus selbstgerecht erscheinen, wenn sie sich darin gefallen würde, als vorbildlich gastlich gelten zu dürfen. Wie auch die
Gerechtigkeit ist die Gastlichkeit des Anderen Gut[23], von dem wir in
letzter Instanz nicht wissen können, um wen es sich handelt, wie
Ricœur im Schlusskapitel seines Buches *Das Selbst als ein Anderer*
gezeigt hat.

　　Eine Philosophie, die das bedenkt, kann sich einerseits zwar anlehnen an weit zurückreichende Traditionen (wie etwa an den Begriff
der Würde, die auch dem Feind nicht abzuerkennen ist); andererseits
muss sie sich aber auch einem interkulturellen Raum öffnen, in dem
wir vielen Anderen begegnen, deren kultureller und geschichtlicher
Hintergrund vielleicht nicht »verschmelzen« kann mit dem uns-
rigen, wie es sich eine idealistische Hermeneutik vorgestellt hat. So
stellt sich abschließend die offene Frage, wie eine Philosophie der
Gastlichkeit ihrerseits eine gastliche sein kann, aufgeschlossen für
Andere – wie unter freiem Himmel ein nächtliches Gespräch zwischen Welt-Fremden, das feurige Wärme spendet, bis ihre Worte er-
löschen in der Asche des Gesagten.

---

sen auf eine Phänomenologie der Begegnung mit dem Anderen zu stützen, der die Aufgeschlossenheit des Subjekts für den Anspruch des Anderen zu entnehmen sein soll;
und zwar »vor aller Offenbarung«. In seinen politischen Schriften geht Levinas sogar
so weit, jedes religiöse Ausscheren aus den zwischenmenschlichen Beziehungen zu ver-
weigern; vgl. E. Levinas, *Verletzlichkeit und Frieden. Schriften über die Politik und das
Politische*, Berlin 2007, S. 113, 99, 144, 190, 195, 182 (Stellen in der Reihenfolge der
Bezugnahme auf sie).

[22] Was die Frage provoziert, was aus der Gastlichkeit wird, wenn sie auch als vermeintlich selbstlose *zurückgewiesen* wird. Es wäre ein naives Missverständnis, die daraus
erwachsenden politischen Probleme allein mit Hilfe einer einseitigen Gastlichkeit für
lösbar zu halten.

[23] Aristoteles nennt die Gerechtigkeit in der *Nikomachischen Ethik* so *(allotrion aga-
thon)*; Stuttgart 1969, S. 122 (= Buch V, 1129 b ff.).

Siglen

AM	H. Blumenberg, *Arbeit am Mythos*, Frankfurt am Main 1996.
DW	J. u. W. Grimm (Hg.), *Deutsches Wörterbuch* [1878], München 1991.
EUTH	H. Arendt, *Elemente und Ursprünge totaler Herrschaft*, München, Zürich ³1993.
GAC	O. Hiltbrunner, *Gastfreundschaft in der Antike und im frühen Christentum*, Darmstadt 2005.
GF	Verf., *Gastlichkeit und Freiheit. Polemische Konturen europäischer Kultur*, Weilerswist 2005.
HaM	E. Levinas, *Humanismus des anderen Menschen*, Hamburg 1989.
JS	E. Levinas, *Jenseits des Seins oder anders als Sein geschieht*, Freiburg i. Br., München 1992.
LT	H. Blumenberg, *Das Lachen der Thrakerin. Eine Urgeschichte der Theorie*, Frankfurt am Main 1987.
PdF	J. Derrida, *Politik der Freundschaft*, Frankfurt am Main 2002.
PR	G. Bachelard, *Poetik des Raumes*, Frankfurt am Main, Berlin, Wien o. J.
SF	E. Levinas, *Schwierige Freiheit*, Frankfurt am Main 1992.
TU	E. Levinas, *Totalität und Unendlichkeit. Versuch über die Exteriorität*, Freiburg i. Br., München 1987.
ÜK	H. Münkler, *Über den Krieg. Stationen der Kriegsgeschichte im Spiegel ihrer theoretischen Reflexion*, Weilerswist ³2004.
VS	H. Blumenberg, *Die Vollzähligkeit der Sterne*, Frankfurt am Main 2000.
WA	I. Kant, *Werkausgabe. Bd. I–XII* (Hg. W. Weischedel), Frankfurt am Main 1977.

Literatur

Ackermann, A., »Globalität, Hybridität, Multikulturalität – Homogenisierung der Kultur oder Globalisierung der Differenz?«, in: *Jahrbuch 1998/99 KWI, Essen*, S. 50–82.

Agamben, G., *Homo sacer. Die souveräne Macht und das nackte Leben*, Frankfurt am Main 2003.

Améry, J., *Jenseits von Schuld und Sühne*, München 1988.

Anderson, B., *Die Erfindung der Nation*, Frankfurt am Main, New York ²1996.

Arendt, H., *Vita activa oder Vom tätigen Leben*, München ⁴1985.

– *Vom Leben des Geistes. Bd. 1. Das Denken*, München, Zürich ²1989.

– *Elemente und Ursprünge totaler Herrschaft*, München, Zürich ³1993.

– *In der Gegenwart. Übungen im politischen Denken II*, München 2000.

– *Menschen in finsteren Zeiten*, München 2001

– *Was ist Politik? Fragmente aus dem Nachlaß*, München 2003.

Aristoteles, *Nikomachische Ethik*, Stuttgart 1969.

Ascherson, N., *Schwarzes Meer*, Frankfurt am Main 1998.

Assmann, J. u. A., »Kultur und Konflikt«, in: J. Assmann u. D. Harth (Hg.), *Kultur und Konflikt*, Frankfurt am Main 1990, S. 11–48.

Augé, M., *Orte und Nicht-Orte*, Frankfurt am Main 1994.

Autour de Jacques Derrida. Manifeste pour l'hospitalité, Paris 1999.

Bachelard, G., *La Terre et les rêveries du repos*, Paris 1948.

– *Poetik des Raumes*, Frankfurt am Main, Berlin, Wien o. J. Französ.: *Poétique de l'espace*, Paris ⁴1964.

– *La Poétique de la rêverie*, Paris ³1965.

– *Philosophie des Nein*, Frankfurt am Main 1980.

– *Psychoanalyse des Feuers*, München, Wien 1985.

– *Die Bildung des wissenschaftlichen Geistes. Beitrag zu einer Psychoanalyse der objektiven Erkenntnis* [1938], Frankfurt am Main 1987.

– *Die Flamme einer Kerze*, München, Wien 1988.

Bahr, H.-D., *Die Sprache des Gastes*, Leipzig 1994.

Bauman, Z., *Modernity and the Holocaust*, Ithaka, N.Y. 1989.

– *Liquid Modernity*, London 2000.

– *Verworfenes Leben*, Hamburg 2005.

– »Wenn Menschen zu Abfall werden«, in: *Die Zeit 47* (2005), S. 65 f.

Beauvoir, S. de, *Das andere Geschlecht* [1949], Reinbek 1968.

Beck, M.-L., »Die fünf Mythen des Asylrechts«, in: *Die Zeit 46* (2000), S. 12.

Beck, U., *Der kosmopolitische Blick oder: Krieg ist Frieden*, Frankfurt am Main 2004.

Beck-Gernsheim, E., *Wir und die Anderen*, Frankfurt am Main 2004.

Behlert, W., »Zuwanderung und Menschenrechte«, in: *Jahrbuch Menschenrechte 2003*, Frankfurt am Main 2002, S. 324–335.

Ben Jelloun, T., »Die Rekruten aus der Hölle«, *Die Zeit 29* (2003), S. 31.

Beneviste, E., *Indo-europäische Institutionen*, Frankfurt am Main, N.Y. 1993.

Berlin, I., *The Proper Study of Mankind*, London 1989.

Bertram, C., »*Auf der Suche nach dem neuen Feind*«, in: *Die Zeit 50* (1996), S. 3.

Birg, H., »Johann Peter Süßmilch und Thomas Malthus – Marksteine der bevölkerungswissenschaftlichen Theoriebildung«, in: R. Mackensen (Hg.), *Bevölkerungsentwicklung und Bevölkerungstheorie in Geschichte und Gegegenwart*, Frankfurt am Main 1989, S. 53–76.

Birkenbach, H.-M., »Citizenship oder Hospitalität. Was sind Weltbürgerrechte?«, in: U. Menzel (Hg.), *Vom Ewigen Frieden und vom Wohlstand der Nationen*, Frankfurt am Main 2000, S. 262–290.

Blanchot, M., *Das Unzerstörbare*, München, Wien 1991.

– *Die Schrift des Desasters*, München 2005.

Blumenberg, H., »Licht als Metapher der Wahrheit«, in: *Studium Generale 10* (1957), S. 432–447.

– *Paradigmen zu einer Metaphorologie*, Bonn 1960.

– *Kopernikus im Selbstverständnis der Neuzeit* [Akademie der Wissenschaften und der Literatur, Abhandlungen der Geistes- und Sozialwiss. Klasse, Jg. 1964, Nr. 5], Wiesbaden 1964.

– *Die kopernikanische Wende*, Frankfurt am Main 1965.

– *Der Prozeß der theoretischen Neugierde*, Frankfurt am Main 1973.

– »Anthropologische Annäherung an die Rhetorik«, in: *Wirklichkeiten in denen wir leben*, Stuttgart 1981, S. 104–136.

– *Die Genesis der kopernikanischen Welt, Bd. 1*, Frankfurt am Main 1981.

– *Säkularisierung und Selbstbehauptung*, Frankfurt am Main 1983.

– *Lebenszeit und Weltzeit*, Frankfurt am Main ²1986.

– *Das Lachen der Thrakerin. Eine Urgeschichte der Theorie*, Frankfurt am Main 1987.

– *Matthäuspassion*, Frankfurt am Main ⁶1988.

– *Die Sorge geht über den Fluß*, Frankfurt am Main 1988.

– *Arbeit am Mythos*, Frankfurt am Main 1996.

– *Ein mögliches Selbstverständnis*, Stuttgart 1997.

– *Die Vollzähligkeit der Sterne*, Frankfurt am Main 2000.

– *Die Verführbarkeit des Philosophen*, Frankfurt am Main 2000.

Boesch, K. E., »Kultur und Biotop«, in: C.-F. Graumann (Hg.), *Ökologische Perspektiven in der Psychologie*, Bern, Stuttgart, Wien 1978, S. 11–32.

Böll, H., *Frankfurter Vorlesungen*, München ⁴1977.

Boltanski, L., *Distant Suffering*, Cambridge 1999.

Bronfenbrenner, U., *Die Ökologie der menschlichen Entwicklung*, Stuttgart 1981.

Brunkhorst, H., *Solidarität unter Fremden*, Frankfurt am Main 1997.

Buber, M., »Das Problem des Menschen«, in: *Werke, Bd. 1, Schriften zur Philosophie*, München, Heidelberg 1962, S. 307–408.

– »Geltung und Grenze des politischen Prinzips«, in: *Werke, Bd. 1*, S. 1095–1108.

– *Das dialogische Prinzip*, Heidelberg 1962.

– *Der utopische Sozialismus*, Köln 1967.

Buck, G., »Exemplarismus und Bildung. Der Bildungsbegriff des J. A. Comenius«, in: *Rückwege aus der Entfremdung*, Paderborn 1984, S. 29–89.

Bundesamt für Migration und Flüchtlinge (Hg.), *Migration und Asyl*, Nürnberg 2004.

Burgdorf, W., »*Chimäre Europa*«. *Antieuropäische Diskurse in Deutschland (1648–1999)*, Bochum 1999.

Bürner-Kotzam, R., *Vertraute Gäste – Befremdende Begegnungen in Texten des bürgerlichen Realismus*, Heidelberg 2001.

Butler, J., *Fifteen Sermons*, London 1949.

Cahill, T., *Abrahams Welt*, Berlin 2002.

Caputo, D., Scanlon, M. J. (eds.), *God, the Gift and Postmodernism*, Bloomington, Indianapolis 1999.

Casey, E. S., *Getting back into place*, Bloomington 1993.

Cassirer, E., *An Essay on Man* [1944], New Haven, London 1972.

– *Der Mythos des Staates. Philosophische Grundlagen politischen Verhaltens* [1946], München ²1978.

– *Nachgelassene Manuskripte und Texte*, Hamburg 1995.

– *Ziele und Wege der Wirklichkeitserkenntnis*, Hamburg 1999.

Certeau, M. de, *Kunst des Handelns*, Berlin 1988.

Conrad, J., *Heart of Darkness & Other Stories*, Hertfortshire 1999.

Creveld, M. v., *Die Zukunft des Krieges*, Berlin 1998.

Czempiel, E.-O., »Der Friede – sein Begriff, seine Strategien«, in: D. Senghaas (Hg.), *Den Frieden denken. Si vis pacem, para pacem*, Frankfurt am Main 1995, S. 165–176.

– »Alle Macht dem Frieden«, in: D. Senghaas (Hg.), *Frieden machen*, Frankfurt am Main 1997, S. 31–47.

Dabag, M., Kapust, A., Waldenfels, B. (Hg.), *Gewalt*, München 2000.

Delhom, P., *Der Dritte. Levinas' Philosophie zwischen Verantwortung und Gerechtigkeit*, München 2000.

– A. Hirsch (Hg.), *Im Angesicht der Anderen. Levinas' Philosophie des Politischen*, Berlin 2005.

Derrida, J., *Die Schrift und die Differenz*, Frankfurt am Main 1976.

– *Gesetzeskraft. Der »mystische Grund der Autorität«*, Frankfurt am Main 1991.

– *Das andere Kap*, Frankfurt am Main 1992.

– *Falschgeld. Zeit geben I*, München 1993.

– *Marx' Gespenster*, Frankfurt am Main 1995.

– *Cosmopolites des tous les pays, encore un effort!*, Paris 1997.

– *Adieu. Nachruf auf Emmanuel Levinas*, München 1999.

– »Responsabilité et hospitalité«, in: *Autour de Jacques Derrida. Manifeste pour l'hospitalité – aux Minguettes –*, Paris 1999, S. 111–124.

– »Une hospitalité à l'infini«, ebd., S. 97–106.

– *Von der Gastfreundschaft,* Wien 2001.
– »Non pas l'utopie, l'im-possible«, in: *Papier machine,* Paris 2001, S. 349–366; dt. »Ich mißtraue der Utopie, ich will das Un-Mögliche«, *Die Zeit,* Nr. 11 (1998), S. 47 ff.
– »Le principe d'hospitalité«, in: *Papier Machine,* S. 273–277.
– *Politik der Freundschaft,* Frankfurt am Main 2002.
– *Seelenstände der Psychoanalyse,* Frankfurt am Main 2002.
– *Schurken. Zwei Essays über die Vernunft,* Frankfurt am Main 2003.
– *Glas,* München 2006.
– E. Roudinesco, *De quoi demain ... Dialogue,* Paris 2001.
– G. Vattimo, *Die Religion,* Frankfurt am Main 2001.
Die Gedichte von Bertolt Brecht in einem Band, Frankfurt am Main 1981.
Diehle, A., *Die Griechen und die Fremden,* München 1994.
Dießenbacher, H., *Die Kriege der Zukunft,* München 1998.
Diner, D., *Weltordnungen,* Frankfurt am Main 1993.
Duve, F., »Fluchtbewegungen«, in: *Die Zeit, Nr. 2* (1993), S. 42.
Engelhard, K., *Welt im Wandel. Die gemeinsame Verantwortung von Industrie- und Entwicklungsländern,* Grevenbroich 2000.
Enzensberger, H. M., *Deutschland, Deutschland unter anderem,* Frankfurt am Main ³1968.
– *Aussichten auf den Bürgerkrieg,* Frankfurt am Main 1996.
Erzgräber, U., Hirsch, A. (Hg.), *Sprache und Gewalt,* Berlin 2001.
Farmer, P., »Never Again? Reflections on Human Values and Human Rights«, in: *The Tanner Lectures on Human Values* (2005), S. 137–188.
Fichte, J. G., »Zum ewigen Frieden. Ein philosophischer Entwurf von Immanuel Kant«, in: Z. Batscha, R. Saage (Hg.), *Friedensutopien. Kant, Fichte, Schlegel, Görres,* Frankfurt am Main 1979, S. 83–92.
Fink, E., *Sein und Mensch,* Freiburg i. Br., München 1977.
– *Grundphänomene des menschlichen Daseins,* Freiburg i. Br., München 1979.
Flusser, V., *Von der Freiheit der Migranten. Einsprüche gegen den Nationalismus,* Bensheim 1994.
Foucault, M., *Die Ordnung der Dinge* [1966], Frankfurt am Main 1974.
– *Sexualität und Wahrheit, Bd. 1,* Frankfurt am Main 1983.
– »Das Denken des Draußen«, in: *Schriften zur Literatur,* Frankfurt am Main 1988, S. 130–156.
– *Geschichte der Gouvernementalität I. Sicherheit, Territorium, Bevölkerung,* Frankfurt am Main 2004.
– *Hermeneutik des Subjekts. Vorlesung am Collège de France (1981/1982),* Frankfurt am Main 2004.
– *Schriften in vier Bänden. Dits et ecrits, Bd. IV, 1980–1988,* Frankfurt am Main 2005.
Frank, M., *Unendliche Annäherung,* Frankfurt am Main 1997.
Friese, H., »Der Gast. Zum Verhältnis von Ethnologie und Philosophie«, in: *Deutsche Zeitschrift für Philosophie 51* (2003), S. 311–323.
Gehlen, R., *Welt und Ordnung,* Marburg 1995.
Gellner, E., *Nationalismus und Moderne,* Hamburg 1995.

Literatur

Geremek, B., »Der Außenseiter«, in: J. LeGoff (Hg.), *Der Mensch des Mittelalters*, Essen 2004, S. 374–401.

Golem (2002), Nr. 3.

Greisch, J., *Hermeneutik und Metaphysik*, München 1993.

Grimm, J. u. W. (Hg.), *Deutsches Wörterbuch* [1878], München 1991.

Grotius, H., *De jure belli ac pacis*, Tübingen 1950.

Gürtler, S., *Elementare Ethik*, München 2001.

Habermas, J., *Faktizität und Geltung*, Frankfurt am Main 1998.

Hartung, G., *Das Maß des Menschen*, Weilerswist 2003.

Hegel, G. W. F., *Vorlesungen über die Philosophie der Religion II, Werke 17* (Hg. E. Moldenhauer, K. M. Michel), Frankfurt am Main 1986.

Heidegger, M., *Platons Lehre von der Wahrheit*, Bern ²1954.

– *Unterwegs zur Sprache*, Pfullingen ⁶1979.

Heinsohn, G., Knieper, R., Steiger, O., *Menschenproduktion. Allgemeine Bevölkerungslehre der Neuzeit*, Frankfurt am Main 1979.

Heinemann, F., *Jenseits des Existentialismus*, Stuttgart 1957.

Heisenberg, W., *Das Naturbild der heutigen Physik*, Hamburg 1955.

Henrich, D., *Ethik zum nuklearen Frieden*, Frankfurt am Main 1990.

Hill, G., »Rhetorics of Value«, in: *The Tanner Lectures on Human Values*, Oxford 2000.

Hiltbrunner, O., »Gastfreundschaft«, in: *Reallexikon für Antike und Christentum*, Bd. VIII, Stuttgart 1972, Sp. 1061–1123.

– *Gastfreundschaft in der Antike und im frühen Christentum*, Darmstadt 2005.

Hirsch, A., *Recht auf Gewalt? Spuren philosophischer Gewaltrechtfertigung nach Hobbes*, München 2004.

Hirsch, B., »Schilys Sicherheitspaket und das deutsche Ausländerrecht«, in: *Jahrbuch Menschenrechte 2004*, Frankfurt am Main 2003, S. 255–263.

Hochschild, A., *King Leopold's Ghost. A Story of Greed Terror, and Heroism in Colonial Africa*, Boston, New York 1999.

Honderich, T., *Nach dem Terror. Ein Traktat*, Frankfurt am Main 2003.

Hondrich, K. O., *Wieder Krieg*, Frankfurt am Main 2002.

Honnefelder, L., »Geleitwort«, in: Albertus Magnus, *Über den Menschen. De homine*, Hamburg 2004, S. VII–IX.

Husserl, E., »Grundlegende Untersuchungen zum phänomenologischen Ursprung der Räumlichkeit der Natur«, in: M. Farber (Hg.), *Philosophical Essays in Memory of Edmund Husserl*, New York 1975, S. 307–325.

– *Cartesianische Meditationen*, Hamburg 1977.

Hyppolite, J., »Gaston Bachelard ou le romantisme de l'intelligence«, in: *Hommage à Gaston Bachelard. Études de philosophie et de l'histoire des sciences*, Paris 1957, S. 13–27.

Ignatieff, M., *Die Zivilisierung des Krieges*, Berlin 2000.

Imhof, A. I., *Die Lebenszeit*, München 1988.

Jantsch, E., *Die Selbstorganisation des Universums. Vom Urknall zum menschlichen Geist*, München 1982.

Jonas, H., *Das Prinzip Verantwortung*, Frankfurt am Main ³1982.

Kadaré, I., *Der zerrissene April*, München 1993.

Kafka, F., *Das Schloß. Gesammelte Werke, Bd. 3*, Frankfurt am Main 1976.

Kahn, H., *On Thermonuclear War*, Princeton 1961.

Kaldor, M., *Neue und alte Kriege*, Frankfurt am Main 2000.

Kant, I., »Zum ewigen Frieden. Ein philosophischer Entwurf«, in: *Werkausgabe Bd. XI* (Hg. W. Weischedel), Frankfurt am Main 1977, S. 193–251.

Kants gesammelte Schriften, Akademieausgabe, Berlin 1900 ff., Bd. VIII.

Kaschnitz, M. L., *Orte*, Frankfurt am Main 1991.

Kelley, K. W. (Hg.), *Der Heimat-Planet*, Frankfurt am Main 1989.

Kertész, I., *Die exilierte Sprache*, Frankfurt am Main 2004.

Klein, R., *Die Romrede des Aelius Aristides*, Darmstadt 1983.

Klein, S., »Ruanda. Platzangst im Paradies«, in: R. Klüver (Hg.), *Zeitbombe Mensch. Überbevölkerung und Überlebenschance*, München 1993, S. 50–60.

Kleinman, A., »Experience and Its Moral Modes: Culture, Human Conditions, and Disorder«, in: *The Tanner Lectures on Human Values*, Stanford 1998, S. 355–420.

Kofman, S., *Erstickte Worte*, Wien 1988.

Kolko, G., *Another Century of War?*, New York 2002.

Konrad, G., *Identität und Hysterie*, Frankfurt am Main 1995.

Korsgaard, C. M., *The Sources of Normativity. The Tanner Lectures on Human Values*, Cambridge, Mass. 1992.

Kopp, K., *Asyl*, Hamburg 2002.

Koyré, A., *Von der geschlossenen Welt zum offenen Universum*, Frankfurt am Main 1980.

Kristeva, J., *Fremde sind wir uns selbst*, Frankfurt am Main 1990.

Kuhlmann, A., »Fehlt uns der Feind?«, in: *Die Zeit 43* (1992), S. 73.

Kuhn, H., »Die Ontogenese der Kunst«, in: D. Henrich, W. Iser (Hg.), *Theorien der Kunst*, Frankfurt am Main 1984, S. 81–131.

Lane, H., *Das wilde Kind von Aveyron. Der Fall des Wolfsjungen*, Frankfurt am Main, Berlin, Wien 1985.

Lang, B., McDannell, C., *Der Himmel. Eine Kulturgeschichte des ewigen Lebens*, Frankfurt am Main 1990.

Leggewie, K., »Zugehörigkeit und Mitgliedschaft. Die politische Kultur der Weltgesellschaft«, in: F. Jaeger, B. Liebsch (Hg.), *Handbuch der Kulturwissenschaften, Bd. 1*, Stuttgart 2004, S. 316–334.

Levi, P., *Die Untergegangenen und die Geretteten*, München, Wien 1990.

Levinas, E., *L'Au-Delà du Verset*, Paris 1982.

– *Die Spur des Anderen*, Freiburg i. Br., München ²1987.

– *Totalität und Unendlichkeit. Versuch über die Exteriorität*, Freiburg i. Br., München 1987.

– *Wenn Gott ins Denken einfällt*, Freiburg i. Br., München ²1988.

– *Eigennamen*, München, Wien 1988.

– *Humanismus des anderen Menschen*, Hamburg 1989.

– *Außer sich*, München, Wien 1991.

– *Jenseits des Seins oder anders als Sein geschieht*, Freiburg i. Br., München 1992.

– *Schwierige Freiheit. Versuch über das Judentum*, Frankfurt am Main 1992.

– *Zwischen uns*, München, Wien 1995.

Literatur

– *Gott, der Tod und die Zeit,* Wien 1996.
– *Verletzlichkeit und Frieden. Schriften über die Politik und das Politische,* Berlin 2007.
Lévi-Strauss, C., *Traurige Tropen* [1955], Frankfurt am Main 1978.
Liebsch, B., *Verzeitlichte Welt,* Würzburg 1995.
– »Von der Wahrheit moralischer Normalität« [Rezension von T. Todorov, *Angesichts des Äußersten,* München 1993], in: *Deutsche Zeitschrift für Philosophie* 43, Nr. 1 (1995), S. 173–176.
– »Von der Phänomenologie der Offenheit zur Ethik der Verwundbarkeit. Merleau-Ponty und Levinas auf den Spuren einer An-Archie der Subjektivität«, in: R. L. Fetz, R. Hagenbüchle u. P. Schulz (Hg.), *Geschichte und Vorgeschichte der modernen Subjektivität* Bd. 2, Berlin, New York 1998, S. 1248–1276.
– »Krieg, Genozid, Vernichtung«, in: ders., *Geschichte als Antwort und Versprechen,* Freiburg i. Br., München 1999, Kap. IV.
– *Moralische Spielräume,* Göttingen 1999.
– *Zerbrechliche Lebensformen. Widerstreit – Differenz – Gewalt,* Berlin 2001.
– »Renaissance des Menschen? Die Herausforderung humanwissenschaftlicher Erkenntnis und geschichtlicher Erfahrung«, in: *Freiburger Zeitschrift für Philosophie und Theologie* 49 (2002), Nr. 3, S. 460–484.
– »Kulturelle Lebensformen – zwischen Widerstreit und Gewalt«, in: F. Jaeger, B. Liebsch (Hg.), *Handbuch der Kulturwissenschaften,* Bd. 1, Stuttgart 2004, S. 190–206.
– »Ereignis – Erfahrung – Erzählung. Spuren einer anderen *Ereignis-Geschichte:* Henri Bergson, Emmanuel Levinas, Paul Ricœur«, in: M. Rölli (Hg.), *Ereignis auf Französisch. Von Bergson bis Deleuze,* München 2004, S. 183–207.
– »Widerstreit und Dissens. Kritische Überlegungen zum *polemos* bei Jacques Rancière«, in: H. Vetter, M. Flatscher (Hg.), *Hermeneutische Phänomenologie – phänomenologische Hermeneutik,* Frankfurt am Main 2005, S. 135–155.
– »Die Frage nach dem Anderen zwischen Ethik und Politik der Differenz: eine vorläufige Bilanz. Kant, Ricœur und Levinas im Horizont sozialontologischen Denkens«, in: *Phänomenologische Forschungen II* (2005), S. 193–220.
– »Zur Kritik eines glücklichen Vergessens in der politischen Gegenwart. Ricœurs Projekt einer Versöhnung von Gedächtnis und Geschichte«, in: *Journal Phänomenologie 23* (2005), S. 52–59.
– *Gastlichkeit und Freiheit. Polemische Konturen europäischer Kultur,* Weilerswist 2005
– Rezension von U. Kleemeier, *Grundfragen einer philosophischen Theorie des Krieges,* Berlin 2002; H. Münkler, *Über den Krieg. Stationen der Kriegsgeschichte im Spiegel ihrer theoretischen Reflexion,* Weilerswist [3]2004; A. Hirsch, *Recht auf Gewalt? Spuren philosophischer Gewaltrechtfertigung nach Hobbes,* München 2004, in: *Philosophisches Jahrbuch 112/II* (2005), S. 478–486.
– »Differenz und Dissens«, in: G. Kruip, W. Vögele (Hg.), *Schatten der Differenz: Das Paradigma der Anerkennung und die Realität gesellschaftlicher Konflikte,* Münster 2006, S. 15–44.
– *Revisionen der Trauer. In philosophischen, geschichtlichen, psychoanalytischen und ästhetischen Perspektiven,* Weilerswist 2006.

- »Über einige Schwierigkeiten, Europas Europäisierung(en) zu denken«, in: *Eurostudia. Transatlantische Zeitschrift für Europaforschung 2* (2006), Heft 1, S. 59–77.
- [Rezension] »Paul Ricœur, *Wege der Anerkennung. Erkennen, Wiedererkennen, Anerkanntsein*, Frankfurt am Main 2006; ders., *Vom Text zur Person. Hermeneutische Texte (1970–1999)*, Hamburg 2005«; in: *Zeitschrift für philosophische Forschung 60* (2006), Nr. 4, S. 609–615.
- *Subtile Gewalt. Spielräume sprachlicher Verletzbarkeit*, Weilerswist 2007.
- »Die Stimme des Anderen. Kritische Anmerkungen zu ihrer aktuellen ›Rehabilitierung‹«, in: *Jahrbuch für Religionsphilosophie* (2007), i. V.
- »Das Selbst mangels eines absoluten Zeugen. Individuelles Allgemeines und hermeneutische Gewalt in der Philosophie Jean-Paul Sartres«, in: U. Bardt (Hg.), *Philosophie der Freiheit. Jean-Paul Sartre 1905–2005*, (i. V.).
- »Würdigung des Anderen. Bezeugung menschlicher Würde in interkultureller Perspektive – im Anschluss an Judith N. Shklar«, in: *Allgemeine Zeitschrift für Philosophie 32*, Heft 3 (2007), S. 227–257.
- »The human person: vulnerability and responsiveness. Reflections on human dignity, *religio* and the other's voice«, in: C. Bremmers (ed.), *Studies in Phenomenology. Vol. I. First Philosophy, Phenomenology, and Ethics*, Leiden/Boston (i. E.)
- *Gegebenes Wort oder Gelebtes Versprechen*, Freiburg i. Br., München 2008.
- D. Mensink (Hg.), *Gewalt Verstehen*, Berlin 2003.
Loraux, N., *L'invention d'athènes*, Paris 1993.
- »Das Band der Teilung«, in: J. Vogl (Hg.), *Gemeinschaften*, Frankfurt am Main 1994, S. 31–64.
Losurdo, D., *Die Gemeinschaft, der Tod und das Abendland*, Stuttgart 1995.
Löwith, K., *Schriften*, Bd. 1–9, Stuttgart 1981–1988.
Loycke, A. (Hg.), *Der Gast, der bleibt. Dimensionen von Georg Simmels Analyse des Fremdseins*, Frankfurt am Main 1992.
Lukács, G., *Die Theorie des Romans*, Frankfurt am Main [12]1989.
Lutz-Bachmann, M., Bohman, J. (Hg.), *Frieden durch Recht. Kants Friedensidee und das Problem einer neuen Weltordnung*, Frankfurt am Main 1996.
Maalouf, A., *Mörderische Identitäten*, Frankfurt am Main 2000.
Macho, T., »So viele Menschen. Jenseits des genealogischen Prinzips«, in: P. Sloterdijk (Hg.), *Vor der Jahrtausendwende: Berichte zur Lage der Zukunft*, Frankfurt am Main 1990, S. 29–64.
Malson, L., Itard, J., Mannoni, O., *Die wilden Kinder*, Frankfurt am Main 1972.
Malthus, T. R., *An Essay on the Principle of Population* [1798], London [2]1803; dt.: *Das Bevölkerungsgesetz* [1798], München 1977.
Marcel, G., *Sein und Haben*, Paderborn 1954.
- *Die Erniedrigung des Menschen*, Frankfurt am Main 1957.
Maresch, R., Werber, N. (Hg.), *Raum – Wissen – Macht*, Frankfurt am Main 2002.
Meier, C., *Die Entstehung des Politischen bei den Griechen*, Frankfurt am Main 1983.
Merchel, S., »Meteoriten«, www.extrasolar-planets.com/specials/meteoriten.php.

Merkel, R. (Hg.), *Der Kosovo-Krieg und das Völkerrecht*, Frankfurt am Main 2000.

– Wittmann, R. (Hg.), *»Zum ewigen Frieden«. Grundlagen, Aktualität und Aussichten einer Idee von Immanuel Kant*, Frankfurt am Main 1996.

Merleau-Ponty, M., *Phänomenologie der Wahrnehmung*, Berlin 1966.

– *Das Auge und der Geist*, Hamburg 1984.

– *Keime der Vernunft. Vorlesungen an der Sorbonne 1949 – 1952*, München 1994.

Michaels, A., *Fluchtstücke*, Berlin [3]1997.

Mitscherlich, A., *Die Unwirtlichkeit unserer Städte. Anstiftung zum Unfrieden*, Frankfurt am Main [8]1969.

Mohl, R., *Polizei-Wissenschaft nach den Grundsätzen des Rechtsstaates*, Tübingen [2]1846.

Mortley, R., *French Philosophers in Conversation*, Pittsburgh 1992.

Moscovici, S., *Versuch über die menschliche Geschichte der Natur*, Frankfurt am Main 1990.

Mujawayo, E., Belhaddad, S., *Ein Leben mehr. Zehn Jahre nach dem Völkermord in Ruanda*, Wuppertal [2]2005.

Müller, J.-W., »Feinde der Zivilisation. Neo-Souverän«, in: *Frankfurter Allgemeine Zeitung*, Nr. 104 (2004), S. 3 f.

Müller, K. E., *Die fünfte Dimension. Soziale Raumzeit und Geschichtsverständnis in primordialen Kulturen*, Göttingen 1999.

Müller, M., »Der Friede als philosophisches Problem«, in: D. Senghaas (Hg.), *Den Frieden denken. Si vis pacem, para pacem*, Frankfurt am Main 1995, S. 21–38.

Münkler, H., Rezension von M. Howard, *Die Erfindung des Friedens: »Von Kriegsfürsten und Friedensstiftern«*, in: *Die Zeit* 32 (2001), S. 41.

– *Die neuen Kriege*, Reinbek 2004.

– *Über den Krieg. Stationen der Kriegsgeschichte im Spiegel ihrer theoretischen Reflexion*, Weilerswist [3]2004.

Needham, J., *A History of Embryology*, Cambridge 1934.

Neue Jerusalemer Bibel, Freiburg i. Br. 1985.

Neue Rundschau 109 (1998), Heft 2.

Nicolson, I., Moore, P., *Das Universum*, München 1987.

Nussbaum, M. C., »Beyond the Social Contract: Toward Global Justice«, *The Tanner Lectures on Human Values*, Canberra, Cambridge 2002/3.

Oosting, D., Bouteillet-Paquet, D., Henderson, N., »Eine kritische Analyse der Asylpolitik der Europäischen Union«, in: *Jahrbuch Menschenrechte 2005*, Frankfurt 2004, S. 291–303.

Orsenna, É., *Lob des Golfstroms*, München 2006.

Orwell, G., *Neunzehnhundertvierundachtzig*, Zürich 1950.

– »Inside the Whale«, in: *Selected Essays*, London 1957, S. 9–50.

Pamuk, O., *Istanbul*, London 2005.

Pascal, B., *Gedanken*, Bremen, o. J.

Patočka, J., »Die Kriege des zwanzigsten Jahrhunderts und das zwanzigste Jahrhundert als Krieg«, in: *Ketzerische Essays zur Philosophie der Geschichte*, Stuttgart 1988, S. 146–164.

– *Die Bewegung der menschlichen Existenz*, Stuttgart 1991.

Peyer, H. C., *Von der Gastfreundschaft zum Gasthaus. Studien zur Gastlichkeit im Mittelalter*, Hannover 1987.

Picht, G., »Was heißt Frieden?«, in: D. Senghaas, *Den Frieden denken. Si vis pacem, para pacem*, Frankfurt am Main 1995, S. 177–195.

Platt, K. (Hg.), *Reden von Gewalt*, München 2002.

Plessner, H., »Macht und menschliche Natur. Ein Versuch zur Anthropologie der geschichtlichen Weltansicht«, in: *Zwischen Philosophie und Gesellschaft*, Frankfurt am Main 1979, S. 276–363.

pogrom 36 (2005), Nr. 6. »Nomaden ringen ums Überleben«.

Preuß, U. K., *Krieg, Verbrechen, Blasphemie*, Berlin 2002.

Rancière, J., *Das Unvernehmen. Politik und Philosophie*, Frankfurt am Main 2002.

– »Politisches Denken heute. Die normale Ordnung der Dinge und die Logik des Dissenses«, in: *Lettre International 5* (2003), S. 5 ff.

Rauers, F., *Kulturgeschichte der Gaststätte*, Berlin 1941.

Ricœur, P., *Die Interpretation*, Frankfurt am Main 1974.

– »Welches neue Ethos für Europa?«, in: P. Koslowski (Hg.), *Europa imaginieren*, Berlin, Heidelberg, New York 1992, S. 108–122.

– *Das Selbst als ein Anderer*, München 1996.

– *Gedächtnis, Geschichte, Vergessen*, München 2004.

– *Wege der Anerkennung*, Frankfurt am Main 2006.

Rorty, R., *Solidarität oder Objektivität?*, Stuttgart 1988.

– »Feind im Visier. Im Kampf gegen den Terror gefährden westliche Demokratien die Grundlagen ihrer Freiheit«, *Die Zeit*, Nr. 13 (2004), S. 49 f.

Rousseau, J.-J., *Emile – oder Über die Erziehung*, Paderborn [6]1983.

Salewski, M., *Zeitgeist und Zeitmaschine. Science Fiction und Geschichte*, München 1987.

Sartre, J.-P., *Der Idiot der Familie*, Bd. 1, Reinbek 1977.

Sassen, S., *Migranten, Siedler, Flüchtlinge. Von der Massenauswanderung zur Festung Europa*, Frankfurt am Main [2]1997.

Scarry, E., *Der Körper im Schmerz*, Frankfurt am Main 1992.

Schaller, K., *Die Pädagogik des Johann Amos Comenius*, Heidelberg 1962.

Schluchter, W. (Hg.), *Fundamentalismus, Terrorismus, Krieg*, Weilerswist 2003.

Schmitt, C., *Der Nomos der Erde im Völkerrecht des Jus Publicum Europaeum*, Berlin [3]1988.

Schnädelbach, H., *Hegels praktische Philosophie*, Frankfurt am Main 2000.

Schütz, A., *Der sinnhafte Aufbau der sozialen Welt*, Frankfurt am Main 1974.

Semprun, J., *Leben oder Schreiben*, Frankfurt am Main 1995.

Sen, A., *Ressources, Values and Development*, Oxford 1984.

Senghaas, D., »Vorwort«, in: ders. (Hg.), *Den Frieden denken. Si vis pacem, para pacem*, Frankfurt am Main 1995, S. 9–17.

Sennett, R., *Civitas. Die Großstadt und die Kultur des Unterschieds*, Frankfurt am Main 1994.

– »Die Angst, überflüssig zu sein«, in: *Die Zeit 21* (2005), S. 50.

Serres, M., *Der Parasit*, Frankfurt am Main 1987.

Shklar, J., *Ordinary Vices*, Cambridge, London 1984.

Sieferle, R. P., *Die Krise der menschlichen Natur*, Frankfurt am Main 1989.

Literatur

– *Bevölkerungswachstum und Naturhaushalt*, Frankfurt am Main 1990.
Spaemann, R., Löw, R., *Die Frage Wozu? Geschichte und Wiederentdeckung des teleologischen Denkens*, München ²1985.
Stäheli, A., »›Mars Attacks‹ Oder der undarstellbare Feind im amerikanischen Film«, in: *Neue Züricher Zeitung 135* (2003), S. 49.
Stockhammer, R., *Ruanda. Über einen anderen Genozid schreiben*, Frankfurt am Main 2005.
Stoller, S., Vetter, H. (Hg.), *Phänomenologie und Geschlechterdifferenz*, Wien 1997.
Stückrath, J., »›Der Sinn der Geschichte‹. Eine moderne Wortverbindung und Vorstellung?«, in: K. E. Müller, J. Rüsen (Hg.), *Historische Sinnbildung*, Reinbek 1997, S. 48–78.
Taureck, B. H. F., *Emmanuel Levinas zur Einführung*, Hamburg ³2002.
Taylor, C., *Quellen des Selbst*, Frankfurt am Main 1996.
Theunissen, M., *Der Andere. Studien zur Sozialontologie der Gegenwart*, Berlin, New York ²1977.
Traverso, E., *Auschwitz denken*, Hamburg 2000.
Trotha, T. v., »Das Ende der Clausewitzschen Welt oder vom Selbstzweck des Krieges und der Vorherrschaft des ›Krieges geringer Intensität‹«, in: *Soziologische Revue 22* (1999), S. 131–141.
– »Die Zukunft liegt in Afrika. Vom Zerfall des Staates, von der Vorherrschaft der konzentrischen Ordnung und vom Aufstieg der Parastaatlichkeit«, in: *Leviathan 28* (2000), Heft 2, S. 253–279.
Tugendhat, E., »Überlegungen zum Dritten Weltkrieg«, in: *Die Zeit 49* (1987), S. 76.
Vogl, J., Matala de Mazza, E., »Bürger und Wölfe«, in: C. Geulen, A. v. d. Heiden, B. Liebsch (Hg.), *Vom Sinn der Feindschaft*, Berlin 2002, S. 207–218.
Waldenfels, B., *Der Stachel des Fremden*, Frankfurt am Main 1990.
– *Topographie des Fremden*, Frankfurt am Main 1997.
– *Die Vielstimmigkeit der Rede*, Frankfurt am Main 1999.
– *Verfremdung der Moderne. Phänomenologische Grenzgänge*, Göttingen 2001.
– *Phänomenologie der Aufmerksamkeit*, Frankfurt am Main 2004.
Waniek, E., Stoller, S. (Hg.), *Verhandlungen des Geschlechts*, Wien 2001.
Wehr, G., *Martin Buber. Leben – Werk – Wirkung*, Zürich 1991.
Weinberg, S., *Die ersten drei Minuten. Der Ursprung des Universums*, München 1980.
Weinrich, H., *Lethe. Kritik und Kunst des Vergessens*, München 1997.
Westermarck, E., *Ursprung und Entwickelung der Moralbegriffe, Bd. 1*, Leipzig 1907.
Wiehl, R., *Subjektivität und System*, Frankfurt am Main 2000.
Witte, B., »Die Renaissance des Judentums aus dem Geist der Neuromantik«, in: *Neue Zürcher Zeitung 50* (2003), S. 49.
Zekl, H., »Neuschwanstein und Přibram: zwei ungleiche Brüder«; www.astronews.com/news/artikel/2003/05/0305–008.shtml.
zeus.zeit.de/text/2006/05/Kosmologie.

Nachweise

Einleitung. Unter dem Titel »Umrisse einer Kultur der Gastlichkeit« wurden die einführenden Überlegungen vorgetragen im Kolloquium Kulturtheorie der Privaten Universität Witten Herdecke im November 2007. Erstveröffentlichung.

Kapitel I. Stark erweiterte Fassung eines Aufsatzes, der zuerst veröffentlicht wurde unter dem Titel »Fremdheit jenseits und diesseits des Mondes. Die Spur des Anderen in Hans Blumenbergs kosmologischen Meditationen über die ›Vollzähligkeit der Sterne‹«, in: *Scheidewege 37* (2007), S. 308–327.

Kapitel II. Eine frühere Version wurde veröffentlicht unter dem Titel »Inspirierte Gastlichkeit in kulturellen Lebensformen. Levinas zwischen Religion und Politik«, in: *Theologie und Philosophie* (2007).

Kapitel III. Erstveröffentlichung.

Kapitel IV. Erstveröffentlichung.

Kapitel V. Erstveröffentlichung.

Kapitel VI ist in einer früheren Version erschienen in: A. Hirsch, P. Delhom (Hg.), *Denkwege des Friedens. Aporien und Perspektiven*, Freiburg i. Br., München 2007, S. 387–445.

Epilog. Erstveröffentlichung.

Namenregister

Abensour, M. 218
Ackermann, A. 161
Acton, L. 29
Agamben, G. 158
Aelius Aristides 53
Albertus Magnus 34
Ambrosius 66
Améry, J. 26
Anderson, B. 154
Arendt, H. 26, 66, 71, 74 ff., 124 f., 140, 149 ff., 156, 158, 165, 167–174, 193, 207, 231 f.
Aristoteles 22 f., 57, 125, 231, 244
Aron, R. 196
Ascherson, N. 90, 114, 116, 118
Assmann, A. 215
Assmann, J. 215
Augé, M. 109, 112, 120

Bachelard, G. 38, 107, 121–134, 141, 237, 241
Bahr, H.-D. 157
Bataille, G. 16
Baudelaire, C. 99, 127
Bauman, Z. 44, 69, 113, 151, 175
Beauvoir, S. de 132
Beck, M.-L. 158
Beck, U. 188, 200
Beck-Gernsheim, E. 161
Behlert, W. 159
Belhaddad, S. 172
Ben Jelloun, T. 296
Beneviste, E. 145

Benjamin, W. 92
Berlin, I. 21, 215
Bertram, C. 219
Beyme, K. v. 203
Birg, H. 70
Birkenbach, H.-M. 155
Blanchot, M. 10 f., 16, 81, 105, 109, 121, 136 ff., 140
Blumenberg, H. 26 f., 29–51, 54 f., 60, 69, 76, 92, 238
Boesch, K. E. 141
Bohman, J. 203
Böhme, H. 114
Böll, H. 53
Boltanski, L. 186
Bouteillet-Paquet, D. 158
Brecht, B. 71
Bronfenbrenner, U. 109
Brunkhorst, H. 241
Buber, M. 44, 54 f., 58–63, 68, 76, 89, 106, 120, 133
Buck, G. 54
Bude, H. 114
Burgdorf, W. 104
Bürner-Kotzam, R. 67, 101

Cahill, T. 59, 86
Caputo, D. 103, 173
Carlyle, T. 44
Casey, E. S. 109, 117, 141
Cassirer, E. 15, 17 f., 23, 34, 215
Certeau, M. de 21 f., 109
Cicero 144

Claudel, P. 129
Clausewitz, C. v. 197 ff.
Clemens Alexandrinus 34
Comenius, J. A. 54
Conrad, J. 170 f.
Creveld, M. v. 185
Critchley, S. 218
Czempiel, E.-O. 183, 206

Dabag, M. 93
Dahlmann F. C. 19
Darwin, C. 30
Delhom, P. 87, 213, 218
Derrida, J. 11, 22 f., 25 ff., 30, 32, 68, 91, 103 f., 110, 135, 140, 144, 153, 160, 162 f., 165, 168 ff., 172 f., 179 f., 187, 202, 210 f., 220–228, 233 f., 240 ff.
Descartes, R. 32, 62
Diehle, A. 25
Dießenbacher, H. 175
Diner, D. 74, 96
Dinesen, I. 170
Duve, F. 158

Eddington, A. S. 31
Engelhard, K. 156
Enzensberger, H. M. 176, 197
Erzgräber, U. 163

Farmer, P. 173
Feuerbach, L. 59
Fichte, J. G. 206
Fink, E. 54, 60, 109, 238 f.

259

Sachregister

Afrika / afrikanisch 24, 93, 96, 148, 156, 169 ff., 176
Anderheit 55, 58 ff., 60, 62 f., 67, 76, 82, 84, 100, 110 f., 132, 165
Anderswo 24 f., 48 f., 91, 102, 107, 110 f., 113, 119, 126, 132, 149 ff., 186
Angst 50
Anspruch des Anderen 60 f., 78, 82 f., 86, 104 f., 136, 163 ff., 167 f., 171, 210, 212 ff., 218 f., 224, 240, 242 ff.
Anthropologie 17, 112, 145, 182
Asyl 65, 67 f., 75, 94, 116, 125, 149 f., 155, 157 ff., 162, 164, 166, 174 f., 218
Aufenthalt 12, 20, 22, 26, 44 f., 48, 67, 88, 110, 130, 136, 140, 238
Aufgabe / Ur-Aufgabe 23, 77, 103, 138, 176

Bevölkerung / -spolitik 18, 69 ff., 146, 150 f., 175, 205
Bezeugen / Bezeugung 25, 51, 82, 104, 138, 155, 163, 172, 228, 240
Bio-Macht 72 f.
Bios xenikos 75, 231
Bleibe (*demeure*) 10, 26 f., 91, 98 ff., 107, 114, 125, 128–134, 141 f., 152 f., 176, 240 f.
Bürger (–recht / Weltbürgerrecht) 19, 74, 147, 154 f., 166, 204, 206

De-limitiert 216 ff., 220, 222, 224
Demographie 70, 146
Demokratie / demokratische Lebensform 68, 151, 205, 209, 211, 215 f.
Dezentrierung / dezentriert 20, 30 f., 33, 39 f., 48, 88, 108, 114, 116, 118, 238
Diaspora 33, 35, 89, 115, 161
Displaced person(s) 152, 154
Dissens 209 f., 215
Dritte(r) 59, 101, 213, 226
Duldung 20, 142, 158, 166

Einbildungskraft 122, 126 f.
Einräumung / einräumen 27, 94 f., 103 f., 140, 142, 148, 242
Elternhaus 121, 123 ff., 128, 133
Empfang 23, 61, 78, 81 f., 95, 99, 132 f., 135 f., 140, 145, 166, 168, 216, 218, 220 ff., 224

Endlösung 228
Entortung / entortet 20, 94, 112, 115
Entwurzelung 89, 152
Erde 20, 30 f., 36, 40 f., 45 f., 48, 69 ff., 76, 88 f., 93, 95, 102, 105, 108, 112, 137 ff., 149, 154, 190
– als Ur-Arche 31, 45, 112
Eschatologie / eschatologischer Friede 192 f., 224, 235
Ethik und Politik 166 f.
Ethos 11, 22 ff., 63 ff., 67, 102, 145, 147, 156, 162, 202, 236, 238, 242 f.
Etymologie 144
Europa 12, 69, 74 f., 106, 156 f., 169
Europäisierung 148, 171
Exklusion 50, 78, 85, 95, 139, 149 ff., 154 ff., 161, 169, 174, 224 f.
Exteriorität 16, 57, 62, 91, 101, 119, 137, 161, 237

Feind / Feindschaft 12, 27, 50 f., 76, 84, 125 f., 144–148, 158, 168, 177, 181, 184–211, 218–244
– und Fremder 50
Ferne 10, 43, 48 f., 51, 56, 61, 109, 218,
– des Friedens 220, 233 f.
Flüchtlinge 20, 24, 69,

spiriert ist und ihm gerecht zu werden verspricht. In kulturpoliti-
scher Perspektive wird so einer systematischen Vermittlung von His-
torik und Hermeneutik geschichtlicher Erfahrung zugearbeitet.

Vom Anderen her: Erinnern und Überleben

276 Seiten, gebunden mit Schutzumschlag
€ 15,– / € [A] 15,50 / SFr 27,50
ISBN 978-3-495-47867-7

In sieben zum Thema hinleitenden Studien begründet Liebsch die
Notwendigkeit eines geschichtlichen, nicht aus der Biologie abgelei-
teten Begriffs von Überleben. Die evolutionäre (biologistische) Logik
des Überlebens verkürzt diesen Begriff gerade um Dimensionen wie
Erinnerung, Trauer und Zeugnis. Gaben, die für den geschichtlichen
Sinn menschlichen Überlebens zentral sind. Denn es ist gerade der
Umgang mit dem Tod, der die Geschichtlichkeit des Menschen ins
Verhältnis zu Tod und Sterblichkeit des Anderen setzt. Die Unter-
suchung schärft den Blick für den ethischen Sinn erinnernden Überlebens.

Weitere Titel der Reihe HinBlick

Rolf Kühn

Die Macht der Gefühle

Ca. 144 Seiten, kartoniert
€ 13,– / € [A] 13,40 / SFr 24,50
ISBN 978-3-495-48313-8

Wenn wir Gefühle wie Liebe, Hoffnung oder Verzweiflung in ihrer ganzen Dramatik erleben, empfinden wir sie auf unsere ganz eigene Weise. Und oft genug lassen wir uns in unserem Handeln von Gefühlen leiten, zum Beispiel wenn schwere Entscheidungen zu treffen sind oder wenn das Gewissen als innerste Stimme im Gefühl zu uns spricht. Dabei zeigt sich, dass das Reich der Gefühle nuancierter und tiefer ist als das, was wir mit unserem Verstand und unserer Vorstellungskraft auszuloten vermögen.

Stascha Rohmer

Liebe – Zukunft einer Emotion

Ca. 272 Seiten, kartoniert
€ 19,– / € [A] 19,60 / SFr 34,50
ISBN 978-3-495-48317-6

Bedeuten die Herausforderungen durch Gentechnik und Neurobiologie, dass die Liebe entzaubert wird? Oder hat Erich Fromm recht, dass – unabhängig von allem technischen Fortschritt – die Menschheit nicht einen Tag ohne Liebe existieren könnte? Stascha Rohmer sieht das Wesen des Menschen darin, dass er über Freiheit verfügt, und als Grund der Freiheit betrachtet er die Liebe: eine Liebe, die Ewigkeit will und die unser sinnliches, irdisches Lieben überschreitet und in religiöse und mythische Erfahrungswelten führt.

Ute Guzzoni

Unter anderem: die Dinge

Ca. 160 Seiten, kartoniert,
mit ca. 12 Abbildungen
Ca. € 15,– / € [A] 15,50 / SFr 27,50
ISBN 978-3-495-48312-1

Die Dinge sind uns mehr und mehr abhanden gekommen, schrieb Rilke bereits vor über hundert Jahren. Dieses Buch fragt, wie wir Erfahrungen machen mit Dingen, aber auch mit den Zusammenhängen, in denen sie uns begegnen, und überhaupt mit dem, was zwischen uns und anderem, Nichtmenschlichem geschieht. Betrachtet werden sowohl die besonderen, liebgewonnenen als auch die vielen gleichgültigen Dinge und Konsumgegenstände, die uns umgeben. Dabei geht es darum, wie wir sinnlich mit den Dingen kommunizieren, wie uns die Dinge ansprechen und auf welche Weisen wir von Dingen und Welt sprechen.